통번역과 파워영작

KB143047

지은이 **김의락**

현재, 용인대학교 교수

부산외국어대학교 영어학부(영어대학) 및 동 대학원 교수/학과장(학장)

University of Arkansas 풀브라이트 인문대학 영문학 중견교수(J. William Fulbright College of Arts and Sciences 강의 중견교수)

Brandeis University(Massachusetts) 영어영문학(미국학) 교수

University of Arkansas(Fayetteville) 영어영문학 박사

University of Arkansas(Fayetteville) 영어영문학 석사

University of Oklahoma 및 California State University(SB) 영어학

미국 연방정부 및 주(States) 다중언어 동시통역사

행정, 외무, 사법고시, 군법무관, 법무사, 공무원 및 임용고시 시험 출제 및 면접위원

한국관광공사 국가 통역사 자격 수석 면접위원

상공회의소 통시통역사 수석 면접위원 및 APEC 정상회담 동시통역

저서 및 역서: 『전환기의 영미문학』『경계를 넘는 새로운 글쓰기』『탈식민주의』『떠오르는 대륙, 아프리카』『영미문화 읽기』『미국문학과 현대 미국소설』『아프리카 영문학』『영미문화 연구』『미국문화의 이해』『영미문학과 탈문화』『어머니』『캐스터브리지의 시장』『탈식민주의와 현대소설』『영미 문학비평』『잊혀진 세월』『슬픈 어머니』 Postcolonialism, American Nature, American Literature, Introduction to Postcolonialism, Crosscultural Understanding, Crosscultural Communication 등을 비롯하여 국내외 40여권의 저서 및 역서가 있음

통번역과 파워영작

초판 발행일 2014년 3월 18일

지은이 김의락
발행인 이성모
발행처 도서출판 동인
주 소 서울시 종로구 혜화로3길 5 118호
등 록 제1-1599호
TEL (02) 765-7145 / FAX (02) 765-7165
E-mail dongin60@chol.com
ISBN 978-89-5506-562-6
정가 18,000원

※ 잘못 만들어진 책은 바꿔 드립니다.

통번역과 파워영작

영한/한영 통역 · 번역,
영작문, 실무영어

김의락 지음

도서출판 동인

책을 내면서

 통역이나 번역을 실제로 해본 사람이라면 누구나 우리말의 묘미를 살려 의미를 제대로 전달하는 것이 얼마나 어려운 작업인지 알 수 있을 것이다. 이런 관점에서 통역이나 번역은 또 다른 창조적인 속성을 지니고 있음은 이론의 여지가 없을 것이다. 표현을 위한 실질적인 방법은 번역이나 통역을 하는 개인에 따라 그리고 대상의 텍스트에 따라 다르게 나타날 수 있을 것이다. 그리고 한 텍스트에 대해서도 같은 의미를 전달하는 여러 개의 표현도 가능할 수 있을 것이다. 그런 점에서 문자가 생긴 이래 오랜 세월 동안 지속되어 왔고 계속되는 인류의 보편적 행위로서 통역과 번역은 문화와 문화를 이어주는 가교 역할을 하고 있다고 본다.

 이처럼 통역과 번역은 이미 학문의 한 분야로서 뿐만 아니라 현대사회 전반에 폭넓게 자리 잡고 있다. 한국에 번역되어 폭넓게 읽혀지고 있는 성경을 보면 번역이 잘못된 곳이 부지기수로 널려 있음을 보는데, 이런 오역을 바로 잡았다는 개정판 성경을 보아도 여전히 잘못 번역된 곳은 셀 수 없이 많다. 또 최근에는 한국문학 작품이 외국어로, 외국의 작품이 한국어로 번역되는 작업이 활발히 진행되고 있고 많은 통번역을 통해 자연스러운 경험도 하지만 부자연스런 경험도 적지 않다. 번역물과 많은 통역을 접하면서 느끼는 감정은 크게 차이가 나지 않는다. 심지어 통번역이 낯설고 이질적으로까지 느껴는 것은 비단 필자만의 경험은 아닐 것으로 생각한다. 문화적 사회적 경험적 차이가 많이 있을 경우를 생각하면 무슨 의미인지조차 알 수 없는 경우를 대하면 무척 혼란스럽기까지 하다. 통역이나 번역을 할 때 의역도 있고 직역도 있고 낱말 개개의 의미를 어법에만 충실하게 치중할 때도 있지만 통번역에 대한 폭넓은 이론적 실제 학습을 통해 이런 혼란스런 경험들은 감소될 수 있을 것으로 생각한다. 이런 맥락에서 통번역의 이해는 기존의 혼란스런 쟁점과 경험을 소화하는데 일조하길 기대한다.

김의락

CONTENTs

P A R T · 1
통역의 도입과 이해

통번역학의 정의는 간단히 말하자면 원류언어(source language)를 목표언어(target language)로 옮기는 것을 연구하는 학문이다. 통역과 번역은 어떻게 다를까? 통역은 의사소통이 실제 상황에서 이루어지며 표현수단이 말이지만 번역은 신중함이 요구되며 표현수단이 글이다. 그러나 통번역이 현장에서 소통을 목적으로 원활히 이루어지는 개개의 많은 변수에 영향을 받기 마련이다. 최근 조선일보 기사를 통해서도 이를 확인할 수 있다.

청와대는 박근혜 대통령이 지난달 신년 기자회견에서 밝힌 '통일은 대박이다'의 문구 중 '대박'의 영어 표현으로 '보낸자(bonanza)' 또는 '잭팟(jackpot)'을 사용하기로 했다고 20일 밝혔다. 해외 주요 인사들과 언론에 따르면 '대박'의 영어 표현을 보낸자(bonanza, 노다지), 잭팟(jackpot, 대박), 브레이크스루(breakthrough, 돌파구), 분(boon, 요긴한 것) 등으로 번역하고 있다.

최근 한국을 방문한 존 케리 미국 국무장관은 박 대통령의 '통일 대박론'을 '그레이트 비전(great vision)'이라고 평가하면서 대박의 의미를 '보낸자'라는 표현으로 담아냈다. 해외 언론의 경우 영국의 BBC 등은 '보낸자'로 표기해 보도했고, 월스트리트저널과 파이낸셜타임스 등은 거액의 상금 또는 대박을 의미하는 '잭팟'으로 번역해 사용했다.

일부 언론에서는 괴짜 또는 별난 사람을 뜻하는 '크랙팟(crackpot)'으로 쓰기도 한다. 청와대는 이와 관련해 "보낸자의 어원이 바다의 잔잔함, 노다지, 번영을 뜻한다"며 "금광을 파고 들어가는 광맥 개발의 의미가 있고 덜 속어적"이라고 밝혔다. '잭팟'의 경우 "대중성, 임팩트 면에서 유의미하지만 통일 과정을 사행성에 비유해 평가절하 하는 경향이 있다"고 덧붙였다. 이에 따라 청와대는 외빈과의 회담 등 공식석상에서 '통일은 대박이다'를 영어로 표현할 때 보낸자를 우선적으로 사용하고 대중성 등을 고려해 '잭팟'도 신축적으로 사용한다고 밝혔다. (조선일보 2014.2.20)

이처럼 통번역은 인간의 복잡한 지적 활동으로, 힘들고 피곤하며 신경 쓰이는 활동이다. 또 다른 한편으로 통번역 활동은 말(발화)과 글(글자)로 설명될 수 있다. Danica Seleskovitch는 통번역을 다음과 같이 정의한다.

Translation converts a written text into another written text, while interpretation converts an oral message into another oral message. This difference is crucial. In translation, the thought that is studied, analyzed and subsequently rendered in the other language is contained in a permanent setting: the written text. Good or bad, this t ext is static, immutable in its form and fixed in time. And the translation, equally circumscribed with a written text, is intended, as was the original, for a public the translator does not know.

(1) 말은 발신자와 수신자가 같은 공간에 있다. 전화와 같은 일방적인 의사소통을 제외하고 청자와 화자는 동일한 공간에 있다. 그렇지만 글은 독자와 저자가 서로 다른 공간에 있는 경우가 많다.

(2) 말을 입을 통해서 내 뱉는 순간 사라져 버리지만(순간성) 글은 이해가 안 면 반복해서(반복성) 여러 번 읽을 수 있다.

(3) 말은 글보다 친근하며 의사소통의 효과가 높고 개인적이고 직접적인 호칭을 쓰는데 비해 글은 주로 공식적이고 간접적인 호칭을 쓴다.

(4) 말은 몸짓, 표정, 어조 등 언어외적인 요소를 사용하여 청자의 이해를 효과적으로 도울 수 있다.

(5) 말은 문장이 짧고 구성이 단순하고 쉬운 경향이 있고 말한 것을 그대로 글로 옮기면 부자연스러운 경우가 많다.

(6) 말의 어미는 감탄사, 지시어, 질문 등 다양하게 나타날 수 있으나 문어의 경우 주로 "했다" "이다" 등으로 끝난다.

(7) 말에 대한 청자의 반응은 즉각적으로 알 수 있지만 글에 대한 반응은 시간이 걸린다.

이처럼 통역은 입을 통해 내뱉는 순간 사라지며 그 의미만 듣는 이의 머릿속에 남는데 비해 글은 그 의미뿐만 아니라 의미를 담고 있는 형태의 단어 자체도 기억에 남는다.

2013년 12월 7일 조선일보를 비롯한 국내 방송 및 언론사에서는 미국 부통령 조 바이든이 한 발언을 놓고 잘못된 통역으로 웃지 못 할 해프닝이 벌어지는 일이 일어났다. 조 바이든이 박근혜 대통령과 접견에서 "It's never been a good bet to bet against America."라고 말했고 국내 언론에서는 이를 "미국 반대편에 베팅하는 것은 좋은 베팅이 아니다"라고 번역하였고 현장에서 통역을 하던 통역사도 같은 내용으로 전달함으로써 이를 두고 "한국이 중국보다 미국의 입장을 지지해야 한다"는 의미로 이해함으로써 논란이 많았고 외교부 장관은 국회 예산 결산 특별위원회에 출석하여 해명

을하고 "미국을 믿어 달라"는 강한 의미로 한 말이라고 변명을 하였다. 그러나 위의 언급은 "Don't underestimate the US."라는 의미로 아시아 태평양 지역의 중심과 재균형 정책을 강조하는 차원에서 나온 말이었다. 박근혜 대통령은 글로벌 리더들을 상대로 약 25분에 걸쳐 스위스 다보스포럼 기조 연설에서 "한국은 창업과 기업가들의 도전을 가로막는 규제를 과감히 철폐하고 있다"고 했다. 박 대통령은 "지금은 새로운 세계를 재편해나갈 동력이 절실한 시기"라며 "한국은 그 동력을 창조경제에서 찾고 있다"고 했다. 이어 "기업가 정신은 '창의적 아이디어'란 구슬을 새로운 시장과 일자리로 꿰어 내는 실과 같은 역할을 한다"면서 "21세기 기업엔 도전과 실패를 두려워하지 않는 불굴의 기업가 정신이 필요하다"고 했다. 질의·응답 시간에 박 대통령은 남북통일의 기대효과를 강조하면서 "통일은 대박"이란 표현을 다시 사용하며 "통일은 동북아 주변국 모두에게 대박"이라고 했다. 현장 동시통역은 "대박"을 "breakthrough"(돌파구)로 번역했다. 그동안 외신들은 대개 "jackpot"(최고상금, 대성공, 한 밑천 잡다)으로 영역(英譯)했으나 대박이란 표현은 문제해결의 돌파나 난관을 타개하는 의미로 한 말이기 때문에 "a big hit" 또는 "a great breakthrough"도 가능한 표현이다.

South Korean President Park Geun-hye said Wednesday that the Korean unification would be a blessing not only for the Koreas but for neighbors as well, citing investment opportunities in the communist North. "As unification can provide the Northeast Asia region with a fresh growth engine, I think unification will be a jackpot not only for South Korea, but also for all neighboring countries in Northeast Asia," she said.

항상 경험하는 일이지만 국내 방송언론계를 비롯한 기자들의 외국어 실력에 참 문제가 많다는 생각을 지워 버릴 수 없다. 이론으로 음악에 대한 지식을 갖추는 것과 실제로 악기를 연주하는 것은 별개의 문제이듯, 전문적인 연주를 하기 위해서는 전문적인 훈련이 반드시 필요하다. 통번역은 강의실에서만 이루어지는 추상적인 활동이 아니라 실무적이고 현장중심적인 성격을 지닌다. 필자는 오랫동안 미국 이민국 법정통역을 비롯하여 한국관광공사 및 상공회의소 동시통역관을 선발하는 수석 면접관으로서 동시통역 지원자들을 한 사람씩 면접하는 가운데 왜 전문적인 훈련이 체계적으로 이루어 져야 하는지 절실히 느낄 수 있었다. 전문적인 훈련을 받은 지원자들과 그렇지 않은 지원자들에게서 큰 차이를 확인할 수 있었기 때문이었다. 외국어를 아무리 잘 구사한다 할지라도 전문적인 통번역 교육을 받지 않으면 훌륭한 통번역사가 될 수 없다. 또 통번역사는 직업의 특성상 투명인간처럼 사람들 눈에 잘 띄지 않는다. 통역사 가져야 할 자질과 적성에 관한 문제는 대개 언어능력, 인지능력, 정신력(스트레스 및 긴장조절 능력, 인내력, 지구력, 집중력), 문화에 관한 지식, 지적 호기심, 사회성과 윤리성 등을 지적할 수 있으나 그 가운데 가장 중시되는 능력은 언어에 대한 거의 본능적인 수준의 "감각"이다. 자기 나름대로의 감각으로 어휘를 구사하고 가능한 한 쉽게 말할 줄 아는 능력을 가진 사람이 되는 것이 중요하며 특히 언어능력과 인지능력인데 이것은 통역의 가장 기본이 되는 것이다.

그렇다고 해서 통역에 대한 두려움을 가질 필요는 없다. 필자는 국내외 대학교에서 20여 년 동안 영어학부, 영어대학, 통번역대학원 및 교육대학원 주임 지도교수로서 학생들을 지도해 오면서 또 수 만 건의 공식 비공식 문서들을 번역하고 감수해 오면서 셀 수 없을 만큼 다양한 번역 문건들을 접해 왔으며, 오랫동안 국제회의, 상공회의소, 그리고 한국관광공사에서 시행하는 국가 관광통역 자격시험 제1면접관으로 헌신해 오면서 수 없이 많은 관광통역사에 관심을 가진 지원자들을 만나보았다. 대개는 대학생, 대학원생, 그리고 전문 직종에 종사하는 분들이 대부분이었다. 이들 지원자들을 유심히 관찰해 보면 관광통역사에 지원하는 이유들 가운데 하나는 통역에 대한 지대한 관심이었다. 직업적으로 전문적인 통번역사가 되는 것과 통번역을 취미나 부업으로 하는 것은 별개의 문제이다.

통역사는 거의 모든 분야에 대한 관심과 기본적인 이해력을 갖추어야 한다. 필자는 미국 법정에서 오랫동안 법정 동시통역사로 헌신하면서 통역사들이 왜 모든 분야에 관심을 가져야 하는지를 절실히 통감하였다. 통역사는 한 분야를 깊이 파고드는 전문가는 아니지만 해당 주제에 있어서 전문가들 사이의 커뮤니케이션을 가능하게 해주는 매개 역할을 해야 하는 사람이기에 그렇다. 언어능력을 평가하기 위해서는 동의어 반의어 연상시험, 어구변형 시험(paraphrasing), 언어관련 빈칸 채우기(cloze) 등이 사용되고 인지능력 테스트를 위해서는 텍스트 요약, 듣고 이해하는 문제, 비문 찾기(error detection), 기억력 테스트, 어구 따라 말하기가 있다. 정신력을 테스트하기 위해서는 통역의 스피드를 높여 학생들이 얼마나 침착하게 반응하는지를 볼 수 있는데 문제가 되는 것은 객관성이 얼마나 보장되는가에 성패가 달려있을 것이다.

해외 교류가 급증하는 오늘날 세계 경제와 정치 문화 사회와 보폭을 같이 하기 위해서는 국제회의는 물론 교육과 소규모 회의에서 다양한 성격의 동시통역, 순차통역의 수요가 점차 늘어가고 있는 것이 현실이다. 또한 학회에서 논문을 비롯하여 입찰서 홍보자료 교육 자료와 같은 거의 모든 분야에서도 번역의 수요는 날이 갈수록 늘어가고 있다. 이런 급변하는 사회의 수요에 부응하고 글로벌 인재를 양성하기 위해서는 통번역(I/T)에 대한 체계적인 전문소양을 갖추도록 교육하는 것이 절실해 졌다. 이런 시대적 요구에 순응하고 적응하기 위해서는 통번역(I/T Training)에 대한 훈련이 필요한데 이를 위해 영미문화를 이해하고 통번역의 기본을 다지는 것이 무엇보다 중요하고 할 수 있다. 만약 국제적인 언어 환경을 경험해 본 사람이라면 더 유리한 고지를 점했다고 볼 수 있다. 특히 언어 습득기에 외국에 살아본 경험이 있고 언어감각까지 갖추고 있다면 상당히 좋은 조건을 갖춘 셈이다. 실제로 탁월한 능력을 가진 많은 통역사들은 상당기간의 외국 체재경험을 갖고 있는 경우가 많다.

필자가 십 수 년을 대학교수로서 학부, 통번역 대학원, 교육대학원, 일반대학원, 테솔 대학원에서 강의를 해오면서 항상 느끼는 것이지만, 형식적인 상아탑 안에서 안주하는 방식에서 벗어나 실무적이고 현장에서 실무 능력을 키우도록 훈련시키는 것이 더 중요하다는 점이다. 대학가에서 개설

된 통번역을 검토해 보면 대개는 영어 글쓰기, 영어숙달, 통번역 입문, 프레젠테이션 입문, 다문화 연구, 영한번역 기초, 통역 듣기, 대중 연설, 비즈니스 글쓰기, 영미지역 사정연구, 영한통역연습, 고급영어쓰기, 영미문화비교, 한영 시역, 국제관계 이해, 영한 순차통역, 미디어 번역, 문학번역, 비즈니스 번역, 수사학과 토론, 문장구역, 한국어 숙달, 시사영어와 같은 폭넓은 균형 잡힌 교과과정을 운용하고 있음을 볼 때 통번역이 단지 언어적인 숙달의 문제가 아니라 정치 경제 사회 문화에 걸친 다양한 경험과 습득이 필요한 것임을 알 수 있다. 대학원에서는 대개 전공필수 과목으로 일반번역 A-B(Basic Translation), 일반번역, 문자구역 B-A/C-A(Basic Translation: Written and Sight Translation), 산업경제번역 A-B/B-A/C-A (Translation of Economic Commercial Texts), 과학기술번역, 정치 법률 번역, A-B/B-A/C-A, 번역 세미나 (Seminar in Translation), 순차통역 A-B/B-A 입문 (Introduction to Consecutive Interpretation), 순차통역, 문장구역 B-A/C-A (Consecutive Interpreting Sight Translation), 동시통역 A-B(Simultaneous Interpreting) 모의회의 (Mock Conference), 순차통역 모의회의(Mock Conference in Consecutive Interpreting)과 같은 강좌로 진행이 된다.

번역이나 통역의 공통점은 두 가지 모두 언어 간의 상호작용을 기본 메커니즘으로 한다는 것이다. 대개 번역은 written translation을 의미하지만 oral translation은 통역에 해당한다. 통번역은 SL-TL의 일방 통행적 작업(one-way avenue)처럼 보이나 번역이나 통역은 한 언어(SL)로 표현된 아이디어를 다른 언어(TL)로 옮겨 놓은 과정이 아니다. 실제로 번역과 통역을 가능하게 하는 것은 두 언어 간의 밀접한 상호작용이다. 이러한 상호작용은 두 언어 간의 대응(correspondence)을 통해서 나타나게 되는 것이다. 두 언어 간의 대응관계에 대한 체계적인 이해가 부족하면 한/영 번역이 피상적이고 단편적인 지식의 전달과 습득의 범주를 벗어나지 못한다. 언어 간의 대응력이 필요한데 이것이 안 되면 한국어에 대응하는 적절한 영어표현을 선택할 수 없기 때문에 능력 있는 통번역사가 될 수 없다. 각각의 나라마다 고유한 언어적 특징을 지니고 있어서 다른 표현방법을 사용하여 뜻을 전달하고 문화적 차이가 있어서 많은 혼란을 불러온다. 따라서 고유한 언어적 특징과 문화적 상황을 알고 고려할 수 있어야 한다. 한국에는 4는 죽음을 의미하여 실제로 빌딩에는 4층이 존재하지 않고 기독교 문화에 영향을 받은 서구의 건물에는 13일의 금요일 영화의 제목처럼 13층이 존재하지 않는 차이와 같다. 이처럼 통역사는 두 문화를 동일하게 대변할 수 있어야 한다.

통역사는 연사의 발화 속도에 따라 대개는 1분당 100-200단어를 처리한다. 통역과정은 통역사가 세 단계를 항상 거치게 된다.

들으면서 이해하고 이를 종합하여 분석하며 기억하여 표현하여 전달한다.

언어 간의 equivalence가 과연 가능한가 하는 문제는 오랜 쟁점 가운데 하나이다. 이 문제는 번역이라는 작업이 SL/TL의 equivalence를 찾는 작업이므로 equivalence를 찾지 못하면 번역의 정당성 자체가 위협을 받기 때문이다. 그러나 word-to-word, phrase-to-phrase와 같이 언어적 차원의 equivalence는 불가능하지만 문맥적으로는 가능하다. 어쨌든 번역의 기본적인 개념은 SL → TL로 옮겨놓는 것이다. Eugene Nida는 Translation Process(번역과정)을 아래와 같이 설명하고 있다.

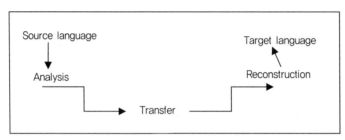

* 통번역의 대상이 되는 텍스트는 출발어의 이해 과정에서 언어의 껍데기를 벗고 의미가 도출되는 탈언어화(deverbalization) 과정을 거쳐 도착어로 표현됨.

위 도표에 의하면 번역은 SL의 메시지를 해석하여 그 의미를 TL로 재구성하는 작업으로 설명할 수 있다. 그러나 어떻게 한영/영한이 Transfer 하는가를 알아보는 것은 중요한 일이다. 가령 "frustrated"에 해당하는 단어를 "disappointed, thwarted, foiled, aborted, cancelled, nullified, baffled, confounded, puzzled, disconcerted, confused" 같이 생각해 내었다고 했을 때 다음단계에서 이 대안들 중에서 본문의 의미를 가장 잘 나타낸다고 여겨지는 단어를 하나 선택해야 한다. 이것이 transfer과정에 해당한다. 메시지의 전환(transfer)은 번역의 단위(translatable unit)에 해당하는 SL/TL의 단위를 찾아 대체하는 것을 의미한다. 이런 작업을 흔히 equivalence-matching이라는 표현을 쓴다.

통역이란 단어의 어원은 "표현하다, 말하다, 진술하다"의 의미를 지니는 그리스의 동사 "헤르메네웨인 hermenewein"에서 유래한다. 통역의 정의는 화자/발신자(speaker/sender)의 말, 즉 원어(source language)로 구성된 말을 청자/수신자(hearer/ receiver)가 사용하고 알아들을 수 있도록 목표어(target language or receptor language)로 구성된 말로 바꾸어주는 행위이다.

모국어를 사용하는 speaker(화자/발신자)와의 의사소통에 있어서 hearer(청자/수신자) 역할을 수행하고 외국어를 사용하는 hearer와의 의사소통 관계에서는 speaker의 역할을 수행하는 의사소통의 중개자로서 1인 2역을 수행하는 것이다.

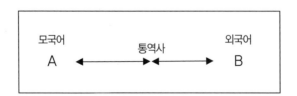

통역의 목적은 원어로 전달하고자 하는 것을 청중이 듣고 온전히 이해할 수 있도록 목표어로 바꾸어 주는 것이다. 이때 온전한 이해를 위한 필수조건은 바로 의사소통적 가치의 등가성이다. 다시 말해 원어의 어휘와 목표어의 어휘를 일대일로 짝짓기 해서 획득될 수 있는 것이 아니라는 점인데 이는 각각의 언어는 고유의 언어적 특징을 지니고 있고 또 그 언어가 소속된 문화적 차이가 있기 때문이다.

Imagine two people sitting in a room. They may be politicians, businessmen or women, trade unionists or scientists. They wish to discuss their work but speak different languages, and neither speaks the other's language well enough the discussion to be useful. So they call in someone else, who speaks both languages, to explain what each is saying in turn. That person is an interpreter. (Roderick Jones's *Conference Interpreting Explained*)

아래 그림은 SL 텍스트와 TL 텍스트의 관계를 보여주는 경우이다.

Relationship Between SL Text and TL Text

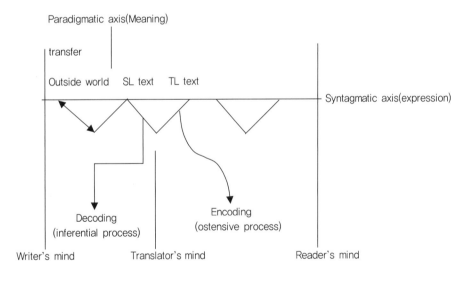

* 상기 도표에서 보는 바와 같이 SL 텍스트는 writer's interpretation of the world를 나타내는 것이고 TL 텍스트는 번역자가 작가의 세상을 해석하는 그 부분을 통역해 내는 것을 나타내는 것이다.

통역사의 역할은 원어로 된 연설을 빠르고 정확하고 철저하게 이해하고 분석한 후 연설가의 말하고자 하는 바를 순발력 있게 적절한 어휘를 구사하여 명확하고 자연스럽게 표현하고 전달해야 한다. 통역사의 인간성은 원만한 인간관계, 성실성, 객관성, 비판성, 분석력, 판단력, 창조력, 문제해결의

능력, 의사전달과 자기표현 능력, 용기, 환경의 적응력과 같은 요소들이 필요하다.

통역의 고전적 모델(Classical Model)-통역과정이 2단계(two-step) 단일 행위로 구성되어 통역은 발신자가 원어로 말하는 것을 통역사가 듣고 그 내용을 수신자에게만 전달하는 행위이다.

```
Speaker  →  Interpreter  →  Interpreter
```

Daniel Gile는 다음과 같이 SL/TL의 관계를 설명하고 있다. 똑 같은 메시지라도 표현방식에 있어서 여러 가지 다르게 나타날 수 있다.

⑴ Sixty kilometers to Seoul.

⑵ Still sixty kilometers to go.

⑶ We'll be in Seoul in sixty kilometers.

⑷ Sixty kilometers longer.

⑸ We'll be there in sixty kilometers.

⑹ Seoul is sixty kilometers from here.

분석: 같은 의미라도 전달 방식이 너무도 다름을 알 수 있다. 2, 4 5에는 Paris 가 언급되어 있지 않고 2, 3, 4, 5에서는 화자가 현재 상태에서 50킬로미터로 움직이고 있음이 표현되며 3, 5에서는 "we"를 표현하면서 최소한 화자 이외에 한 사람이 같은 방향으로 나아가고 있음을 보여준다. 마지막으로 2, 3, 5에서는 Paris에 가는 것이 미래의 일임을 볼 수 있다.

Relationships between the Message M and Sentences in Language S(S1, S2, S3)
and Language T(T1, T2, T3).

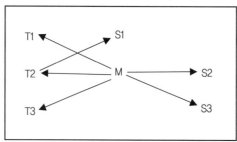

"Given exactly the same Message presented under exactly identical conditions at the same point in time, individuals sharing the same mother tongue tend to write different sentences to express it." (Daniel Gile's *Basic Concepts and Models for Interpreter and Translator Training*, 52) 궁극적으로 sender와 receiver는 똑같은 정보를 지니고 있음을 알 수 있다.

통역의 의사소통 모델(communication model)-의사소통 모델은 발신자가 원어 수신자와 목표어 수신자 모두에게 말하는 상황을 설정한다는 점에서 고전적 모델과 차이가 난다.

```
Speaker          →  Source Language Listener
Interpreter      →  Target Language Listener
Client
```

통번역이 등장하게 된 배경에는 여러 가지 이유가 있었고 또 그 역사적인 기간도 상당하다. 그러나 본격적인 학문의 한 분야로 자리매김을 받게 된 것은 1960년대부터이다. 이 시기에 비교문학, 기호학, 최신 언어이론과 응용언어학이 동시에 등장하였기 때문이다.

Werner Koller는 구약의 창세기 가운데 바벨탑 건축에 관한 이야기가 통번역의 필요성을 비유적으로 제시하고 있음을 지적하고 있다. 성경의 창세기 11장에서는 다음과 같이 기록되어 있다.

Now the whole world had one language and a common speech. As men moved eastward, they found a plain in Shinar and settled there. They said to each other, "Come, let's make bricks and bake them thoroughly. They used brick instead of stone, and tar for mortar. Then they said, "Come, let us build ourselves a city with a tower that reaches to the heavens, so that we may make a name for ourselves and not be scattered over the face of the whole earth. But the Lord came down to see the city and the tower that the men were building. The Lord said, "If as one people speaking the same language they have begun to do this, then nothing they plan to do will be impossible for them. Come, let us go down and confuse their language so they will not understand each other.

온 땅의 구름이 하나요, 언어가 하나더라. 이에 그들이 동방으로 옮기다가 시날 평지를 만나 거기 거하고 서로 말하되, 자 벽돌을 만들어 견고히 굽자하고 이에 벽돌로 돌을 대신하며 역청으로 진흙을 대신하고 또 말하되 자 성과 대를 쌓아 대 꼭대기를 하늘에 닿게 하여 우리 이름을 내고 온 지면에 흩어짐을 면하자 하였더니 여호와께서 인생들의 쌓은 성과 대를 보시고 강림하셨더라. 여호와께서 가라사대 이 무리가 한 족속이요 언어도 하나이므로 이같이 시작하였으니 이후로는 그 경영하는 일을 금지할 수 없으리라. 자 우리가 내려가서 거기서 그들의 언어를 혼잡게 하여 그들로 서로 알아듣지 못하게 하자 하시고 여호와께서 거기서 그들을 온 지면에 흩으신 고로 그들이 성 쌓기를 그쳤더라. (창세기 11:1-10)

오늘날 통번역이 대두하게 된 역사적 배경에는 다언어의 출현과 바벨탑 붕괴가 있었던 것이다. 통역과 번역의 공통점은 의사소통의 중개자 역할을 수행한다는 점이다. 통역사는 메시지를 전달하고 발신인과 수신인 간에 의사소통을 원활히 하게 하는 책임을 진다. 번역가는 저자의 의도를 제대로 살리고 이것을 독자들에게 전달해 주는 책임이 있다. 더 나아가 통번역가는 공히 문화 전달자로서 역할을 수행하기도 한다. 한 민족의 언어는 그 민족의 문화적 정수가 녹아 있기 때문이다. 이런 점에서 볼 때 통번역은 언어라는 매개를 수단으로 한 문화 전달의 행위인 셈이다. 특히 통역사가 갖추어야 할 중요한 요소는 문화적 맥락에서 발신자, 통역사, 수신자는 사회적 요소들에 의해 의사소통이 이루어진다는 점이고 이는 개개의 풍속, 관습, 언어행위, 문화를 종합적으로 연관시켜 표현할 수 있는 능력을 필요로 한다. 때로는 자음 뒤 말음의 자음이 생략되거나 연음현상이나 유음화가 이어서 나오기도 하고 조음점 동화나 not A but B의 용법이 도치되어 사용되거나 혼합문이 나오기도 하는데 통역사는 이를 모두 이해할 수 있어야 한다.

Profound and powerful forces are shaking and remaking our world, and the urgent question of our time is whether we can make change our friend and not our enemy. This new world has already enriched the lives of millions of Americans who are able to compete and win in it. But when most people are working harder for less; when others cannot work at all; when the cost of health care devastates families and threatens to bankrupt many of our enterprises, great and small; when fear of crime robs law-abiding citizens of their freedom; and when millions of poor children cannot even imagine the lives we are calling them to lead-we have not made change our friend. (Bill Clinton 연설문 발췌)

심오하고 강력한 힘들이 세상을 흔들어 바꾸고 있습니다. 우리 시대의 당면한 문제는 우리가 변화를 우리의 적이 아니라 친구로 만들 수 있느냐 하는 것입니다. 이 새로운 세상은 그 속에서 싸워 승리할 수 있는 수백만 미국인의 삶을 벌써 부유하게 만들었습니다. 그러나 대부분의 사람들이 보다 더 적은 것을 위해 더 열심히 일하고 어떤 사람들은 전혀 일을 할 수 없으며 의료보호 비용이 가족들을 황폐하게 하면서 우리의 많은 기업들은 많든 적든 상관없이 파산의 위험에 노출되어있으며 범죄의 공포가 선량한 시민의 자유를 박탈하고 수백만의 불쌍한 어린이들이 우리가 살아가도록 권장하는 삶을 상상조차 할 수 없다면 우리는 변화를 우리의 친구로 만들지 못할 것입니다.

1. 통역 이해의 기본 바탕

가령 강의실에서 어떤 학생이 원어민 교수에게 다음과 같이 말했다고 가정했을 때 어떻게 이해를 할까 생각해 보자.

```
This car is very powerful.
```

위의 문장은 두가 언어에 바탕을 두고 이해할 수 있다. 하나는 단어와 문법에 기준하여 이해할 수 있는데 "powerful"이란 의미는 다양하다. 나무에서 떨어지는 힘센 사람의 의미나 차가 지닌 힘은 문제해결을 위한 강력한 해결방법과는 다르다. "car"는 자동차일 수도 있고 전차나 아니면 건을 실어 나르는 장치일수도 있다. 그 다음으로는 언어외적(extralinguistic knowledge) 지식이다. 따라서 다음과 같이 표현할 수 있다.

따라서 화자가 생각하고 있는 차의 종류와 화자가 구체적으로 어떤 사람인지를 안다면 보다 정확한 의미를 파악하는데 도움이 된다.

```
C=KL + ELK + A


C stands for comprehension
KL stands for "knowledge of the language"
ELK stands for "extralinguistic knowledge"
A stands for "deliberate analysis"
```

SL 텍스트를 TL텍스트로 I/T(통번역)하는 과정에서 일어난 오류의 경우를 보자.

Source Text
Over centuries, peoples of the North and the South of the Mediterranean have been living together, fighting each other, conquering each other's territories, wooing *each other, abusing each other. Yet, history-like avalanches-tends to always run* its course in the same corridors. This is where it gains strength.

통번역(I/T)
Target Text
Centuries ago(1), the peoples of the North and South Mediterranean lived together, got involved in internal wars from which they emerged as conquerors or losers, wooed and cursed one another; in short (2) cooperated in the real sens (3) of the world. But then history－like a torrent－settles

down (4) in the silent reservoir of tradition where it regains (5) its force.

분석

(1) 과거 시제가 사용된 것이 문제가 되는 것은 아직까지 전쟁이 진행되고 있다. (2) 대명사가 빠져있음 (3) "sens"에서 "e"가 탈락되어 있음 (4) "torrent"가 "settle down"이란 표현이 애매함 (5) "regains"라는 표현이 "silent reservoir"에서 회복한다는 의미가 모호함 (6) "torrent" "avalanche" "silent reservoir"이란 표현은 잘못된 이해라기보다는 통번역자의 어휘 선택과 관련되어 있음.

2. 통역의 완성과 수행: 통역 기술론

집중력은 장시간 타인의 담화를 이해하고 정확히 전달해야 하는 통역사에게는 필수불가결한 조건이다. 주변의 소음이 분명 통역에 장애가 되지만 소음이 전혀 없는 경우에도 집중력에 방해가 된다. 우선 통역의 테크닉을 향상하기 위한 사전 연습이 있다. 특히 동시통역과 같은 높은 수준의 인지능력을 요구하는 과제의 경우, 곧바로 통역연습에 들어가기에 앞서 여러 가지 사전연습을 시켜 점차적으로 인지능력을 제고하는 것이 통례이다. 이는 동시통역 교육이 실시된 초기부터 이루어져 왔다. 그 다음으로는 통역할 때 사용하는 현장 통역 기술에 대한 연구가 있으며 노트 테이킹이 그 다음 지적될 수 있다.

(1) Shadowing(따라 말하기)

청취한 텍스트를 듣는 즉시 그 언어로 따라 하는 연습으로 발화속도에 도움이 되며 억양, 발음과 듣고 동시에 말하기 능력향상 및 내용이해에 도움을 주는 어구(phrase) 따라 하기로 구분된다. 공통적으로 따라 하기를 하는 것은 통역을 하는데 인지능력을 키워주기 때문이다. 단지 문제가 되는 것은 따라 하기를 하는 학생들이 발화속도에만 신경을 쓰기 때문에 내용파악을 소홀히 하는 문제점은 있다.

(2) Dual-task(이중과제 훈련)

이중과제 훈련은 동시통역에 필요한 동시에 듣고 말하기 능력을 향상시키기 위한 훈련이다. 두 가지의 상이한 과제를 제공함으로써 두 가지의 인지능력을 동시에 사용하도록 훈련시키는 것이다. 첫째는 언어과제를 비언어과제와 함께 수행하는 것으로 텍스트를 들으며 그림을 그리기 텍스트를 들으며 앞에 놓인 물건들은 종류에 따라 분류하는 것이 이에 속한다. 둘째는 언어과제 두 가지를 동시에 수행하는 것으로 텍스트 들으며 숫자 거꾸로 세기, 따라 말하기 중 노트 테이킹 하기, 따라 말하기 중 다른 텍스트 베껴 쓰기이다. 이를 통해 필요한 인지능력이 통역능력과 관련이 이게 된다.

(3) Digit Processing(숫자 집중훈련)

많은 통역사들도 어려움을 겪는 숫자문제를 해결하기 위해 통역 교육과정의 학생을 대상으로 실시하는 훈련으로 단순 숫자를 따라 말하기에 이어 익숙해지면 수준을 높여 숫자 코드 스위칭(숫자 통역)을 실시하는 방식도 있다. 발화속도를 변경하여 처음에는 천천히 시작하다 숫자에 익숙해지면 속도를 높여가는 방식도 사용되고 있다.

(4) Lag Exercises(Time Lag 통역시차 또는 청성시차 조절)

동시통역에서 학생들이 초기에 연사의 말 속도를 맞추지 못해 많은 정보손실을 하는 것을 방지하기 위해 고안한 연습법으로 따라 말하기 도중 의도적으로 청성시차의 폭을 변경하는 훈련을 말한다. 단어를 나열하는 대신 일정한 내용과 구조를 갖춘 텍스트를 가지고 하는 연습이라면 의미가 있는 훈련이다. 동시통역에서는 "청취-발화 시차"(ear-voice-span, EVS)라고 한다.

(5) 동시에 듣고 답하기 연습

듣는 즉시 대답하는 연습으로 듣고 대답하기 연습은 듣고 말하기 능력과 함께 빠른 내용 분석 능력을 향상시킨다.

(6) Code Switching(코드 스위칭)

코드 스위칭에서 말하는 코드에는 다양한 기호가 정보를 전달하는 매체로서 사용되겠으나 통역에서는 언어 스위칭을 의미한다. 통역을 하는 초기에는 단어의 코드 스위칭, 어구의 코드 스위칭, 숫자의 코드 스위칭이 있다. 또 질문에 대해 대답하는 코드 수위칭도 있다. 통역에 꼭 필요한 언어 교환 능력, 연상 능력, 내용분석(대답하기) 능력을 향상시켜준다.

(7) Cloze Task(빈칸 채우기)

텍스트의 일부를 빈칸으로 남긴 후 이 빈칸을 채워나가는 형태의 연습이다. 이 연습의 목적은 어떤 텍스트를 선정하고 어떤 부분을 얼마만큼 빈칸으로 남기느냐에 따라 다양해 질 수 있다. 문맥 파악 능력이나, 관용어에 관한 문제, 어휘능력에 관한 것일 수도 있다. 이 모든 연습은 연습자의 전반적인 언어능력과 추론 능력을 제고시킨다는데 공통의 목적을 두고 있다. 초기에는 어휘 문제를 하고 나중에는 연어, 관용어 연습으로 확대하여 수준이 높아지면 텍스트의 사고흐름을 파악하는 문제로 발전시킬 수 있다.

(8) Transformation and Paraphrase(어구변형 연습)

어구변형 연습은 표현방식만을 변형시키는 것으로 통번역에 많이 사용된다. 우선 다양한 표현을 익히고 한 언어의 어구를 다른 언어로 표현하는 방식을 익힘으로써 자주 사용되는 통사구조의

변형형태를 자동화시키는 효과를 생각해 볼 수 있다.

(9) 혼합형태

연습과제가 혼합되어 사용되는 경우 하나의 연습방법이 가지고 있는 결점을 다른 연습과제가 보완할 수도 있을 뿐 아니라 통역연습이 무미건조해지는 것을 막고 단계별로 연습을 할 수 있다.

(10) Sight Translation(문장구역)

파트너 없이 혼자서 연습할 수 있는 장점이 있고 문장구역은 즉흥적 발화라는 점에서 주로 동시통역의 연습으로 활용되고 있으며 순차통역과 번역에도 도움이 된다.

(11) 텍스트 주제에 대한 토론(Discussion), 텍스트 요약 연습(Summary)

어차피 통역이란 남의 말을 옮기는 작업이다. 통역사는 날마다 다른 주제의 통역을 하기 위해서라도 쉬지 않고 끝없이 공부를 해야 하는 힘든 일을 부담스러워 하지 말아야 한다. 통역에서 가장 중요한 것은 연설의 메시지를 이해하는 것(get the message across)이다. 통역의 테크닉을 익히는 것과 통역의 언어숙달은 동시에 가야 가장 합리적이겠지만 통역사의 어학능력이 이를 받쳐주지 못할 경우 통역의 훈련을 한 후 바로 이를 평가하고 시정하는 것도 좋은 방법이 될 수 있다. 어학능력은 전적으로 개인의 노력에 달려 있기 때문이다. Dejean이 지적하는 바와 같이 언어는 외과의사의 메스와 같아서 그 효과는 이를 사용하는 사람의 기술에 전적으로 달려있는 것이다. "Language is nothing but the surgeon's scalpel. Its effect will depend on the skill with which it is handled." 또한 통역을 할 때 통역사는 연설자가 말하고자 하는 바를 내용과 감정 면에서 같은 효과를 내며 청중들에게 전달해야 한다.

따라서 대개 통역대학원 시험에서는 필기시험에 합격한 수험생들을 상대로 구술시험으로 수험생들의 논리적 사고방식을 시험해 보기 위해 논쟁적인 문장을 대상으로 한영 또는 영한으로 된 1분 30초 동안 텍스트를 읽어 준 후 영어나 한국어로 요약하도록 하는데 논리의 옳고 그름을 떠나 연사나름의 논리를 분석해 이를 정확하게 전달해 줄 수 있느냐가 관건이다.

3. Kalina의 통역 기술론

Kalina의 통역 기술 이론은 결과(product)로서 통역보다는 과정(process)로서 통역에 초점이 맞추어져 있다. 그에 의하면 통역이란 여러 통역기술이 상화관계를 맺으며 네트워크를 이루는 전략적 과정(strategic process)이다. 다시 말해 통역은 통역사가 의도적으로 이끌어 나가는 과정이란 의미이다. 또 그는 언어처리 기술과 통역기술은 밀접한 관계를 맺고 있다고 한다. 그는 통역 기술이 4가지

특징이 있다고 한다. 인지적 경험에 바탕을 두고 통역할 때 발생하는 각종 문제를 해결 할 수 있어야 한다고 한다.

(1) 출발 텍스트 이해를 위한 기술

텍스트를 이해하는 과정에서 텍스트와 인지적 상태는 상화작용하면서 언어정보를 처리한다. 이때 통역사는 자신의 인지능력을 사용함에 있어 두 가지 이해전략을 사용한다.

① 비전향적(상향식) 이해기술(**Bottom-up strategy/Regressive**): 언어에 의거한 것으로 텍스트의 정보를 분석함으로써 텍스트 의미를 파악해 나가는 것을 말한다. 텍스트 전체를 이해해 나가는 과정이다.

② 전향적(하향식) 이해기술(**Top-down strategy/Progressive**): 지식에 의거한 것으로 통역사는 자신의 지식을 바탕으로 텍스트를 이해한다.

(2) 도착 텍스트 발화를 위한 기술

출발어의 특성: 통사변환 기술(syntactic transformation)이나 단어, 문구의 치환기술(transcoding) 출발어 텍스트 요약 기술로 이는 시간에 쫓기는 동시통역사에게 유용한 기술이다. 텍스트를 요약하여 통역할 때 반드시 필요한 정보만 선택하고 불필요한 요소를 삭제하여 내용의 큰 틀을 해치지 않는 범위 내에서 일반화 할 수 있다.

4. Segmentation: 짧은 문장으로 나누기하여 통역하는 방법

Segmentation 통역 전략은 "한 덩어리로 뭉치기(chunking)" 방식으로 연사의 발화에서 주제어가 날 때까지 기다리지 않고 통역사가 통사적, 의미적으로 중립적인 단어와 구문으로 발화를 시작하는 것으로 동시통역의 가장 기본적인 전략이다. 이는 독립적, 기술적, 상황적인 덩어리들로 나누어 통역하여 복합적인 구조의 문장이 여러 개의 단순한 문장으로 통역된다고 하는 것이다.

영한 동시통역의 예시문
Speaker: From the time the General Assembly adopted Resolution 1514, 19 years ago… many nations, including mine, have joined the ranks of free and independent nations.

통역: "결의안 1514는 19년 전 총회에서 채택되었습니다. 그 후로 많은 나라가, 제 나라도 포함됩니다만, 독립하였습니다."

위의 경우에서 통역사는 연사가 발화한 "from the time"을 통역하지 않고 기억 속에 저장시킨 후, 계속 연결되어 이어지는 전치사구의 나머지 부분인 "the time General Assembly adopted Resolution 1514"을 짧은 문장으로 통역하고 나서, 후행문장에서 단기 기억 속에 저장해 둔 "from"을 재생시켜 통역하고 있다.

한영 동시통역의 예시문

연사의 발화: "국민과 함께 하는 민주주의, 더불어 사는 균형발전 사회, 평화와 번영의 동북아 시대 구현을 국정목표로 하는 새 정부에서 국민과 함께 하는 지속 가능한 녹색국가를 만드는 일에 한 배를 타게 된 공동운명체 입니다." (장관 취임사)

동시통역: Democracy with the people, a society of balanced development, an era of peace and prosperity in Northeast Asian are the government's goals. The Environment Ministry will build a life-respecting, participatory green nation. We are all on the same boat, committed to this goal."

장관의 발화 가운데 "국민과 함께 하는 민주주의, 더불어 사는 균형발전 사회, 평화와 번영의 동북아 시대"라는 말을 하기는 하는데 장관의 취임 후 환경 부서를 이끌어갈 의지를 천명하는 것인지 아니면 국정목표인지 무슨 말인지 도대체 알 길이 없다. 그러나 "국정목표"라는 발화가 있고 나니 그 의미를 알 수 있다. 따라서 통역사는 이같이 취임사를 통역할 때는 해당부서에서 자료를 넘겨받아 배경을 알아보아야 내용을 배경지식을 바탕으로 progressive(top bottom 하향식)하게 통역이 원활하게 이루어질 수 있다. 이런 경우에도 긴 문장으로 구성된 연사의 발화를 여러 개의 짧은 문장으로 나누어 통역하는 것이 효과적이다.

5. 예측하기(anticipation)

"예측하기"는 동시통역에서 연사가 서술어와 같은 특정 문장 구성성분을 발화하기도 전에 통역사가 미리 예측하여 발화하는 것을 뜻한다. 연사가 아직 발화하지 않은 내용을 하향식(top-down)으로 이해하는데 있어 가장 중심적인 역할을 하는 것이 "예측하기"이다. 통역사는 연사의 발화를 청취하면서 자신의 지식을 근거로 연사가 아직 발화하지 않은 단어를 예측하는 것이다. 이는 한국어-영어 통역에서 한국어와 같은 후핵(head-last)언어에서 영어와 같은 선행언어로 통역할 때 반드시 필요하다.

▶▶ "In the case of this great country Korea⋯" 선행 발화문에서는 한국의 현재를 과거와 비교적인 관점에서 기술하는 내용이다. 통역사는 언어적 그리고 언어외적인 지식을 근거로 "From the ashes of war"에 이어지는 발화문이 어떻게 이어질 지 예측이 가능하다. 전쟁의 폐허에서 현재의 발전상으로 이동할 것임을 예측할 수 있다.

통역사에게 매우 중요한 작업들 가운데 하나는 지적 호기심을 가지고 관심을 가져야 하며 통역할 연설의 주제에 대한 제반 자료를 찾아 준비하고 스스로 해박해 지며 익숙해지는 일이다. 최소한의 주제 지식이 없다면 논리 전개가 불분명할 가능성이 있고 잘못된 오역을 할 가능성이 크다. 그렇다고 해서 특정 분야에 대한 전문가일 필요는 없다. 그 다음으로 한 언어에서 다른 언어로 "대칭전환"이 되는 어휘나 어구를 이해하고 있어야 한다. 가령 국제회의에서 자주 등장하는 단어로는 agenda(의사일정), secretary general(사무총장), record(보고서), quorum(정족수), convocation (소집), adjournment(휴회, suspension) have the floor minutes(발언권) 정도는 미리 준비해서 익숙해져 있어야 한다. 불분명하고 애매한 용어가 미리 발견되면 행정실무자에게 문의하던지 연설문을 보여 달라고 부탁하는 것이 좋다.

전문성을 기준으로 볼 때 전문통역은 전문적인 주제를 다루는 통역이다. 특히 정치, 경제, 외교, 법률, 경제, 산업기술, 학술, 의료 등이 있겠는데 외교 통역 같은 경우 무엇보다 사용어휘의 정확성과 전문용어의 사용이 중요시 된다. 반면에 일반통역은 전문성이 떨어지는 통역으로서 관광통역 안내, 각종 축사, 정치가의 신년사 같은 범주가 여기에 속한다.

정치 · 경제 분야의 통역을 할 때는 신문 잡지나 준비자료 또는 회의자료를 사전에 요청해서 읽어보는 것이 좋고 과학이나 기술 분야는 전문사전이 필요할 것이다. 아니면 회의 주최 측에서 제공하는 자료들을 입수해서 읽어보는 것은 통역에 많은 도움이 된다.

특히, 다른 사람이 하는 말을 정확히 듣고 전달하기 위해서는 정신을 집중해야 한다. 통역을 할 때는 "있는 말은 빼지 말고 없는 말은 넣지 말라"는 말이 있듯이 정신을 집중하는 연습을 게을리 해서는 안 된다. 정신을 집중하기 위해서는 눈을 조용히 감은 채 잡념을 없애고 마음과 머릿속을 비워야 한다. 그리고 화자/연사가 하는 말을 그 텅 빈 마음과 머릿속의 백지에 그려나간다. 그 바탕이 텅 비고 깨끗할수록 그려지는 그림도 더 분명해진다. 정신을 집중한다는 것은 남의 말을 정확히 기억하고 분석하는 능력이 된다. 남의 말을 들으면서 자신의 머릿속에 그림을 그리는 것을 영상화 (visualization)이라고 하는데 자신이 보고 그린 그림은 그 내용을 정확하게 재생(reproduction)하면서 분석을 통해 풍경화나 정물화 아니면 다른 종류의 것일 수도 있다. 남의 말을 잘 기억하는 방법들 가운데 하나는 영상화(Visualization)이다. 남의 말을 들으면서 머릿속에서 그림을 그리는 것이다. 그 그림은 자신이 보았던 풍경이나 물체가 될 수도 있고 지도나 도표가 될 수도 있는데 이것을 영상으 로 그려보는 것이 도움이 된다. 이처럼 통역사들은 연사가 하는 말을 분석하고 끊임없이 머릿속에 서 그려야 한다. 통역사의 역할은 흔히 앵무새로는 별명이 있듯이 남의 말을 이해하고 옮기는 의미 있는 그런 존재이다.

통역연습을 할 때는 지적 호기심으로 독해의 분량보다는 독해의 내용을 파악하는 질에 초점을 두는 것이 효과적이다. 정기적으로 하루도 거르지 않고 신문 잡지 또는 책을 규칙적으로 보고 공부 하면서 문장의 표현이나 어구의 핵심 의미까지 신경을 쓰면서 습관적으로 훈련하는 것이 필요하다.

6. 노트 테이킹(note-taking)

필자가 얼마 전 대한 상공회의소에 동시통역사를 선발하는데 제1면접관으로 봉사한 경험이 있 었다. 필자는 지원자들에게 특별히 노트 테이킹 하도록 종이를 제공하지도 않았고 또 필기도구에 대한 언급을 하지도 않은 상태에서 동시통역과 순차통역을 치르게 했는데 특별히 노트 테이킹이 필요하지 않다는 것을 경험할 수 있었다. 통역사들은 대개 연사나 화자가 하는 말을 자기 나름대로 독특한 방식으로 메모를 하는데 특히 순차통역에서 많이 행해지며 이를 노트 테이킹(note taking)이 라고 한다. 그러나 반드시 이런 노트 테이킹이 필요한 것은 아니다. 집중력과 기억력이 좋은 통역사 의 경우는 이런 과정 없이 바로 통역을 할 수 있다. 이는 반드시 이러해야 한다는 이론이 아니라 개인의 필요에 따라 하면 된다.

통역사들은 연사가 하는 말을 신속하게 메모하는 순발력이 필요한데 속기사들이 하는 일과는 전적으로 다르다. 소리를 받아 적는 것은 속기이지만 순간적으로 연사/화자의 말을 분석하고 종합 하여 필요한 과정을 거치는 통역은 성격에서 많은 차이가 있기 마련이다. 통역에는 물리적인 시간 이 주어지지 않고 통역사가 스스로에 의존하며 메모하고 노트 테이킹해서 정확하게 의사전달을 책 임지는 위치에 있는 것이다.

통역과정은 몇 가지 단계가 있다. 1) 연사나 화자의 말을 듣고 내용을 이해하고, 2) 연사나 화자 가 하는 그 말의 의미를 파악하는 동시에 이를 기억하여 내용 전체를 분석하고 종합한 후에 3) 자신 의 머릿속에 있는 내용을 청중들이 알아듣기 쉽도록 표현하고 전달하는 단계이다. 이런 세 단계를 거치면서 의사소통(communication)이 발생하는 것이다. 이런 점에서 볼 때 노트 테이킹은 통역의 한

단계로 보기는 어렵고 그냥 분석하고 종합한 내용을 용이하게 기억하게 해 주는 보조작업이라 할 수 있다. 앞서 지적했지만 노트 테이킹은 강연이나 강의내용 아니면 회의발표나 보고서와 같은 내용에서는 꼭 필요하다. 이를 위해 주의할 사항들이 몇 가지 있다.

1. 뜻을 최소한 적으면서 발표한 내용을 주의 깊게 귀 기울이는 것
2. 연설의 본격적인 내용이 등장하기 전까지는 메모를 하지 않고 화자나 연사가 하는 말의 핵심 의미를 간략하면서도 신속히 메모한다.
3. 연사나 화자가 하는 뉘앙스나 말을 쉽게 떠 올릴 수 있도록 자신만의 기호를 적는다.
4. 글을 받아 적을 때에 한 눈에 확 들어오는 메모는 (수직)이다.

(수평)으로 받아 적을 경우 내용의 흐름을 신속하게 파악하기 어렵다. 개개인에 따라서 다를 수 있겠지만 어쨌든 기억하기가 용이한 방법을 취하면 된다.

개개인이 용이한 방법으로 개발할 수 있겠지만 다음과 같은 방식으로 적용해 보는 것도 나쁘지만은 아닐 것이다. 왜냐하면 급할 때는 노트 테이킹이 매우 효과적일 때가 많기 때문이다.

→ 미래	£ 영국	★ 미국	※ 주의
≠ 불일치	← 과거	↑ 증가	☿ 남녀
↓ 감소	♂ 남자	♀ 여자	√ 선택
♡ 연인	♨ 목욕	＝ 합의, 협상	¥ 일본 화폐
◗ 절반의 가능성	∴ 결론	∵ 이유	£ 파운드

Herbert는 그의 저서에서 "모든 사람이 타고난 통역사가 될 수는 없지만, 노트 테이킹 기술향상을 통해 통역 기술의 약점을 보완함으로써 통역의 질을 높일 수 있다. 노트 테이킹 방식은 통역사에 따라 다를 수 있으며 일정한 방식이 강요되는 것은 옳지 않다. 중요한 것은 노트 테이킹 당시 통역사의 머리에 가장 먼저 떠오른 것이 무엇이냐 이다"라고 한다. 이처럼 통역사 개개인은 자신에게 맞는 방식을 개발하는 것이 중요하다. 노트 테이킹의 기본 원칙은 단순성, 명확성, 그리고 효율성이다. 신속하고 간단히 기록하고 기호를 최대한 간략하게 해서 특정한 상황에 해당하는 의미를 바로 유추할 수 있어야 한다. 사람의 청각은 시각보다 더 쉽게 피로를 느낀다. 그래서 피로해지면 머리보다 손을 더 많이 쓰게 되는 것이다. 외국영화를 보면서 외국어 대사를 듣기보다 자막으로 시선이 가는 것도 똑 같은 원리이다. 통역은 머리로 하는 것이지 손으로 하는 것이 아니기 때문에 노트 테이킹은 정신집중이나 분석 훈련이 어느 정도 되었을 때 해야 한다. 노트는 통역사의 기억을 되 살려 주는 마치 무대 뒤에서 대사를 읽어주는 프롬프터(prompter 배우의 후견역할)와 같은 역할에 국한되어야 한다. 노트는 최후의 보루가 되어야 한다. 통역은 머리로 하는 것이다. 그렇기 때문에 적게 쓰고 적게 의존할수록 머리로 분석하는 좋은 통역이 나온다. 왜냐하면 노트에 의존하는 습성이 생

기면 통역사로서는 훌륭한 통역을 하기 어렵다. 노트란 통역사들이 연사의 말을 기억하기 위해 자신이 가진 종이에 편리한 방식으로 적는 메모를 말한다. 노트는 정신집중과 분석훈련으로 기억능력을 최대화 한 후에 활용을 시작해야 한다.

노트 테이킹은 어떤 부호를 쓰던지 전적으로 통역사 개인의 취향에 달려있다. 중요한 것은 노트는 적게 할수록 머리로 분석하고 소화된 통역이 나온다는 사실과 노트는 개인에 따라 다르기 때문에 천차만별임으로 스스로 개발해서 사용하다 보면 나름대로 정리가 된다. 노트 테이킹의 실제를 보기로 하자. 아래 예문에서 보는 바와 같이 "because," "every child," "needs," and "basic" 같은 단어들이 노트 테이킹에 포함되어 있지 않다. 이처럼 노트 테이킹은 화자의 모든 말을 재생산하지 않는다.

Source-language speech:
"…because every child has the same needs, and the right to a basic education, the right to food, the right to shelter, and the right to basic health and every child needs a friend…….."

Kade는 노트 테이킹을 할 때 기록한 정보를 일직선으로 배열하지 않고 여러 단락 안에 펼쳐 적도록 하고 있다. 문자, 약자, 언어 중립적 상징 등의 사용을 강조하며 문자나 상징을 30여 개로 제한 할 것을 권고하는데 특히 숫자와 고유명사는 기록하도록 권하고 있다. 반면 Matyssek의 경우에는 *Handbuch der Notizentechnik*(노트 테이킹 지침서)에서 기존 문자의 사용을 피함으로써 문자의 사전적 뜻에 얽매이지 않도록 강조하고 있다. 또 노트 테이킹하면서 공간의 배치를 수직(vertical)으로 배열할 것을 강조한다. 노트 테이킹의 원칙을 살펴보면 다음과 같다.

① 통역사는 자신의 노트 테이킹 기술을 충분히 익혀 자동화하여야 한다. 문장과 문장 사이마다 긴 가로줄을 그어서 문장이 엉키고 섞이지 않게 한다.
② 단어보다는 의미의 중심이 중요하나 정확한 의미 전달 매체로서 단어도 사용해야 한다. 반복 노트를 피하기 위해 연사가 언급한 사실을 반복하거나 구체적으로 언급할 때는 비스듬한 세로줄로 밑으로 끌어와 정리한다.
③ 같은 조건이라면 언어 중립적 기호를 사용하는 것이 바람직하되 기본적으로 모든 기호와언어의 사용을 허락한다. 비교급이나 최상급 표현이 나오면 이를 비교해서 표시한다. "최고로 아름다운 풍경"을 그냥 "아름다운 풍경"이라고 통역하면 의미가 반감이 되어 제대로 전달이 안 된다. 반대로 원문은 비교급인데 통역은 최상급이 되어 강조하면 필요악(necessary evil)되는 일이 없도록 해야 한다. 그래서 비교/최상급이면 +, - 또는 ○, ☆로 표시한다.
④ 기호, 언어, 약자 등은 가능한 넓은 의미를 포괄하는 것이 바람직하다. 흔히 사용하는 관용어

구(not only A but also B, as well as, the more, the more, not A but B)를 통역할 때 세심하게 해야 한다.

⑤ 필요할 때는 시제를 표시한다. 시제가 틀리면 통역이 빗나가기 때문에 과거, 과거완료, 현재, 현재완료, 미래, 미래완료와 같이 구분해야 한다.

⑥ 여러 가지 사항이 열거될 때는 1, 2, 3과 같이 구분하면 통역이 간결하게 쉬워진다.

⑦ 한국어와 외국어의 숫자 단위가 다르기 때문에 통역에서 가장 힘든 것은 숫자의 나열이다. 그렇기 때문에 숫자 통역은 따로 연습해 두는 것이 좋다. 100 thousand 10만, 10 million 1000만, 100 million 1억

다음은 통역 대학원의 영한 순차통역 시험에서 나온 지문이다. 이를 두고 노트 테이킹을 연습해 보기로 하자.

Date: September 22, 2013
Place: Seminar on Metropolitan Areas and Natural Environment
Speaker: James Parker

Ladies and gentlemen, while cities and their metropolitan areas interact with and shape the natural environment. It is only recently that (최근에 ― 일이 있었다) historians have begun to systematically consider this relationship. Geographers and urban designers, however, had previously laid foundations(과거완료 시제임: 이미 그 전에 기초를 닦았다) for this work. Just as urban history developed as a field in reaction to a growing societal focus on and awareness of urban problems, so have urban environmental studies grown with the evolution of the environmental studies grown with the evolution of the environmental movement. During our own time, the tension between natural and urbanized areas has increased, as the spread of metropolitan populations and urban land uses has reshaped and destroyed natural landscapes and environments. The relationship between the city and the natural environment has actually been circular, with cities having massive effects on the natural environment, while the natural environment, in turn, has profoundly haped urban configurations.

Americans founded cities in locations where nature offered various attractions, such as coastlines where the land's contours created harbors, on rivers and lakes that could be used for transportation, water supplies, and waste disposal, and in fertile river valleys with extensive food and animal resources. Rather than being passive, the natural environment frequently played an active and even destructive role in the life of cities. Urban history is filled with stories about how city dwellers contended with the forces of nature that threatened their lives, their built environments, and their urban ecosystems.

Nature not only caused many of the annoyances of daily urban life, such as bad weather and pests, but it also gave rise to natural disasters and catastrophes such as floods, fires and earthquakes. In order to protect themselves and their settlements against the forces of nature, cities built many defenses including flood walls and dams, earthquake resistant buildings and storage places for food and for water. At times, such protective steps sheltered urbanites against the worst natural furies, but often their own actions exposed them to danger from natural hazards. (이하 생략)

7. 통역의 구분과 공간에 따른 분류

(1) 회의통역(Conference interpreting)

AIIC의 정의에 따르면 회의통역사란 언어능력과 책임감을 갖춘 전문 통역사로 공식 비공식 회의나 회의와 유사한 상황에 투입되는 이를 말한다. 크게는 세 가지로 나누어 볼 수 있다. A언어는 모국어로 주로 발화에 사용된다. B언어는 모국어는 아니지만 모국어에 가까운 수준으로 구사할 수 있는 언어이다. C언어는 주로 청취에 사용되는 언어로 통역사가 완벽하게 이해 할 수 있는 수준의 언어이다. 회의가 진행중인 동안 통역사가 회의 참가자의 말을 통역하는 방식으로 회의참가자의 말 또는 연설을 그의 옆자리에서 또는 별도의 통역 부스에서 통역한다.

(2) 지역사회 통역(community interpreting)

관공서, 병원, 법원, 경찰서 등 특정기관이 통역수요를 충족시키는 목적으로 이루어지는 통역을 말한다. 지역에 따라서 연계통역사(liaison interpreting), 대화통역사(dialogue interpreting) 공공서비스 통역사 (public service interpreting), 문화 통역사(cultural interpreting) 등으로 다양하게 불린다.

(3) 수행통역

특정인을 밀착 수행하면서 그의 말을 상대방에게 통역하는 방식이다. 수행통역의 경우 통역사는 상대방이 식사하는 동안 걸어가는 동안 승용차를 타고 목적지로 가는 동안에도 옆에서 통역을 해야 한다.

(4) 회담통역

두 대표간의 회담을 통역하는 것을 뜻한다. 회담통역에는 통역사가 회담인 전체가 잘 보고 들을 수 있는 위치, 특히 화자에 가까운 곳에 자리하는 것이 중요하다. 회담 통역은 보통 순차 통역으로 진행되나 최근에 시간절약을 위해 생동시통역(연사가 중간 중간 잠시 말을 끊는 사이 특별한 동시 통역 장비 없이 바로 통역에 들어가는 형태)의 형식을 취하기도 한다.

(5) 전화회담 통역

전화로 회담하는 경우 두 사람의 회담자에게 연결된 별도의 수화기와 마이크를 갖춘 통역사가 통역하는 방식이다. 전화회담 통역은 전화 음질에 따라 순차통역이나 동시통역으로 진행된다.

(6) 확대회담 통역

큰 테이블에 마주 앉은 두 대표단간의 회담을 통역하는 것을 의미한다. 순차통역이나 동시통역 방식을 채택한다.

(7) 공식 연설 통역

특정한 경우 동시통역도 가능하지만 보통 순차통역 방식을 택한다.

(8) 교회 설교 통역

한국의 대형 교회 안에서 설교를 동시통역하는 경우가 많은데 들어보면 설교통역이 엉망인 경우가 대다수이다.

(9) TV 통역

방송통역이란, TV화면과 함께 음성을 동시통역하는 것으로 많은 집중을 필요로 하는 것을 말한다. 전쟁과 같은 긴박한 상황에서는 완전히 100%동시통역을 하지만, 보통은 미리 뉴스 등의 화면을 보고 통역사들이 동시통역으로 더빙을 하는 형태가 많이 사용된다. 더욱 정확하고 듣기 쉽게 통역할 수 있기 때문이다. 화면의 음성과 통역이 동시로 진행된다. 방송통역은 원어를 완전히 덮어씌우는 통역과 뒷배경으로 원어를 들을 수 있는 통역(voice-over)으로 구분되고 여기서 화면 발화자의 입모양까지 맞추어 통역하는 경우는 필름을 재녹음하는 더빙(dubbing)이다. 말과 화면이 일치하는 것이 중요한데, 대개는 편집된 필름을 가지고 통역을 한다. 방송에서 통역과 전역을 경계 짓기는 쉽지 않다. 들어오는 외신을 즉석에서 통역해야 하는 동시통역 형식은 방송에서 그리 큰 비중을 차지하지 않기 때문이다. 방송통역은 완벽을 요구하는 방송의 성격상 사전에 들어온 외신기사를 번역, 편집해 시차를 두고 다듬어진 언어로 정리해 통역시키는 경우가 더 많다. 자막처리는 통역보다는 번역에 해당한다. 더빙(dubbing)은 성우들이 하는데 성우의 입놀림을 말에 맞추는 것이다. 그러나 정확하게 일치시키지 않아도 되는 것은 통역은 의사소통이 가장 중요하기 때문이다. 필름을 번역해서 성우가 읽는 경우도 있지만 통역사가 바로 통역하는 것을 녹음하는 경우도 있다.

(10) 기자회견 통역

기자회견 통역은 기자들의 까다로운 질문도 부담이 되고 회견 내용도 부담되어 어렵다. 2001년 3월 8일 미국 대통령과 한국 대통령의 정상회담에 이어 공동기자회견하는 자리에서 대북정책과 관련된 발언에 통역이 잘못되어 말썽이 많아 언론을 통해 뭇매를 맞았던 기억은 모두 생생할 것이다.

Bush 대통령의 발언인 "북한의 지도자에 대해 약간의 회의를 가지고 있다. <u>그러나 그것이 우리가 공동의 목표를 추구하는데 장애가 되지 않을 것이라는 점을 명확히 했다</u>"라고 했는데 통역사는 밑줄 친 부분을 통역하면서 "우리는 공동의 목표를 갖고 한반도 평화정착을 위해 노력하기로 했다"는 불분명한 통역을 한 것이다. 외교적인 민감한 대북정책을 놓고 통역사는 원문에 충실하지 않게 통역함으로써 말썽을 불러일으킨 대표적인 예이다. (아래 오역을 주의 깊게 보기로 하자)

Remarks by President Bush and President Kim of South Korea

The Oval Office 12:03 P.M. EST
PRESIDENT BUSH: Everybody in? It's been my honor to welcome President Kim here to the Oval Office. We had a very good discussion. We confirmed the close relationship between our two countries. We talked about a lot of subjects. And we'll be glad to answer questions on some of those subjects, but first let me say how much I appreciate this man's leadership in terms of reaching out to the North Koreans.

He is leading, he is a leader. He is—and *we've had a very frank discussion about his vision for peace on the Peninsula.* It's a goal we share. After all, we've got vested interests there. And we had a very good discussion. <u>I made it clear to the President we look forward to working toward peace on the Peninsula, that we'll consult closely, that we'll stay in touch; that I do have some skepticism about the leader of North Korea, but that's not going to preclude us from trying to achieve the common objectives.</u> So, Mr. President, welcome. Thank you for being here.

밑줄 친 부분이 바로 문제가 되었던 오역사건이다.

기자회견 장소는 백악관 집무실로 부시 대통령은 인사말과 함께 김 대통령을 소개하면서 "this man"이라고 했고 한국 국회의원은 미국에 항의 편지를 보내는 추태를 부렸다. 그러나 이것은 문화적 차이에서 오는 무지였다. "This man"은 사람을 무시하는 것이 아니라 편안한 관계에서 흔히 사용되는 표현으로 문제될 것이 없었다. 한반도에 대해 솔직하게 토론을 했다고 하지만 용어를 부면 "we had a very frank discussion."이라는 표현을 사용하는데 이는 "솔직한 토론"이란 용어를 볼 때 두 정상 간의 상당한 의견차이가 있었음을 역설적으로 암시하고 있다. "의견의 일치가 있었다"라고 했다면 아마도 "Our discussion was very fruitful." 이렇게 말했을 것이다.

PRESIDENT KIM: First of all, I would like to express my deepest gratitude to President Bush for inviting me to visit Washington and have this meeting with him, despite his very busy schedule, I'm sure, in these early weeks after inauguration.

I'm delighted to have had this opportunity to start building friendship and close cooperative working relationship with President Bush on a variety of issues. I thank the President for sharing his insight and wisdom with me concerning the situation in Northeast Asia and the world, in general. And while discussing things with him I could feel that I was sitting next to a leader who would take the world to greater peace and prosperity in the 21st century.

President Bush and I covered the whole variety of issues in ROK—U.S. relations. It has been *a most useful exchange of views*. We have agreed to work together towards the further strengthening of the ROK—U.S. alliance, and our close policy coordination in dealing with North Korea towards to goal of ending the Cold War and strengthening peace and stability on the Korean Peninsula.

And taking this opportunity, I would like to invite you, Mr. President, to come and visit us in Seoul as early as you can, so that we will have another opportunity to further strengthen the close cooperative working relationship between our two allies.

김 대통령은 취임 후 바쁠 텐데 초청해 주어서 고맙다는 인사를 한다. 그리고 부시 대통령이 세계 평화와 번영으로 이끌고 갈 것이라는 찬사도 덧붙인다. 부시 대통령이 "We had a very frank discussion."이라고 한데 반해 김 대통령은 "it has been a most useful exchange of views."라고 하여 미묘한 차이를 주고 있다.

PRESIDENT BUSH: Thank you, sir.

I'm going to take a couple of questions from the American press. I would hope that the South Korean press would be willing — we'll alternate.

Q   Mr. President, the Secretary of State just told us that you made it clear you would not be fooled by the North Korean regime. Can you expand on that? And are you afraid that the South Koreans, in their haste, their energy to make peace, might be not forcing North Korea to make certain concessions that need to be made?

■ 통역에서 큰 부담이 되는 까다로운 기자단의 질문이 이어짐-북한 정권에 기만당하지 않을 것임을 분명히 한 것에 대해 질문하면서 한국측이 평화를 향한 조바심에서 북한에게 필요한 양보를 하지 않도록 할 가능성을 우려하는지 물음

PRESIDENT BUSH: First, we had a very frank discussion about North Korea. There's no question in my mind that the President of the Republic of Korea is a realist. He knows exactly with whom we're dealing. He's under no illusions. I also told the President that we look forward to, at some point in the future, having a dialogue with the North Koreans, but that any negotiation would require complete verification of the terms of a potential agreement.

And so I look forward to strengthening our relationship, first and foremost. And we will have a constant dialogue as to the progress that is being made on the Peninsula, and our foreign policy will respond in a way that will reinforce the efforts of the President, but at the same time — and at the same time, make it clear to all parties concerned that any agreement must make the Peninsula more peaceful and we must be able to verify that it is more peaceful.

I am concerned about the fact that the North Koreans are shipping weapons around the world. And any agreement that would convince them not to do so would be beneficial, but we want to make sure that their ability to develop and spread weapons of mass destruction was, in fact, stopped — they're willing to stop it — and that we can verify that, in fact, they had stopped it.

But, Ron, there's no question that this President takes a realistic view of the man with whom we're dealing.

부시 대통령은 김 대통령이 현실주의자임을 지적하면서 북한이라는 상대를 정확히 알고 있다고 하면서 환상이 없음을 지적한 후 북한과의 어떤 협상을 하더라도 합의조건을 완전히 검증할 필요가 있다고 답변한 후 그래서 한미관계의 강화를 기대하고 한반도를 더 평화롭게 하며 이를 검증할 필요가 있다고 한다.

Q   Mr. President, do you believe that North Korea is living up to its other agreements with the United States, Japan, South Korea?

PRESIDENT BUSH: South Korean press? I'll get you in a minute, Jim.

Q   A question to President Kim of South Korea. Mr. President, you say that you've had sufficient, fruitful exchange of views with President Bush. This is a transitional period in which you have to deal with a new administration, a change from the Clinton administration now to the Bush administration. You say that you do not expect any major changes in the work that you do together. But President Bush has greatly emphasized the pragmatic and realistic approaches in dealing with North Korea. In that regard, do you detect any change, and what do you think is the greatest outcome of this summit meeting today?

PRESIDENT KIM: The greatest outcome today has to be that through a frank and honest exchange of views on the situation on the Korean Peninsula, we have increased the mutual understanding.

On North Korea, yes, there are many problems that remain. But President Bush has clearly expressed his strong support for our efforts to further the dialogue with North Korea. On my part, I have assured him that as we try to advance the dialogue with North Korea, we will consult with the United States every step of the way, so that the progress in South–North Korean relations serves the interest of our two countries, and that it serves to strengthen peace on the Korean Peninsula.

President Bush was very frank and honest in sharing with me his perceptions about the nature of North Korea and the North Korean leader, and this is very important for me to take back home and to consider.

PRESIDENT BUSH: Jim.

Q   Yes, sir. Sorry to go out of order, sir.

PRESIDENT BUSH: Do you remember the question?

Q   I believe I do, sir. There are some other agreements that the U.S., Japan and South Korea are party to with North Korea. Do you believe that they are living up to the agreements they have made?

And if I could, sir, a question for President Kim, as well. You had said last week with Mr. Putin that the 1972 ABM Treaty was the foundation of stability in the world. Do you still believe that, and were you quoted accurately, sir?

PRESIDENT KIM: On the controversy surrounding that inclusion of that reference to the ABM in the South Korea—Russia joint statement recently, our foreign ministry negotiated that statement with the Russians, and that phrase — in coming up with that phrase we've taken into consideration the documents that came out of the G—8 Okinawa Summit and various other international consultations that the United States was part of.

This in no way reflects our position on the NMD issues. This is not an indication of our opposition to the NMD. The Russian side, in fact, initially very strongly wished to include such a phrase that would indicate an opposition and we resisted to the very end.

And so when we saw this controversy unexpectedly arising after the joint statement came out, I regretted the misunderstanding. And so I ordered my foreign ministry to come out with an immediate clarification of our position.

PRESIDENT BUSH: Part of the problem in dealing with North Korea, there's not very much transparency. We're not certain as to whether or not they're keeping all terms of all agreements. And that's part of the issue that the President and I discussed, is when you make an agreement with a country that is secretive, how do you — how are you aware as to whether or not they're keeping the terms of the agreement.

The President was very forthright in describing his vision, and I was forthright in describing my support for his vision, as well as my skepticism about whether or not we can verify an agreement in a country that doesn't enjoy the freedoms that our two countries understand — don't have the free press like we have here in America.

Q President Kim, do you believe that it would strengthen South Korea's security for the United States to immediately resume the negotiations that President Clinton's administration had taken with North Korea regarding its missile program? And if so, did you make that case to President Bush today?

PRESIDENT KIM: First of all, we sincerely hope that the North Korean missile issue will be resolved with transparency. But, of course, the United States is the counterpart dealing with North Korea in the negotiations over the missile issue. We have not made any suggestion whether the negotiations should be resumed now, or whatever. This is an issue for the United States to make.

PRESIDENT BUSH: Let's make sure we get the members of the South Korean press — get to ask some questions, too. I'm not saying you're being overly aggressive or anything. Any further questions? Did you get to ask all the questions?

Q   Mr. President, one more. Was there any discussion concerning the agreed framework, the Geneva agreed framework, at the summit today?

PRESIDENT BUSH: Anybody else?

Q   Mr. President, what is your general view about President Kim's Sunshine policy? Do you think that that contributes to peace and stability on the Korean Peninsula?

PRESIDENT BUSH: Yes, I do. I do. I think that the idea of trade, flows of capital, will lead to a more peaceful Peninsula. I think open dialogue, I think reunification of families will lead to a more peaceful Peninsula. Hopefully, the efforts that the President makes will convince the North Koreans that we are peaceful people and that they need not be fearful about the intentions of America and of the Republic of Korea, that we want the peace. But we must be wise and strong and consistent about making sure that peace happens.

But I believe the President is on a policy that has got peace as its goal and peace as its intentions; and with the right alliance and the right formulation of policy, hopefully, it will achieve the peace that we all want. Thank you all for coming.

8. 통역방식이나 순서에 따른 구분

통역의 방식에 따른 분류는 다음과 같다.
① 순차통역: 연사가 짧게는 3-4분부터 길게는 20여분까지 일정분량을 연설하는 동안 이를 기억하거나 노트 테이킹해 두었다가 연설이 끝난 후 이를 통역하는 형태이다.
② 동시통역: 연사와 거의 동시에 통역 부스 안에서 헤드셋으로 듣고 통역하는 형태이다. 청취와 발화를 동시에 해야 하는 신체적, 정신적 피로 때문에 중간에 누가 끼어들거나 여러 사람이 동시에 떠들기만 해도 힘들어 진다. 청중이 듣고 있다는 심리적 긴장감과 헤드폰을

통해 들리는 연사의 말을 되돌릴 수 없다는 부담감과 일단 통역한 내용을 정정할 수 없으며 동시통역을 빠른 속도로 진행 하는데서 오는 긴박감, 도착언어의 단어 길이가 길어 수식어가 많을 경우, 주어진 시간을 보충하기 위해 압축된 표현을 찾아야 하는 어려움은 고충들 가운데 일예들이다.

③ 생 동시통역(in vivo interpretation): 연사가 발언하는 중간 중간의 짧은 휴지기를 이용해서 동시통역기기 없이 행해지는 동시통역방식이다. 시간 절약의 효과는 있지만 연사에게 불쾌감을 줄 수 있고 통역사에게는 소음노출, 목소리 전달의 어려움이 있다. 연사의 옆에서 연사와 같이 큰 소리로 동시에 하는 통역 방식이다.

④ 문장구역: ST를 눈으로 읽으면서 동시에 이를 구두로 통역하는 방식이다.

⑤ 위스퍼링 통역(whispering interpretation): 문장구역과 함께 넓은 의미로는 동시통역에 해당한다. 회담자의 뒤에서 상대방의 언어를 작은 소리로 통역하는 방식이다.

8-1. 문장 구역(Sight Translation)

문장구역은 순차통역이나 동시통역에 비해 많이 알려지지 않았지만 훈련의 중요성과 효용성은 긴 설명이 필요 없을 정도이다. 연설 원고를 눈앞에 두고 통역하는 것은 모두 문장구역에 해당한다. 문장구역은 순차통역이나 동시통역 모두에서 생겨날 수 있다. 문장구역은 회의 통역사가 갖추어야 할 대부분의 기술이 포함된 분야이고 특히 번역이나 통역을 빠른 속도로 할 수 있는 기술을 길러준다. 그렇기 때문에 문장구역은 훈련 초기에 가르쳐야 하는 문자 그대로 "눈으로 하는 번역"이다. 순차통역을 통해서 동시통역을 준비하듯이 순차통역과 동시통역을 모두 준비시켜주는 역할을 하는 것이 문장구역이다. 문장구역을 훈련하는 데는 여러 가지 원칙이 있다.

① 학생들이 연단에 서서 문장구역 연습을 함으로써 공포감을 없애고 의전적인 환경 하에서도 순차통역을 편안히 느끼듯 해야 한다.

② 일대일 대응 방식으로 단어와 단어 번역은 금하고 원고를 항상 전체적으로 분석해야 한다. 가능한 원고를 보지 않고 표현하도록 하고 다른 학생들은 이를 평가하고 토론하도록 한다.

③ 개인적인 말버릇과 목소리는 스스로 들어보면서 교정해야 한다. 녹음을 하는 훈련을 통해서 이를 평가하는 시간을 갖는다.

④ 번역된 원고는 연설처럼 들리게 해야 한다.

번역사들은 번역을 하기 전 번역 대상물을 전체적으로 눈으로 번역하게 된다. 이를 통해 번역할 글의 전반적인 내용을 파악하고 방향을 잡아 번역에 가속도가 붙기 때문이다. 통역사는 문장구역에서 언제나 눈이 통역하고 있는 부분보다 앞서간다. 이것이 통역의 경우에도 마찬가지로 적용이 되어 오늘날에 이른다. 앞서 지적한 바 있지만 사전에 원고가 주어진 연설이나 성명서 등을 눈으로 보면서 통역하게 되는데 오늘날 많이 증가하고 있는 추세이다. 보통 사전에 서면으로 작성되고 회의 도중에 연사가 이를 낭독하면 통역사가 원고의 사본을 보면서 통역하게 된다. 최근 국제회의를 보면 보통 국제회의 며칠 전에 사전 작성된 연설 원고를 받아서 통역을 준비하고 회의 시간에는 원고를 보면서 통역하게 되는 경우가 다수이다. 연설원고를 보면서 통역하는 방식이니까 Sight Translation이 되는 것이다. 연사가 강단에 서면 통역사는 원고로부터 이탈하지 않기 위해 문장구역을 하면서 실제 연설을 추적해야 한다. 복잡한 문장과 숫자를 위해서는 원고에 의존해야 한다. 과학과 기술 분야 회의에서 노트는 필요하다.

통역에 익숙하지 않는 통역사가 순차통역 하면서 노트에 눈을 파묻은 채 부자연스럽게 통역함으로써 신뢰를 잃게 되는데 문장구역은 바로 이런 것을 예방하게 해 주는 훈련이다. 문장구역 훈련만 잘 익혀도 통역을 할 때 의미 파악을 훨씬 더 빨리 습득할 수 있다. 앞으로 나올 말들의 방향과 의미를 미리 예상하고 파악하고 있어야 지금 하고 있는 말에도 논리가 서고 말투에 자신감이 베게 되는데 이런 통역사를 청중은 신뢰한다.

문장구역 연습은 통역사의 근육기억(muscle memory)을 강화해 주고, 회의 전 실제 통역연습(rehearsal/dry run)을 가능하게 해 준다. 문장 구역에 익숙해지면 속독이 가능하게 되고 자료를 읽고 회의를 준비하는데도 도움이 되며 전문용어를 준비하는데 유익하다. 더 나아가 정보가 빨리 흡수되고 분류되어 더 효율적인 읽기가 가능하다.

문장구역은 순차통역이나 동시통역 모두에서 일어날 수 있는데 이때 통역사는 귀로 듣고 순차통역하고 귀로 들으면서 동시통역을 하다가 청취보다는 낭독을 위해 준비된 원고를 받아 눈으로 보면서 통역하는 일을 해야 한다. 그러나 원고를 보면서 통역하는 일은 청취하면서 통역하는 일보다 더 힘들다는 사실을 알아야 한다. 왜냐하면 원고가 앞에 있으면 단어와 문장을 일대일 대응관계로 집착하게 되어 통역의 본질인 의미의 전달이라는 기능이 약화될 수 있다. 통역의 본질은 귀로 듣고 머리로 분석하여 그 의미를 전달하는데 있는 것이지만, 문장구역의 경우, 눈에 펼쳐진 문장과 단어를 옮기는데 급급하게 되어 의미의 분석 작업이 소홀해 질 수 있다.

대개 통역사들은 보통 회의 통역을 의뢰받은 후 우선회의 주제에 대한 조사를 완료하고 필요한 용어를 정리하는 과정을 거쳐 용어를 문맥 안에서 소화(assimilate technical terms in context)하고 즉각적으로 번역하는 순발력을 개발(develop instantaneous translation reflexes)하며 실제 연설문을 연구하는 최종 준비단계를 거치게 된다.

일상생활에서 흔히 사용하지 않는 어휘와 용어에 익숙해지고 이를 사용하는데 편안함을 느끼면서 통역사는 순발력을 키울 수 있게 된다.

통역사는 통역하기 전에 이미 연설의 원고를 읽기 때문에 낭독속도를 자유자재로 조절할 수 있는 능력이 있어서 말로 구술하는 연설의 형태가 가능하다. 문장구역에서는 펼쳐진 원고의 의미를 먼저 파악하기 위해 눈과 머리가 현재 통역하고 있는 부분보다 앞서가야 한다. 문장구역은 다음에 나올 문장의 의미를 생각하며 통역해 나가야 한다. 통역사는 문장을 보면서 발성/통역을 해야 하기 때문에 이 문장구역은 원고가 아닌 일반 연설을 통역하는 것처럼 들리게 해야 한다. 물론 법률서류나 조약, 회의록 같이 중요한 서류들은 예외이다. 또 청중들은 문어체로 된 원고의 원문을 이해하는 데 한계(absorption threshold-흡수한계)가 있기 때문에 통역사는 청중들에게 이해시키기 위해 원고의 내용을 재구성해야 한다. 재구성한다는 의미는 원고의 내용을 요약(summarizing/abstract)하여 청중들이 직설적으로 듣고 이해할 수 있게 해야 한다.

노트 테이킹 없이 즉흥적인 연설을 할 때 연사는 일련의 의미 단위로 자신의 논지를 설명한다. 이 의미단위가 연사의 마음에 분명히 개념화 되었을 때 연사는 말(enunciation 명확한 진술/발표, 발음/발성)을 하고 동시에 다음의 의미단위를 개념화 하는데 집중한다.

Conceptualization (개념화) → Enunciation (발성) /개념화

이때 개념화와 발음은 동시에 이루어진다. 통역사가 개념화를 위해 다른 의미를 기다린다면 의미전달이 주저하는 느낌을 주게 된다.

그러나 통역사가 노트 테이킹을 보면서 통역할 때는 통역사는 노트를 보면서 개념을 상기하기 위해 자신의 기억을 더듬는다. 그 후 각 개념들은 자동적으로 발음되고 동시에 노트읽기와 개념화가 시작된다. 노트 읽기가 빨리 흡수되고 종합될수록 의미 전달과 발표는 부드러워진다.

노트읽기(note reading)/개념화 → 발음/노트읽기/개념화

8-2. 순차통역(consecutive Interpretation)

순차통역은 통역의 기본 기술로 기본기 역할을 하기 때문에 중요하고 청중의 귀를 즐겁게 하고 감동을 주는 순수 예술이나 다름이 없다. 순차통역은 연사의 연설보다 짧은 시간 내에 마쳐야 하는데 이는 연설을 들으면서 통역사는 정보를 머릿속에서 분석하고 저장하기 때문에 통역이 2/3안에 끝나야 한다. 그러나 오늘날 국제회의에서 동시통역이 보편화되었기 때문에 순차통역은 점점 줄어드는 차원에 있다. 순차통역이 잘 준비되지 않는 사람은 동시통역을 제대로 할 수 없다. 순차통역을 할 때는 통역사의 기억력은 한계가 있기 마련이고 특히 연설이 길어질수록 노트 테이킹의 중요성이 더한다. 화자의 말이나 연설이 끝난 후 몇 초 또는 몇 분 뒤에 순차적으로 통역사가 통역하는 방식이다. 국제회의 가운데는 10% 가량이 순차통역을 택한다. 동시통역에 비해 연사의 메시지 전체를

분석할 수 있는 시간적 여유가 있다. 또 연사의 옆자리에 위치하여 연설을 듣는 사람과 얼굴을 마주하고 말하며 그 자신이 실제 화자가 된다. 따라서 순차통역사는 연사와 듣는 사람들과의 교감 하에 통역을 진행한다.

순차통역시 SL 출발어의 청취와 도착어 TL의 발화는 몇 초에서 10여분 단위까지 가기도 하는데 그래서 노트 테이킹이 필요하다. 청취단계에서 노트 테이킹이 이루어지고 도착어 발화 단계에는 기억을 되살려 주는 역할을 한다.

Gile의 노력 분할 모델 방식

Listening + Memory + Note Taking + Coordination

들으면서 기억하고 발화를 위해 어떤 정보를 어떻게 기록할 것인지를 결정해야 하고 기억활동이 무리 없이 이루어지도록 조율하는 조정노력(coordination effort)을 해야 한다.

순차통역의 교육방법은 연설문이나 연사가 말하고자 하는 바를 분석하고 종합하여 자연스러운 도착어(TL)로 전달하는 능력을 키우는 것이다. 이를 위해 우선 1) 텍스트를 선정하고 텍스트에서 다루어질 주제에 대한 배경 지식과 전문용어를 학생들이 자연스럽게 이끌어낼 수 있도록 간단한 주제적응훈련(brainstorming)을 한다. 텍스트 선정은 학생들로 하여금 자신의 경험이나 관심분야에 대해 자연스럽게 이야기하게 하고 학생들로 하여금 특정 주제에 대한 대충 내용을 준비하고 발표하도록 한다. 이때 학생들이 발표할 내용은 미리 숙지하고 준비가 되어 원고 없이 발표하도록 해야한다. 준비한 내용을 읽게 해서는 안 된다. 또 텍스트는 구어체로 된 실제 연설문을 텍스트로 활용하고 언제, 어디서, 누가, 누구를 대상으로 한 연설문인가에 대한 정보를 학생들에게 알려준다. 이때 녹음 상태가 양호한 즉석 연설로 진행되는 방송 프로그램을 사용할 수도 있다. 문어체를 통역 연습에 쓸 경우 발표 전에 반드시 내용을 숙지한 후 paraphrasing을 통해 자연스럽고 즉흥적으로 연설하는 느낌이 들도록 준비해야 한다. 2) 단계별 연습으로는 Note-taking을 하지 않으면서 연습하기를 들 수 있다.

순차통역의 모형 = L + N + M + C
(L=listening and analysis, N=note-taking, M=short term memory, C=coordination)

먼저 짧은 텍스트를 들으면서 핵심 내용을 받아 적지 않고 내용을 분석하여 연사가 말하고자 하는 바를 논리적으로 전달한다. 점차적으로 통역 텍스트의 길이를 늘인다. 학생들이 모두 기억해

내지 못할 경우 실마리를 제공해 주거나 핵심단어를 던져 주어 내용을 상기 시킬 수 있도록 도와준다. Note-taking을 하면서 연습하기로는 학생들이 핵심 내용을 받아 적되 되도록이면 메모한 내용에 의지하지 않고 자연스럽게 통역하도록 한다. 통역이 끝나면 동료학생들끼리 서로 평가를 주고받는다. 전반적인 평가, 내용과 표현에 대한 평가와 또래집단 평가가 끝나면 교수가 보충 설명해 준다. 이를 통해 정보를 단편적으로 보지 않고 전체적인 논점과 맥락에서 이해하는 능력과 메시지를 효과적으로 기억해내는 능력을 키울 수 있다. 학생들에게 자연스럽게 즉흥 연설을 시킨 다음 교수가 핵심내용을 받아 적는 방법을 시연함으로써 학생들에게 도움을 줄 수 도 있다. 또 통역을 한 학생의 메모를 칠판에 적어놓도록 하고 통역에 서 일부 내용이 누락되거나 오역이 있었던 것이 핵심내용 받아 적기와 어떤 관련이 있는지 토론한다.

통역 텍스트의 길이는 주제와 학생들의 배경지식, 내용의 전문성에 따라 다르지만 보통 4-5분이 기준이 된다. 이때 학생들에게 미리 통역 주제를 알려주고 자료수집과 사전준비를 통해 연설의 내용을 효과적으로 청취할 수 있도록 한다. 학생들 사이에서 이런 사전 작업이 제대로 이루어졌는지를 알아보기 위해 연설문 발표 전에 간단하나 주제 적응훈련을 한다. 한 주제를 가지고 두 학생이 똑 같은 상황에서 통역을 하게 하고 두 학생의 통역을 비교하여 완성도가 만족할 수준에 오를 때까지 같은 텍스트를 가지고 반복해서 훈련한다. 청중을 상대로 연설을 하는 연설가로서 필요한 통역사의 태도나 자질과 관련하여 지도를 해야 하는데 특히 통역의 속도와 자세, 음성, 호흡, 몸가짐을 평가하여 훈련시키도록 한다. 순차통역은 동시통역을 하기 위해서 꼭 필요한 훈련과정임으로 철저히 훈련을 받을 필요가 있다.

8-3. 동시통역(simultaneous Interpretation)

실제로 동시통역이 현장에서 이루어지고 있음에도 불구하고 통역학 초기에는 인간의 인지능력상 듣기, 말하기가 동시에 이루어질 수 있다는 사실에 대해 전반적으로 회의적인 분위기였다. 동시통역의 model은 청취와 분석, 기억, 연설내용, 이를 통합하는 노력이 어우러져 이루어진다.

$$SI = L + P + M + C$$

(SI=simultaneous interpretation, L=Listening and Analysis effort, M=short term memory effort, P= speech production effort, C=coordination effort)

동시통역의 청성시차(EVS ear-voice span) 청성시차는 <u>동시통역사가 출발텍스트를 청취한 후 도착 텍스트를 발화하기까지 짧은 시간차</u>를 말한다. 원천 발화와 통역사의 산출물 간의 시차(time lag)로서 동시통역의 중요한 특징으로 이를 데깔라쥬(decalage)라고도 한다. "단계 전환"이라고도 불리는 청성시차는 발화 시차에 대한 관심뿐만 아니라 시차의 원인이 될 수 있는 인지적 활동으로까지 확대되었다. 청성시차를 연구한 Paneth, Oleron, Nanpon같은 전문가들은 동시통역에서는 불가피하게 발생하는 현상이라는 것을 강조한다. 이들의 견해에 의하면 동시통역사의 발화 패턴을 설명하면서 가장 일반적인 청성시차는 2-4초(15-20단어)정도라고 한다.

동시통역은 통역에서 가장 까다롭고 전문적인 분야로 꼽힌다. 동시통역은 100% 소화할 수 있는 그런 종류의 것이 아니다. 단지 그런 경지를 지향하는 예술일 뿐이다. 최선을 다해서 회의가 진행될 수 있도록 기여하면 그것으로 족하다. 통역의 종류는 크게 순차통역, 수행통역, 동시통역의 세 가지가 있다. 순차통역이란 한 사람이 말한 것을 다른 사람에게 그 뜻을 전해주는 식으로 가장 일반적인 형태의 통역이고, 수행통역은 한 사람을 따라다니면서 그 사람의 의사소통을 돕는 일이며, 동시통역은 국제회의나 워크숍 등에서 연사가 말하는 것과 동시에 패쇄회로와 이어폰 등을 통해서 말을 전해주는 일이다. 말로는 이렇게 쉽게 표현되지만, 실제로 통시통역은 '아무나 도전할 수 있지만 결코 아무나 할 수 없는' 직업이다. 동시통역은 엄청난 집중력과 표현력, 순발력이 필요하다. 현장에서 참고자료가 주어지기도 하지만 의지하기에는 무리가 있고, 연사의 말을 즉흥적으로, 전체 맥락을 파악하고 앞으로 나올 내용을 예상하면서 논리적으로 전달해야 한다. 이처럼 현장에서 실력이 바로 노출되기 때문에 명쾌하면서도 위험한 직업이다.

따라서 흔히들 뚝심(wishbone), 뱃심(backbone), 뒷심(funnybone)이 좋아야 한다고 말한다. 조금의 실수도 용납될 수 없다. 동시통역은 대개 비중 있는 국제 문제나, 현안 등을 주제로 다루는 경우가 많고, 일부는 법정통역이나 의료통역을 할 때도 있어 의사전달을 정확히 해야 한다. 더불어 다방면에 방대한 배경지식을 갖고 있어야 한다. 각 나라의 문화, 습관을 비롯해 의료, 항만, IT, 패션, 영화 등 여러 가지 주제의 일이 주어지기 때문에 본인이 얼마나 깊이 있는 지식을 갖고 있는가에 따라 통역의 질이 달라진다. 풍부한 배경지식과, 모국어 수준의 외국어 실력, 노련한 한국어 구사능력, 다양한 문화 경험과 폭넓은 이해력 등이 필요할 것 같다. 그리고 말을 많이 하고, 많은 사람들 앞에서도 자신의 의견을 똑바로 전달할 수 있는 사람이어야 하므로 외향적인 성격이 더 알맞다. 동시통역이란 따로 마련된 통역부스(booth)안에서 통역사가 헤드폰으로 연사의 발언(source language)을 들으면서 동시에 다른 언어(target language)로 통역하는 것을 말한다.

통역의 핵심은 연사가 하는 내용을 정확하게 전달해 줄 수 있는가 하는 점이다. 다음은 통번역 대학원 한국어를 영어로 영어를 한국어로 동시통역하는 구술시험 몇 가지를 소개하려 한다. 가능한 인터넷과 CNN이나 외국 방송시청을 많이 하면서 listening, reading, speaking을 통합해서 연결하여 연습하는 것이 도움이 될 수 있다. 들려야 말을 할 수 있고 읽기가 안 되면 말할 수 도 없다. 따라서 읽고 말하고 듣는 것은 연결되어 학습되어져야 할 것이다. 어휘력을 늘려야 하고 여러 분야 상식과 지식을 쌓으며 한국관련 신문의 기사에 관심을 가지고 자신의 발음을 녹음기를 통해 반복해서 들으면서 교정할 수 있는 부분을 찾아야 하고 정확한 listening을 위해서 받아쓰기를 하고 훌륭한 문장들은 따로 정리하면서 기억해 두었다가 필요할 때 사용하면 더욱 좋다. 통역에는 왕도가 없고 지름길도 없다. 꾸준한 관심과 노력만이 완성이라는 목표점에 가까이 이르게 하기 때문이다.

① 과거에는 통역은 "남녀평등이 가장 잘 지켜지는 직업"이라고 했었는데 최근 여성 통역사의 숫자가 훨씬 많아져 남자 통역사는 드물 정도이다. 통역이나 번역이 여성에게 더 적합하다는 데는 여러 가지 근거가 있다. 여성의 두뇌가 언어구사에 더 맞게 발달되어 있다는 것이 그 중 하나이다. 그런데 남성보다 여성이 일반적으로 더 정직하다는 것도 그 이유가 될 수 있다. 남이 하는 말을 가감 없이 정직하게 전달하는 능력이 남성보다 더 발달해 있다는 것이다. (한-영 동시통역)

② 통역에 필요 없는 지식이나 정보는 없다는 말이 있듯이 통역에서도 우선은 아는 것이 힘이다. 통역사가 갖추어야 할 자질 중 가장 중요한 것은 물론 일단 언어를 잘 구사해야겠지만 그보다 더 중요한 것은 어떤 말을 듣고 그것을 정확히 이해하는 능력이 중요하다. 통역을 하기 위해서는 우선 남의 말을 정확히 이해해야 한다. 정확한 이해를 위해서는 공부를 많이 해 아는 것이 많아야 한다. 또 많이 알려면 여러 분야에 호기심과 관심을 가지고 공부해야 한다. 어느 학자가 말했듯이 우리가 전공분야가 아니라도 관심을 갖고 조금만 연구를 하면 이해하지 못할 분야는 거의 없다. (한-영 동시통역)

③ 1980년대 중반 일본의 재력가들이 뉴욕의 록펠러 센터를 사고, 캘리포니아 주의 세계적 명문 골프장 페블 비치를 매입했을 때 미국인들도 같은 걱정을 했다. 그러나 시간이 지나면서 록펠러 센터는 계속 뉴욕에 사는 미국인들의 직장이요 페블비치는 여전히 미국인들이 골프를 칠 수 있고 미국인들이 고용되어 일하는 것을 깨닫게 되었다. (한영-동시통역)

④ A basic essential to peace is a decent standard of living for all individual men and women and children in all nations. Freedom from fear is eternally linked with freedom from want. And it has been shown time and time again that if the standard of living in any country goes up, so does its purchasing power – and that such a rise encourages a better standard of living in neighboring countries with whom it trades. (영-한 동시통역)

⑤ Even in the United States, with the lowest unemployment in a generation, where exports accounted for a third of our growth, people still resist market-opening measures. Why? They fear for their jobs. Some 60 percent of Americans do not believe trade is good for their jobs. They see workers being laid off and they assume it is because of imports. They see plants closing. They see our trade deficit setting record after record. (영-한 동시통역)

동시통역은 발언과 거의 동시에 통역이 되므로 시간을 절약할 수 있고 많은 내용을 처리할 수 있다는 장점이 있다. 동시통역은 국제회의, 심포지움, 세미나, 워크숍, 총회 등에 적합한 통역 방식이다.

→ 활용분야(동시통역): 국제회의, 워크숍, 세미나, 컨퍼런스, 심포지움, 주주총회, 생방송 통역, 기념회, 발표회, 학술대회 등. 동시 통역사는 두 사람이나 세 사람이 한 팀을 이루어 번갈아 동시통역을 수행한다. 회의가 진행되는 동안 통역사들은 부스에서 헤드폰으로 연사의 말을 들으면서 동시에 다른 언어로 통역을 한다. 청중은 리시버를 귀에 착용하고 통역서비스를 받게 된다.

통역부스가 이미 설치되어 있는 호텔이나 국제회의장의 경우는 시설을 그대로 이용하고, 이런 부스시설이 없는 경우는 가설부스를 설치한다. 부스 안에는 최소한 통역사 두 명이 앉을 수 있는 의자 2개와 테이블, 스탠드와 통역장비, 마이크가 놓여 있다. 통역사 두 사람이 교대로 20-30분 간격(혹은 세션별로 교대하는 경우도 있음)으로 교대해가며 통역을 하는데, 이는 아무리 훌륭한 통역사라도 20-30분 이상을 집중하기 어렵기 때문이다. 통역을 잠깐 쉬고 있는 사이에도 동료통역사가 잘 알아듣기 어려울 수 있는 단어나 숫자 등은 함께 모니터링하면서 동료통역사가 완벽한 통역을 할 수 있도록 도와준다.

8-4. 릴레이통역

동시통역에서 3개 국어 이상의 언어가 통역되어야 할 때 이용되는 방법이다. 예를 들어 일본어로 발언된 내용을 일단 한일통역사가 한국어로 동시통역을 하면, 한영통역사가 통역사의 통역을 듣고 한국어를 다시 영어로 동시통역한다. 결과적으로는 한영일 3개 국어가 모두 동시통역된다. 여러 가지 언어가 사용되는 회의에서 모든 언어를 직접 통역할 수 있는 통역사를 확보할 수 없을 경우 채택되는 통역방식이다. 가령 한국어, 영어, 일어가 사용되는 국제회의에서 사용된다. 한국어를 영어로 통역하는 영어에 채널을 맞추고 이를 일본어로 통역하는 방식이다. 릴레이 통역은 동시통역의 한 방식이며 회의 참석자들은 각자 듣고자 하는 언어에 따라 리시버의 채널을 영어나 일어 또는 한국어에 맞추기만 하면 된다. 서울에서 열리는 국제회의에서 한국어 외에 영어, 독일어, 일어 등이 사용 된다고 할 때 한국어 통역사는 쌍방으로 통역하며 (한영, 영한, 또는 한일, 일한) 또 다른 언어의 통역사는 한국어 통역사로부터 릴레이 통역을 하게 된다. 연설이 빠르게 진행되어 따라 잡기 어려울 때는 일부 중요하지 않은 내용을 누락시킬 줄도 알아야 한다. 예를 들어 한영중 3개 국어로 진행되는 회의의 경우, 한영 · 한중 · 중영통역사가 각각 한명씩 있으면 되지만, 실제 이렇게 통역사를 배정하는 일은 쉬운 일이 아니며 예산상의 제약이 있을 경우에는 더욱 그럴 것이다. 이럴 때 이용하는 방법이 릴레이통역이다.

8-5. 생동시통역

동시통역의 형태이나, 별도의 동시통역부스나 장비 없이 생으로 동시통역을 하는 것을 말한다. 정상끼리의 대담이나 만찬 등에서 사용되는 경우가 많으나, 말하는 소리와 통역하는 소리가 섞이는 단점이 있다.

정상회담의 경우 정상들의 바로 옆에 자리를 마련하고 정상의 말을 큰 소리로 동시에 통역함으로써 작은 소리로 속삭이듯 통역하는 whispering과는 다르다. 통역하기 전 회의시작 이전에 연사와 먼저 만나 절차를 합의하고 의사소통이 원활하게 진행되도록 해야 한다.

8-6. 위스퍼링

동시통역이 필요한 상황에서 통역장비 없이 한두 명의 청자 옆에서 속삭이며 동시통역을 하는 것을 말한다. '속삭이다'라는 뜻의 whisper에서 따온 말로, 말 그대로 통역사는 청자에게 속삭이며 통역을 한다. 위스퍼링은 순차로 진행되는 회의 중에 청중전체가 아니라 의전이나 소수사람들에게 통역을 제공해야 할 때 사용된다. 위스퍼링통역을 할 때는 위스퍼링통역 장비인 위스퍼링통역시스템(가이드)를 이용한다.→ 활용분야(동시통역): 국제회의, 워크샵, 세미너, 컨퍼런스, 심포지움, 주주총회, 생방송 통역, 기념회, 발표회, 학술대회 등

동시통역이란 따로 마련된 통역부스(booth)안에서 통역사가 헤드폰으로 연사의 발언(source language)을 들으면서 동시에 다른 언어(target language)로 통역하는 것을 말한다. 동시 통역사는 두 사람이나 세 사람이 한 팀을 이루어 번갈아 동시통역을 수행한다. 회의가 진행되는 동안 통역사들은 부스에서 헤드폰으로 연사의 말을 들으면서 동시에 다른 언어로 통역을 합니다. 청중은 리시버를 귀에 착용하고 통역서비스를 받게 된다.

통역부스가 이미 설치되어 있는 호텔이나 국제회의장의 경우는 시설을 그대로 이용하고, 이런 부스시설이 없는 경우는 가설부스를 설치한다. 부스 안에는 최소한 통역사 두 명이 앉을 수 있는 의자 2개와 테이블, 스탠드와 통역장비, 마이크가 놓여있다. 통역사 두 사람이 교대로 20-30분 간격(혹은 세션별로 교대하는 경우도 있음)으로 교대해가며 통역을 하는데, 이는 아무리 훌륭한 통역사라도 20-30분 이상을 집중하기 어렵기 때문이다. 통역을 잠깐 쉬고 있는 사이에도 동료통역사가 잘 알아듣기 어려울 수 있는 단어나 숫자 등은 함께 모니터링 하면서 동료통역사가 완벽한 통역을 할 수 있도록 도와준다. 동시통역은 발언과 거의 동시에 통역이 되므로 시간을 절약할 수 있고 많은 내용을 처리할 수 있는 장점이 있다. 동시통역은 국제회의, 심포지움, 세미너, 워크샵, 총회 등에 적합한 통역 방식이다.

8-7. 화상회의(teleconference) 통역

동시통역 연습으로는 짧고 간단한 이야기나 동화를 천천히 이야기할 때 이를 동시에 통역하게 하고 이것이 익숙해지면 영어말하기 대회에서 한 연설을 읽어주고 동시통역하는 연습을 시키기도 한다. 그러나 본격적인 동시통역의 궤도에 들어가면 학생 개개인은 자기 나름대로의 통역방식을 개

발하고 터득해야 한다. 앞서 지적한 바대로 한국어와 영어의 구조는 많이 다르기 때문에 특히 동시통역을 할 때는 한국어를 영어로 통역할 때 많은 어려움이 있는데 한국어의 경우 동사가 가장 늦게 나오고 영어는 동사가 먼저 나오기 때문에 동사의 의미를 파악하기 전까지는 무척 혼란스러워진다. 그렇기 때문에 연설문이 길어질 때는 순발력을 발휘해서 연설문을 들으면서 전향적인 통역방식을 (Top Bottom-progressive translation)으로 진행하는 것이 효과적이다. 특히 연사가 재치 있는 농담을 하거나 속도가 빨라서 웃음이 나오는 순간을 놓쳤을 때 상황을 수습하기 어렵다. 이런 경우에 통역사가 재치 있게 상황을 모면한 일화가 있다. "청중 여러분, 조금 전에 연사가 아주 웃음이 나오는 농담을 했으니 일단 웃어 주십시오"라고 해서 청중이 폭소를 터트린 적이 있다고 한다. 그리고 연사는 이런 상황을 알지 못하고 동시통역사가 통역을 가장 잘 했다고 칭찬을 했다고 한다. 동시통역사는 통역 부스에 고립되어서 연설을 헤드셋을 통해 듣고 마이크를 사용해 통역하고 여사의 연설을 듣는 사람들은 이어폰을 통해서 통역을 들으며 통역사를 보지 못한다. 특히 동시통역사는 연사의 말하는 속도에 맞추어 통역해야 하는 부자연스러운 구속을 받게 되며 동시통역은 자질과 능력을 인정받으면 2-3년간 집중교육을 받는다. 모든 교육과정을 이수한 후 순차통역, 동시통역, 문장 구역으로 불리는 sight translation과 같은 시험을 통과하면 비로소 국제회의 통역사가 될 수 있다. 특별한 시험을 통과해야 하는 것이 아니라 제네바에 사무국을 둔 국제회의 통역사협회(AIIC)에서 인정한 국제회의통역 교육기관을 졸업하면 인정받을 수 있다. 그렇다고 통번역대학원을 졸업한다고 해서 막 바로 통역을 하는 것은 아니고 특별한 훈련을 받아야 한다. 실전 경험을 통해 적응력과 돌발사태 대처능력을 인정받아야 온전한 통역사의 길로 들어갈 수 있으며 통역을 해야 할 대상과 성격이 천차만별이어서 스스로 노력하지 않으면 살아남기 어렵다. 화상회의 통역은 말 그대로 원격지에 있는 사람들과 화상회의를 할 때 사용되는 통역을 말한다. 서울에 있는 통역사가 지구의 반대편에서 열리는 회의를 통역하는 것이다. 화상통역을 위한 장비가 필요하다. 선명한 화질과 다수의 위성채널이 확보되어야 하고 상당한 자금이 소요된다. 연사를 직접 보지 않으면서 통역하기 때문에 스트레스가 심하다.

동시통역사는 고도의 언어실력을 요구한다. 이 때문에 항상 감각을 잃지 않으려고 공부하고, 연습해야 한다. 어디서 얼마나 공부했고, 어떤 일로 경력을 쌓아왔으며, 현재 얼마나 열심히 실력 향상을 위해 연마하고 있는가가 중요하다. 각종 시사문제, 전문용어, 사회 현안에 끊임없이 관심을 가지고 공부해야 하고, 현장 경력을 쌓으며 진짜 프로로 거듭나야 한다. 통역사의 꽃으로 불리는 동시통역사는 필요에 따라 동시통역, 순차통역, 위스퍼링 통역, 생동시통역, 릴레이 통역, 텔레 인터프리테이션, 곧 원격 통역을 전천후로 자유자재로 해낼 수 있는 최고 수준의 통역사로 고도의 전문성을 요구하는 전문직종이다. 엄밀한 의미에서 국제회의 통역사는 동시통역사이다. 연사가 연설하는 것과 동시에 또는 몇 초 뒤에 그 내용을 통역하는 방식이다.

동시통역의 주된 교육목적은 출발어(SL) 연설을 들음과 동시에 연사가 하고자 하는 말을 원문에 충실하고 자연스럽게 도착어(TL)로 순발력 있게 전달하는 능력을 키우는 것이다. 우선 동시통역을 지도하는 국제회의 통역사들인 교수는 현장에서 얻은 체험을 학생들에게 전수시키는 것은 살아있는 교육이 될 수 있다. 이를 위한 통역을 훈련하기위해서 여러 가지 방법이 있을 수 있다. 동시통역을 처음 배우는 학생들은 부스와 마이크에 익숙해지고 동시통역에 대해 가지는 지나친 공포감을 없애기 위해 숫자세기와 같은 행동과 듣기를 동시에 하는 연습을 시작한다. 동시통역을 훈련할 때 학생들은 소리를 내면서 말하고 유심히 듣는 훈련이 되어야 하는데 대표적인 예가 숫자세기 또는 카운트다운이 있다. 카운트다운은 연사가 연설을 천천히 읽어나가는 동안 학생들은 헤드폰으로 이를 들으면서 우리말이나 외국어로 100이나 50부터 카운트다운을 하게 한다. 일정한 시간이 지난 후에 연사가 한 말의 핵심을 재생하게 한다. 이런 훈련을 통해 처음에는 한국어로 된 연설문을 들려주는 동안 학생들은 우리말로 카운트다운 하다가 영어로 연설할 때는 영어로 카운트다운하고 그 다음 영어로 카운트다운 하게 하고 한국어로 된 연설문을 들려주고, 한국어로 카운트다운 하면서 영어로 된 연설문을 들려주기도 한다.

8-8. 숫자세기

특별한 방법이 있는 것은 아니지만 대개 숫자세기란 연사가 특정 주제에 대해 연설을 하는 동안 부스 안에서 일정한 속도로 정확하게 숫자를 거꾸로 세는 연습을 하는 것이다. 연설이 끝나면 학생들이 연설의 내용을 이해했는지 확인한다. 이런 훈련을 통해 동시통역에서 듣기와 말하기가 동시에 이루어질 수 있음을 보여준다. 숫자세기는 동시통역 입문단계에서 한 번에 두 가지 작업을 동시에 할 수 있음을 보여주는 방법이므로 오래할 필요는 없다. 숫자세기보다 더 효과적인 방법이 있다면 그것을 사용해도 된다.

8-9. 텍스트의 선정

대개 통번역 대학원에서 흔히 도입하는 방식으로 텍스트의 선정과 관련하여 아주 평이한 주제에서 시작하여 점차적으로 정치 경제 사회 문화 과학기술 종교와 같은 전문적인 내용으로 텍스트의 난이도를 높여간다. 텍스트의 내용과 관련한 기준 외에도 텍스트의 성격, 그러니까 논쟁적인가 아니면 숫자의 나열이 많은가 아니면 국제회의나 학술회에서 개회식과 폐회식의 연설문인가에 따라 적절히 경험하도록 할 수 있다. 순차통역의 텍스트와 마찬가지로 동시통역 텍스트도 반드시 구어체로 된 것이어야 한다.

텍스트의 길이로는 동시통역의 경우 순차통역의 텍스트와 마찬가지로 5-7분 정도가 적당하다. 그러나 점차 길이를 늘려 학생들이 어느 정도 수준에 이르면 10-15분 정도 길이로 늘려서 이를 이해하는 훈련을 하되 20-25분 이상을 넘어서는 것은 바람직하지 않다.

이와 같이 기초적인 듣기와 말하기 동시훈련이 어느 정도 이루어졌다고 판단되면 비로소 어느 정도 길이의 텍스트를 가지고 통역연습을 하게 한다. 연습 초기에는 학생들이 연설의 핵심내용을 어느 정도 전달하고 파악했는지를 중심수업으로 진행하고 점차적으로 상세한 내용까지 포함시키며 질의응답까지 무리 없이 통역할 수 있도록 지도한다. 이때 A → B 방향의 동시통역은 B → A 방향의 동시통역이 어느 정도 가능해진 단계에서 시작하는 것이 바람직하다.

8-10. 강의 진행

현재 통번역 대학원에서 거의 전형적인 방식으로 도입되고 있으며 강의 진행은 기본적으로 몇몇 학생들에게 주제발표를 시키고 다른 학생들은 주제와 관련된 지식이나 전문용어 등을 미리 준비해 어느 정도 배경지식을 갖춘 상태에서 부스에 들어가도록 한다. 학생들이 준비한 주제가 아닐 때에는 통역에서 이미 사용된 적이 있는 연설문을 교수가 준비한다. 순차통역과 마찬 가지로 누가, 언제, 어디서, 누구를 대상으로 하는 통역인가에 대한 상황 설정이 반드시 있어야 한다. 또한 실제 통역 연습에 들어가기 전에 반드시 주제적응(brainstorming)이 있어야 한다.

통역이 끝난 후 내용이 제대로 전달되지 않았거나 도착어(TL) 표현이 어색하다고 판단되는 부분은 수업에 참여하는 학생들과 같이 검토하고 토론한다. 이때 학생들로부터 적극적인 참여를 유도한다.

통역에 대한 평가는 학생들에게 먼저 통역에 대한 개괄적인 평가, 내용과 표현의 정확성과 자연스러움의 순서로 평가하게 한다. 학생들의 평가가 끝나면 교수는 학생의 통역에 대한 종합적인 평가와 개선점을 알려준다. 통역내용은 녹음하여 들어보고 꼼꼼하게 평가하는 것이 좋지만 동시통역 초기에는 학생들이 자신감을 상실할 우려가 있으므로 어느 정도 통역 연습이 이루어진 상태에서 녹음을 시작하는 것이 좋다. 자신이 내용을 명확하고 정확하게 전달하는가를 스스로 평가하고 개선점을 찾는 것은 매우 중요한 작업이다.

8-11. 동시통역 절차

① 통역문의 통역 일시, 장소, 규모, 내용 등 고객요구를 접수한 후 통역을 상담
② 견적서 발송 일정, 언어, 통역 성격 등에 따라 최적의 견적서
③ 통역사 선정 통역회사선정: 통역회사에서 가장 적합한 통역사를 선정
    고객선정: 고객이 통역사 이력서를 요청한 경우 이력서를 발송
④ 계약 통역을 원하시면 팩스로 가계약을 하시거나, 계약서 원본을 우편으로 교환
⑤ 결제확인: 고객께서 선금을 결제(200만 원 이하는 선금 100% 결제가 원칙이며, 200만 원 이상일 경우 선금 50%가 결제된 후 통역이 착수)
⑥ 통역사 사전 준비: 고객이 통역사에게 통역에 필요한 자료 및 주의 사항들을 전달. 동시통역

의 경우 최소 5일 전. 사전 리허설을 요청하실 경우 리허설을 지원

⑦ 동시통역 장비 세팅: 동시통역 장비를 통역전날이나 통역 당일 3시간 이전에 미리 설치

⑧ 최종확인 및 통역시작: 통역 전날 최종확인 한 후, 통역 당일 통역사가 통역할 장소로 이동하여 통역을 수행

⑨ 잔금 결제: 통역이 완료되면 5일 이내 잔금을 결제

⑩ A/S 및 사후관리: 통역 이후 고객께서 외국인 고객관리가 필요시 요청하시면 사후관리

⑪ 통역완료

동시통역 비용

언어	3시간 미만	6시간까지	시간 초과시
영어	600,000	800,000	시간당 100,000
일본어	600,000	800,000	시간당 100,000
중국어	600,000	800,000	시간당 100,000
불어	600,000	800,000	시간당 100,000
독일어	600,000	800,000	시간당 100,000

8-12. 수행통역사(escort interpreter)

수행 통역사들은 국제회의 통역사들처럼 대학원과정의 전문교육을 받지 않고 학부의 통번역학과를 이수한 대상이 대개 맡는다. 그렇기 때문에 집중적인 전문훈련을 받지 않는 한 한계를 극복하기 어렵다. 이들 가운데는 동시통역, 위스퍼링 통역, 생동시통역이나 순차통역을 맡기가 버거운 경우가 다수이다. 수행통역사는 회의에 참석하여 전문적인 통역을 하는 것이 아니라 상담이나 시찰, 협상 등을 할 때 그 연사를 수행하면서 간단한 순차통역을 맡는 통역사를 가리키는 말이다. 이를 미국에서는 세미나 통역사라고 부르기도 한다.

필자는 10여 년 동안 한국관광공사에서 시행하는 한국관광공사 영어통역 국가자격시험의 제1면접관으로 봉사해 오면서 수없이 많은 수행통역사, 관광 통역사들을 발굴해왔다. 대게 테스트는 청취능력을 중시하여 듣기시험에 통과되어야 하고 2차 면접에서는 의사소통능력과 역사 기타 태도 및 몸가짐을 유심히 관찰하게 되는데 일종의 민관 외교관과 같은 역할을 하는 셈이다. 한국에는 관광통역 안내원이 여기에 해당하는데 흔히 통역가이드(guide interpreter)라고 부른다. 이들은 초보단계의 통역사로서 기본적인 청취능력과 표현능력을 갖추고 간단한 관광안내를 수행한다.

8-13. 실제 통역 현장 연습

★Head Line News: President Lee Returns from his Trip 미국 방문 마치고 귀국한 이명박 대통령

President Lee Myung-bak's five-day trip to the U.S. resulted in a stronger alliance between the two nations. 이명박 대통령의 5일간의 미국 방문은 두 국가 간의 더 강력한 동맹을 낳았다. The trip, highlighted by the trade deal ratification, reaffirmed the political and military alliance. 무역 거래 비준에 의해 강조된 그 방문은 정치적 군사적 동맹을 재차 확인했다. As the U.S. Congress ratified the bilateral free trade agreement while President Lee was in town, the summit talks with President Barack Obama in Washington went smoothly. 이대통령이 그 곳에 있는 동안 미 의회가 쌍방 자유무역협정을 비준했기 때문에 워싱턴에서 열린 오바마 대통령과의 그 정상회담은 순조로이 진행되었다. Furthermore, the U.S. government invited Lee to an unprecedented security briefing held at the Pentagon. 게다가, 미 정부는 펜타곤에서 열린 전례 없는 보안 브리핑에 이대통령을 초대했다.

The relationship between Obama and Lee showed intimacy as the U.S. president took his guest out to a private dinner at a Korean restaurant and accompanied the Korean leader to a General Motors factory in Detroit to trumpet the future gains of the FTA. 오바마 대통령과 이명박 대통령의 관계는 미국 대통령이 한국 식당에서 편안한 식사를 위해 손님을 데리고 갔던 것과 FTA의 미래 이익을 자랑스럽게 알리기 위해 디트로이트의 제너럴 모터스 공장에 한국의 지도자와 동반했다는 것으로 친밀감을 보여주었다. Recognized as the two leaders' devoted commitment to the trade agreement, the trip was praised by observers and political analysts. 자유무역협정에 대한 두 지도자의 헌신적인 약속으로 인정받은, 그 방문은 관찰자들과 정치 분석가들에 의해 찬사 받았다. During a joint press conference, President Obama said that U.S. commitment to the defense and security of the Republic of Korea will never waiver and the upgraded alliance will be unbreakable. 공동 기자 회견 동안, 오바마 대통령은 대한민국의 방위와 보안에 대한 미국의 약속은 결코 포기하지 않을 것이고 한층 업그레이드 된 그 동맹이 깨질 수 없을 것이라고 말했다.

Over the years, President Lee had pointed out that the trade agreement will open up a new chapter in the nation's 60 years of political and military alliance with the U.S. 수년 간, 이대통령은 자유무역협정이 미국과의 정치적 군사적 동맹의 60년을 돌아볼 때 새로운 시대를 열 것임을 언급했다. The FTA had various negative complaints from American automakers, resulting in a long delay in the ratification process. FTA는 비준 과정에서 오랜 지연을 초래하며, 미국 자동차회사들로부터 다양한 부정적인 불평들을 받았다. Obama told the workers at the GM assembly plant that South Korea will be buying as many products from the U.S. as they sell, and that's how a fair free trade is supposed to be. 오바마는 한국은 미국으로부터 많은 생산품을 구입할 것이고 자유무역협정이 얼마나 공정해야 하는 지를 GM 조립 공장에서 일하는 근로자들에게 말했다. "This agreement with South Korea will support at least 70,000 American jobs. "한국과의 이 협정은 최소 7만 명의 미국인들에게 일자리를 줄 것입니다. Exports will definitely increase and there will be a boost in our economy more than our last nine trade agreements combined," said President

Obama. 수출이 분명 증가할 것이고 우리의 지난 9개의 무역 협정을 합친 것 이상으로 우리 경제를 활성화 시킬 것입니다."라고 오바마 대통령은 말했다.

The two leaders also didn't forget to discuss North Korea. 두 지도자들은 또한 북한과 의논할 것을 잊지 않았다. Lee and Obama uniformly agreed to continue pressuring the communist nation to let go of its nuclear ambitions. 이대통령과 오바마 대통령은 한결같이 그 공산주의 국가가 핵 야망을 놓도록 계속해서 압력을 가할 것임에 동의했다. Upon his arrival from the trip, President Lee told the press that Obama and the U.S. government will remain in complete alliance with South Korea. 미국 방문 후 도착하자마자, 이대통령은 오바마 대통령과 미국 정부는 여전히 한국과 완전한 동맹에 놓여 있다고 언론에 말했다.

★Focus: A Last Minute Clash to Happen 막판 진통이 예상돼

Despite President Lee's successful trip to the U.S., there is now strong pressure on South Korea's National Assembly. 이대통령의 성공적인 미국 방문에도 불구하고, 현재 한국 국회에 강한 압력이 있다. President Obama sure did keep his promise and the ratification process was faster than anyone expected. 오바마 대통령은 물론 약속을 지켰고 그 비준 과정은 예상했던 것보다 더 빨랐다. With no time to waste, the long-stalled deal is waiting for the decision from the parliamentary trade committee. 낭비할 시간 없이, 오랜 기간 지연되고 있는 그 거래는 의회 무역 위원회로부터 그 결정을 기다리고 있다. A last minute clash between the rival parties will take place over the ratification. 두 양당 간의 최후 충돌이 그 비준으로 인해 일어날 것이다. Let's hope they can put aside their differences and bring out a result that is best for the nation. 그들이 차이를 제쳐두고 우리나라에 가장 좋은 결과를 끌어낼 수 있기를 바란다.

★In Spotlight: Lost Without Direction 방향 없이 길을 잃다

It appears that the Korea–U.S. FTA bill is once again in limbo. 한미 자유무역협정이 또다시 불확실한 상태에 있는 것 같다. Although the U.S. Congress ratified the pact, another delay is expected as the nation's rival parties are still at odds over the signed agreement. 비록 미 의회가 그 협정을 비준했지만, 한국의 양 당이 여전히 그 서명한 협정에 뜻이 맞지 않기 때문에 또 다른 지연이 예상되고 있다. According to political analysts, there are no signs of reaching a consensus over the long-delayed bill. 정치 분석가에 의하면, 그 오래 지연된 법안에 대한 합의를 볼 조짐이 없다고 한다.

While the ruling Grand National Party(GNP)한나라당 is pushing the opposition Democratic Party민주당 to cooperate in passing the bill in the National Assembly국회, the floor leader of the opposition is demanding the government to seek renegotiation with the U.S. 여당 한나라당이 야당 민주당에 국회에

그 법안을 통과시키는데 협력하도록 밀어붙이고 있는 반면, 야당의 원내 총무는 그 정부가 미국과 재교섭을 추구하도록 요구하고 있다. Representative Kim Jin-pyo stated that small sized companies and vendors will be hit hard when the trade pact goes into effect. 김진표 대표는 중소 기업들과 행상인들이 그 무역 협정이 발효되면 큰 타격을 입을 것이라고 말했다. The Democratic Party is urging the ruling government to provide protective measures for farmers and the banking sectors. 민주당은 한나라당이 농부들과 금융 분야들에 대한 보호 조치를 제공하도록 촉구하고 있다.

A strong tug of war is expected between the two parties, for the National Assembly will have to deal with the budget debate starting next month. 국회가 다음 달에 시작하는 예산 논의를 다뤄야 할 것이기 때문에 양당 간의 팽팽한 줄다리기가 예상된다. With a very slim time frame to resolve the issue, the opposition reiterated its unwillingness to cooperate with the Grand National Party. 그 문제를 해결하기 위해 매우 단기간에, 야당은 본의 아니게 한나라당과 협력하기를 반복했다. GNP lawmakers told the media that if the two sides can't come to an agreement on the parliamentary endorsement, there is the possibility of the ruling party pushing for the ratification despite the resistance. 한나라당 국회의원들은 만약 양당이 의회 지지에 합의를 보지 않는다면, 민주당의 반대에도 불구하고 한나라당이 그 비준을 밀어붙일 가능성이 크다고 언론에 말했다. This is because the GNP holds the majority parliamentary seats 168 out of 299, in the assembly. 이는 한나라당이 의회에서 국회의석 299석 중 168석을 과반수로 보유하고 있기 때문이다. It is suspected that the partisan behavior over the trade deal is due to the upcoming mayoral by-elections slated for October 26. 무역 거래의 편파적 행동은 10월 26일로 계획된 다가오는 시장 보궐선거 때문이라고 의심 받고 있다. Both the ruling and opposition parties don't want to lose their support base. 여당과 야당 모두 지지층을 놓치기를 원하지 않는다. Sadly, time is running out and they must come up with the solution as soon as possible. 안타깝게도 시간이 다 되었고 그들은 가능한 빨리 해결책을 생각해 내야 한다.

★U.N. Warns About Global Warning

A United Nations scientific group has given its strongest warning yet about global warming. The group is calling on governments to take urgent action to slow the production of industrial gases. Scientists say factory and motor vehicle pollution traps heat in the atmosphere. The U.N. report says that at the present rate, the condition could cause severe floods, starvation and the spread of disease within a century. They warn that millions of farm hectares will turn to desert. The U.N. report says poor countries would be hit hardest. But it also says Europe and the United States' Atlantic coast will face a growing risk of severe storms and flooding as temperatures rise.
유엔, 지구온난화 재앙 경고 : 유엔의 한 과학단체가 지구 온난화 현상에 대해 강력하게 경고했습니다. 산업가스의 배출속도를 늦추기 위해 각국의 정부가 긴급 조처를 취해야 한다고 주장한 것입니다. 과학자들의 따르면 공장이나 자동차로부터 나오는 오염물질이 대기상의 열을 달아나지 못하도록 묶어둔다고 합니다. 유엔 보고서는 이런 상황이 만약 현재와 같은 속도로 지속될 경우, 1백년 안에 심각한 홍수와 기아, 그리고 질병의 확산 등을 초래할 것이라고 지적합니다. 또한 수백만 헥타르의 농경지가 사막으로 변하게 될 것이며, 특히 빈민국들이 가장 큰 피해를 보게 될 것이라고 말합니다. 물론 기온의 상승으로 말미암아 유럽과 미국의 대서양 연안 역시 극심한 폭풍우와 홍수에 시달리게 될 가능성이 높을 것이라고 말합니다.

★Daycare Centers Blamed for

Aggressiveness in Children — Good evening. The millions of parents who dropped their children off at day care this morning have something important to think about tonight: a new study that makes controversial claims about the impact of day care. This fairly extensive government—sponsored research indicates the more time a child spends in day care, the more likely he or she is to become aggressive, disobedient, and defiant. 17 percent of children who spent more than 30 hours a week in day care had behavior problems when they got to kindergarten. According to government numbers, nearly one out of three preschoolers go to some kind of child care facility while their parents work.
CBS's Cynthia Bowers has the story behind the numbers.

탁아소, 어린이 공격성에 나쁜 영향 : 안녕하십니까? 오늘 아침에 아이를 탁아소에 맡긴 수 백만의 부모님들은 오늘 밤 중요하게 생각해볼 사항이 있습니다. 탁아소가 미치는 영향에 관한 한 새로운 연구결과가 논란을 불러일으킬 만한 내용을 담고 있습니다. 정부의 후원으로 전국적으로 실시된 이번 연구에 따르면 아이들이 탁아소에서 더 많은 시간을 보낼수록, 공격적이고, 순종하지 않으며, 반항적이게 될 가망성이 더욱 더 커지는 것으로 나타났습니다. 탁아소에서 1 주일에 30 시간 이상 보내는 아이들 중 17%가 유치원에 진학한 후 행동장애를 일으켰습니다. 정부가 발표한 통계수치에 따르면, 거의 미취학 아동 세 명 중 한 명은 부모들이 일하는 동안 보육시설에 맡겨지는 것으로 나타났습니다. CBS의 신디아 바우어스 기자가 이 수치의 이면에 있는 이야기를 보도합니다.

★ Danger: Distracted Drivers

Today we want to talk about what you do while you're driving. Now, we know there's lots going on when you're behind the wheel. Sometimes you may be paying attention to everything but the wheel. A new report shows as many as half of all accidents could be caused by driver distractions. Seventy percent of people surveyed say they routinely talk to passengers while driving; 47 percent adjust things like the temperature and radio; and 19 percent talk on their cell phones.

주의산만, 교통사고의 주범 : 오늘의 이야기 주제는 운전 중 일탈 행동에 관한 것입니다. 우리는 보통 운전 도중 여러 가지 행동을 합니다. 어떤 경우에는 운전은 뒷전이고 정신을 아예 딴 곳에 두고 있기도 하죠. 새 연구보고에 따르면, 모든 사고 중 최소 50%는 운전자의 부주의함에서 기인한다고 합니다. 조사 대상자 중 70%는 운전을 하면서 의례 다른 사람들과 이야기하는 것으로 나타났고, 47%는 차내 온도를 조절하거나 라디오 채널을 돌리는 것과 같은 행동을 한다고 합니다. 그리고 19%는 휴대폰을 사용하는 것으로 나타났습니다.

words   behind the wheel 운전 중인 (예) I always feel perfectly safe when Richard's behind the wheel. 리차드가 운전하면 언제나 마음이 놓인다

pay attention to ~에 관심을 기울이다. (예) Don't pay attention to what he says. 그가 말하는 것에 신경 쓰지 마라.

distraction 주의 산만, 정신 산란

survey: 조사하다, 연구하다. (예) Almost 60% of those surveyed said they supported the President's action. 조사 대상자 중 약 60%가 대통령의 조처를 지지한다고 밝혔다.

routinely 일상적으로, 의례

adjust 조절[조정]하다. (예) You can adjust the color on the TV by turning this knob. 이 손잡이를 돌려서 TV 화면의 색깔을 조정할 수 있습니다.

★ California Wine Growing Appeal

The vineyards are the heart and soul of the landscape here, changing in form from season to season. Hello! I'm Carolyn O'Neil. Welcome to CNN Travel Now in California's wine country. You know, growing grapes and making wine is not unlike other agricultural pursuits, working with Mother Nature, to try and produce the finest harvest. But travel to Napa Valley and you'll soon realize that this kind of farming has a special appeal: attracting visitors from all over the world eager to sample the good life.

캘리포니아 와인의 매력 : 포도밭은 계절마다 바뀌는 이곳 풍경의 가장 큰 볼거리입니다. 안녕하십니까? 캐롤린 오닐입니다. CNN Travel Now에 오신 것을 환영합니다. 오늘은 캘리포니아 와인 단지를 살펴보겠습니다. 아시다시피 포도를 길러 와인을 만드는 것은 다른 농사와 다르지 않습니다. 가장 좋은 수확물을 생산하기 위해 대자연과 같이 호흡하는 것이라 할 수 있습니다. 나파밸리로의 여행을 통해서 여러분은 이러한 포도농장이 가진 특별한 매력을 알게 될 것입니다. 이러한 멋진 생활을 맛보기 위해 세계 각지에서 관광객들이 몰려오는 것입니다.

words   vineyard 포도원, 포도밭

agricultural: 농업의, 농산물의 (예) Kim Dae-jung said South korea would help North Korea improve its agricultural productivity by supplying it with agrotechnology and machinery. 김대중 대통령은 한국 정부가 북한에 혁신적인 농업기술과 기계를 공급해 농업 생산성의 증대를 도와주겠다고 말했다.

pursuit 추구, 연구 (예) People's pursuits of material generate the neglect of their spiritual needs. 인간의 물질 추구는 정신적 요구를 소홀히 하는 결과를 가져온다.

★America Reacts to Terrorist Attacks

I think Osama Bin Laden better to say his prayers. A cold reaction from U.S. leaders as a nation and the world continue to struggle to understand the extent of the devastating terrorist attacks on the United States. While around the clock, hour by hour, minute by minute grieving family members in New York and Washington wait for any word of their loved ones. And a dramatic late development, eight people were arrested at New York airports. Four of them had apparently been challenged when they tried to board a plane on the day of the attacks.

미, 테러공격에 보복 : 오사마 빈 라덴은 (살려달라고) 기도를 하는 편이 나을 것이라고 생각합니다. 미국뿐 아니라 전 세계가 이 끔찍한 테러공격의 전모를 밝혀내고자 노력하고 있는 가운데 미국 지도층은 침착한 반응을 보이고 있습니다. 시간이 지날수록 더 비탄에 잠기고 있는 뉴욕과 워싱턴의 실종자 가족들은 사랑하는 가족으로부터의 소식을 애타게 기다리고 있습니다. 여덟 명의 사람이 뉴욕공항에서 체포된 사실이 밝혀지면서 이번 사건수사에 급진전이 있었습니다. 그들 중 네 명은 테러가 있었던 날 항공기에 탑승하려고 했으나 제지당했었습니다.

words extent 넓이, 크기, 길이, 양, 범위   devastating 처참한, 피해가 엄청나게 큰
around the clock 24시간 내내
grieve 깊이 슬퍼하다, 비탄에 잠기다 (예) The pacifist's death grieved the whole world. 그 평화주의자의 죽음은 전 세계를 슬프게 했다.

★Utah Man tried for Bigamy

A Utah man who has five wives and dozens of children testified today in his polygamy trial. Tom Green broke down on the stand as he told of the hardships his family underwent because of its unconventional lifestyle. Green's trial is the first major bigamy case in the state of Utah in some 50 years.

유타주의 한 남자, 중혼죄 재판에 회부 : 5명의 부인과 수십 명의 아이를 둔 유타주의 한 남자가 오늘 중혼죄 재판에서 증언했습니다. 탐 그린이란 이 사람은 관습에서 벗어난 생활방식 때문에 그들의 가족이 겪었던 고통에 대해 말하면서 증인석에서 울음을 터뜨렸습니다. 이번 그린의 재판은 최근 50년 동안 유타주에서 열린 최초의 주요 중혼죄 재판입니다.

words bigamy 중혼(죄)   testify 증언[증명]하다
polygamy 일부다처, 일처다부   break down 〈사람이〉 (감정 등을) 억누를 수 없게 되다, 울음을 터뜨리다
stand (법정의) 증인석   hardship 고난, 가혹한 운명
underwent undergo의 과거형. 경험하다, 겪다

★Experts Predict African Food Crisis

A group in Washington has released a study that says Africans probably will not have enough food to eat 20 years from now. An International Food Policy Research Institute report says African governments must invest in programs to increase water for farming. It also says programs for crop research and improved transportation are needed by the year 2020. The report says one-third of African children currently suffer from hunger. It says the number could become as high as 49 percent by the year 2020. The report was based on a computer study of population, prices, and production of 16 kinds of goods.

전문가들, 아프리카 식량위기 예견 : 워싱턴의 국제식량정책연구기관은 아프리카인들이 아마 지금부터 향후 20년간 식량부족을 겪을 것이라는 연구결과를 내놓았습니다. 이 기관의 보고서에 따르면 아프리카 각국 정부는 2020년까지 농업용수 증대를 위해 투자해야하고, 농작물 연구와 농작물 수송 발전을 위한 제도를 마련해야 한다고 합니다. 또한 아프리카 지역의 어린이 3분의 1이 최근 배고픔으로 고통 받고 있고 이 비율이 2020년에는 49퍼센트까지 증가할 것이라 합니다. 이 보고서는 인구, 물가 그리고 16가지 상품 생산에 관한 컴퓨터 분석을 기초로 하고 있습니다. International Food Policy Research Institute: (IFPRI) 국제식량정책연구기관. 각 나라의 식량정책수립을 돕고 새로운 농업기술적용을 제공해 주기 위해 설립.

words   crop (보통 복수형으로) 농작물, 수확물. (예) green crops 채소류.

★U.S. FDA Approves Abortion Pill

The U.S. Food and Drug Administration approved the so-called abortion pill marketed in the U.S. as Mifeprex. Its generic name is mifepristone. Women will have the option to terminate up to 49 days into the pregnancy. Experts say it has shown to be effective at ending pregnancies in about 92 to 95 percent of cases. But before women can be considered for this option, a series of exams must be administered. The treatment plan involves three visits to a doctor's office. The abortion can be completed in as little as six hours or take up to a week to complete. Side effects include uterine cramping, heavy bleeding, nausea, and fatigue.

미국 FDA 먹는 낙태약 시판 승인: 미 식품의약국(FDA)이 미페프리스톤으로 널리 알려진 낙태제, 미페프렉스의 미국 내 시판을 승인했습니다. 이로 인해 여성들은 임신 후 49일 동안 낙태를 선택할 기회를 가지게 됩니다. 한편, 전문가들은 이 약을 복용할 경우, 낙태 성공률은 92~95%에 이른다고 말합니다. 이 약을 복용하고자 하는 여성은 우선 일련의 검사를 받아야 하며, 또한 의사에게 세 차례의 진찰을 받아야 합니다. 낙태가 완전히 이루어지기까지는 6시간에서 최장 1주일이 소요되며, 부작용으로는 자궁경련, 과다 출혈, 구토 및 피로 등이 수반됩니다. U.S. Food and Drug Administration: 미 식품의약국(FDA). 미국 보건복지부(Department of Health and Human Services) 소속 기관으로, 식품과 의약품, 화장품의 유해성을 검사하고 인허가를 담당하는 기관. approve: 승인하다, 인가하다. ex. The urgent motion was unanimously approved. 긴급동의는 만장일치로 가결되었다.

동시통역사는 항상⋯ (Roderic Jones's *Conference Interpreting Explained*, 77)

The simultaneous interpreter must:

- Remember they are communicating.
- Make the best possible use of the technical facilities.
- Ensure they can hear both the speaker and themselves clearly.
- Never attempt to interpret something they have not heard or acoustically understood.
- Maximize concentration.
- Not be distracted by focusing attention on individual problematic words.
- Cultivate split attention, with active, analytically listening to the speaker and critical monitoring of their output.
- Use, where possible, short, simple sentences.
- Be grammatical
- Make sense in every single sentence.
- Always finish their sentences.

8-14. 통역에 필요한 지식

통역사에게 있어서 가장 중요한 요건은 상황을 인식하는 능력이다. 이 능력은 현재 이루어지고 있는 회담이나 연설의 목적을 정확하게 파악할 수 있는 능력을 의미한다. 이는 통역사가 누가 누구에게 어떤 상황에서 어떤 말을 하는가를 항상 주의 깊게 살펴 정확하게 파악할 수 있어야 한다.

① The interpreter must be perfectly fluent in two foreign languages and can handle his native tongue with eloquence and precision.

② He must have some knowledge of the subject being mentioned or discussed.

③ He must be versatile and be fast thinker.

④ He must have an inborn curiosity and have the ability to take an interest in each and every area of human activity.

⑤ He must have nerves of steel, great self-control and acute and sustained powers of concentration.

⑥ He must be a good public speaker capable of arousing his audience and, if necessary, convincing them.

8-15. 최근 새로이 도입된 통역방식

(1) TV 통역(TV Interpretation)
특히 외국 영화를 자국민들을 위해 더빙 처리하는 것과 같은 방식으로 이루어지는 통역이다.

(2) 화상회의 통역(Teleconference Interpretation)
세계의 다른 지역에서 개최중인 회의를 화상을 통해 보여주면서 자기 나라 사람을 위해 통역하는 방식이다.

(3) 릴레이 통역(Relay Interpretation)
회의가 다언어로 진행되고 통역사들이 거기에서 사용되는 언어 모두를 이해하지 못하는 상황하에서 이루어지는 통역을 말한다. 가령 어떤 회의에서 사용되는 언어들이 한국어, 영어, 일본어인 경우 일본어 통역사는 한국어는 이해하는데 영어는 이해하지 못한다. 한국어 통역사는 세 언어를 모두 이해한다. 그런데 연설이 영어로 이루어지는 겨우 한국어 통역사는 그것을 한국어로 통역하고 일본어 통역사는 영어를 통역하는 것이 아니라 한국어 통역한 내용을 일본어로 통역한다. 이 경우 릴레이 통역은 순차통역과 동시통역 동시에 사용될 수 있다.

번역(Translation)이나 통역(Interpretation)은 궁극적으로 Source Language(원류언어 SL)로 불리는 그릇에 담아 둔 author/writer 아니면 speaker의 전달 내용(message)을 Receptor Language/Target Language(TL)인 수용언어로 옮겨 담아 독자/청자에게 내용을 전달하는 의사교환의 행위를 말한다. 번역이나 통역은 모든 언어가 어휘가 다르고 통사가 다르며 음운이나 의미차원까지도 모두 차이가 난다는 점에서 어려움이 있는 것이다. 만약 언어의 구조 어휘 의미가 모두 동일하여 그야말로 one-for-one-correspondence,가 이루어진다면 번역이나 통역은 아무런 문제가 없이 가능하다. 왜냐하면 원류언어인 SL이 목표언어인 TL이라는 항아리 속으로 옮겨 담기(Transfer)만 하면 되기 때문이다. 그러나 현실은 판이하게 다르다는 점이다. 모든 언어는 표층구조(surface)와 통사구조(grammar)

가 완전히 다르기 때문에 표층구조와 통사구조를 무시할 때 전달되어지는 내용은 아주 부자연스러울 뿐만 아니라 완전히 어색한 통번역이 되는 것이다.

9. 통역언어 분류와 조합(출발어-도착어)

통역은 기본적으로 통역사를 매개로 해서 이루어지는 서로 다른 언어를 사용하는 두 당사자 간의 의사소통 행위이다. 따라서 통역사는 적어도 두 가지 이상의 언어에 정통해야 한다. 통역과정에서 통역사가 사용하는 언어는 일정 기준에 따라 등급별로 분류되는데 가장 흔히 쓰이는 분류 방식은 A/B/C 분류 방식이다.

(1) A 언어-모국어

외국어-모국어 방식의 통역. Seleskovitch는 "모국어는 자신의 생각에 언어를 맞추고, 외국어는 자신의 생각을 언어에 맞춘다"라고 했다. 통역사의 모국어 또는 모국어와 동일한 수준의 언어로서 순차통역이나 동시통역의 경우 모든 다른 통역 언어를 출발어로 할 때 도착어가 된다(AILC 국제통역사협회 규정). 모국어란 환경에 의해 자연 습득되는 것이지 교육으로 얻어지는 것이 아니다. (C. Thiery)

(2) B 언어-외국어 (통역사에 의해 능동적으로 표현되는 언어) 모국어-외국어 통역방식

A언어만큼 순발력이나 표현력은 완벽하지 못하기 때문에 B언어의 한계성을 인지하고 이를 극복할 수 있도록 지속적인 노력을 해야 한다. 능동(active)언어로서 모국어는 아니지만 의사전달을 완벽하게 할 수 있는 언어이다. 이는 일부 통역사의 경우 순차통역과 동시통역 모든 경우에 이 언어로 통역을 하지만 일부는 순차나 동시통역 가운데 한 방식만을 사용하기도 한다. D. Seleskovitch는 표현 언어로 사용되며 모국어로는 볼 수 없는 언어라고 한다.

(3) C 언어-외국어 (통역사에 의해 표현 언어로 사용되지 않는 언어) 외국어-외국어 통역방식

수동(passive)언어로서 통역사의 표현 언어로 사용되지 않으면 완벽하게 하는 언어로서 듣고 능동언어로 통역한다. 이 언어는 노력을 집중해야 하는 언어이기도 하다.

통번역에 있어서 번역을 하는 사람에게는 What to write가 중요한 과정이며 통역을 하는 사람에게서는 What to say가 가장 중요한 것임을 decoding을 해 보면 금방 알 수 있다. 다시 말해 통사구조(grammar)가 많이 다른 두 언어 간의 decoding(Universals)은 grammar-based analysis에서가 아니라 궁극적으로 semantic level에서 해답을 찾아야 한다는 점이다. 이와 관련하여 Imhauser는 그의 *The Science of Translation*에서 다음과 같이 주장하고 있다.

In the process of back-transforming expressions from the surface structures to the underlying kernel or core structures, four basic structural classes emerge, which may be described as objects, events (including actions), abstracts(as features of objects, events, and other abstracts), and relations. Basically, the objects are those elements (like man, dog, horse, tree, river etc). Abstracts may be qualitative (red, big, fast), quantitative (much, many, twice), intensive (too, very) or spatio-temporal (here, now that, this). Relations are any units which function primarily as markers of relationships between other terms (by, because, or). The classification of any linguistic unit as object, event, abstract, or relational depends entirely upon the way in which the unit functions within a particular context. (5)

통사구조와 표층구조를 두고 볼 때 가장 가까이에서 한국어와 영어를 살펴보면 이해하기가 훨씬 편리하다는 점에서 예를 들어보기로 한다.

> 한국어: S + O + V
> 나는 당신을 심심치 않게 좋아합니다.
> 나는 진심으로 /솔직히 말씀 드리자면 당신의 인격을 믿을 수 없습니다.

▶ 동사가 항상 마지막에 온다. 따라서 목적어/대상이 무엇을 의미하는지는 동사가 마지막에 그 의미를 드러내지 않으면 알 수 없고 이런 이유로 영한/한영 통번역에 많은 어려움이 따르게 되는 것이다.

그러나 영어의 경우를 보면 다음과 같다.

> 영어: S + V + O
> I love you.
> Frankly I dislike her.

이상에서 보는 바와 같이 영어에서는 동사가 먼저 등장하기 때문에 목적어/대상에 상관없이 의미 파악이 순간적으로 가능해진다. 이런 이유로 통역이나 번역은 아주 용이하게 수행되는 것이다.

통번역을 하는데 있어서 가장 기본이 되어야 할 것은 주어진 message를 이해하는데 있어서 message는 반드시 message를 구성하고 있는 모든 surface sentences(표층구조문)이 적어도 심층구조문/내포문(Kernel sentence or near-kernel sentence level)까지 Back-transformed되었을 때 이루어져야 한다는 점이다. 이런 기본적인 원칙이 무시되어 표층구문에서 의미분석을 마치고 단어와 단어 문장과 문장의 추상적인 의미만 따라 통번역을 하게 될 때는 그 진정한 의미를 파악하기란 참으로 어렵고 혹 이해한다고 해도 의미의 해석(semantic interpretation)이 어색하기 이를 데 없게 되는 것이다.

1. Jimmy made his mother sad.
  a. 지미는 그의 엄마를 슬프게 만들었다. (표층구조에서 의미를 분석함)
  b. 지미 때문에 엄마는 슬퍼졌다. (심층구조/숨겨진 의미(underlying kernel sentence)의 내포문이 드러날 때까지 전후관계(contextual environment)를 back-transformation하여 의미를 분석한 경우로 불명료성과 애매함이 가장 극소화 된 경우임)

이를 다시 분석해 보면 (message analysis/decoding/back-transformation)

  a. Jimmy made it.
  b. His mother became sad. Or His mother was sad.
  c. That his mother became sad was made (or caused) by Jimmy.
  d. It was made by Jimmy that his mother became sad.

위에서 1(b)는 아래 a, b, c, d를 종합(synthesize)한 후 한국어로 다시 의미를 재구성한 것이다. 또 다른 예를 보기로 하자.

I find happiness in hard work and temperance.

  a. 나는 어려운 일과 절제 속에서 행복을 찾는다.
  b. 나는 열심히 일하고 절제 있는 생활을 할 때 행복해 진다는 사실을 알게 된다.

위의 문장을 decoding해 보면 아래와 같은 의미가 내포되어 있음을 알 수 있다.

  a. I find
  b. (that) I am happy.
  c. (when) I work hard
  d. (and) I am temperate.

　　필자의 경험으로 볼 때, 국제 학술대회에 참석하여 사회를 보다 보면 발표자가 갑작스런 일로 참석을 하지 못하고 진행에 차질을 빚을 때가 종종 있다. 이런 경우에는 쓰인 논문을 눈으로 읽고 청자들에게 전달해야 하는 경우가 있게 되는데 이런 경우에 통역에서는 구두 해석 번역(Sight Translation/Translation at Sight)에 해당하는데 이는 쓰인 문장을 눈으로 보고(at sight of a written message) 수용언어(receptor language)로 옮기는 번역행위로 이해한다. 이런 Sight Translation에서 쓰인 글이 소리로 대치된다면 이는 곧 동시통역(simultaneous interpretation)의 속성을 지니게 되는 것이다. 더 나아가서 이미 다 완성된 논문이나 연설문을 보고 나열된 문장을 taken notes로 이용하여 번역하는 행위이기 때문에 순차통역(Consecutive interpretation)의 성격을 지니게 되는데 이처럼 Sight Translation은 동시통역과 순차통역을 합성하는 Hybrid Interpretation인 것이다.

그러나 Sight Translation에서 주의할 점은 전달내용에 대한 정확한 이해나 지식이 없이 구두로 전달하는 방법이 익숙하지 못하여 반복되는 휴지(pause)나 "어, －음, －아"와 같은 hesitation filler를 자주 사용하는 것은 통역에서는 바람직하지 못하다. 대개는 이런 불편한 경우가 발생하는 경우는 문장의 흐름이 너무 복잡하거나 길어질 때 생기는 현상인데 이런 경우는 의미 단위 별로 이해하여 번역하고 통역하는 것이 훨씬 더 효과적이다. 앞서 지적한바 대로 Sight Translation은 순차통역이나 동시통역의 성격을 가지고 있기 때문에 Progressive Style로 이해하고 나아가는 것이 편리한 경우가 많다. 그렇다고 해서 문장의 주어진 의미가 훼손되는 경우는 없기 때문이다. 아래의 경우를 살펴보기로 하자.

a. We should fully recognize that just as our national climate and histories are different, so are our social mores and ways of looking things different. Long－term prosperity and stability between our two countries will only be our peoples while respecting each other as equal and independent sovereign states. (축하 만찬사)

b. 우리가 충분히 알고 있어야 할 것은 우리 양국의 기후와 역사가 서로 다른 것 마찬가지로 사회적 관습과 사물과도 또한 다르다는 사실입니다. 오랜 시간에 걸쳐 번영과 안정을 우리 양 국가가 누릴 수 있으려면 반드시 우리는 서로 우의와 존경을 더 돈독히 할 수 있어야 할 것입니다. (Progressive Style 전향식 문장구역)

c. 우리는 우리 양국의 기후와 역사가 서로 다른 것과 마찬가지로 사회적 관습과 사물관도 또한 다르다는 것을 충분히 알고 있어야 할 것입니다. 우리 양국 간의 장기간의 번영과 안정은 우리가 양 국민간의 우의와 존경을 강화할 수 있고 동시에 우리가 서로 동등하고 독립된 주권국가로서 존중할 때야 비로소 가능해질 것입니다. (Regressive Style 비전향식)

I ask Korea to join with the United States in rejecting those protectionist pressures to ensure that the growth you have enjoyed is not endangered by a maze of restrictive practices. (US president's address in Korean Congress)

a. 본인이 한국에 부탁드리고자 하는 것은 미국과 함께 보호무역주의자들의 압력을 배격하여 여러분들이 이룩한 성장이 복잡한 규제조치로 말미암아 위험에 처해지지 않도록 하자는 것입니다. (progressive 전향식 sight translation-top down style)

b. 본인은 한국이 그동안 이룩한 성장이 복잡한 규제조치로 인하여 위험에 처해지지 않도록 하기위해 보호무역주의자들의 압력을 배격하는데 우리 미국과 함께 해 주기를 부탁드리는 바입니다. (Regressive 비전향식 translation)

위에서 살펴보면 b의 경우는 전향식으로 된 문장 구역으로서 의미단위별로 앞에서/위에서부터 아래로 메시지를 전달하여 의사전달을 하는 데는 아주 편리하지만 c의 경우를 보면 비전향식으로 되어 있어서 충분한 시간이 제공되지 않을 경우 전달하는데 많은 문제점이 있음을 알 수 있다.

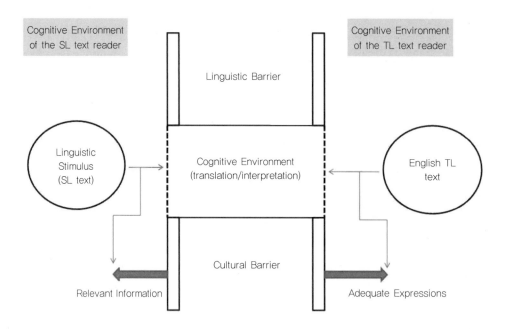

Message Analysis and Decoding

Message: surface sentences/ kernel sentences/ near-kernel sentences

Word-for-word correspondence? (surface to surface interpretation)
Semantic level? Risky errors?
—Semantic interpretation can reduce the differences and unnaturalness.

ex) Andrew ate his father out of his house and home.
   (Andrew ate/His father was out of his house and home/Andrew ate that his father was out of his house and home)

a. 앤드루는 재산을 탕진하여 그의 아버지는 집도 날려버리고 식구들도 뿔뿔이 헤어져 버렸다 (after message analysis of (near) kernel sentence level, back-transformation)
b. 앤드루는 집과 가정을 돌보지 않는 아버지를 먹었다
   (surface level correspondence)
c. 앤드루는 집과 가정에서 나오시는 아버지를 먹었다
   (surface level correspondence)

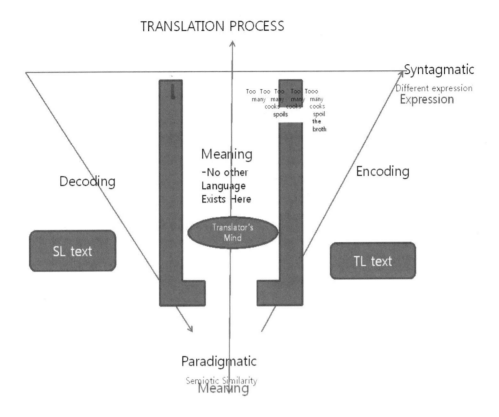

TRANSLATION PROCESS

Syntagmatic
Different expression
Expression

Too Too Too Too Tooo
many many many many
cooks cooks cooks
spoils spoil the broth

Meaning
-No other
Language
Exists Here

Decoding

Encoding

Translator's Mind

SL text

TL text

Paradigmatic
Semiotic Similarity
Meaning

10. 통번역에 있어서 바꾸어 쓰기(Alternative or Parapharasing Expression)의 응용

서로 다른 두 언어 간의 Sight Translation은 Progressive Style로 나가지 않을 경우 대단한 기억력과 추리력(reasoning ability)을 갖지 않으면 어려운 일이다. 따라서 영한 번역이나 통번역, 특히 Sight Translation을 하는데 있어서 갖추어야 할 사항은 하나의 생각을 여러 가지 다른 형태의 문장구조로 바꾸어서 표현할 수 있는 능력(an ability to express one and the same idea in many alternative or paraphrased expressions)이 절대적으로 필요하다.

ex) "한국의 앞길에는 여러 난관이 놓여있다. 그러나 우리들이 일치 협력하여 노력한다면 참으로 자립한 민주국가를 건설하는 것이 불가능 하지는 않을 것이다."

1) Many difficulties lie before Korea. But, if we make united efforts, it will not be impossible to construct a truly self-reliant democratic country.

2) There are many difficulties before Korea. But, if we strive in cooperation, we shall not find it impossible to build up a truly self-reliant democratic country.

3) Our concerted efforts will surely help us to establish a truly self-reliant democratic country, whatever difficulties lie in our path.

실제로 이루어지는 통번역의 경우 의사전달에 있어서 순간 순간적으로 사용하고 판단되어야 할 일들이 많아서 꼭 화자나 글을 전달하려는 당사자의 표현을 100% 정확하게 따를 필요가 없다. 달리 말해서 가장 자신의 익숙한 표현이나 언어로 (one's most familiar expressions) 내용을 전달하고 표현할 수 있으면 문제가 되지 않는다.

통번역을 하거나 어떤 의사전달을 할 때 개개인이 지니고 있는 인식내용(cognitive content/meaning)은 주로 명사, 동사, 형용사, 부사에 담겨서 표현이 되고 전치사나 접속사는 명사 동사 형용사 부사에 담겨 있는 의미를 혼잡스럽지 않게 일정한 연관 속에 담아 표현할 수 있게 하는 역할을 한다. 이는 여성이 목에 걸고 다니는 목걸이(bead string)에 비교될 수도 있겠다. 목걸이에 담겨 진 진주나 구슬들은 명사, 동사, 형용사, 부사와 같은 것이고 전치사나 접속사는 이런 진주를 묶어주는 끈(thread)과 같은 역할을 하는 것이다. 아래의 예를 통해 자세히 살펴보기로 하자.

Class-shifting/alternative or paraphrased expression/cognitive meaning
    (deep synonymity－contextual environment)

"한국의 앞길에는 여러 난관이 가로놓여 있다. 그러나 우리들이 일치 협력하여 노력한다면 참으로 자립한 민주국가를 건설하는 것이 불가능하지는 않을 것이다."

1) Many difficulties lie before Korea. But, *if we make united efforts,* it will not be impossible to construct   a truly self-reliant democratic country.

2) There are many difficulties before Korea. But, *if we strive in cooperation,* we shall not find it impossible   to build up a truly self-reliant democratic country.

3) *Our concerted efforts* will surely help us to establish a truly self-reliant democratic country, whatever   difficulties lie in our path.

        (명-동-형-부) ——————— (전-접)

a. He *cooperated* very positively with us to make our plan success.
   (동사로 사용된 경우 a verbalized expression) "협조하였다"
   모든 일이 잘 협조되어 우리 계획은 성공했다.

b. He gave a very positive *cooperation* to us in making our plan success. (명사 a nominalized expression) "협조를" (베풀었다)

c. He was very positively *cooperative* with us in making our plan success. (형용사 an adjectivalized expression) "협조적이었다"

d. He worked with us *in a* very positively *cooperative manner* in making our plan success. (부사 an adverbialized expression) "협조적으로"

e. He worked with us very positively *cooperatively* in making our plan success. (부사 an adverbialized expression) "협조적으로"

이상에서 보는 바와 같이 "협조하다"는 동사는 명사, 형용사, 부사로 자유롭게 표현되는 경우를 볼 수 있다. 이와 같이 두 언어 간의 언어 운용은 통번역을 하는데 있어서 융통성 있게 적용되어야 활기를 되찾을 수 있게 되는 것이다. 이를 위해 우리는 바꾸어 쓰기 능력을 게을리 해서는 성공적인 통역이나 번역을 할 수 없게 되는 것이다.

11. 통역 훈련의 학습법

(1) 단락 및 문장 청취(meaning-unit or sentence listening)
의미를 구성하는 단락이나 문장을 끊어가면서 청취하고 이를 통역한다. 이것이 숙달이 되면 듣는 분량을 점차 늘려 문장과 절을 늘린다. 잘 안 들리는 부분은 반복 청취해서 왜 안 들리는지를 확인한다.

(2) 모방(mimicking) 및 따라하기(Shadowing)
테이프의 화자보다 약간 늦게 화자의 말을 모방하여 따라하는 방식이다. 이 경우 자기의 말을 귀로 직접 들을 수 있는 특수 헤드셋을 활용하면 큰 도움이 된다. 그리고 화자의 말을 따라서 발음한 것을 녹음하여 자신이 들어보면 잘못된 발음과 억양을 교정하는데 도움이 된다.

(3) 받아쓰기(dictation)
테이프를 통해 화자의 말을 듣고 원어 그대로 받아쓰는 방식으로 청음 집중도 및 정확성을 높이는데 도움이 된다.

(4) 내용기록(note-taking)

노트테이킹은 테이프의 화자가 하는 말을 듣고 핵심적인 내용만을 원류언어나 목표언어로 간략하게 적어두는 방식이다. 이렇게 하면 통역하는데 효과적이다. 특히 순차 통역에서 효과적인데 이는 노트테이킹은 일종의 기억장치로 기억을 해 내는데 도움이 된다. 특별히 정해진 방식은 없고 각자 나름대로 기록 방식과 요령을 터득하는 것이 좋다.

- The first things to be noted should be the main ideas.
- Then, just as in the mental analysis of a speech one has to identify the links and separations between ideas, so these links and separations should appear in the notes.
- A third element that should always be part of an interpreter's analysis of a speech, and which should also appear in the notes, is the point of view being expressed.
- Fourth, we have already noted that delegates need to know "what happened when," and that the tenses of verbs are therefore important.

12. 통역의 연습과 연설문

통역을 연습할 때는 연설문이 가장 효과적이다. 연설문 가운데서도 단순한 사실을 기술하는 descriptive speech보다는 논리적으로 자신의 생각을 펼치는 argumentative speech가 더 효과적인 것은 의미를 논리적으로 연결해서 통역할 수 있기 때문이고 통역의 대상으로는 부적합한 신문이나 잡지 또는 서적은 읽기나 번역의 대상이다. 연설문을 선택하면 우선 통역을 하기 전 연설의 제목, 연사, 연설장소, 연설 일자, 청주의 범위, 배경 등에 대해서 조사하고 연구하는 brainstorming 과정을 거치면 훨씬 수월하고 부담도 줄어든다. 아래 연설문은 Bill Clinton의 Obama를 위한 연설문이다. 가능한 한 많은 연설문을 접하는 것이 도움이 되겠지만 좋은 연설문을 여러 번 반복해서 완전히 이해하는 것도 좋은 방법이다. 연설문은 가능한 한 많이 접하고 분석하는 습관을 가지는 것이 중요하다. 최근 국내에서는 외교통상부와 청와대를 통해 연설문을 입수하는 것이 가능하고 외국의 경우 미 국무성, 행정부 사이트 또는 방송사나 구글을 통해서도 수준 높은 연설문들을 접할 수 있다. 참고로 소개하면 다음과 같다.

www.mofat.go.kr / www.cwd.go.kr / www.cnn.com / www.un.org / www.state.gov

The following is the full text of former President Bill Clinton's speech on Wednesday from the Democratic National Convention.

PRESIDENT BILL CLINTON: Thank you very much. Thank you. Thank you. (Sustained cheers, applause.) Thank you. Thank you. Thank you. Thank you. Now, Mr. Mayor, fellow Democrats, we are here to nominate a president. (Cheers, applause.) And I've got one in mind. (Cheers, applause.)

I want to nominate a man whose own life has known its fair share of adversity and uncertainty. I want to nominate a man who ran for president to change the course of an already weak economy and then just six weeks before his election, saw it suffer the biggest collapse since the Great Depression; a man who stopped the slide into depression and put us on the long road to recovery, knowing all the while that no matter how many jobs that he saved or created, there'd still be millions more waiting, worried about feeding their own kids, trying to keep their hopes alive.
I want to nominate a man who's cool on the outside — (cheers, applause) — but who burns for America on the inside. (Cheers, applause.)
I want — I want a man who believes with no doubt that we can build a new American Dream economy, driven by innovation and creativity, but education and — yes — by cooperation. (Cheers.)
And by the way, after last night, I want a man who had the good sense to marry Michelle Obama. (Cheers, applause.)
I want — I want Barack Obama to be the next president of the United States. (Cheers, applause.) And I proudly nominate him to be the standard-bearer of the Democratic Party.

Now, folks, in Tampa a few days ago, we heard a lot of talk — (laughter) — all about how the president and the Democrats don't really believe in free enterprise and individual initiative, how we want everybody to be dependent on the government, how bad we are for the economy.

We Democrats — we think the country works better with a strong middle class, with real opportunities for poor folks to work their way into it — (cheers, applause) — with a relentless focus on the future, with business and government actually working together to promote growth and broadly share prosperity. You see, we believe that "we're all in this together" is a far better philosophy than "you're on your own." (Cheers, applause.) It is.

So who's right? (Cheers.) Well, since 1961, for 52 years now, the Republicans have held the White

House 28 years, the Democrats, 24. In those 52 years, our private economy has produced 66 million private sector jobs.

Now, why is this true? Why does cooperation work better than constant conflict?

Because nobody's right all the time, and a broken clock is right twice a day. (Cheers, applause.)

And every one of us — every one of us and every one of them, we're compelled to spend our fleeting lives between those two extremes, knowing we're never going to be right all the time and hoping we're right more than twice a day. (Laughter.)

Unfortunately, the faction that now dominates the Republican Party doesn't see it that way. They think government is always the enemy, they're always right, and compromise is weakness. (Boos.) Just in the last couple of elections, they defeated two distinguished Republican senators because they dared to cooperate with Democrats on issues important to the future of the country, even national security. (Applause.)

They beat a Republican congressman with almost a hundred percent voting record on every conservative score, because he said he realized he did not have to hate the president to disagree with him. Boy, that was a nonstarter, and they threw him out. (Laughter, applause.)

One of the main reasons we ought to re-elect President Obama is that he is still committed to constructive cooperation. (Cheers, applause.) Look at his record. Look at his record. (Cheers, applause.) Look at his record. He appointed Republican secretaries of defense, the Army and transportation. He appointed a vice president who ran against him in 2008. (Laughter, applause.) And he trusted that vice president to oversee the successful end of the war in Iraq and the implementation of the recovery act. (Cheers, applause.)

Wait a minute. I am — (sustained cheers, applause) — I am very proud of her. I am proud of the job she and the national security team have done for America. (Cheers, applause.) I am grateful that they have worked together to make us safer and stronger, to build a world with more partners and fewer enemies. I'm grateful for the relationship of respect and partnership she and the president have enjoyed and the signal that sends to the rest of the world, that democracy does not have a blood — have to be a blood sport, it can be an honorable enterprise that advances the public interest. (Cheers, applause.)

Now — (sustained cheers, applause) — besides the national security team, I am very grateful to the men and women who've served our country in uniform through these perilous times. (Cheers, applause.) And I am especially grateful to Michelle Obama and to Joe Biden for supporting those military families while their loved ones were overseas — (cheers, applause) — and for supporting our veterans when they came home, when they came home bearing the wounds of war or needing help to find education or jobs or housing.

President Obama's whole record on national security is a tribute to his strength, to his judgment and to his preference for inclusion and partnership over partisanship. We need more if it in Washington, D.C. (Cheers, applause.)

Now, we all know that he also tried to work with congressional Republicans on health care, debt reduction and new jobs. And that didn't work out so well. (Laughter.) But it could have been because, as the Senate Republican leader said in a remarkable moment of candor two full years before the election, their number one priority was not to put America back to work; it was to put the president out of work. (Mixed cheers and boos, applause.) (Chuckles.) Well, wait a minute. Senator, I hate to break it to you, but we're going to keep President Obama on the job. (Cheers, applause.)

Now, are you ready for that? (Cheers, applause.) Are you willing to work for it. Oh, wait a minute.

AUDIENCE MEMBERS: (Chanting.) Four more years! Four more years! Four more years! Four more years!
PRESIDENT CLINTON: In Tampa — in Tampa — did y'all watch their convention?

I did. (Laughter.) In Tampa, the Republican argument against the president's re-election was actually pretty simple — pretty snappy. It went something like this: We left him a total mess. He hasn't cleaned it up fast enough. So fire him and put us back in. (Laughter, applause.)

Now — (cheers, applause) — but they did it well. They looked good; the sounded good. They convinced me that — (laughter) — they all love their families and their children and were grateful they'd been born in America and all that — (laughter, applause) — really, I'm not being — they did. (Laughter, applause.)

And this is important, they convinced me they were honorable people who believed what they said and they're going to keep every commitment they've made. We just got to make sure the American people know what those commitments are — (cheers, applause) — because in order to look like an acceptable, reasonable, moderate alternative to President Obama, they just didn't say very much about the ideas they've offered over the last two years.

They couldn't because they want to the same old policies that got us in trouble in the first place. They want to cut taxes for high- income Americans, even more than President Bush did. They want to get rid of those pesky financial regulations designed to prevent another crash and prohibit future bailouts. They want to actually increase defense spending over a decade $2 trillion more than the Pentagon has requested without saying what they'll spend it on. And they want to make enormous cuts in the rest of the budget, especially programs that help the middle class and poor children.

Now, I like — I like — I like the argument for President Obama's re-election a lot better. Here it is. He inherited a deeply damaged economy. He put a floor under the crash. He began the long, hard road to recovery and laid the foundation for a modern, more well- balanced economy that will produce millions of good new jobs, vibrant new businesses and lots of new wealth for innovators. (Cheers, applause.)
PRESIDENT CLINTON: But are we better off than we were when he took office? (Cheers, applause.)

And listen to this. Listen to this. Everybody — (inaudible) — when President Barack Obama took office, the economy was in free fall. It had just shrunk 9 full percent of GDP. We were losing 750,000 jobs a month.

Now, look. Here's the challenge he faces and the challenge all of you who support him face. I get it. I know it. I've been there. A lot of Americans are still angry and frustrated about this economy. If you look at the numbers, you know employment is growing, banks are beginning to lend again. And in a lot of places, housing prices are even beginning to pick up.

But too many people do not feel it yet.

I had the same thing happen in 1994 and early '95. We could see that the policies were working, that the economy was growing. But most people didn't feel it yet. Thankfully, by 1996 the economy was roaring, everybody felt it, and we were halfway through the longest peacetime expansion in the history of the United States. But — (cheers, applause) — wait, wait. The difference this time is purely in the circumstances. President Obama started with a much weaker economy than I did.

Listen to me, now. No president — no president, not me, not any of my predecessors, no one could have fully repaired all the damage that he found in just four years. (Cheers, applause.)

Now — but — (cheers, applause) — he has — he has laid the foundation for a new, modern, successful economy of shared prosperity. And if you will renew the president's contract, you will feel it. You will feel it. (Cheers, applause.)

Folks, whether the American people believe what I just said or not may be the whole election. I just want you to know that I believe it. With all my heart, I believe it. (Cheers, applause.)

Now, why do I believe it?

I'm fixing to tell you why. I believe it because President Obama's approach embodies the values, the ideas and the direction America has to take to build the 21st—century version of the American Dream: a nation of shared opportunities, shared responsibilities, shared prosperity, a shared sense of community.

So let's get back to the story. In 2010, as the president's recovery program kicked in, the job losses stopped and things began to turn around. The recovery act saved or created millions of jobs and cut taxes — let me say this again — cut taxes for 95 percent of the American people. (Cheers, applause.) And, in the last 29 months, our economy has produced about 4 1/2 million private sector jobs. (Cheers, applause.)

We could have done better, but last year the Republicans blocked the president's job plan, costing the economy more than a million new jobs.

So here's another job score. President Obama: plus 4 1/2 million. Congressional Republicans: zero. (Cheers, applause.)

During this period — (cheers, applause) — during this period, more than 500,000 manufacturing jobs have been created under President Obama. That's the first time manufacturing jobs have increased since the 1990s. (Cheers, applause.) And I'll tell you something else. The auto industry restructuring worked. (Cheers, applause.) It saved — it saved more than a million jobs, and not just at GM, Chrysler and their dealerships but in auto parts manufacturing all over the country.

That's why even the automakers who weren't part of the deal supported it. They needed to save those parts suppliers too. Like I said, we're all in this together. (Applause.)

So what's happened? There are now 250,000 more people working in the auto industry than on the day the companies were restructured. (Cheers, applause.)

So — now, we all know that Governor Romney opposed the plan to save GM and Chrysler. (Boos.) So here's another job score. (Laughter.) Are you listening in Michigan and Ohio and across the country? (Cheers.) Here — (cheers, applause) — here's another job score: Obama, 250,000; Romney, zero.

AUDIENCE MEMBERS: (With speaker.) Zero. (Cheers, applause.)

Of course, we need a lot more new jobs. But there are already more than 3 million jobs open and unfilled in America, mostly because the people who apply for them don't yet have the required skills to do them. So even as we get Americans more jobs, we have to prepare more Americans for the new jobs that are actually going to be created. The old economy is not coming back. We've got to build a new one and educate people to do those jobs. (Cheers, applause.)

The president — the president and his education secretary have supported community colleges and employers in working together to train people for jobs that are actually open in their communities — and even more important after a decade in which exploding college costs have increased the dropout rate so much that the percentage of our young people with four-year college degrees has gone down so much that we have dropped to 16th in the world in the percentage of young people with college degrees.

So the president's student loan is more important than ever. Here's what it does — (cheers, applause) — here's what it does. You need to tell every voter where you live about this. It lowers the cost of federal student loans. And even more important, it give students the right to repay those loans as a clear, fixed, low percentage of their income for up to 20 years. (Cheers, applause.)

Now what does this mean? What does this mean? Think of it. It means no one will ever have to drop out of college again for fear they can't repay their debt.

And it means — (cheers, applause) — it means that if someone wants to take a job with a modest income, a teacher, a police officer, if they want to be a small-town doctor in a little rural area, they won't have to turn those jobs down because they don't pay enough to repay they debt. Their debt obligation will be determined by their salary. This will change the future for young America. (Cheers, applause.)

I don't know about you — (cheers, applause) — but on all these issues, I know we're better off because President Obama made the decisions he did.

Now, that brings me to health care. (Cheers, applause.) And the Republicans call it, derisively, "Obamacare." They say it's a government takeover, a disaster, and that if we'll just elect them, they'll repeal it. Well, are they right?

AUDIENCE MEMBERS: No!

AUDIENCE MEMBERS: Four more years! Four more years! Four more years!

PRESIDENT CLINTON: Let's look at the other big charge the Republicans made. It's a real doozy. (Laughter.) They actually have charged and run ads saying that President Obama wants to weaken the work requirements in the welfare reform bill I signed that moved millions of people from welfare to work. (Jeers.) Wait, you need to know, here's what happened. (Laughter.) Nobody ever tells you what really happened — here's what happened.

When some Republican governors asked if they could have waivers to try new ways to put people on welfare back to work, the Obama administration listened because we all know it's hard for even people with good work histories to get jobs today. So moving folks from welfare to work is a real challenge.

13. 통번역 읽고 이해하기

통역사는 의사소통의 중개자 역할을 할 뿐만 아니라 문화를 해외에 파급하는 역할도 한다. 통역이 시작되기 전까지는 여러 가지 요인으로 두려운 마음과 불안한 마음 때문에 당황하지만 일단 통역이 시작되면 이런 감정과 기분도 사라진다. 그러나 돌발사태가 언제든지 일어날 수 있으므로 집중력을 느슨하게 하지 말아야 하고 방심을 절대 금물이다. 동시통역은 연사가 잘 보이는 곳에 위치한 통역 부스(booth) 안에서 이루어지기 때문에 상관없지만 순차통역의 경우는 회의장에 들어가 참석자들과 같이 동석해 청중들 앞에서 연설자의 말이 끝난 다음 통역을 하는 방식이기 때문에 심리적인 부담감을 가질 수 있다. 통역사의 시선은 청중을 한 눈에 넣고 분위기를 파악해야 한다. 통역을 할 때는 청중을 보고 해야 한다. 이것이 의사소통의 기본이다. 옷차림도 분위기에 맞게 입어야 한다. 예의범절을 지켜야 하며 통역 하는 가운데 불필요한 동작이나 말이 나오지 않도록 해야 하는데 흔히 hesitating worlds라고 하는 "아, 음, 엄…"과 같은 pausing words들이다.

통역을 할 때는 말은 자연스러우면서도 명확해야 하는데 호흡과 음성 그리고 말투가 조화를 이루어야 가능하다. 호흡이 조절이 안 되면 말의 속도가 빨라지고 청중들의 이해도 그만큼 감소됨으로 긴장을 완화하기 위해서라도 호흡을 잘 조절하여야 한다. 음성은 간결하면서도 명확해야 한다. 말투는 역시 정확해야 한다. 그러나 너무 긴장하면 두려움과 불안한 증상이 나타나므로 평소에 마음을 편하게 갖고 자신감을 가져야 한다.

통역을 하는데 있어서 목적을 달성하고자 하는 것이 무엇이고 그가 어떤 지위에 있으며 회의 참석자 중에서 누가 가장 큰 영향력을 행사하고 있느냐 등을 먼저 파악하고 상황에 대한 정확한 지식을 가짐으로써 통역사는 보다 효과적으로 통역을 해야 한다. 효과적인 통역은 단순히 메시지를 이해하는 수준을 넘어서 왜 이런 메시지가 전달되는지를 알아야 하기 때문이다. 동시통역의 경우 통역사는 연사의 앞으로 말할 내용을 예상할 수 있을 때만 연사와 거의 동시에 통역이 가능하다. 특히 통역 부스에서 헤드폰을 끼고 통역을 할 때는 연사와 동시에 통역을 하기 위해 평소 많은 훈련이 되어있어야 가능하다. 특히 동시통역의 경우는 노트 테이킹이 허락되지 않으므로 청취에 집중하지 않으면 안 된다.

★ Translators as Mediators

Many misunderstandings arise due to language barriers and cultural differences. That is why good and precise translation is so difficult, but extremely important. One cannot possibly perceive and fully render so many cultural implications latent in foreign words and expressions. Sometimes misunderstandings can come about even between people using the same language.

A few days ago, a security guard in my apartment complex hurriedly called me on the intercom, saying, "Excuse me sir, but there is a fire in your car." "What?" I almost screamed. It was a brand new car that I had bought only a few weeks ago. Naturally, I was stunned and appalled. I yelled at him, "What was that again?"

The security guard repeated, "I said, fire is on in your car, sir." Greatly surprised, I rushed down to the basement parking lot, expecting my car to be burning in flame and smoke. But there was no fire; only the small headlamp near the realized that in the Korean language there is no distinction between "fire" and "light," both of which are called "bul."

Native English speakers who try to translate Korean literature into English would often encounter similar problems and confusions, especially if they were not fluent in the Korean language or quite familiar with Korean culture. For example, a foreigner would translate, "The king did kichim"("wang keseo kichim hasyotta") into "The king coughed." In fact, however, the expression usually means, "The king woke up," for the Korean word "kichim" means not only coughing but also getting up from bed, especially when the vocabulary is used as an honorific expression. Likewise, the Korean word "aeby" refers to both a father and a married son who has a child. So when the late poet So Chong-ju wrote in his poem, "Aeby was a serf," he meant, "My father was a serf." But when another poet Kim Chi-ha wrote, "Aeby!" in his poem, he meant, "My son!" Another example is the celebrated Korean "Idong Galbi." It could easily be translated into "moving galbi" by a oreign translator because the Korean word "idong" means "moving." In fact, however, it refers to the famous galbi (beef ribs) produced in Idong county. Even native speakers of Korean could be confused by these complicated words. How then, can foreigners understand different usages or render the subtle nuance?

The same thing could happen to Korean translators of foreign languages. In Korean translations of English texts, one can find numerous wrong translations due to the lack of the translator's cultural understanding. For example, "churchyard," which is a graveyard, is frequently mistranslated as a "church garden." "Knock on wood," which means "wish good luck," has been frequently translated as "hit the wood." I have also found that "Mason & Dixon" is wrongfully translated as "two infamous outlaws in Wild West." But the two are actually British surveyors who came to America to survey the colony and eventually drew the line that divided the North and South in the States during the colonial period.

There are many other mistranslations as well. For instance, "prairie dog" is often translated as "wild dog." "Assistant D.A." which is equivalent to a prosecutor in Korea, is almost always translated as "assistant o prosecutor." "Between you and me and the post" which means, "This is a secret between us" is awkwardly interpreted as "There are many obstacles between us." Korean translators tend to translate "Say the magic word" (Say "please") as "Make an incantation," "fall guy" as "a man who loves fall," "full metal jacket" as a metal jacket instead of "a bullet." Recently, a Korean translator translated "Mitsubishi in the swim" as "Mitsubishi is swimming." Obviously, he did not know that "in the swim" means "Join the trend," "be fashionable," or "be a faddist."

Due to cultural differences, people sometimes use different words to describe the same situation. When a wife cheats on her husband, for example, Koreans are likely to say that she has lost chastity. But English speaking people would say that she has lost fidelity. This indicates that in Korea "chastity" is the primary concern, whereas in English speaking countries "faithfulness" to her spouse, seems more important than simply losing her chastity. Other times, the concept of a word varies depending on countries. For instance, many Koreans confuse "sympathizing with North Korea" with progressivism, and "violent demonstrations" with democratization.

In the past, a translator simply translated a foreign text word by word. Consequently, wrong translations were inevitable and rampant. Today's translators, however, should comprehend the whole context and render the cultural implications hidden beneath words and expressions more fully. This implies that translators should be an expert not only on the target language but also on the culture and psychology of the people who speak the language. Today, a translator is no longer considered a traitor, but a cultural mediator. It definitely won't be easy to mediate cultures, and yet we should try very hard to do so.

words   intercom 기내 통화장치(intercommunication system)   serf 농노, 노예
         survey(or) 현장조사, 검사, 측량하다 (측량기사, 조사관, 감독관)   fad 일시적인 유행
         have a fad for -에 열광하다   faddist 일시적인 열광자
         traitor 배반자, 매국노

★Toward a Law-abiding Society

Many foreigners who live in Korea are surprised to find the lack of law enforcement in today's Korean society. For example, we see so many cars parked illegally near fire hydrants, at the intersections, or at the corners of the road, blocking the sight of approaching drivers. Few of them, however, are ticketed or towed.

As a result, some people unabashadedly practice illegal parking whenever possible. When there is a wedding ceremony at a church or a wedding hall, illegally parked cars frequently occupy one lane of the street.

Illegal cutting-in is also being widely practiced even in expressways. For example, when you take the expressway to shop at Costco or E-Mart located at Yangjae, you may often find cars queuing up, not only on the exit lane but also on the fourth lane next to it, making a full stop on the expressway. On the opposite side of the expressway, many impudent drivers keep cutting in to take the Seocho exit. Nothing is more exasperating than to see other drivers continuously cut in, while you have been waiting bumper to bumper for more than 10 minutes to exit.

Using mobile phones while driving is prohibited too, and yet we see quite a few drivers leisurely talk on their cell phones in a slow-moving vehicle, seriously hampering the flow of traffic. Perhaps their mentality is: "There are no traffic cops around, so why not use your cell?" Few drivers seem to heed the right-of-way either. Instead, they try to squeeze into the same lane at the same time regardless of the traffic lights. It seems that police officers do not issue a ticket to such a minor violation. It is only natural, so frequently in our society.

Andrea Butler, who lives in Korea, recently wrote me about this embarrassing phenomenon: "It is a common egotistical paradox that if everyone operates with a 'me first' mentality, the result is that nothing moves. Common courtesy and respect for the law go a long way, but if he community at large lacks both, then what can be done?

As she pointed out, we need rationality, common sense and common courtesy in order to become a good driver. And we should abide traffic laws, which should be enforced strictly. In the US, for example, police patrol cars almost always make the drivers on the road shudder, if not terrorize them. In Korea, however, few drivers seem to be afraid of police cars that seldom issue speeding tickets. Butler pointed out this strange phenomenon, saying: "The fear of being pulled over by a traffic cop is one that people in Korea simply don't have."

In order to make people abide traffic laws, the ramifications of illegal parking, drunk driving, or ignoring a red light should be severe. In big cities in the States, you will be fined as much as $400 for speeding or running a red light, and you may be prosecuted for reckless driving or drunk driving that endangers people's lives. In Korea, however, the fine for speeding ranges from $45 to $60 only and the penalty for driving drunk is usually suspension or revocation of your driver license.

In a society where laws are not enforced strictly you cannot expect rationality and common courtesy to prevail. Since you do not fear the ramifications of breaking laws, which are not severe, you can easily park illegally, drive under intoxication, or physically assault a lawmaker in broad daylight, which actually happened a few weeks ago. You can also set up illegal demonstration, beat up law enforcement officers, and still think you can get away unpunished.

In a society where "law and order" is not imposed strictly, food manufacturers will continue to tamper with the food we have to consume daily. Unless severely punished, these malicious, materialistic people will keep manufacturing harmful food that will endanger the health and lives of our children. We can never eradicate hazardous food and its manufacturers simply with ex post facto fines. Those who manufacture unsanitary, harmful food on purpose to make profit must be punished severely under the charge of attempted mass murder. Then nobody would dare to make and sell unsafe food.

It is all up to the competence of the Lee administration. First of all, President Lee should beef up the police force to maintain law and order. Needless to say, we must observe the law and respect law enforcement officers. Most Koreans are law-abiding, good citizens. The problem is those who defy the law without remorse. If our political leaders, intimidated by those outlaws who stage illegal demonstrations, assault police officers, and overthrow the government, cannot enforce laws, their incompetence will exacerbate the problem. Anyone who breaks the law should be punished. Only then can law and order be restored in our society.

words   tamper with 주무르다, 위조하다, 만지작거리다   ex post facto 사후처방의
              ramifications 결과, 추이, 나뭇가지   rationality 이성적인 행동

★Korea: Land of Disturbances

Korea is obviously no longer "the Land of the Morning Calm." Rather, it seems that she has become the "Land of Disturbances" these days North Korea, for example, recently appalled the international community with its impudent second nuclear test that literally shook the whole Korean peninsula. Then the elated North Korean politicians began threatening South Korea as the latter announced it would join the Proliferation Security Initiative to prevent the spread of nuclear weapons. They warned South Korea that they would nullify the armistice treaty and exert a military strike whenever necessary. Then they fired missiles several times, showing off their military muscles.

South Korea is also in the midst of internal political turmoil. The recent death of former President Roh stirred the whole nation and enflamed people's rage against the Lee administration. It is true that many people are disappointed in the Lee administrations' incompetence. And surely there are those hardcore leftist instigators who are clandestinely plotting to use the naïve crowds for political gain that will lead to the dismantling, if not overthrowing, of the Lee administration in order to regain power at next election.

Many foreigners I meet are greatly perplexed by what is happening in South Korea now. "These are the times of unprecedented crisis for South Korea," a foreigner expressed his concern to me lately. "How then could you waste energy on internal political skirmishes?" "Koreans seem so insensible to imminent crisis," another foreigner told me, clicking his tongue. "North Korea is ready to strike you, and Korea is ready to strike you, and you are demonstrating against your government? Shouldn't you be busy preparing for the worst?" Difficult as it is for me to think that Koreans are so callous to the "clear and present danger," I find it even harder to believe that Koreans are so optimistic. Perhaps our sensory system has all gone wrong, as we have become numb to crisis due to the fact that we lived in such a precarious situation for too long.

AS for the funeral of Roh, there is no doubt that we mourn for his abrupt, tragic death. We all become solemn when one dies, no matter who the deceased person is. And we are truly sorry that our former president had to end his life in such a regrettable way amid a political scandal.

With all due respect to Roh's passing, however, we came to realize that it was the media that was amplifying all the emotion and commotion. The Korean press, which had criticized Roh daily as if he had been a convicted criminal, and suddenly began presenting him as a martyr who had chosen death for his noble political conviction. Our primetime television channels, for example, abruptly began praising Roh as if he had been a saint, and broadcasted his "sacred life" and "great" lifetime achievements for hours until the viewers became tired of it. One of our internet newspapers even carried an emotionally charged headline: "The whole country cried at Roh's funeral."

The foreign press unanimously pointed out that it was quite irresponsible and inappropriate for Roh to commit suicide. It is embarrassing indeed to see a public figure who once led the whole nation crumble like that due to the hardships of life. He should have appealed to the court, if innocent, or assumed full responsibility for his past misdeeds, if guilty. By escaping from the harsh reality through suicide and then unwittingly becoming a post-mortem national hero, however, he left us with a very poor example; in the future, our impressionable young people may also resort to suicide to escape from their problems and simultaneously become heroic figures.

Watching Roh's funeral and listening to the infuriated, demagogic speeches of his followers on TV, I thought of Mark Antony's subtle but eloquent speech that inspired many in Shakespeare's "Julius Caesar," Act III, Scene 2: "Friends, Romans, countrymen, lend me your ears/ I come to bury Caesar not to praise him/ The evil that men do lives after them/ The good is oft interred with their bones/ so let it be with Caesar." Despite his initial disguise, Antony in fact praised Caesar quite eloquently. But Roh was different from Caesar; there was no Mark Antony at the funeral and unlike Caesar, who was assassinated and thus deserved praise, Roh could not be praised because he killed himself. It is a sin to kill oneself both in Christianity and Buddhism, and definitely does not deserve praise, let alone recognition.

We mourn for Roh's untimely death and are grieved by the tragic incident. Nevertheless, we do not need to be too emotional, but should calmly compose ourselves instead. We cannot afford internal factional brawls at this critical moment. It is time to unite to confront the impertinent threats of North Korea and be prepared to protect our national security. Let us bury the hatchet together with Roh's ashes. This would be the last wish on our ill-fated former president.

words dismantling 무장해제하다, 해체하다   political skirmishes 사소한 충돌
impertinent threats 주제넘은 건방진 (위협)   hatchet 손도끼

★ Have They Become Monsters?

Recently, the Roh Moohyun scandal has stirred the whole country. The former president, who was once so self-righteous that he ruthlessly condemned so many people for corruption, ironically enough may turn out to be a hopelessly corrupt politician himself. Many Koreans are shocked and dumbfounded at the embarrassing scandal that our ex-president — who constantly bragged about his moral superiority — may have proved himself to be nothing but another impudent corruptor who took astronomical bribes during his presidency.

Some people have already attached various humorous nick-named to Roh such as "the six-million dollar man," since suspicions were raised that Roh unabashedly swallowed $6 million in bribery. People also call him "Noe Mool-hyun" a pun that indicates he is a man of bribery since the Korean word "noemool" means "bribery.' They also changed the name "Roh Sa MO" (Roh Lovers Society) to the more appropriate nickname "Noe Sa Mo" (Bribery Lovers Society). Roh is also called "Wan

Show Nam," which means, "a perfect pretender/charlatan," a pun derived from "Wan so nam," meaning "a perfectly admirable man."

Other people unanimously expressed their dismay. "Didn't' he say he was a poor but honest man?" they said. Didn't he promise to put an end to all corruptions, and say? That he was nothing if not a man of moral integrity?"

They also wonder, "Wasn't he an advocate of a socialist revolution that would bring equal distribution of wealth in our society?" How, then, could he take bribes? People are also puzzled. "Wasn't he a stout anti-American who once said, "What's wrong with anti-Americanism?" Why then, did he send his son to an American university for his graduate studies and make him get a job there. Why did he buy several astronomically expensive and gorgeous houses for his son and daughters in America?

Of course, we need to wait until the final verdict finds him guilty before we criticize Roh. Nevertheless, it seems undeniable that he was far from a "poor but honest" man. Instead, he appears to be a greedy old man who, like a hungry hippo, gulped suspect money even when he was in office. While pretending to be a defiant critic of capitalism and U.S. imperialism, he seems to be a corrupt capitalist and quasi pro-American.

Quite a few disciples of Roh, who are invariably anti-American, also send their children to the United States for schooling. But did they not preach to us that the United States was a notorious "imperialist" country that we should denounce?

Unless they send their children to America for espionage, their contradictory behavior betrays their beliefs in every sense. Yet they do not seem to care. When their political stance is complicated, they almost always seek shelter in the United States. Even when they commit crimes and are pursued by the police, they flee to America as well.

People may wonder: "Why the United States? Why not to Russia or China?" Perhaps they may conclude: "What's wrong with taking advantage of what the United States can offer?" Well, it is wrong to betray and backstab your beneficiary.

Roh's disciples who seized political power in the Roh administration were those who were power-hungry and susceptible to taking bribes. Many of them were persecuted by the military dictatorship in the late 1970s and early 1980s. They have seldom earned money or paid taxes, for they had been busy campaigning as underground political activists. Suddenly they found themselves wielding mighty power in a place surround by immense wealth. It was only natural that they became intoxicated by political monetary power. Abraham Lincoln, whom Roh ironically revered and mistook as his precursor, once said: "Nearly all men can withstand adversity; if you want to test a man's character, give him power." Alas! Roh and his followers completely failed this test.

We acknowledge that they fought the dictatorship three decades ago. The problem was that they fought against the dictators perhaps too long. Roh and his disciples terrorized South Korea with their politically—correct cocksureness and self—righteousness, and tore the nation apart by deliberately dividing the Korean people; conservatives vs. progressives, haves vs. have—nots, privileged vs. underprivileged etc. With unprecedented populism, they eventually turned a decent country into a noisy market—place where people full of vengeance yell at each other with vulgar language.

Watching the Roh family going down in infamy, we sadly recollect the harangue Roh uttered when he was our president: "I will personally make those who give or take bribes ruined, not only himself but also his entire family." It was Nietzsche who once said: "Whoever fights monsters should see to it that in the process he does not become a monster. And if you gaze long enough into an abyss, the abyss will gaze into you." Nothing seems more befitting to Roh and his pathetic Leftist clan than Nietzswche's insight.

words　　disciple 제자, 문하생, 신봉자, 추종자　　　　cocksureness 확신, 자만, 독단

★Why Are Koreans So Violent?

Korea used to be called "the Hermit Kingdom," "the Land of the Morning Calm," and "a Country of Courteous People in the East." These nicknames imply that Korea was once a serene, tranquil country where good—natured people resided peacefully in seclusion. Today, however, South Korea is often called a "dynamic" country, a label that points to South Korea's remarkably quick economic development and democratization. It also implies, perhaps, that in the process of rapid and radical social change, South Korea has lost its original essence of serenity and courtesy.

Many foreigners are often amazed by the great economic success and swift democratization of South Korea. Only a few decades ago, South Korea was a war—ridden, poverty—stricken country suffering at the hands of ruthless military dictatorships. And yet today, she has transformed into an affluent society in which one can enjoy absolute freedom of speech and press. Few countries have accomplished such extraordinary progress in such a short period of time.

Nevertheless, quite a few foreigners are puzzled by the violent demonstrations that still take place like a daily ritual in today's Korean society. "South Korea has been democratized, hasn't it?" foreigners ask. "Why, then, are South Koreans still demonstrating so violently?" Indeed, one of the most prominent images of South Korea is as "a country of aggressive demonstrations and uncompromising workers' strikes." CNN often broadcasts clips of South Korean demonstrators attacking law enforcement officers with steel or bamboo bars.

Recent Korean history may provide some insight into why demonstrations are still rampant in South Korea. Because South Koreans firmly believe democratization was achieved through the power of the people and demonstrations, they tend to consecrate violent demonstrations as heroic actions. Whatever the cause may be, therefore, all demonstrations are sanctified and justified, and all demonstrators are valiant warriors fighting for justice. This is why demonstrators call the Lee administration a dictatorial government and why they resort to aggressive demonstrations so frequently and so proudly. And this is why they feel so righteous when they demonstrate. In their eyes the government, police, and corporate executives are all evil powers that must be subverted and destroyed.

The problem with an environment of frequent demonstrations is that people tend to rely on violence rather than peaceful dialogue when disagreements arise. For example, one will often witness violent arguments among drivers while driving on the streets of Korea. If one car abruptly cuts in, a Korean driver will take the offense as a jab at his pride. The driver will honk at the offender wildly, chase him all the way to the next stop light, get out of the car, bang on the window of the offender's car, and curse and yell at the unfortunate driver. There are many more cases of violence in Korea society. For example, school violence has long been a serious problem, even though the situation has drastically improved lately. Our movies, which greatly influence impressionable students, are also full of violence. Suicide, too, is another violent measure one can resort to. The same goes for our lawmakers in the National Assembly who frequently depend on violent measures when things are not running smoothly, such as yelling and throwing something at fellow lawmakers. One of the worst cases of violence reported recently in the papers is of a man who purposely unleashed his dog at a park so that the ferocious animal could attack people who complained about its loud bark. Indeed, it is embarrassing to see how much physical violence reigns in our civilized society.

In the early 20th century the Indian poet Rabindranath Tagore wrote: "In the golden age of Asia/Korea was one of its lamp—bearers/ and that lamp is waiting to be/ lighted once again for the/ illumination of the East." As a colonized people, Koreans were greatly encouraged at that time by the Nobel laureate's warm, supporting message. In 1963 another Nobel Prize winner, Pearl Buck, wrote the following line in the preface of her famous novel on Korea, "The Living Reed": "Korea is a gem of a country inhabited by a noble people." Once again, the Korean people were tremendously flattered by the prominent writer's favorable description of Korea. But do we really meet the expectations of the two prize—winning writers?

Pearl Buck dedicated her entire life to the welfare of war orphans and the children of interracial parents in Korea and other Asian countries through the Pearl Buck International Foundation. As for Tagore, he preached meditation and non—violence, just like Gandhi, despite the turbulent situation of India in his times. In order to become a truly "noble people" and a genuine "lamp—bearer of the East," we must alter our nation's spirit to be one of non—violence and peace. We must put an end to violent demonstrations that have seriously dismantled our society. We need to restore the long—lost serenity, courtesy, and decency that once brightly illuminated this peaceful nation.

words   Take the offense 화를 내다   as a jab 날쌔게 찌르기 at his pride

★ What Are We Trying to Hide in This Era?

It is a natural instinct to try to hide our flaws and brag about our merits instead. So often we find ourselves covering up our disgraceful characteristics. Indeed, who would want to wash his dirty linen in public?

Koreans, as a group-oriented people, are particularly reluctant to reveal their blemishes to foreigners. Thus we try very hard to hide our dark side from foreign people, hoping to look impeccable and admirable. Years ago, for example, our dictatorial politicians enacted a law that prohibited us from criticizing our political system in front of foreigners. Even today, people look askance and frown at those who speak ill of their country to foreigners, condemning them as if they were national traitors.

Recently, an expatriate in Korea, who was obviously intrigued by the so-called "love motels" in Korea, contributed a photo essay to a recent issue of "Gwangju News," an English magazine published by the Gwangju International Center. Under the title, "Love Motel Facades in Gwangju," were eight panoramic photos of love motels in Gwangju with short poetic captions attached. Nothing seemed wrong with it. Some of the captions include: "Like beauty pageant contestants, love motels decked out in exotic attire vie for attention along the Gwanjucheon waterfront"; "The Love motel is a traveler's destination, a foreign country itself. The Windmill Motel is reminiscent of the idyllic Dutch countryside, and of the famous Partisian cabaret Moulin Rouge."

As soon as the magazine came out, however, our newspapers immediately began attacking the magazine, which soon enflamed the fury of readers who felt their pride was seriously damaged. Our newspaper reports wrote: "this photo essay introduces ungrounded rumors by stating 'love motels are also a rendezvous point for extramarital affairs.'" But is it not true that love motels are a favorite place for those who are having an affair? Korean reporters also criticized the opening remarks, which began: "In Gwangju, the neon lights of a love motel are never far from view. Young couples use love motels to enjoy a romantic night away from parental scrutiny." But is that not true as well?

Nowhere in the caption was a critique of love motels, and yet it did not mitigate the Korean readers' embarrassment. Reading the photo essay, many Koreans undoubtedly became discomfited and even furious by the fact that a side of Korean society that they wanted to hide from foreigners, had been exposed by a foreigner and printed in a widely circulating English magazine. "The magazine should have declined such an embarrassing photo essay," wrote one reporter, "It will surely ruin our image." That was why people's anger was aimed at the people who were, responsible for the magazine, and at City Hall, which subsidized the magazine, but not at the writer herself.

Nevertheless, we should be aware that in this age of information technology, it is no longer possible to hide. "These days, no matter how hard we may try to hide something, news flies fast and spreads instantly all over the world. Former President Roh Moohyun's scandal that currently sweeps Korea, for example, has already been televised in every part of the world. We cannot possibly hide anything anymore from the watchful eyes of the world.

Also, we should admit that our society, like any other, has an undesirable, negative downside too. For example, how can we deny the existence of the love motels that are to so common in our country? Why do we want to desperately hide something foreigners are already well aware of? How come we think that we have to show foreigners the bright side of Korea only? It would be deceitful if we pretended there were no such things as love motels or other undesirable things in Korea. Neither Korean culture nor Korean society is far from immaculate and flawless. It is the same in other countries. We are only human after all.

Instead of pretending that there are no love motels or reacting so sensitively to foreign criticism, we should instead try to build a society where no love motels are n business. When our society cultivates a high standard of ethics and social atmosphere that properly restrains unbridled sexual dissipation, love motels will eventually go out of business. Meanwhile, we may get some comfort from the fact that young couples and people having affairs sneak into motels to spend brief but intense moments in other countries as well.

Therefore, we really need to have the capacity of boldly showing our dark side to foreigners and generously embracing criticisms offered from them. Besides, it would be childish if we wanted praise and compliments only. We should be open-minded and able to laugh about foreigners' insightful observations of our culture and society. When our unchecked emotional response is unleashed, the outcome is almost always to our detriment. We should not try to hide things from foreigners; they know about or flaws and weaknesses more than we think they do. What are we trying to hide anyway?

words

unbridled 마의 고삐가 풀린, 방종한
sneak into 몰래 들어가다, 살짝 도망가다
to our detriment 희생하여, 손해를 주어
wash one's dirty linen in public 남 앞에서 집안싸움질하다, 집안의 치부를 드러내다
look askance 힐끗 곁눈질하다
dictatorial 독재적인
beauty pageant 아름다운 광경
decked out=decorate vie for 다투다, 경쟁하다
scrutiny (=close examination) 꼬치꼬치 따지기
subsidize 보조금을 지급하다
immaculate and flawless 티 없는, 흠이 없는
unbridled sexual dissipation 구속 받지 않은, 방종한 (unbridled/unleash))

dissipation 방탕, 유혹, 무절제, 기분전환
detriment 손실, 손해, 상해

traitor 반역자, 매국노
expatriate 국외이주자, 추방자
contestant 경쟁자
waterfront 강가 (seafront 바닷가)
discomfit 좌절시키다, 당황하게 하다
negative downsize 소형화하다

★Professors Bark up the Wrong Tree

A few days ago, a group of professors issued a statement demanding the Lee administration to apologize for the recent suicide of former President Roh. At the press conference, the professors expressed their concern about the deterioration of democracy and the freedom of press in Korean society. While reading the statement, which called for our alert "in this time of unprecedented crisis," they looked from grim and stern, enraged and infuriated. The event instantly became hot news and made national television.

Watching the press conference broadcasted by major television channels, however, many people may have wondered: "Aren't we now living in a democratic society where the freedom of press is fully guaranteed?" "Why did the professors remain silent when the Roh administration antagonized and suppressed the uncompromising press so vehemently a few years ago?" and, "Instead of condemning the South Korean government, aren't they supposed to issue a strong statement against North Korea that it should stop firing missiles and threatening the South?

In the statement, the professors criticized the Lee administration as an undemocratic government. The Lee administration, however, is anything but a tyrannical one. Contrary to the professors' accusation, the Lee administration seems rather too weak to rule the country. For example, the South Korean government was so scared of the huge candlelight demonstrations held last year to protest against American beef imports that it caved in to their demands. How, then, could it be a dictatorial government? Stubborn and unwise maybe, but president Lee is far from a dictator.

Therefore, any criticism against President Lee will immediately lose credibility when it condemns him as a tyrannical leader. Today, South Korea has become one of the most democratized countries on earth. Yet, former antigovernment activists have the delusion that we still live under a dictatorship and thus try to topple any government that does not hold their ideology.

If the professors had criticized the incompetence of the Lee administration, therefore, their protest would have been much more persuasive. For example, perhaps due to the recent economic recession, the South Korean government seems to have achieved nothing spectacular so far. Instead, it unwisely froze the salaries of government officials and even clumsily initiated a much-resisted campaign among government employees of giving up 5 percent of their already meager salaries. One could also condemn the lee administration for its highly inappropriate choice of personnel. Unfortunately, Lee is no different from his predecessor Roh in the sense that he, too, filled nearly all the major positions in his administration with his own men, regardless of their abilities.

Pursuant to the question of why the professors remained silent when the Roh administration ruthlessly suppressed the unyielding press, one can answer: "Because they were Roh supporters." The reason why they did not issue a protest against North Korea at this critical moment eludes me.

It would have been much better indeed, if the professors had demanded an apology from North Korea, not from their own government.

The professors' protest last week reminded me of a similar incident that happened in 1987, which resulted in the famous June 29 announcement that finally ended the military dictatorship in South Korea. At that time, my colleagues and I signed the protest, at the risk of our jobs and imprisonment; it was during the Chun Doo-hwan era, when people were frequently arrested, tortured and lost their jobs.

Time has changed now. Today, one can freely join an anti-government protest without worrying about losing one's job or being arrested. This means that the professors who recently joined the protest are luckier than those of my generation. It also means that in such a democratized society as today's South Korea, you do not need to issue such a statement.

Another embarrassing thing is that quite a few Koreans naively assume that the nuclear weapons of North Korea are theirs as well. They are even proud that Koreans now have nukes, whether it is North or South Korea. It never seems to occur to them that South Korea could be a target for nuclear missiles in the future. Besides, the Korean Peninsula is too small to test nuclear weapons. We cannot help but shudder at the possibility that North Korean technology may not be able to prevent radiation leaks.

One of the fatal, unpardonable wrongdoings of the Roh administration was that it tore the already divided nation into another two opposing groups; progressives vs. conservatives; haves vs. have-nots, and older people vs. younger ones. It is lamentable that even the universities are now divided by two antagonizing groups. Thus those who joined the protest do not necessarily represent their universities; there are many others who would not agree with them.

At this critical moment, the Korean professors seem to be barking up the wrong tree. They should protest against North Korea, not their government, and at the same time, put an end to factional brawls and ideological clashes. For whom are they protesting anyway?

words   bark up the wrong tree 엉뚱한 사람을 비난하다, 잘못 짚다, 헛발질하다
cave in (to their demand) 항복하다, 굴복하다   grim 가혹한, 타협을 모르는
grim demand 가혹한 요구   topple 휘청거리다, 뒤집어엎다
clumsily 서툰, 얼빠진, 눈치 없는

★Can a Professor be an Angel?

Both in Korean and American universities, it is not easy for undergraduate students to earn straight A's. Especially in Korean universities, the system sets up an extremely strict rule abut grading called "relative evaluation." According to the rule, professors should follow the grading ratio strictly, such as 20 percent A's and 50 percent C's and D's. Although the actual ratio varies from one university to another, the aim is the same: to prevent professors from over-issuing good grades.

This "relative evaluation" system has been criticized partly because it ignores students' individual competence, and partly because it deprives professors of their proper right to evaluation students.

The Office of Academic Affairs has its own reasons. It says that some professors give A's to all the students in the class and as a result, sometimes more than 200 students get away with an A. These professors are highly praised by students as "Angels" or "Amen."

Needless to say, students like the "Angels" tremendously and the courses they teach instantly become popular. On the contrary, students abhor the "CD players" who give mostly C's and D's heartlessly.

For graduate students, earning good grades becomes much easier, with an A-representing the average. Some time ago, a Harvard professor became famous instantly by giving A's to all the students in his class. According to his celebrated grading system, there were three kinds of A's: "The Chinese A, awarded automatically to all foreign students; the female A, given to all women, of whom there were very few; and finally the ordinary A for everyone else in the class." They say that in graduate courses, B means almost "failure" or "flunk."

In Korean universities, however, there are some notorious professors who brutally give B's to their graduate students. Because they like B's, those professors are appropriately called the "Beekeeper." The pronunciation of B is the same as "rain" in the Korean language and indignant Korean students also call such a professor the "Rain Man" or the "Rainmaker." Meanwhile, those professors who cruelly give D's are called the "Destroyer" or the "Devil," and those who seem to enjoy giving F's are called the "F-killer (the brand name of a bestselling insecticide manufactured in Korea)."

With all the terrible nicknames attached, many professors have nightmares of retaliation from former students who received poor grades. Suppose you become sick and lie down on a surgery table one day and find the surgeon who is about to operate is one of your former students to whom you gave a C! Having a glimpse of his grinning face and the shining scalpel in his hand, you shudder in horror. Like judges who are constantly exposed to the retribution of the ex-cons whom they sent to prison, professors, too, have an abiding dread of the return of resentful former students.

Nevertheless, professors have some consolation. As a professor Henry Rosovsky at Harvard University pointed out, "Professors have the income of civil servants but the freedom of artists." Indeed, professors value freedom most. For example, professors do not need to keep regular hours from 9 to 5, even though many of them actually work from 8 to 10. In addition, professors have intellectual freedom and academic autonomy and thus can express their opinions and theories freely.

Professors Rosovsky points out that another blessing of being a professor is that he does not have a supervisor who tells him what to do or bosses him around constantly. If you hold an administrative position, you may have a boss who is the university president. Otherwise, you don't have a boss. Even the department chair or dean is not your boss; rather, they are administrators whose responsibilities include facilitating your research and teaching. Although professors tolerate solitude in their offices all day, it is indeed bliss to work without the boss watching over you relentlessly.

Perhaps one of the most attractive fringe benefits for professors is the opportunity for frequent overseas travel. Many professors become frequent flyers while participating in numerous international conferences or conducting research overseas. Overseas travels provide you with invaluable experiences and consequently enable you to become an open-minded, global citizen. In addition, many professors benefit tremendously from their long-lasting friendships with foreign scholars and intellectuals.

But the most precious thing professors truly appreciate is the opportunity of everlasting self-improvement. Professors constantly learn while reading so many books and sometimes they learn from their students as well. The only drawback of being a professor, then, may be the embarrassing nicknames attached to professors, concerning grade-giving styles. Surely all of them want to be called the "Angel," and yet many of them are still called the "Beekeeper," "CD players," "Devil" or even "F-killer."

words	Beekeeper 양봉가	scalpel 외과용 매스
	ex-cons 전과자(ex-convicts)	retribution 보복, 앙갚음, 천벌

★Remembering the Forgotten War

On Memorial Day, we mourn the soldiers killed on the battle-field by hoisting the flag at half-mast. On this year's Memorial Day, however, few people hung such flags on the verandas of their apartments. Even on the streets, flags were seldom found. Koreans no longer seem to remember the war heroes who sacrificed themselves for the liberation of South Korea.

Tomorrow is the 59th anniversary of the Korean War. Those who survived the war remember the endless lines of refugees, crying orphans looking for their parents, and unspeakable atrocities. Those who suffer from post-traumatic stress disorder shudder at the devastating wartime experiences that still haunt them.

U.N. soldiers who fought in Korea remember the unbearably freezing weather during the retreat caused by the unexpected massive Chinese invasion of Korea. In the wintertime, North Korea is terribly cold, often with temperatures nearing minus 30 degrees Celsius. During the war, soldiers from warm countries were killed by the biting, freezing weather. Pulitzer Prize winner David Halberstams's recent book in the Korean War has been aptly entitled "The Coldest Winter." Other foreign soldiers would remember the Korean War as a dragging, dreary war on an endlessly hilly, mountainous country.

War historian Samuel Marshall called the Korean War "the most devastating small-scale war in the 20th century." Dean Acheson, secretary of state at the time of the Korean War, referred to it as a cursed war that took place in the worst possible place, politically and geographically. Acheson's colleague Averell Harriman called it "an unpleasant war." The U.N. soldiers invariably complained about the incredibly cold weather and the precipitous terrain of Korea, which consisted of serpentine mountains and small hills.

In his voluminous book that chronicled the Korean War, Halberstam states that the North Korean army had 150 Soviet-made T-34 tanks, where as the South Korean ground troops had only a few old-fashioned 2.3-inch bazookas, which turned out to be useless in front of the invincible Soviet tanks that had intimidated the Nazis 10 years ago. Had it not been for the timely intervention of the United States and the U.N. troops, the Korean Peninsula would be a communist country today.

In his intriguing book, Halberstam points out the fact that the primary concern of the United States at that time was Japan, not Korea. That is Washington could not tolerate the North Korean aggression because it would seriously threaten the security of Japan. The Korean Peninsula, which acted as a bridge between Japan and China, had only strategic value in the eyes of the United States. Even today, this geographical value still enables us to survive and thrive, despite the precarious situation. So we do not need to be embarrassed or disappointed; rather, we should be grateful for the geopolitical advantages we have.

During the Roh administration, the Korea War was desecrated as a U.S. imperialist war. Leftist teachers brainwashed na ve students into thinking that it was the United States, not North Korea, which was responsible for the Korean War. "Without the virulent intervention of America," they taught, "the Korean Peninsula would have been unified." Of course they were right. But then, the peninsula would have been unified as a communist country.

Contrary to the radical teachers' vicious attacks, American soldiers did some heroic deeds during the Korean War. According to novelist Bok Ko-il who is working on a book on the Korean War, U.S. army and navy officers saved numerous lives by transporting as many North Korean refugees as possible by American boats at Heungnam Port during the retreat. On the other hand, a Korean general reportedly refused to escort a civilian anti-communist resistance group in North Korea when his division retreated to the South, and as a result, they were all later brutally expected.

For the past few decades, South Korean and American left-wing historians continued the nonsensical claim that South Korea and the United States were responsible for the outbreak of the Korean War. However, Halberstam discusses the truth; the Korean War broke out as Stalin sanctioned the North Korean assault, believing that the United States would not intervene. Unfortunately, many young South Koreans who were brainwashed at school still seem to naively believe in this lie. We need to let our students know this truth about the Korean War. We should teach them to be grateful to the 16 countries that dispatched their young men to die for the liberation of South Korea.

The Korean War, despite its heavy casualties, is still called "The Forgotten War" or "The Unknown War." Indeed, few people seem to know about "the Incheon landing," while most people know about "The Normandy Landings." We should remember the Korean War and those who died for our country. We need to let the world know what happened in this country six decades ago.

words　Hoist (돛, 깃발을) 끌어올리다, 게양하다　　　hoist down a flag 깃발을 내리다
half-mast (조의를 나타내는 국기의 게양위치로서) 반기
precipitous 가파른, 절벽의 낭떠러지　　　　serpentine 뱀 같은, 꼬불꼬불한, 교활한, 음흉한
bazookas 휴대용 대전차 로켓포　　　　　　intriguing 흥미를 돋우는, 관심을 끄는
desecrate [desikreit] 신성모독하다

★Do They Have an Appointment?

Once again, the overseas traveling season for our lawmakers has come. Customarily, whenever the national Assembly session is over, our lawmakers go abroad, supposedly to meet their counterparts in other countries. Newspaper reports state that in this month alone, approximately 100 Korean lawmakers are scheduled to go overseas on a business trip and the rest will also travel to foreign countries within the next month or so.

Some people are indignant about the lawmakers' frequent international trips because they believe that the lawmakers idled away the precious session as usual, neglecting their solemn duties such as passing urgent bills and ratifying pressing foreign treaties. Others unhesitatingly criticize them, saying that the lawmakers are spending too much of the taxpayers' money on their presumably unnecessary overseas trips sugarcoated with some dubious purposes.

Perhaps the more compelling question would be, "Do they have an appointment?" In many foreign countries, you can hardly meet a person without a prior engagement. When it comes to important figures or celebrities, it is even more difficult to arrange a meeting. Sometimes you need to wait for several weeks before you finally have a chance to meet the VIPs. This is why you need to call someone you want to meet in order to make an arrangement well in advance.

Yet our lawmakers' overseas trips are so spontaneous and improvised that some of them seem to go to a foreign country without any appointment. They seem to vaguely hope that once overseas, they could manage to meet people somehow. Without an appointment, however, they won't be able to meet any important foreign politicians during their trip, except for the Korean Embassy people and some Korean leaders from the local community.

Some time ago, the streets of Seoul were covered with a huge crowd of candlelight demonstrators protesting the imports of American beef. At that time, a group of our political leaders made a hasty flight to the United States, claiming that they would meet and negotiate with some high-ranking U.S. government officials and congressmen. But did they make an appointment with them before their departure? The problem is that if you turned up without an appointment, either you wouldn't be able to meet the person in target, or you might look very rude.

In Korea, where appointments are not imperative, you can just drop by to meet someone. For example, you can visit a doctor's clinic at any time for a diagnosis and treatment. In many other countries, however, you are required to make an appointment before visiting a doctor's office. When you call the doctor's office in the United States, you are likely to be told by the receptionist: "I can squeeze you in two weeks from today." Another example is auto repair stations. In Korea you can conveniently bring you car to a service garage at any time without an appointment. In the United States, you must call for an appointment, and the manager will probably tell you, "We're all booked until next week. The earliest possible day is next Friday."

In Korean universities, students do not seem hesitate to barge into their professor's office, frequently ignoring the office hours. In many other countries, however, the faculty office hours are strictly observed. Otherwise, you see your professor by appointment only. When you want to meet someone in English-speaking countries, the first thing the secretary will ask you is, "Do you have an appointment?" Without an appointment, you cannot possibly meet anyone. Steven Spielberg poignantly parodies this in his superb film, "The Terminal," in which even the airport floor cleaner refuses to see Viktor, a foreign traveler from Eastern Europe, without an appointment. The cleaner frequently mocks Viktor, yelling at him: "Do you have an appointment?"

It seems that the English-speaking people do not like someone who is "unpredictable" or something that is "unexpected." Therefore, if you showed up without an appointment, they would be confused and embarrassed by the "unexpected" visit from an "unpredictable" person. Consequently, the relationship will be ruined in the awkward situation saturated with unpleasant atmosphere. This is why our politicians should be familiar with foreign cultures and customs when they are overseas.

When our politicians rush to foreign countries, it becomes the busiest time of year for the overseas Korean Embassy people who have to put aside embassy affairs in order to escort the VIPs coming from Korea. Since some of them come without any appointment, rumors say that the embassy people have to drive them to golf courses, bars, and shopping malls. Where else could they go without an appointment anyway?

When visiting foreign countries, our "very important persons," can easily turn into "very impotent persons," unless they have an appointment with those they want to meet. So we have to ask our frequent-flyer politicians before their departure, "Do you have an appointment?"

words supposedly 아마도   presumably 아마, 추측하건데
          sugarcoated with -으로 겉모양을 좋게 한   compelling 마음을 끄는, 강제적인
          barge into 난폭하게 밀고 들어가다   impotent person 무능한 사람
          he barged into our conversation 끼어들다

★Professor's Protest

Groups of university professors are issuing "manifestoes on current affairs" one after the other, asking the Lee administration to apologize for the suicide of former president. Starting these collective actions was a group of 124 Seoul National University professors who issued a statement last Wednesday to criticize the way the government handled state affairs before and after the former president's death.

By yesterday, teachers at about 20 universities in Seoul and provinces have joined the movement. Names of those who signed the manifestos included the leaders and members of the National Council of Professors for Democracy, indicating that these protest moves are being coordinated by the staff of the progressive body of university professors that was formed in 1987. In most cases, the signatories represented about 10 percent of the total faculty members at each university.

About 70 liberal intellectuals including noted lawyers and writers, who call themselves the Coalition of Hope in Tomorrow, read a statement in front of Seoul's Press Center Sunday afternoon, calling for the Lee government to end its "audacious style of ruling the country."

The statements of the different groups invariably determined that the prosecution investigation of the money scandal involving the family of former president and his financial supporter Park Yeon-cha was politically motivated and that President Lee was showing an undemocratic tendency in his political and economic actions. They deplored that president Lee, who owed an apology to the nation, was instead maintaining an arrogant attitude.

First of all, it is difficult to accept the protesting professors' claim of political retaliation with regard to the investigation into the Roh family. Their use of the term, "political reprisals," itself is. an affront to the democratic system the nation has established through decades of hard struggle. If anyone in power had such a sinister motivation, he could not use the prosecution as his tool.

Prosecutor-General resigned out of moral responsibility over the suicide of the former president and in the face of strong public criticism for the unscrupulous manner prosecutors showed in exposing suspicions about Roh and his family. Under the extraordinary situation, the administration seemed to have done its best to reflect the people's grief by solemnly observing a state funeral for the former president.

President Lee is under siege — from the staggering economy in the wake of the global financial crisis, the rising security concerns over North Korea's nuclear threats and the growing dissent within his own party. Some of the current difficulties are of his own making but some require united efforts of the government and the people to overcome them. Demanding his apology may be possible from one of the former president's ardent political supporters but not from the supposedly reasonable brains of university professors.

Modern Korea is politically fragile, with a relatively short history of democracy, and the abrupt social and economic changes over the years have made people easily agitated by unexpected developments. We have had a little too many surprises in the past. It is the responsibility of the more intelligent groups like university professors to make spontaneous and conscientious endeavors to promote social harmony and better understanding in difficult times.

"Manifestos" issued almost competitively by professors' groups these past few days are feared only to widen the gulf between different sectors and strata of society. Their use of the names of their universities is also misleading because they represent only a small portion of the faculty of their institutions.

words Manifesto 성명, 선언(proclamation)　reprisal [ripraizl] 보복, 앙갚음　unscrupulous 비양심적이, 파렴치한, 비도덕적인

★ Act of Deceit

Seoul National University is investigating an allegation that sophomores majoring pharmaceutics cheated in their finals. Earlier in the week, police booked 28 people for cheating in TOEIC tests and arrested two others for providing them with answers.

The two cases are anything but isolated. Instead, cheating, together with plagiarism, is rampant on and off campus. Even a TV drama was recently suspended from airing when accusations about plagiarism were raised. Action must be taken to prevent those unethical and dishonest practices.

The TOEIC test administrators found a fraudulent pattern of answers given by a group of test takers and reported the case to police. The police said a man in his 40s took 2 million to 3 million won each from 28 test takers, hired a Korean proficient in English, sat him on TOEIC tests and had him relay the answers to wireless earphones worn by test takers.

At SNU, the student union, tipped off about the cheating, conducted its own investigation, confirmed that several pharmaceutics majors had cheated and referred the case to the college. An ongoing investigation, the college said, has so far agreed that two students cheated.

But cheating must have been more extensive than the student union and the college have announced. A news report quoted a student as saying that the cheating was no secret among the sophomores—many cheated not just in one test but in all finals. The college will have to flunk those found guilty, if not expel them from campus.

Those who did not cheat may feel no pang of conscience, but they cannot lay claim to the moral high ground. Didn't they condone others' cheating by not reporting the case to the school authorities?

Cheating is a chronic problem in Korean universities. Reports of cheating are not infrequent. The question is why so many, if not all, universities are so lax in their test administration that cheating is so commonplace.

Given intense competition among students to get good grades for advance studies or career placements, it is only natural for them to be tempted to cheat in mid-term examinations and finals. But if they are allowed to get away with cheating, they will attempt to cut corners and bend rules as they move up the ladder after graduating from school.

Plagiarism is to faculty members what cheating is to students. It is so widespread that not many faculty members, when appointed to high public office, have risen above suspicions of using the language and thoughts of others without proper attribution. Even more deceitful are faculty members who falsify data in papers that are then submitted to internationally renowned journals.

All institutions of education, from elementary school to university, will have to take action against cheating and plagiarism. What they will have to do is establish policies on cheating and plagiarism, conduct ethics of education focusing on these two problems and punish those who violate the rules.

Cheating and plagiarism are little different from theft. As such, they cannot be tolerated under any circumstances. Those who wish to excel in their careers will have to overcome the temptation to engage in such acts of deceit and, instead, take on integrity and honesty as major components of their character. Otherwise, none will be able to build trust in their relations with others win work or other social settings.

words   Tip off 버리다, 죽이다   attribution 속성, 권능, 귀속

★Koreans and Suicide

In the wake of former president's suicide last week, we all might benefit from taking a long, hard look at a concerning epidemic of Koreans' taking their own lives. Data indicates that South Korea is the suicide capital of the industrialized world. But this is not just a problem in South Korea.

Some Koreans may have a biological predisposition for emotional reactivity and passionate extremes or obsession. Before one judges this, it should be pointed out that this is not necessarily a bad thing. Emotional reactivity or passion can lead to great artists, musicians, or businessmen. The fact that a Korean has been drafted in every major professional sporting league in the US may also be a result of competitive fire or passion. But all too often the emotion that gets triggered is an anger, and this anger whether turned inward or outward, often leads to destructive behavior. The emotional reactivity may also predispose one to depression, anxiety, substance abuse, bipolar disorder and personality disorder, all of which I believe are underdiagnosed in the Korean community in the US as well as Korea.

There are two significant and related psychological factors which may contribute to this problem, the attitude of pride and the defense mechanism of denial. Extreme pride in one who might be predisposed to emotional reactivity, however, may lead to maladaptive narcissism and a Machiavellian attitude toward success, achievement, prestige and outward appearances.

Suicide may be a consequence of pride when pride is hurt, leaving a wake of shame or narcissistic injury. In a "Shame Society" such as Korea, shame is such a painful emotional burden that it may trigger a suicide and many take action to avoid shame and save face. It is the drive to save face that can drive the defense mechanism of denial. Denial may serve a purpose in minimizing shame in the moment and promoting harmony, but it often leads to much worse suffering later and it also decreases the probability that the one who suffers will seek treatment for emotional wounds. The pride—shame—denial cycle adds to the stigma for individuals seeking mental health treatment.

Two related social phenomenon that may be particularly relevant to the Korean suicide problem are patriarchy and Evangelical Christianity. Patriarchy is rooted in the influence of Confucian hierarchical philosophy and plays a significant role in promoting harmony in the structure of family and society, but this hierarchy is causing problems in modern society.

When the man is allowed to bully and do whatever he wants regardless of the effect on the family, this is likely to incite fear, anger or resentment. Since Korean patriarchy does not allow for women or the young to express their dissent or anger, the anger is often turned inward and this is a classic dynamic of suicide. The patriarchy also puts pressure on the patriarch to be perfect and makes him less likely to be able to tolerate his own fallibility, as was the case with Roh.

It is the dialectical concept of tolerating two opposing points of view that may be important in helping Koreans to deal with these difficulties. Similar to the point of view that both spiritual and mental health are important, not one or the other; individuals who are predisposed to emotional reactivity and black—and—white thinking will benefit from trying to be able to tolerate two opposing points of view and open up to new possibilities, including prioritizing mental health.

words		
data 단수와 복수형으로 모두 사용된다	datum이 단수형이지만 거의 사용되지 않는다
Reactivity 반작용	draft 기초하다, 선발하다, 뽑다
predispose -을 좋아하다, —의 경향이 있다	bipolar 정반대의, 양극단의
maladaptive 나쁜, 순응성/적응이 없는	stigma 불명예, 더럽힘

bully 못 살게 굴다
dissent 찬성하지 않다, 불찬성, 다른 의견
fallibility 틀리기 쉬움

Incite 자극하다
dialectical 변증법적인
prioritize 우선순위를 결정하다

★Forests Mitigate Climate Change

Climate change is one of the greatest challenges facing the world today. It is a global problem that has a serious impact on our environment and quality of life. It also harms our economic development and future security.

The global climate is being affected by human activities resulting from the emission of greenhouse gases such as carbon dioxide (CO_2) and methane into the atmosphere. The main culprit of excess greenhouse gases is the burning of fossil fuels, although deforestation is also a significant factor. Fossil fuels are based on carbon. When they are burned, the carbon is released in the form of CO_2.

Meanwhile, trees absorb CO_2 during photosynthesis. When carbon is stored in forests—in living trees, in dead organic matter or in soils—it is not released into the air. Accordingly, forests are carbon stores and they are CO_2 sinks when they increase in density or area. The Intergovernmental Panel on Climate Change concluded that "a sustainable forest management strategy aimed at maintaining or increasing forest carbon stocks, while producing an annual sustained yield of timber fiber or energy from the forest, will generate the largest sustained mitigation benefit."

A number of forest management activities have been proposed to mitigate climate change, such as lengthening the forest rotation age, reducing deforestation and forest restoration and urban forestry. Of these, planting trees in urban areas has been attracting more attention. Urban forests are dynamic ecosystems that provide environmental services such as clean air and water. They also cool cities and save energy. The net cooling effect of a young and healthy tree is equivalent to 10 room—size air conditioners operating 20 hours a day. Shade from two large trees on the west side of house and one on the east side can save up to 30 percent of a typical residence's annual air conditioning costs.

Furthermore, trees properly placed around buildings as windbreaks can save up to 25 percent on winter heating costs, and fifty million shade trees planted in strategic and energy—saving locations could eliminate the need for seven 100—megawatt power plants.

The Korean government's "low carbon green growth" strategy highlights the conservation and enhancement of forest sinks and reservoirs. Planting and saving trees are at the heart of realizing the strategy and sustaining society and environment. Arbor Day is just around the corner. It is time to plant trees. You can build a tree city and a tree nation. Our future lies in our forests.

Summer vacation is upon us. For many children, that means sleeping in, spending time with friends, going to the mountains, or sitting by the pool. Adults, of course, either go to work and complain about the heat, or chase after children who have been temporarily freed from their academic routine.

For students in junior high school or high school, college, graduate school, and professional school, summer falls somewhere in between the carefree days of childhood and the regimented days of adulthood. Summers are theirs to use as they please. They, too, can sit by the pool and bask in the sun. But the impending deadlines for college, graduate school, professional school, and job applications cast a long cold shadow over hot summer days.

Academic calendars vary around the world. Summer vacations can range from a few short weeks to a few months depending on the country and level of education. In the US, summer vacation for most schools is June through August. This is true for Korea as well.

In the US, summer activities can vary wildly. A few students will do nothing at all. Some will travel. Some will take hourly jobs to earn money for the coming year.

But many American students use those summers as an opportunity to explore potential careers, expand their horizons, gain work experience, and otherwise enhance their resumes to maximize their chances for admission to the school or job of their choice. Such activities can include taking classes; gaining teaching, research, industry or entrepreneurial experience; volunteering; or participating in other leadership or service activities.

These students are keenly aware of the looming deadlines and the competition that they will face to achieve their goals. The leverage family connections, seize or create opportunities, and work hard to ensure that their summer activities give them every possible advantage in their professional careers.

In Korea, many of the students I talk to say that they don't know what they will do for the summer. Others say that they will take classes, travel to another part of the world, or take a rest.

I have to admit that I was surprised. Our students are extremely bright and hard working. I expected them to rattle off a litany of internships, research appointments, international volunteer work, exchange programs, and a whole host of other resume-building activities. While our students are reading books and enjoying their vacation, students in the US are doing the academic equivalent of beating them up and stealing their lunch money.

For highly motivated students seeking a role on the international stage, taking a rest for the entire summer simply isn't an option.

Students can, of course, take classes over the summer to improve their educational background. But this is more appropriate for younger students in junior high or high school who are not yet prepared for a fulltime job. Summers are a great time to do intensive foreign language training and to take courses that their schools may not offer like music theory, genetics, philosophy, world geopolitics, and more. It is also a good time to learn new tools and skills that schools my expect students to know but will not teach like computer-aided drafting.

Summers are typically not a good time to take courses in the fundamentals (calculus, physics, organic chemistry, etc. Summer sessions tend to be shorter and may leave gaps in students' knowledge. They will pay the price for those gaps later. Taking a summer course in preparation for retaking the course during the semester for a better grade is a tremendous waste of time and resources. In most US admissions selection criteria, the potential incremental improvement in GPA has little value in comparison to real-world experience in your field. Summers should be used to expand students' horizons, not to look at the same horizon again and again.

Once students enter college, the benefit of taking summer classes rapidly falls away. Graduating with 44 classes instead of 40 on a transcript pales in comparison to having four years of internships and the references, papers, patents, and other tangible benefits that result from professional experience. Unless the classes are extraordinary, summers are better used for other things.

Business schools often say that they wish to create "T-shaped" graduates who have both breadth and depth of knowledge, skills, and experience. Although the term has become a clich, summer experiences should reflect breadth and depth beyond classes, as well as motivation and determination.

There is no harm in taking a week at the beginning or the end of the summer to rest and relax. Your career is more like a marathon than a sprint. But it will not be a walk on the beach. And your summer vacation shouldn't be either.

words

regimented days 획일화된	regiment 연대로 편성하다
entrepreneurial 기업가적인	loom 어렴풋이 다가오다, 갑자기 다가오다
The peak loomed up in front of us. 우리 정면에 산곡대기의거대한 모습이 불쑥 나타났다	
Leverage 지렛대, 보강(강화)하다, 효력을 미치다	rattle off 황급히 끝마치다. 해치우다, 시나 소설을 줄줄 읽다
incremental 증가의	beating up 개척하다
litany 장황한 기도(한 사람이 선창하면 따라하는 기도), 지루한	
draft 기초, 설계도	pales 경계, 한계

★I Love You, but I Hope You Die

Dear Annie: My friend "Joe" is dying of cancer. He can be helpful if he gets chemo, but he's fallen in love with a woman who wants to marry him only to get his money. She's planning the wedding for next week and wants the two of them to take a six-week vacation before he gets treatment.

I think he should get treatment first because the cancer has spread and he's getting worse. I'm not the only one who disapproves. Joe's siblings don't like it either, but they think he should find out for himself that his fianc e is a gold digger. I think we should do something before it's too late. What's your opinion?

Dear Friend: There's not much you can do if Joe is in love. It's OK to express your concerns about postponing treatment. But will the chemo improve his quality of life or just prolong a debilitating state? Friends and family often grasp at any effort that holds out promise, but it may not be what Joe wants. And if the gold digger makes him happy, please try to accept her so you can be there when he needs you.

words implode 안쪽으로 파열하다

★Bike Industry at a Crossroads

Bicycles are back. President pledged last month to help the Korean bicycle industry become one of the world's three biggest bike exporters within the next five years.

But many are doubtful that Korean manufacturers are ready to meet the markets growing and diverse needs, or that the industry is ready to compete with Taiwan, the largest manufacturer in the world.

"The country has nearly none of the bike manufacturing base that would be needed to replace the number of imported bikes," an industry expert said on condition of anonymity.

Korea imports more than 2 million bikes annually, mainly from China, the Netherlands and Canada. With many manufacturers having relocated overseas to cut labor costs, only about 20,000 vehicles are manufactured in Korea each year. This means that the local industry is unable to reap much reward from the growth in demand.

"It won't be easy for the country to achieve Korea's goal unless the government puts a great deal of investment into the industry," he said.

The dominance of imported bikes in the Korean market poses a problem, especially when the won is weak. Due to the weak won and a rise in the price of raw materials, companies had to raise the retail price of bikes this year, industry officials said.

Worsened by the economic downturn, this has caused a decrease in the number of bikes sold in Korea in the first quarter of the year. "The industry did not really have a chance to start all over again because it lost most of its manufacturing base in Korea. If we had production lines in Korea, we wouldn't have to worry about those external factors," said Kim, one of the top bike companies in Korea.

"We are currently considering bringing our factories back to Korea in view of the government's plans to support the industry. But it is not confirmed yet," he said. The government seems to have given up on producing low—end bikes and has started to focus on developing high—value—added luxury bikes.

★In The Wake of Global Crash

I have been teaching a class called "The Global Market—place" this semester, but often I begin class by stating, "Welcome back to 'The Global Meltdown' class." Instead of studying about rising trade and investment and economic integration, we discuss deglobalization and the prospects for a global depression.

With more than a million Americans losing their jobs in the past two months alone, my seniors cannot help but wonder how they will be able to find a job when they graduate in May. While no one can predict when the economy will recover, I tell them that we must first learn from the past. What we are going through today looks all too familiar, just on a much larger scale.

When the American economy went off a cliff in the fall of 2008, I felt like I was reliving South Korea's 1997 economic crisis all over again. America's symptoms look eerily familiar: "Highly indebted automobile manufacturers, banks considered too big to fail, and reckless bankers with cozy ties to the government. When the sell—off came and panic began to grip the market last fall, President Bush did a spot—on impersonation of then—President Kim Young—sam in 1997: A deer trapped in the headlights. Neither president had a clue what to do.

The biggest difference between 1997 and today is the scale of the crisis. While the economic tsunami that struck Korea was truly gut—wrenching for most Koreans, the crisis was limited to a handful of countries. This time, virtually the entire world will experience negative growth and global trade will decline for the first time in more than 60 years. Since the start of the year, one or two U.S. banks have gone bust each week, and several governments have collapsed.

The downturn in the US will be longer and deeper than the one Korea faced. The real estate market had developed such a huge bubble that it could take another year or more for prices to stabilize, even though the average home price has fallen by 20 percent in the last year alone. Millions of Americans are being thrown out of their homes and millions more owe more on their homes than the home is worth, making them strong candidates for future foreclosures. That could make it almost impossible for banks to relieve themselves of their "toxic assets."

Little did Washington know 12 years ago that when it had its surrogate, the International Monetary Fund, lecture Seoul on its poor corporate governance and shoddy lending practices, the US suffered from same affliction. A former IMF official recently confessed to the Washington Post, "I have come to regret how the IMF and US Treasure all too often lectured leaders in emerging markets how to 'get their house in order.'"

Moreover, Washington isn't taking the medicine the IMF prescribed to Seoul as a condition for receiving assistance. Seoul was ordered to keep interest rates high and not raise spending. Washington is taking the opposite course by lowering its lending rate to banks effectively to zero and increasing government spending by more than a trillion dollars.

I also find it more than a bit ironic that the face of the automaker that came to symbolize the recklessness of Korea's chaebol, Daewoo, is intertwined with the fate of the American automaker with the most hubris: General Motors. I am not shedding any more tears for the recently ousted head of GM, Rick Wagoner, than I did for the founder of Daewoo, Kim Woo-joong. Both drove their companies into a ditch. Wagoner oversaw a company that not only made cars that were less reliable and attractive than their Japanese counterparts, but decided it was more important to make the civilian version of a vehicle designed to protect soldiers in combat rather than alternative fuel or hybrid cars. This is inexcusable. One of the few areas in which GM is being praised is in its strong presence in overseas markets. Hopefully Daewoo-GM can survive.

The American stock market seems to have stabilized in recent weeks and the Group of 20 summit held in London last week went better than most analysts had expected, but I am not so sure that the worst is over yet. In the US, home prices and auto sales remain in free fall. If the current trend continues, the unemployment rate will reach over 10 percent by the summer. Tens of millions in the developing world could face hunger in the coming months.

Even though the reforms Korea was forced to adopt in 1997 were bitter medicine, the net effect was to place the economy on a much stronger footing. The won has fallen against the dollar precipitously, but growth remained positive last year, the unemployment rate is less than half that of America's, and debt levels are manageable. Given the decline in global trade, Korea will have to look within for sources of growth, particularly if China's bicycle economy crashes.

The global economic crisis does present an opportunity to bring about badly-needed reforms. In the US, banks were allowed to get too big and create complex financial products that few could understand. At the same time, regulatory powers must be expanded so that non-banks can be properly monitored to avoid future debacles. The income gap between rich and poor has widened to levels not seen since the 1930s. Taxes should be raised on the rich and more assistance given to the poor. The US is also the only advanced country that does not provide health-care to all of its citizens.

It remains to be seen if Presidents Obama and Lee Myung-bak have the wisdom and leadership skills necessary to guide their countries though the worst economic crisis since the Great Depression. At times like this, I am reminded of my favorite Korean proverb, "Even if the sky comes crashing down, there is a hole through which we can pass." Their prospects would be a whole lot better if America's Republicans and Korea's opposition parties could act more responsibly.

words

words: eerie 무시무시한, 섬뜩한 ⠀⠀⠀⠀⠀⠀⠀⠀⠀⠀ cozy 편안한 기분 좋은 아늑한

sell-off 물건을 싸게 팔아 치우다 ⠀⠀⠀⠀⠀⠀⠀ spot-on 꼭 맞는 impersonation (남의 행동을) 흉내, 위장, 의인화

gut-wrenching 쓰라린, 서글픈 (gut 창자, 용기, 배짱 gut feeling 본능적인 wrench 비틀다)

a handful of 소수의, 한 웅큼의 (예) a handful of beans 콩 한주먹

a handful of men 소수의 사람들 ⠀⠀⠀⠀⠀⠀⠀ hubris 오만, 자만

foreclosures 저당권 행사 (foreclose = take control of the property of owners because they did not pay back the bank's money borrowed to pay for it.)

surrogate 대리인 대행자 감독대리 ⠀⠀⠀⠀⠀⠀⠀ shoddy 재생한 털실, 가짜, 위조물, 값싼 물건

shedding 불필요한 악습 따위를 버리다, 포기하다, 눈물을 흘리다

regulatory 조절하는 단속하는

crash 산산이 부수다, 밀고 나아가다 충돌하다 돌진하다, 응급을 요하는 (예) The avalanche crashed down the mountainside. 눈사태가 요란한 소리를 내면서 산허리를 덮쳤다)

14. 통번역의 숙달과 연설문 통역

[1] 사형제도에 대해 어떻게 생각하세요? 저는 찬성합니다. 사람이 죄를 지었으면 당연히 재판을 받고 처벌을 받아야 한다고 생각해요. 사형이 합법화되어야 하며, 그것이 희생자와 가족들을 위한 정의라고 생각해요. 저는 당신의 의견에 반대입니다. 사형제는 정의가 아닌 복수라고 생각해요. What do you think about the death penalty? I am for it. What I think is that if someone commits a crime, he or she should be tried and then punished. I think capital punishment should be legalized, and I believe it is justice to the victims and their families. I disagree with you. I think that the death penalty is not justice but revenge.

[2] 사형제도에 찬성하세요? 물론이죠. 저는 사형제에 찬성하며 효과적인 범죄 예방책이 될 거라 생각해요. 저는 인면수심의 살인마들은 즉시 처형해야 한다고 강력히 주장하지요. 범죄자들에 대한 보고서를 보니 그들이 두려워하는 것이 있는데 하나는 체포되는 것이고 또 다른 하나는 사형당하는 것에 대한 두려움이라고 하더군요. Do you agree with the death penalty? Yes, definitely. I am an advocate for the death penalty and I believe it is an effective crime deterrent. I strongly insist that we execute brutal murders immediately. I read a report about criminals, and it said they fear two things. One is getting caught, and the other is being put to death. 저는 동의하지 않아요. 어떻게 사형제가 범죄를 막는다는 말씀을 할 수 있지요? I don't agree with you. How can you say that the death penalty can deter criminals?

Q ⠀범죄를 저지하는 최고의 방법은 범죄인에 대한 가혹한 형벌보다 범죄를 예방하는 것입니다. The best way to deter crime is to prevent it from happening rather than enforce harsh punishment against criminals.

Q 왜 우리가 낸 세금으로 그들을 일생동안 감옥에서 먹여 살려야 하지요?
Why do we have to give them a lifetime in prison with our taxes?

Q 범죄는 계속 증가하고 있으며 더 나아질 기미는 보이지 않아요. Crime is on the rise, and there are no signs of things getting better.

[3] 최근 경기침체에 대해 어떻게 대처해야 할까요? 제가 보기엔 먼저 우리 산업구조를 재정비해야 할 것 같군요. What should we do to cope with the current economic slowdown? The way I see it, we need to reorganize our business structure first.

Q 안락사를 단순히 비도덕적이라 몰아붙이며 반드시 금지되어야 한다고 맹목적으로 주장하는 것은 옳지 않다. It is wrong to simply label euthanasia unethical and to insist blindly that it must be banned.

Q 고통을 줄여주고 그들이 평화롭게 죽을 수 있게 하는 것이 더 인간적일 수 있다. It could be more humane to reduce people's pain and to let them die peacefully.

Q 우리는 환자 가족의 정신적 육체적인 스트레스와 재정적인 부담을 고려해야 한다. We have to consider the emotional and physical stress of the patient's family and their financial burden.

Q 안락사는 완곡하게 말하면 자살행위이다. Euthanasia is nothing more than a eupheminism for suicide.

[4] 저는 신축 아파트 시장에 대한 정부의 정책에 반대해요. 저도 같은 생각인데요. 제가 알기로는 정부의 주택정책은 경제에 피해를 줄 것 입니다. I am against the government policy concerning the newly built APT market. I am with you. As far as I know, the government housing policy will damage the economy.

Q 저는 성매매가 우리 사회에서 허용되어야 한다고 생각한다. I believe prostitution should be allowed in our society.

Q 수요가 공급을 낳습니다. 그래서 우리는 성을 사는 모든 사람들을 엄벌해야 한다. Demand creates supply, so we also have to crack down on those men who buy sex.

Q 줄기세포는 여러 가지 이유에서 연구할 가치가 있다. Stem cells are worthy of being studied for many reasons.

[5] 한국의 경제 상황에 대해 어떻게 생각하세요? 지금은 경기가 둔화되어 있지만 국내 경제가 곧 살아날 것이라고 확신해요. What do you think about the current economic situation in Korea? I know the economy is slow right now, but I'm sure (confident) that the domestic economy will recover soon.

Q 동성애자들은 차별당하거나 학대를 받아서는 안 된다. Gays should not be discriminated against or abused.

Q 저는 동성결혼이 우리 사회의 근간을 뒤흔들 수 있다는 점이 염려된다. I worry that same-sex marriage can shake the foundations of our society.

Q 결혼의 주요 목적 중 하나는 생식과 자녀 양육이다. One of the major purposes of marriage is to reproduce and to raise children.

[6] 무엇이 흡연의 문제점일까요? 그러지요. 예를 들어 50세 이전에 금연한 사람은 흡연자에 비해 향후 15년 안에 사망할 위험성이 반으로 줄어들지요. 공공장소에서 흡연이 허락되지 않는다 할지라도 흡연자들은 여전히 담배를 쉽게 끊을 수 없을 것입니다. 저는 동의할 수 없어요. 우리가 흡연을 금지한다면 흡연자들은 담배를 끊을 수밖에 없을 것입니다. Could you be more specific about the smoking problem? Sure. For example, people who quit smoking before the age of 50 have one-half the risk of dying in the next 15 years compared with people who keep smoking. I think that even though smokers are not allowed to smoke in public places, they will still not be able to quit. I don't agree with that, If we're going to ban smoking, smokers will have no other choice but to quit smoking.

Q 담배는 득보다 실이 많으며 생명을 단축시킨다. Cigarettes do more harm than good, and they shorten our lives.

Q 많은 사람들이 간접흡연도 극도로 위험하다는 것을 알지 못한다. Many people don't realize that secondhand smoking can also be extremely hazardous.

Q 공공장소의 흡연금지는 흡연자들이 담배를 줄이거나 금연하도록 장려할 것이다. A ban on smoking in public places would encourage smokers to smoke less or to give up.

★Should Smoking be Banned in Public Places?

Moderator: Today, we are going to discuss the ban on smoking in public places. As we all know, smoking is a dangerous and self-destructive habit, and it is often linked to disease such as lung cancer. Let's talk about it now. Can you tell us what you think about banning smoking in public places? Please, feel free to talk about anything related to this subject.

Pro: I think it is a good idea to ban smoking in public places as a way to improve people's health. I am sure many people have the same opinion as me. Also, this smoking ban will cause the number of people smoking to decrease. If they are not allowed to smoke, then they can't smoke anymore.

Con: I agree that smoking is a very bad habit, but there are still many people out there who smoke because they actually like it or get addicted to it. Therefore, I don't think it is right to take away all smoking areas from smokers.

Pro: What you said doesn't make any sense to me. You just told me smoking is not good, and you admit the harmful effects of smoking on the body, don't you? But you still want to smoke around people? Think of all that secondhand smoke when you smoke in public areas. You have to realize that smokers endanger other people's lives.

Con: I understand what you are saying. As you know, smoking is habitual, and nicotine is highly addictive

Pro: Just a moment. Do you mean to say that the ban on smoking in public places will not affect smokers? I don't agree with that. It is a proven fact that smoking is the biggest cause of cancer, and many smokers die of it every year.

Con: Don't be too harsh on smokers. Smokers have the right to enjoy smoking just like you have the right not to. You have to know that smoking is bad for some people but not for others.

Pro: Do you really think that? That's the way most smokers justify themselves when they continue to smoke. If we continue to ban smoking in public places, I am sure more people will try to quit smoking.

[7] 한미 FTA를 통해서 한국은 어떤 이점을 얻을 수 있을까요? 먼저, 세계 경제가 미국을 중심으로 돌아가고 있다는 것은 아무도 부정하지 못하지요. 저는 FTA에 찬성하며 우리 경제 성장에 매우 도움이 될 것으로 생각해요. 저도 원칙적으로 당신의 의견에 동의하지만 문제는 FTA가 우리 농업과 식품산업에 피해를 줄 수 있다는 거지요. What advantage is Korea going to have with

the Korea-US FTA? First, nobody can deny that the world economy revolves around the US. I am for the FTA, and I think it will be very helpful to the growth of the economy. I agree with you in principles, but the problem is that the FTA will damage our farm and food industries.

Q 우리는 수출을 늘리고 해외투자를 유치할 필요가 있다. We need to boost exports and attract foreign investment.

Q 우리는 천연자원이 풍부하지 않기 때문에 인적자원과 기술에 의존해야 한다. We don't have many natural resources, so we have to rely on human resources and our technology.

Q 미국으로부터 모든 관세 장벽을 철폐하라는 상당한 입력이 있었다. There was considerable pressure from the US to get rid of all tariff barriers.

[8] 제 생각에는 음주운전 관련된 법이 너무 느슨해요. 더 엄격한 조치가 필요하지요. 저도 전적으로 동의하는 바입니다. I think drunk driving laws are too lenient. I believe stricter measures are necessary. I absolutely agree with you on that point.

[9] 사람들이 요즘 자전거를 부쩍 많이 타는데 공해와 교통체증이 줄어들 것으로 생각되어요. 그렇지요. 저도 같은 생각입니다. People are riding bicycles a lot more often these days, and I think that will reduce air pollution and traffic congestion. That makes sense to me. I feel pretty much the same way.

Q 사람들은 결혼하기 전에 상대에 대해 알아 볼 수 있는 기회를 가져야 한다. People should get a chance to learn about their partner before they get married.

Q 사람들은 자기가 원하는 대로 인생을 살 수 있는 자유가 있어야 한다. People should have the liberty to do whatever they want with their lives.

Q 혼전동거는 그 커플이 무책임하다는 사실을 보여준다. Living together before getting married shows that a couple is irresponsible.

Q 결혼 전 동거가 결혼 후에 헤어질 확률이 높다. Living together before married increases the risk of breaking up after marriage.

[10] 저는 조기유학은 비용대비 비효율적이라고 생각해요. 외국어 공부를 빨리 시작할수록 말을 더 잘할 수 있기 때문에 당신의 의견은 인정하기 어려워요. 제가 알기로는 더 어린 학생들일수록 새로운 환경에 적응을 잘 하지요. 맞는 말이기도 하지만 사람마다 다를 수도 있지요. 저는 영어몰입교육이 사교육비를 늘릴 것이라고 생각해요. 저도 당신의 의견에 어느 정도는 동의하지만 반대하신다면 대안은 무엇인가요? I think studying abroad at an early age is inefficient when compared to the expense. Your views are hard to accept because the sooner you begin learning a foreign language, the better you can speak it. As far as I know, younger students can adjust to new surroundings quite well. You've got a point there, but it can also be different from person to person. I think English immersion education will increase private education expenses. I agree with you to some extent, but if you oppose it, do you have any alternative plans?

★Should Parents Send their Children Abroad to Learn English?

Moderator: As you know, a growing number of students are going to English-speaking countries as teenagers, in the hope of improving their English and getting accepted to an American university. So we are going to talk about it. Is there anyone who has any ideas about Korean children studying abroad early?

Pro: I think that studying abroad at an early age has many advantages. It will help young students to improve their English skills and let them experience international cultures. Therefore, they can broaden their views of the world.

Con: I've got a different idea. I don't think it is a good idea to send children overseas. What I am really worried about is the fact that they live apart from their parents. Children need love and attention from their parents, but if they are away from their parents, what will happen to them? They will probably suffer from being homesick and have trouble fitting into their new foreign society. For that reason, I'm against sending young children abroad at an early age.

Pro: As you said, it may not be good for young children to live apart from their parents. I agree with you on that point. But, on the other hand, living alone makes a person more independent and responsible. Children can learn to do things on their own, and, most of all, I have heard that students who are sent abroad actually adjust to their surroundings quite well in many cases.

Con: I don't agree with what you are saying. We can't keep looking only at the positive side of this issue. I have heard that there are many students who have to return to their homes because they are not able to adjust to life in a foreign country. In worst-case scenarios, they cannot fit into either Korean society or the foreign one. You can't deny that this never happen.

Pro: I couldn't agree less(도저히 수긍하지 못하겠어요). In many cases, younger students can actually adjust to their new surroundings quite well, and they can easily accept cultural differences. Furthermore, you can't succeed if you are afraid of failure. Sometimes, you have to take risks to get what you want.

Con: You've got a point there. It depends on each person, but, luckily, some children can adjust well to their new surroundings. You may think it is good for them, but what I am more afraid of is that they will adapt to the foreign culture too easily and then lose their Korean identity. That may become a serious problem in the future.

Pro: You know what? One of the reasons people travel is to broaden their view of the world. They can have a deeper understanding of other countries and cultures by traveling and experiencing them. As a matter of fact, those not living inside the culture can often see their culture more objectively. Therefore, if young students get a chance to mix with different kinds of people and cultures, they can widen their social and cultural boundaries.

Con: What I am saying is that they require loving family support in order to grow up and be healthy.

[11] 영어몰입교육에서 교사들은 영어로 가르치긴 하겠지만 학생들은 그 말을 듣고 받아 적기만 할 겁니다. 학생들이 영어 말하기 실력을 향상시킬 수 없다는 말씀인가요? In English immersion education, teachers will speak English while lecturing to the students. But all that the students will do is listen to what they say and write it down.

Q 우리는 모든 나라에 각자의 고유한 음식문화가 있다는 것을 알아야 한다. We should understand that every country has its own food culture.

Q 먹는 것을 두고 이래라 저래라 말 할 수 없다. We cannot tell them what they should or should not eat.

Q 어떤 개들은 주인을 구하기 위해 위험을 무릅쓰기도 한다. Some dogs risk their lives to save their masters.

Q 서양문화에서는 개를 먹는 것은 잔인하고 야만적이라 생각한다. Western culture considers eating dogs to be cruel and barbaric.

★MacArthur 노병연설

Of the nations of the world, Korea alone, up to now, is the sole one which has risked its all against communism. The magnificence of the courage and fortitude of the Korean people defies description.

(Applause) They have chosen to risk death rather than slavery. Their last words to me were: "Don't scuttle the Pacific." (Applause) I have just left your fighting sons in Korea. They have met all tests there, and I can report to you without reservation that they are splendid in every way. (Applause) It was my constant effort to preserve them and end this savage conflict honorably and with the least loss of time and a minimum sacrifice of life. Its growing bloodshed has caused me the deepest anguish and anxiety. Those gallant men will remain often in my thoughts and in my prayers always. (Applause) I am closing my fifty-two years of military service. (Applause) When I joined the army, even before the turnoff the century, it was the fulfillment of all of my boyish hopes and dreams. The world has turned over many times since took the oath on the plain at West Point, and the hopes and dreams have long since vanished, but I still remember the refrain of one of the most popular barracks ballads of that day which proclaimed most proudly that old soldiers never die; they just fade away. And like the old soldier of that ballad, I now close my military career and just fade away, an old soldier who tried to do his duty as God gave him the light to see that duty. Good-bye. (Applause)

세계의 많은 나라들 중에서 지금까지 한국만이 공산주의에 대항하여 모든 위험을 무릅써온 유일한 나라입니다. 한국 사람의 용기와 불굴의 의지의 훌륭함은 일다 말할 수 없습니다. 그들은 노예가 도기보다는 죽음을 무릅쓰기로 결정하였습니다. 저에 대한 그들의 마지막 말은 "태평양을 포기하지 말라"입니다. 저는 여러분의 전투중인 아들들을 한국에 두고 왔습니다. 그들은 그곳에서 모든 시련들을 견디어왔으며 저는 여러분에게 그들의 모든 면에서 훌륭한 것들을 보고합니다. 최소한의 시간적 손실과 인명 희생으로 그들을 보호하고 이 야만적인 전쟁을 명예롭게 끝내는 것이 저의 끊임없는 노력입니다. 증대되는 유혈의 참사는 저를 깊은 고뇌와 걱정으로 빠트리고 있습니다. 저 용감한 병사들은 저의마음속에 그리고 항상 저의 기도 속에 남아있을 것입니다. 저는 52년의 군복무를 마치려고 합니다. 20세기로 전환되기도 전이었던 제가 처음 군에 들어왔을 때 군 입대는 저의 소년시절 모든 희망과 꿈의 실현이었습니다. 제가 West Point의 연병장에서 선서를 한 이래로 세상은 여러 번 바뀌었습니다. 그리고 꿈과 희망은 오래 전에 사라졌습니다. 그러나 노병은 결코 죽지 않는다. 그들은 다만 사라질 뿐이라고 매우 당당히 선언하고 있는 당시의 가장 인기 있는 군가중의 하나의 후렴을 저는 아직도 기억합니다. 그리고 그 노래의 노병처럼 하나님이 그에게 그 의무를 깨달을 수 있는 빛을 주었던 것처럼 자신의 의무를 다하려고 노력했던 노병으로 이제 저는 저의 군 경력을 마감하고 사라집니다. 안녕히 계십시오.

★Jimmy Carter 취임연설

Let us learn together and laugh together and work together and pray together confident that in the end we will triumph together in the right. (Applause) The American dream endures. We must once again have full faith in our country and in one another. I believe America can be better. We can be even stronger than before. Let our recent mistakes bring a resurgent commitment to the basic principles of our Nation, for we know that if we despise our own government we have no future. We recall in special times when we have stood briefly, but magnificently, united. In those times no prize was beyond our grasp. But we cannot dwell upon remembered glory. We cannot afford to drift. We reject the prospect of failure or mediocrity or an inferior quality of life for any person. Our Government must at the same time be both competent and compassionate. We have already found a high degree of personal liberty, and we are now struggling to enhance equality of opportunity. Our commitment to human rights must be absolute, our laws fair, our natural beauty preserved; the powerful must not persecute the weak, and human dignity must be enhanced. We have learned that "more" is not necessarily "better," that even our great Nation has its recognized limits, and that we can neither answer all questions nor solve all problems. We cannot afford to everything, nor can we afford to lack boldness as we meet the future. So, together, in spite of individual sacrifice for the common good, we must simply do our best.

우리는 결국 함께 정당하게 승리할 것이라는 것을 확신하며 우리 함께 배우고 함께 웃고 함께 일하며 함께 기도합시다. 미국의 꿈은 영원합니다. 우리는 우리나라와 서로에 대해 다시 한 번 더 충만한 신뢰를 가져야만 합니다. 저는 미국이 더 좋아질 수 있다고 믿습니다. 우리는 전보다 훨씬 더 강해질 수 있습니다. 우리 최근의 실수를 교훈으로 삼아 우리나라의 기본 원칙에 다시 전념토록 합시다. 왜냐하면 우리는 만약 우리가 우리 자신의정부를 경멸한다면 우리에게는 미래가 없다는 것을 알고 있기 때문입니다. 우리는 비록 짧았지만 당당하게 단결했던 특별한 시기를 상기합니다. 그런 때에는 우리가 움켜쥐지 못하는 목적물이 없었습니다. 그러나 우리는 기억되는 영광에 안주할 수 없습니다. 우리에겐 표류할 여유가 없습니다. 어떤 사람에 대해서 우리는 실패나 평범함이나 저급한 삶의 전망을 거절합니다. 우리 정부는 유능하고 동시에 자비로워야 합니다. 우리는 고도의 개인적인 자유를 이미 발견했고 우리는 지금 기회의 균등을 높이기 위해 노력하고 있습니다. 인권에 대한 우리의 약속은 절대적이며 우리의 법률은 공정하고 우리 자연의 아름다움은 보존되어야 합니다. 강자는 약자를 박해해서는 안 되면 인간의 존엄성은 고양되어야 합니다. 우리는 "더 많은 것"이 반드시 "더 좋은 것"이 아니라는 것과 위대한 우리나라에도 인정된 한계가 있으며 우리가 모든 물음에 답할 수 도 없고 모든 문제를 해결할 수도 없다는 것을 배웠습니다. 우리는 모든 것을 다 할 수 없으며 미래를 맞이할 때 용기를 잃을 수도 없습니다. 그래서 모두 함께 공동의 선을 위해 개인을 희생한다는 정신으로 우리는 그저 우리의 최선을 다해야 합니다.

★John F. Kennedy 1961년 Berlin 광장연설

Freedom has many difficulties and democracy is not perfect, but we have never had to put a wall up to keep our people in, to prevent them from leaving us. (Applause). I want to say, on behalf of my countrymen, who live many miles away on the other side of the Atlantic, who are far distant from you, that they take the greatest pride that they have been able to share with you, even from a distance, the story of the last eighteen years. I know of no town, no city, that has been besieged for eighteen years that still lives with the vitality and the force, and the hope and the determination of the city of West Berlin. (Applause). While the wall is the most obvious and vivid demonstration of the failures of the Communist system, for all the world to see, we take no satisfaction in it, for it is, as your mayor has said an offense not only against history but an offense against humanity, separating families, dividing husbands and wives and brothers and sisters, and dividing a people who wish to be joined together. (Applause).

자유는 많은 어려움을 안고 있으며 민주주의는 완벽하지 못합니다. 그러나 우리는 국민들이 우리로부터 떠나가는 것을 막기 위해 그들을 가둬놓을 담을 쌓아야 했던 적은 없습니다. 저는 대서양 반대편에서 여러분으로부터 이주 멀리 떨어져 살고 있는 동포들을 대신하여 그들이 그렇게 멀리 떨어져 있지만 지난 18년 간의 내력을 여러분과 공유할 수 있었다는 것을 매우 자랑스러워 한다는 것을 말씀드립니다. 저는 18년 동안 포위되어 왔지만 여전히 활력과 힘과 희망과 결의로 살아가고 있는 서베를린과 가은 그런 마을 그런 도시는 없다고 알고 있습니다. 저 장벽은 전 세계인이 볼 수 있는 공산주의 체제 실패의 가장 명확하고 생생한 증거이지만 우리는 거기에 만족할 수 없습니다. 왜냐하면 우리의 시장님이 말한 것처럼 가족을 갈라놓고 남편과 아내와 형제와 자매를 분리시키고 함께 살고 싶어 하는 사람들을 갈라놓는다는 것은 역사에 대한 모욕일 뿐만 아니라 인류에 대한 범죄이기 때문입니다.

In the long history of the world, only a few generations have been granted the role of defending freedom in its hour of maximum danger. I do not shrink from this responsibility—I welcome it. (Applause). I do not believe that any of us would exchange places with any other people or any other generation. The energy, the faith, the devotion which we bring to this endeavor will light our country and all who serve it—and the glow from that fire can truly light the world. And so, my fellow Americans: ask not what your country can do for you—ask what you can do for your country (Applause). My fellow citizens of the world: ask not what America will do for you, but what together we can do for the freedom of man. (Applause).
Finally, whether you are citizens of America or citizens of the world, ask of us here the same high standards of strength and sacrifice which we ask of you. With a good conscience our only sure reward, with history the final judge of our deeds, let us go forth to lead the land we love, asking His blessing and His help, but knowing that here on earth God's work must truly be our own. (Applause).

기나긴 세계 역사에서 단지 몇 세대만이 최대의 위험에 처한 시각에 자유수호의 임무를 부여 받았습니다. 저는 이 책임을 피하지 않고 그것을 기꺼이 받아들입니다. 저는 우리들 중 어느 누구도 다른 사람과 혹은 어느 다른 세대와 자리를 바꾸고 싶어 한다고 믿지 않습니다. 우리가 이 노력에 쏟아온 정력과 신념과 헌신은 우리나라와 이 나라에 봉사하는 모든 사람들을 밝게 비춰줄 것이고 그 불의 불꽃은 진실로 세계를 밝힐 수 있습니다. 그래서 친애하는 국민 여러분, 여러분의 조국이 여러분을 위해 무엇을 해 줄 수 있는지를 묻지 말고 여러분이 여러분의 조국을 위해 무엇을 할 수 있는가를 물으십시오. 친애하는 세계 시민 여러분, 미국이 여러분을 위해 무엇을 해 줄 수 있는지가 아니라 우리 함께 인간의 자유를 위해 할 수 있는 것이 무엇인지를 물으세요. 끝으로 여러분이 미국의 국민이든 아니면 세계 시민이든 이곳에 있는 우리가 여러분에게 요청하는 것과 똑 같은 수준의 힘과 희생을 우리에게 요청하세요. 훌륭한 양심을 우리의 유일하고 확실한 보상으로 여기고 역사를 우리 행동이 최종적인 심판자로 삼아, 하나님의 축복과 도움을 요청하면서 그러나 이곳 지상에서의 하나님의 일이 진실로 우리 자신의 일임에 틀림없다는 것을 알고서 우리가 사랑하는 이 땅을 이끌어 가기 위해 나아갑시다.

★Michelle Obama 후보 지지연설

Serving as your First lady is an honor and a privilege...but back when we first came together four years ago, I still had some concerns about this journey we'd begun. While I believed deeply in my husband's vision for this country... and I was certain he would make an extraordinary President... like any mother, I was worried about what it would mean for our girls if he got that chance. How would we keep them grounded under the glare of the national spotlight? How would they feel being uprooted from their school, their friends, and the only home they'd ever known? See, our life before moving to Washington was, was filled with simple joys... Saturdays at soccer games, Sundays at grandma's house... and a date night for Barack and me was either dinner or a movie, because as an exhausted mom, I couldn't stay awake for both. And the truth is, I loved the life we had built for our girls and I deeply loved the man I had built that life with... and I didn't want that to change if he became President.

I loved Barack just the way he was. You see, even back then Barack was a Senator and a presidential candidate... to me, he was still the guy who'd picked me up for our dates in a car that was so rusted out, I could actually see the pavement going by in a hole in the passenger side door... he was the guy whose proudest possession was a coffee table he'd found in a dumpster, and whose only pair of decent shoes was half size too small.

But see when Barack started telling me about his family — see now that's when I knew I had found a kindred spirit, someone whose values and upbringing were so much like mine. You see, Barack and I were both raised by families who didn't have much in the way of money or material possessions but who had given us something far more valuable — their unconditional love, their unflinching sacrifice, and the chance to go places they had ever imagined for themselves.

My father was a pump operator at the city water plant, and he was diagnosed with multiple sclerosis when my brother and I were young. And even as a kid, I knew there were plenty of days when he was in pain... and I knew there were plenty of mornings when it was a struggle for him to simply get out of bed.

But every morning, I watched my father wake up with a smile, grab his waler, prop himself up against the bathroom sink, and slowly shave and button his uniform. And when he returned home after a long day's work, my brother and I would stand at the top of the stairs of our little apartment, patiently waiting to greet him... watching as he reached down to lift one leg, and then the other, to slowly climb his way into our arms.

But despite these challenges, my dad hardly ever missed a day of work... he and my mom were determined to give me and my brother the kind of education they could only dream of. And when my brother and I finally made it to college, nearly all of our tuition came from student loans and grants. But my dad still had to pay a tiny portion of that tuition himself. And every semester, he was determined to pay that bill right on time, even taking out loans when he fell short. He was so proud to be sending his kids to college... and he made sure we never missed a registration deadline because his check was late. you see, for my dad, that's what it meant to be a man. Like so many of us, that was the measure of his success in life—being able to earn a decent living that allowed him to support his family.

And I got to know Barack, I realized that even though he'd grown up all the way across the country, he'd been brought up just like me. Barack was raised by a single mom who struggled to pay the bills, and by grandparents who stepped in when she needed help. Barack's grandmother started out as a secretary at a community bank... and she moved quickly up the ranks... but like so many women, she hit a glass ceiling.

And for years, men no more qualified than she was— men she had actually trained— were promoted up the ladder ahead of her, earning more and more money while Barack's family continued to scrape by. But day after day, she kept on waking up at dawn to catch the bus... arriving at work before anyone else... giving her best without complaint or regret. And she would often tell Barack, "So long as you kids do well, Bar, that's all that really matters."

Like, like so many American families, our families weren't asking for much. They didn't begrudge anyone else's success or care that others had much more than they did... in fact, they admired it. They simply believed in that fundamental American promise that, even if you don't start out with much, if you work hard and do what you're supposed to do, then you should be able to build a decent life for yourself and an even better life for your kids and grandkids.

★Bush 대통령 1기 취임사

I am honored and humbled to stand here, where so many of America's leaders have come before me and so many will follow.

We have a place, all of us, in a long story — a story we continue but whose end we will not see. It is a story of a New World that became a friend and liberator of the Old; the story of a slave holding society that became a servant of freedom; the story of a power that went into the world to protect but not possess, to defend but not to conquer. it is the American story — a story of flawed and fallible people united across the generations by grand and enduring ideals.

The grandest of these ideals is an unfolding American promise that everyone belongs, that everyone deserves a chance, that no insignificant person was ever born. Americans are called to enact this promise in our lives and in our laws. And though our nation has sometimes halted and sometimes delayed, we must follow no other course.

Today, we affirm a new commitment to live out our nation's promise through civility, courage, compassion and character. America at its best matches a commitment to principle with a concern for civility. A civil society demands from each of us goodwill and respect, fair dealing and forgiveness.

Some seem to believe that our politics can afford to be petty because, in a time of peace, the stakes of our debates appear small. But the stakes for America are never small. If our country does not lead the cause of freedom, it will not be led. If we do not turn the hearts of children toward knowledge and character, we will lose their gifts and undermine their idealism.

If we permit our economy to drift and decline, the vulnerable will suffer most. We must live up to the calling we share. Civility is not a tactic or a sentiment. it is the determined choice of trust over cynicism, of community over chaos. And this commitment, if we keep it, is a way to shared accomplishment.

America at its best is also courageous. Our national courage has been clear in times of depression and war, when defeating common dangers defined our common good. Now we must choose if the example of our fathers and mothers will inspire us or condemn us. We must show courage in a time of blessing by confronting problems instead of passing them on to future generations.

America is at its best is a place where personal responsibility is valued and expected.

Encouraging responsibility is not a search for scapegoats; it is a call to conscience. And though it requires sacrifice, it brings a deeper fulfillment. We find the fullness of life not only in options but in commitments. And we find that children and community are the commitments that set us free.

Our public interest depends on private character, on civic duty and family bonds and basic fairness,... on uncounted, unhonored acts of decency which give direction to our freedom. Sometimes in life we're called to do great things, but as a saint of our times has said, "Every day we are called to do small things with great love." The most important tasks of a democracy are done by everyone.

I will live and lead by these principles to advance my convictions with civility, to pursue the public interest with courage, to speak for greater justice and compassion, to call for responsibiility and try to live it as well. In all these days... ways, I will bring the values of our history to the care of our times.

What you do is as important as anything government does. I ask you to seek a common good beyond your comfort; to defend needed reforms against easy attacks; to serve your nation, beginning with your neighbor. I ask you to be citizens: citizens, not spectators; citizens, not subjects; responsible citizens, building communities of service and a nation of character.

★President Bush Visits Demilitarized Zone President Bush Remarks at Dorasan Train Station
Dorasan, Republic of Korea

PRESIDENT BUSH: Mr. President, it's a great honor to be here as your guest. Your love of democracy and example of courage have changed Korea, have challenged Asia, and inspired the great respect of my government and my country.

All your life you have seen the hope of change and progress where few could imagine it. You have shown that sometimes the conscience and will of a single individual can move history. I admire your visionary leadership, and I thank you for your hospitality to Laura and me.

We gather today surrounded by reminders of the challenges to peace and stability on the Korean Peninsula. President Kim has just showed me a road he built — a road for peace. And he's shown me where that road abruptly ends, right here at the DMZ. That road has the potential to bring the peoples on both sides of this divided land together, and for the good of all the Korean people, the North should finish it.

Traveling south on that road, the people of the North would see not a threat, but a miracle of peaceful development. Asia's third largest economy that has risen from the ruins of war. The people of the North would see more than physical wealth, they would see the creativity and spiritual freedom represented here today. They would see a great and hopeful alternative to stagnation and starvation. And they would find friends and partners in the rebuilding of their country.

김 대통령 각하, 당신의 손님으로 이곳을 방문한 것은 커다란 영광입니다. 민주주의에 대한 당신의 사랑과 용기의 본보기는 한국을 변화시켰고 아시아를 자극하였으며 우리 정부와 우리나라의 위대한 존경심에 영감을 주었습니다. 당신은 평생토록 사람들의 거의 상상할 수 없을 정도의 변화와 발전에 대한 희망을 보아왔습니다. 당신은 때로는 한 개인의 양심과 의지가 역사를 움직일 수 있음을 보여주었습니다. 저는 당신의 예언력이 있는 지도력을 존경하며 로라와 저에게 보여준 환대에 감사드립니다. 우리는 오늘 한반도에서 평화와 안정에 대한 도발을 생각나게 하는 것들로 둘려 싸여 모였습니다. 김 대통령은 지금 그가 건설한 길을 제게 보여주었는데 그 길은 평화를 향한 길입니다 그리고 DMZ 바로 이곳에서 그 길이 있으며 모든 한국 사람들의 행복을 위해 북측은 그것을 완성시켜야 합니다. 그 철로를 따라 남쪽을 여행하다 보면 북측의 사람들은 위협이 아니라 평화로운 발전의 기적을 볼 수 있을 것입니다. 전쟁의 폐허에서 일어선 아시아에서 3번째로 큰 경제를 북측 사람들은 물질적인 부 이상을 볼 수 있을 것이며 그들은 오늘 이곳에서 표현되는 창의력과 정신적인 자유를 볼 수 있을 것입니다. 그들은 경기침체와 기아 대신에 위대함과 희망을 볼 수 있을 것입니다. 그리고 그들은 그들 나라의 재건에 대한 친구들과 협력자들을 찾을 수 있을 것입니다.

South Korea is more than a successful nation, it is an example to the world. When nations embrace freedom, they find economic and social progress. When nations accept the rules of the modern world, they find the benefits of the modern world. And when nations treat men and women with dignity, they find true greatness.

When satellites take pictures of the Korean Peninsula at night, the South is awash in light. The North is almost completely dark. Kim Dae-jung has put forward a vision that can illuminate the whole Peninsula. We want all the Koreans to live in the light. (Applause)

My vision is clear: I see a Peninsula that is one day united in commerce and cooperation, instead of divided by barbed wire and fear. Korean grandparents should be free to spend their final years with those they love. Korean children should never starve while a massive army is fed. No nation should be a prison for its own people. No Korean should be treated as a cog in the machinery of the state.

And as I stated before the American Congress just a few weeks ago, we must not permit the world's most dangerous regimes to threaten us with the world's most dangerous weapons.

I speak for these convictions even as we hope for dialogue with the North. America provides humanitarian food assistance to the people of North Korea, despite our concerns about the regime. We're prepared to talk with the North about steps that would lead to a better future, a future that is more hopeful and less threatening. But like this road left unbuilt, our offer has gone unanswered. Some day we all hope the stability of this Peninsula will be built on the reconciliation of its two halves. Yet today, the stability of this Peninsula is built on the great alliance between the Republic of Korea and the United States.

남한은 성공적인 국가 이상으로 그것은 세계의 본보기입니다. 국가들이 민주주의를 받아들이면 그들은 경제적이며 사회적인 발전을 이룩합니다. 국가들이 현대 세계의 규칙들을 인정하면 그들은 새로운 세계의 이익을 얻습니다. 그리고 국가들이 남녀들을 존엄으로 대우하면 그들은 진정한 위대함을 이룹니다. 인공위성이 밤에 한반도의 사진을 찍으면 남측은 빛으로 가득합니다. 북쪽은 거의 완벽하게 어둠입니다. 김 대통령은 한반도 전체를 밝힐 수 있는 선견지명을 내보였습니다. 우리는 모든 한국인들이 광명 속에 살아가기를 원합니다. 제 생각은 분명합니다. 저는 어느 날 깃돋친 철조망과 공포로 분리되는 것 대신에 상거래와 협조를 통해 통일된 하나의 반도를 보고 있습니다. 한국의 노인들은 그들의 노년을 그들이 사랑하는 이들과 함께 자유롭게 보낼 수 있어야만 합니다. 한국의 어린이들은 거대한 군대에 식량이 공급되는 동안 결코 굶주려서는 안 됩니다. 그 자신의 국민들을 위한 감옥이 되는 나라는 있어서는 안 됩니다. 국가라는 기계에 있어서 톱니의 한 이로 한국인들은 취급되어서는 안 됩니다. 불과 몇 주 전에 제가 미국의 의회에서 선언했던 것과 마찬가지로 우리는 세계에서 가장 위험한 무기로 우리를 위협하는 세계의 가장 위험한 정권을 용인해서는 안 됩니다. 저는 북측과 대화를 희망하면서 그러한 확신을 말했습니다. 미국은 그 정권에 관한 우리의 우려에도 불구하고 북한의 국민들에게 인도적인 식량 원조를 제공하고 있습니다. 우리는 더 나은 미래, 더 나은 희망적이고 덜 위협적인 미래를 이끌어 낼 수 있는 조치에 관하여 북측과 대화할 준비가 되어있습니다. 그러나 이 길이 미완성인 채로 남겨진 것처럼 우리의 제안에 대답이 없습니다. 우린 모두는 언제가 이 반도의 안정이 두 반쪽의 화해 위에 구축될 것으로 희망합니다. 그러나 오늘은 이 반도의 안정이 한국과 미국의 위대한 동맹위에 구축 되어 있습니다.

All of Asia, including North Korea, knows that America will stand firmly — will stand firmly — with our South Korean allies. (Applause.) We will sustain our obligations with honor. Our forces and our alliance are strong, and this strength is the foundation of peace on the Peninsula. American forces receive generous support from our South Korean hosts, and we are very grateful. Today we are increasing the effectiveness of our military forces, even as U.S. troops become a less intrusive presence in Korea, itself.

Americans are also very grateful for the tremendous outpouring of sympathy and support shown by the South Korean people following the terror of September the 11th. Today, both our nations are cooperating to fight against terror, proving that our alliance is both regional and global.

The United States and South Korea are bound by common interests. Our alliance is defined by common values. We deeply value our own liberty and we care about the liberty of others. Like the United States, South Korea has become a beacon of freedom, showing to the world the power of human liberty to bring down walls and uplift lives.

Today, across the mines and barbed wire, that light shines brighter than ever. It shines not as a threat to the North, but as an invitation. People on both sides of this border want to live in freedom and want to live in dignity, without the threat of violence and famine and war. I hope that one day soon this hope will be realized. And when that day comes, all the people of Korea will find in America a strong and willing friend. May God bless you all. (Applause) Released by the White House Office of the Press Secretary

북한을 포함하여 모든 아시아는 미국이 동맹국 남한을 확고하게 지원할 것임을 알고 있습니다. 우리는 우리의 동맹 관계는 강하며 이런 강력함이 한반도 평화의 기반입니다. 미국 군대는 남한으로부터 광범위한 지원을 받고 있으며 우리는 매우 감사합니다. 오늘날 마침 주한 미군 스스로가 한국에서 간섭을 줄여가고 있는 때에 우리는 우리 군사력의 유효성을 증강하고 있습니다. 미국인들은 또한 남한 사람들이 9/11테러에 뒤이어 엄청난 동정과 지원을 보여준 것에 대하여 매우 감사하고 있습니다. 오늘날 양국은 모두 우리의 동맹관계가 지역적인 동시에 세계적이라는 것을 증명하면서 테러와 싸우기 위해 협조하고 있습니다. 미국과 남한은 공동의 이익으로 단결하고 있으며 우리 동맹관계는 공통의 가치에 의해 명백하게 증명하고 있습니다. 우리는 스스로 자유를 깊이 존중하며 다른 사람의 자유에 관심을 가지고 있습니다. 미국과 남한은 장벽을 무너뜨리고 삶을 향상시키는 자유로운 인간의 힘을 세계에 보여주면서 자유의 횃불이 되었습니다. 오늘날 땅굴과 철조망을 가로질러 저 빛이 어느 때보다 밝게 빛나고 있습니다. 그것은 북측에 대한 위협으로서 비춰지는 것이 아니라 초대로서 비추어 지는 것입니다. 이 경계의 양측에 있는 사람들은 폭력과 굶주림과 전쟁의 위협이 없이 자유롭게 살기를 원하며 인간답게 살기를 원합니다. 저는 이런 희망이 실현되는 그런 날이 어서 오기를 희망합니다. 그런 날이 오거든 한국의 모든 사람들은 미국이 강하고 돕기를 즐겨 하는 친구라는 것을 알게 될 것입니다. 하나님의 은총이 함께 하시길…

★President Bush & President Kim Dae-Jung Meet in Seoul

President Bush Remarks by President Bush and President Kim Dae-Jung in Press Availability The Blue House, Seoul, Republic of Korea February 20, 2002

PRESIDENT KIM DAE-JUNG: I would like to give my presentation. First, on behalf of the Korean people, I would like to warmly welcome President Bush and thank him for taking time out of the war against terrorism to visit our country. This visit is the first by President Bush since his inauguration, and it is also the first by an American President in the 21st century. It is for this reason that this visit will lay the foundation for future progress in Korean-U.S. relations in this century.

During today's meeting, President Bush and I recognized that the Korea-U.S. alliance is indispensable not only for stability on the Korean Peninsula, but also in Northeast Asia as a whole. Furthermore, President Bush and I expressed satisfaction that the bilateral alliance is not limited to cooperation in security matters, but that the comprehensive partnership has expanded and developed to all areas, including political, economic and diplomatic arenas.

President Bush and I exchanged views about the war against terrorism and future course of action. I praised President Bush for the success in the war against terrorism under his outstanding leadership, and indicated that Korea as an ally would do its utmost to cooperate and provide full support.

President Bush and I agreed to work with mutually consistent objectives and strategies in close consultation in pursuing the North Korean policy. I greatly appreciate President Bush's staunch support for our sunshine policy, as well as the U.S.'s unconditional proposal to dialogue with North Korea.

모두 발언을 말씀 드리겠습니다. 먼저 부시 대통령께서 대테러 전생을 수행하시는 분주한 일정 중에서도 우리나라를 찾아 주신데 대해 우리 국민과 더불어 진심으로 환영의 뜻을 표합니다. 특히 부시 대통령께서는 취임 이후 처음이자 21세기 들어 미국 대통령으로서는 최초로 방한하셨습니다. 그만큼 이번 방한에는 21세기 한미 관계 발전의 기틀을 다지는 각별한 의미가 있다고 생각합니다. 오늘 회담에서 나와 부시 대통령은 한미 동맹관계가 한반도뿐만 아니라 동북아 지역 안정에 긴요하다는데 인식을 같이 하였습니다. 아울러 우리 두 정상은 양국 동맹 관계가 안보협력뿐 아니라 정치 경제 외교 등 모든 분야에서 포괄적 동반자 관계로 확대 발전되고 있는데 만족을 표시하였습니다. 우리 두 정상은 9/11 테러 사태 이후 대테러 전쟁의 상황과 향후 추진 방향 등에 관해 심도 있는 의견 교환을 가졌습니다. 나는 부시 대통령의 탁월한 리더십 아래 대테러 전쟁이 성공적으로 이루어지고 있음을 높이 평가하였으며 한국이 동맹국으로서 가능한 모든 협력과 지원을 다할 것임을 표명하였습니다. 또한 오늘 회담에서 우리 두 정상은 한미 양국이 상호 일치된 목표와 전략 하에 긴밀한 공조를 통해서 대북 정책을 추진해 나가기로 하였습니다. 나는 부시 대통령께서 우리의 대북 포용정책에 대한 적극적인 지지 입장을 강조함과 동시에 미국의 조건 없는 대북 대화 의지를 분명히 밝히신 것을 높이 평가합니다.

President Bush and I also discussed in-depth issues related to the threat of WMD proliferation such as the possibility of terrorists obtaining WMDs, and U.S. efforts to deter their spread across the world. In this regard, we also concurred that the objective is to resolve the issue of North Korean WMDs and missiles at an early date through dialogue. To this end, we agreed that Korea-U.S. joint efforts were necessary.

President Bush and I concurred that continued expansion and progress of bilateral, economic and trade relations are in the interest of both our countries. Furthermore, we also agreed to further deepen cooperative relations at the multilateral level, such as the WTO — development agenda. I am more than satisfied with the frank and open exchange of views I had with President Bush this morning on numerous issues. I would like to take this opportunity to express my heartfelt gratitude to President Bush for the interest he has expressed in peace on the Korean Peninsula, for the unparalleled affection he has for Korea, as well as the efforts and enthusiasm he has demonstrated in the development of bilateral relations.

Thank you.

PRESIDENT BUSH: Thank you, Mr. President. It is such an honor to be here. Laura and I are grateful for your hospitality and the hospitality of First Lady Hee-ho. We look forward to a full day in your beautiful country.

The President is right, we had a great meeting. It was so good that we didn't want to go into the meeting room where there was more people. We had a very frank exchange. And that's important when you're friends, to be able to discuss issues in depth.

아울러 나와 부시 대통령은 테러리스트들의 대량 살상무기 획득 가능성 등 대량 살상무기 확산위협과 이를 저지하기 위해 미국이 추진하는 범세계적 비확산 노력에 대해 진지한 논의를 가졌습니다. 이와 관련해서 우리 양측은 북한의 대량살상무기와 미사일 문제가 대화를 통해 조속히 해결되는 것이 긴요하다는데 인식을 같이 하였으며 이를 위해 한미 간에 공동노력을 기울여 나가기로 하였습니다. 또한 우리 두 정상은 한미 양국이 경제 통상 관계를 계속 확대 발전시켜 나가는 것이 양국 모두의 국익을 위해 매우 중요하다는데 인식을 같이 하였습니다. 또한 WTO(도하개발 의제) 협상추진 등 다자차원에서의 협력관계를 심화시켜 나가기로 하였습니다. 나는 오늘 정상회담에서 부시 대통령과 상호 관심사에 관해 허심탄회하게 의견을 교환한 것을 매우 만족스럽게 생각합니다. 부시 대통령께서 보여주신 한반도 평화에 대한 깊은 관심과 한국에 대한 각별한 애정, 그리고 양국관계 발전을 위한 열의와 노력에 대해 깊이 감사드립니다.

부시 대통령: 김 대통령 각하 감사합니다. 이 자리에 참석하게 된 것을 영광으로 생각합니다. 로라와 저는 각하와 영부인이 보여준 환대에 고맙게 생각합니다. 우리는 아름다운 한국에서 하루를 보내기를 기대합니다. 김 대통령께서는 옳았고 우리는 회담을 성공적으로 가졌습니다. 그 회담이 너무도 훌륭한 까닭에 우리는 더 많은 사람들이 기다리고 있는 회담장 안으로 들어서고 싶지 않았습니다. 우리는 매우 솔직한 의견교환을 하였습니다. 그리고 여러분이 동맹국인 이상, 현안에 대하여 깊이 있게 토론할 수 있다는 것은 중요합니다.

A lot of times I find in the diplomatic world that people want to gloss over issues, they don't want to spend much time really understanding each other's positions. Because of our friendship, because of the friendship between our countries, we had a very frank exchange and a positive exchange, and one that allows me to safely say that this relationship is 50 years old, the relationship between South Korea and America. And it's seen a lot of problems, and we've dealt with those problems together. And I'm confident we'll be dealing with problems 50 years from now in a spirit of cooperation and openness.

I understand how important this relationship is to our country, and the United States is strongly committed to the security of South Korea. We'll honor our commitments. Make no mistake about it that we stand firm behind peace in the Peninsula. And no one should ever doubt that, Mr. President. No one should ever doubt that this is a vital commitment for our nation.

It's also vital that we continue to trade together. And so we obviously discussed issues of the — security issues on the Peninsula; we also discussed ways to make sure our trade was more open and fair to both sides.

I'm very impressed by the amount of investment capital, foreign capital that has come into South Korea in the last four years. It's a testimony to a country that understands open markets and freedom. And I'm going up to the DMZ here in a little bit, and it's going to be an interesting contrast, to talk about the benefits and the dividends of freedom. And part of those is an economy that is vibrant and improving, thanks to structural reforms.

오랫동안 외교의 현장에서 많은 사람들이 현안들을 그럴듯한 말로 얼버무려 진정으로 서로의 입장을 이해하는데 많은 시간을 보내려 하지 않는 것을 보았습니다. 우리의 우의 때문에 두 나라의 친선관계 때문에 우리는 솔직하고 적극적인 의견 교환을 나눴는데 남한과 미국의관계가 50년 되었습니다. 그 과정에서 많은 문제점이 있었고 우리는 그러한 문제점들을 함께 해결해 왔습니다. 저는 앞으로 50년 동안 우리는 협조와 개방의 정신으로 문제들을 해결해 나갈 수 있을 것이라고 확신합니다. 저는 이 관계가 우리나라에 얼마나 중요한지 이해하고 있으며 미국은 남한의 안보를 확실히 지켜낼 것입니다. 우리는 우리의 책임을 성실히 수행할 것입니다. 우리가 한반도에서 평화를 확실히 후원하는 것에 대하여 오판하지 못하도록 할 것입니다. 김 대통령 각하, 그에 대해서 누구도 의심해서는 안 될 것입니다. 이것이 우리나라에 대한 중요한 약속이라는 것을 누구도 의심해서는 안 될 것입니다. 우리가 계속하여 상호 교역을 하는 것 또한 매우 주요합니다. 그래서 우리는 문제들, 한반도에서 안보 문제들을 명백하게 토론하였고 우리는 교역이 양국에 더 개방적이고 공정하도록 하는 방법을 토론하였습니다. 저는 지난 4년간 남한에 들어온 해외자본, 투자 자본의 규모에 대하여 매우 감명을 받았습니다. 한국이 열린 시장과 자유주의의 이익과 배당에 관하여 이야기하는 것은 DMZ 상황과 재미있는 대조가 될 것입니다. 자유주의 이익과 배당의 일부는 구조 개혁 덕분에 활기에 넘치고 개선되는 경제입니다.

I assured the President we're doing everything we can in our country, as well, to make sure our economy recovers. It's hard to be a good trading partner if you don't have a good economy, and we're beginning to see signs that there's economic vitality in America, which will be good for our partners here in South Korea as well.

And, of course, we talked about North Korea. And I made it very clear to the President that I support his sunshine policy. And I'm disappointed that the other side, the North Koreans, will not accept the spirit of the sunshine policy.

We talked about family reunifications, the displaced family initiative that he started, which I think is a great initiative. And yet only 3,600 families, I believe it was, have been allowed to reunite. I asked him how many — what's the potential, what are the potential families on both sides of the DMZ that could reunite. He said, 10 million people.

In order to make sure there's sunshine, there needs to be two people, two sides involved. And I praised the President's efforts. And I wonder out loud why the North Korean President won't accept the gesture of goodwill that the South Korean President has so rightfully offered. And I told him that we, too, would be happy to have a dialogue with the North Koreans. I've made that offer. And yet there has been no response.

Some in this country are — obviously have read about my very strong comments about the nature of the regime. And let me explain why I made the comments I did. I love freedom. I understand the importance of freedom in people's lives. I'm troubled by a regime that tolerates starvation. I worry about a regime that is closed and not transparent. I'm deeply concerned about the people of North Korea. And I believe that it is important for those of us who love freedom to stand strong for freedom and make it clear the benefits of freedom.

저는 우리는 미국에서 마찬가지로 미국 경제를 다시 회복시키기 위해 우리가 할 수 있는 모든 것을 다할 것이라고 김 대통령에게 보장하였습니다. 만약 여러분이 훌륭한 경제를 갖고 있지 못하다면 좋은 거래의 파트너가 된다는 것은 곤란하며 경제적인 활력이 미국에 존재한다는 징조를 보이기 시작하고 있는데 우리의 파트너에게도 그것은 좋은 것입니다. 물론 우리는 북한에 대해서도 이야기 하였습니다. 그리고 저는 햇볕정책을 지원할 거시라고 김 대통령에게 분명히 하였습니다. 저는 다른 상대방인 북한이 햇볕 정책의 정신을 받아들이지 않고 있는 것에 실망하고 있습니다. 우리는 가족의 재통합, 이산가족의 재통합에 대해서도 이야기하였는데 그게 대하여 저는 훌륭한 선택이라고 생각합니다. 그러나 겨우 3600여 가족들만이 만남이 허락되었다고 합니다. 저는 김 대통령께 잠재적인 것까지 포함하여 DMZ 양쪽에서 만날 수 있는 잠재적인 이산가족들이 얼마나 많은지 여쭈었습니다. 햇볕정책을 확실하게 하기 위해서는 두 국민이 참여할 필요가 있습니다. 저는 김 대통령의 노력에 치하를 하며 저는 왜 북한 당국이 김 대통령이 정의롭게 제안한남한의 호의의 제스처를 받아들이지 않는지 매우 이상하게 생각하고 있습니다. 북한과 대화를 할 수 있다면 우리도 기쁠 것 입니다. 저도 그런 제안을 했으나 아직 응답이 없습니다. 이 날에도 정권의 본질에 대한 저의 매우 강력한 정책을 읽어본 사람이 분명히 있을 것입니다. 제가 왜 그러한 논평을 했었는지 설명 드리고 싶습니다. 저는 자유를 사랑합니다. 사람들의 삶에 있어서 자유의 중요성을 저는 이해하고 있습니다. 저는 기아를 방임하고 있는 정권이 걱정스럽습니다. 닫혀있고 투명하지 못한 정권이 걱정스럽고 북한의 국민들이 걱정됩니다. 그리고 자유를 사랑하는 사람들이 자유를 강력하게 지원하고 자유의 혜택을 분명히 밝히는 것은 중요하다고 믿습니다.

And that's exactly why I said what I said about the North Korean regime. I know what can happen when people are free; I see it right here in South Korea. And I'm passionate on the subject, and I believe so strongly in the rights of the individual that I, Mr. President, will continue to speak out. Having said that, of course, as you and I discussed, we're more than willing to speak out publicly and speak out in private with the North Korean leadership. And, again, I wonder why they haven't taken up our offer.

This is going to be a great visit for us, Mr. President. It's going to be a great visit because it's a chance for me to say clearly to the South Korean people, we value our friendship, we appreciate your country, we share the same values and we'll work together to make sure that our relationship improves even better as we go into the 21st century.

Mr. President, thank you, sir.

Q First, I have a question for President Kim. There is a difference between the axis of evil and the sunshine policy. Do you feel that the gap was overcome during this summit? And right now, the Korean people are concerned about how inter-Korean relations will develop following the summit. How do you perceive the inter-Korean relations to develop in the future?

PRESIDENT KIM DAE-JUNG: In my view, I believe that the U.S. policy and the Korean policy are fundamentally similar and there are no major differences. We both believe in democracy and a market economy. Furthermore, we are allies. Korea and the U.S. are strong allies, and I believe that this is important and vital for the national interest of both our countries. And so that's our top priority.

그것이 바로 북한 정권에 관하여 강력하게 말씀 드렸던 이유입니다. 사람들이 자유로울 때 무슨 일이 일어날 수 있는지 저는 알고 있으며 저는 그것을 남한의 여기에서 목격하고 있습니다. 저는 그 문제에 열렬하며 개인의 권리를 강하게 믿는 까닭에 저는 계속해서 말할 것입니다. 물론 김 대통령과 제가 토론할 때 말씀 드린 것처럼 공식으로든 개인적으로든 우리는 더더욱 북한의지도자와 이야기 할 것입니다. 하지만 저는 그들이 왜 우리의 제안을 받아들이지 않는지 의아하게 생각합니다. 이번은 우리를 위해 중요한 방문이 될 것입니다. 왜냐하면 우리는21세기로 진입하면서 우리의관계가 한층 더 발전되도록 우리의 친선관계를 귀중이 여기며 여러분 나라에 감사하고 같은 가치를 공유하고 함께 할 것이라는 것을 나만 국민들에게 분명히 말할 기회이기 때문입니다.

질문자: 먼저 김 대통령께. 악의 축과 햇볕정책 사이에는 엄연한 시각차이가 존재 한다고 합니다. 오늘 회담을 통해서 그러한 시각 차이가 얼마나 좁혀졌다고 생각하십니까? 국민들은 남북관계가 어떻게 될 것인지 걱정하고 있습니다. 앞으로 남북관계를 어떻게 끌고 가실지 말씀해 주세요.

김대통령: 내가 생각할 때는 미국의 정책과 우리 정책 사이에는 근본적인 견해 차이가 없습니다. 우리는 다 같이 민주주의와 시장경제를 신봉합니다. 우리 한미 양국 간의 동맹관계가 국익을 위해 절대로 필요하며 1차적인 과제라는 점도 이의가 없습니다.

Furthermore, in matters related to North Korea, regarding the WMD, or missiles, or nuclear issues, our views have coincided. And during the summit meeting this morning, I believe that there was no difference in opinion between our two leaders. And we believe that it is through dialogue that we will be able to resolve this issue, and we agreed on this point.

Therefore, recently in the press, there were some indications that there might be some difference of opinion. But during the conversation that I had this morning with President Bush, we were able to reconfirm that there is no difference of opinion between Korea and the U.S. And in the future, regarding North Korean issues, we were able to reaffirm that we have made the proposal to North Korea to dialogue, and it is through dialogue that we hope to resolve all of the issues. And so we hope that North Korea will, at an early date, accept our proposal, and that inter-Korean dialogue and dialogue between North Korea and the U.S. will resume.

On September 15th, there was the fifth inter-Korean inter-ministerial meeting, and several issues were decided. There were 10 agreements made regarding the meeting of separated families and the re-linking of the Kyong-E railroad line, and we are implementing these agreements. Thank you.

MR. FLEISCHER: Mr. Jim Angle from Fox Television.

Q Thank you, Mr. President. Mr. President, some South Koreans, perhaps even President Kim, had some concerns about your comments about the axis of evil and North Korea. How do you think your approach fits with and helps the sunshine policy?

그리고 우리는 북한과 관련된 대량살상무기(WMD) 미사일 문제가 해결 되야 한다는데 물론 과거부터 의견이 일치했습니다. 오늘도 회담을 통해서 그 문제에 대해서 아무런 견해차이가 없었으며 이런 문제를 대화를 통해서 풀어나가야 한다는데 대해서도 오늘 의견이 일치되었습니다. 그러므로 그 동안에 다소 보도를 통해서 차이가 있는 것 같이 알려진 것은 오늘 부시 대통령과의 대화를 통해 완전한 이해에 도달했다는 것을 말씀드립니다. 앞으로 대북 관계에 있어서 무엇보다도 오늘 위가 같이 북한에 대해 대화를 제의하고 대화로서 모든 것을 풀어나가고 진지한 제안을 한 만큼 북한이 하루 속히 대화에 응해서 남북 간에 미북 간에 대화가 열려지기를 바랍니다. 동시에 남북 간에는 지난 9/15 5차 장관회의에서 합의되었던 이산가족 상봉, 경의선 복원, 금강산 육로 관광 등 10가지 합의 사항이 조속히 실천되길 바라고 그런 방향으로 앞으로 발전시켜 나가고자 합니다.

Mr. Fleischer: Fox TV Jim Angle 기자 말씀하세요.

질문자: 감사합니다. 부시 대통령 각하, 아마도 김 대통령까지 포함해서 상당수의 남한 국민들은 악의 축과 북한에 관한 각하의 논평에 관하여 많은 우려를 가지고 있습니다. 각하의 접근이 햇볕 정책에 적합하고 도움이 된다고 생각하세요?

And if I may, President Kim, did you have any misgivings, sir, about the President including North Korea in the axis of evil? And, secondly, why do you think that North Korea is genuine about opening up? We have heard here about their failure to participate in the reunification of families. They haven't built their end of the rail line, and they refuse to talk to the U.S. What makes you think they're sincere in wanting to open up?

PRESIDENT BUSH: You know, during our discussion, President Kim reminded me a little bit about American history, when he said that President Reagan referred to Russia as the "evil empire" — and, yet, was then able to have constructive dialogue with Mr. Gorbachev.

I will believe — I will not change my opinion on the man, on Kim Jong-il until he frees his people and accepts genuine proposals from countries such as South Korea or the United States to dialogue; until he proves to the world that he's got a good heart, that he cares about the people that live in his country.

I am concerned about a country that is not transparent, that allows for starvation, that develops weapons of mass destruction. I care very deeply about it because it is in the neighborhood of one of our very close friends. I don't see — and so, therefore, I think the burden of proof is on the North Korean leader, to prove that he does truly care about people and that he is not going to threaten our neighbor.

We're peaceful people. We have no intention of invading North Korea. South Korea has no intention of attacking North Korea, nor does America. We're purely defensive. And the reason we have to be defensive is because there is a threatening position on the DMZ. But we long for peace. It is in our nation's interest that we achieve peace on the Peninsula.

그리고 어쩌면 김 대통령께서는 악의 축에 있어서 북한을 포함하여 부시 대통령에 대하여 어떤 걱정을 하지 않으셨습니까? 둘째로 왜 각하께서는 개방하는 문제에 있어서 북한의 태도가 진실하다고 생각하시는지요? 우리는 이곳에서 이산가족들의 상봉문제 재개의 실패를 듣고 있습니다. 그들은 경의선의 끝자락을 잇지 않고 있으며 미국과 대화를 하는 것을 거절하고 있어요. 진정으로 개방을 원한다고 무엇이 각하를 생각하도록 했나요?

부시 대통령: 우리가 대화를 나누는 중에 김 대통령께서는 레이건 대통령이 러시아를 악의 제국이라고 했지만 그때 고르바초프 대통령과 건설적인 대화를 할 수 있었던 미국 역사에 간하여 말하며 저를 일깨워 주었습니다. 저는 그가 그의 국민들을 해방시키고 남한이나 미국과 진정한 대화 제의를 받아들이기 전에는 그가 자기 나라에 살고 있는 주민들에 훌륭한 양심을 가졌다는 것을 세상에 증명하기 전까지는 인간 김정일에 대한 자신의 의견을 바꾸지 않을 것입니다. 저는 투명하지 않고 굶주림을 방치하고 대량 살상 무기를 개발해내는 나라에 대하여 우려하고 있어요. 그러한 나라가 우리의 가장 가까운 우방 중 하나인 남한의 이웃에 있기에 저는 매우 심각하게 우려하고 있습니다. 그래서 그가 진정으로 주민들을 사랑하고 우리의 이웃을 위협하지 않을 것이라는 증명의 책임이 그들에게 있다는 생각입니다. 우리는 평화로운 사람들입니다. 우리는 북한을 침략할 의사를 가지고 있지 않습니다. 미국과 남한은 북한을 공격 할 의사가 없고 순전히 방어적입니다. 그 이유는 DMZ에 위협적인 입장이기 때문입니다. 우리는 평화를 열망합니다. 이 반도에 평화를 얻어내는 것이 우리 국민의 관심사입니다.

I also want to remind the world that our nation provides more food to the North Korean people than any nation in the world. We are averaging nearly 300,000 tons of food a year. And so, obviously, my comments about evil was toward a regime, toward a government — not toward the North Korean people. We have great sympathy and empathy for the North Korean people. We want them to have food. And at the same time, we want them to have freedom. And we will work in a peaceful way to achieve that objective.

That was the purpose of our summit today, to reconfirm that our nation — my nation is interested in a peaceful resolution of the — here on the Korean Peninsula. And at the same time, of course, I made it clear that we would honor our commitments to help South Korea defend herself, if need be. I think we had a question for the President.

Q Mr. Mike Allen, of The Washington Post.

PRESIDENT BUSH: He got cut off, I think. He just got filibustered. (Laughter.)

Q Mr. President, in Beijing, do you plan to meet with any political dissidents or Christian activists? How did you decide that? And what do you plan to do to try to persuade the Chinese government to extend more rights to these individuals?

PRESIDENT BUSH: Mike, I am not exactly sure of all the details of my schedule yet, since I'm focused here on this incredibly important relationship. I can tell you that in my last visit with President Jiang I shared with him my faith. I talked to him on very personal terms about my Christian beliefs. I explained to him that faith had an incredibly important part in my life, and it has a very important part in the lives of all kinds of citizens, and that I would hope that he, as a President of a great nation, would understand the important role of religion in an individual's life. That's why I put it in that context.

저 또한 세계에 대하여 우리나라는 세계 어느 나라보다 북한주민들에게 더 많은 식량을 제공하고 있습니다. 우리는 연간 평균 30만 톤 식량에 이르고 있습니다. 그래서 악에 대한 저의 논평은 분명히 북한주민들을 향한 것이 아니라 정권을 향한 것이었습니다. 우리는 북한 주민들에 대하여 커다란 종정과 공감을 가지고 있습니다. 우리는 그들이 식량을 갖기 원하는 동시에 그들이 자유를 얻기 바랍니다. 그런 목적을 달성하기 위해 평화로운 방법으로 노력할 것입니다. 그것이 오늘 우리나라는 이곳 한반도에 간한 평화로운 결정에 관심이 있다는 것을 우리나라에 재확인하기 위한 우리 정상회담의 목적입니다. 저는 물론 필요하다면 남한이 스스로 방어할 수 있도록 돕는데 우리 책임을 수행할 것임을 확실히 했습니다.

질문자: 워싱턴 포스트의 Allen 기자입니다.

부시 대통령: 그는 차단된 것으로 알고 있으며 방금 의사진행을 방해 당했습니다.

질문자: 부시 대통령 각하, 북경에서 어느 반체제 인사나 기독교 활동가들을 만날 계획입니까? 그에 대하여 각하께서는 어떤 결정을 하였습니까? 그러한 사람들에게 더 많은 권리를 주도록 중국정부를 설득하기 위해 무슨 계획을 가지고 있는지요?

부시 대통령: 저는 매우 주요한 관계인 한국에 집중하고 있는 까닭에 저의 스케줄에 대한 자세한 것을 아직 모르고 있습니다. 마지막 방문지에서 저의 믿음을 공유했다고 말할 수 있습니다. 저의 기독교적인 신앙에 과한 매우 개인적인 문제에 대하여 저는 그에게 말했어요. 신앙은 저의인생에 있어서 매우 중요한 부분이었으며 모든 시민들의 삶에 있어서 그것은 매우 중요한 부분이라는 것과 저는 위대한 나라의 대통령인 그가 개인의 삶에 있어서 종교의 중요한 역할을 이해해 주기를 바란다고 저는 설명했어요. 이것이 제가 설명한 이유입니다.

Q I first have a question for President Bush. During your presentation you said that you are ready to dialogue with North Korea at any time, anywhere. If North Korea accepts, then will you continue with the economic aid to North Korea? And, also, in order to tell Pyongyang that you are ready to dialogue, are you willing to send an envoy?

My next question is to President Kim. You said that you are satisfied with the summit meeting. What do you feel is the biggest achievement of the summit meeting?

PRESIDENT BUSH: Well, first, dialogue or no dialogue, we will continue to send food to the North Korean people. I reiterate, our issue is not with the North Korean people. As a matter of fact, we have great sympathy for the North Korean people. Any people that live under a despotic regime is — has our sympathy. And so I presume that's the economic aid we're referring to. We will send food. As to how any dialogue were to begin, it obviously takes two willing parties. And as people in our government know, last June, I made the decision that we would extend the offer for dialogue. We just haven't heard a response back yet. And how we end up doing that is a matter of the diplomats. The great Secretary of State will be able to handle the details. But the offer stands, and if anybody's listening involved with the North Korean government, they know that the offer is real, and I reiterate it today.

PRESIDENT KIM DAE-JUNG: Yes, at this morning's summit meeting, I believe, that I am most satisfied with the fact that we were able to have a frank and open discussion and we were able to reconfirm that we are close allies — not only are our two countries allies, but I believe that we have become close personal friends, as well. And so I believe that we will be able to learn a lot from each other and that we will be able to understand each other more and better in the future. And we were able to have an open and frank dialogue, and I am most satisfied about that.

And the second point is that at today's summit meeting, even before we had the summit meeting, we had agreed that we would talk on the four main issues and that we wanted to have concrete results on four areas, and that is to reconfirm the Korea–U.S. alliance. The second was to fight against terrorism, and that we would work on a global scale in order to uproot terrorism, and that we would continue to cooperate in order to do so. And, third, is for the North Korean WMDs and missile issue must be resolved. And this is, more than any other country in the world, it is a matter directly related to the security issue of Korea. The fourth issue is that for inter-Korean relations, to resolve the current issues such as the WMDs and the missile issue, we must resolve these issues through dialogue.

질문자: 먼저 부시 대통령께 한 가지 질문합니다. 언제 어디서든 북한과 대화할 준비가 되어있다고 말씀하셨는데 북한에 경제적 원조는 계속하실 것입니까? 또 각하께서 대화할 준비가 되어있다는 평양과 대화하기 위해 특사를 보낼 용의는 없나요? 두 번째 질문은 김 대통령께서는 이 정상회담에 만족한다고 했는데 가장 큰 성과는 무엇입니까?
부시 대통령: 먼저 대화가 있건 없건 우리는 식량을 계속하여 북한주민들에게 보낼 것입니다. 반복해서 지적하였듯이 우리의 문제는 북한 주민들에 관한 것이 아니라 저들에게 동정을 가지고 있어요. 독재정권 아래 살아가는 어떤 이들은 우리의 동정을 받습니다. 따라서 경제적 원조—식량을 보낼 것입니다. . . . 제가 가장 만족하는 부분은 부시 대통령과 둘이서 흉금을 열어서 상대방의 가장 가까운 동맹국으로 개인적인 친구로 믿고 모든 생각을 솔직하게 얘기를 할 수 있었다는 점입니다. 서로에게 많이 배우고 많이 이해하면서 서로 격의 없이 의견교환을 할 수 있었던 것에 만족합니다. 또 한미동맹관계를 굳건히 하는 것이고 둘째는 테러 전쟁과 관련한 우리의 노력에 있어서 테러를 근절 시에는 문제에 협력을 하는 것입니다.

And so, regarding these four points, I concurred and I agreed with President Bush, and as was mentioned earlier, President Bush is more than ready to dialogue with North Korea. And he has reiterated his position. And the Korean people, I believe, will be assuaged by this reiteration. And I believe that President Bush's visit to Korea will reaffirm the alliance between our two countries and will also lay the foundation for inter-Korean relations and improvement in those relations.
In the future, regarding economic issues, and also the Winter Olympics which are being held in Salt Lake City, and also the World Cup, we are going to have to deal with security issues, and we agree that there will be a lot of cooperation between our two countries in order to ensure the security in those events. This concludes the joint press conference. Thank you very much.

이 네 가지 점에서 부시 대통령 각하와 의견이 일치되었고 부시 대통령은 강력한 대화의지를 표시하였습니다. 전쟁을 바라지 않는 점을 말씀하셨고 이런 의미에서 이번 방한은 한미 동맹관계를 강화와 또 앞으로 협력해서 대북 공동정책을 추진하는데 큰 도움이 될 것으로 생각합니다. . . . 이것으로 공동기자회견을 마치겠습니다. 감사합니다.

15. 통번역대학원 입학시험문제 (전공영어)

※ Question 1-1, 1-2는 실제 시험에서 공백의 답안지에 문제를 듣고 답을 기술하는 시험입니다.

Directions: Listen carefully to the following text. You may take notes.

Question 1-1: Summarize the following text. There are sixteen lines in the answer sheet. Be sure to stay within the sixteen lines.
Question 1-2: The text you are about to hear does not have a conclusion. Choose an appropriate saying or proverb to fit the text and write a conclusion.

About Lying
Everybody lies at one time or another. There is no single telltale sign of lying, but rather a constellation of possible signs that may "leak" from the liar during the act.
First, we'll examine some nonverbal signs of lying. One sign that escapes most people is the flashing of a microexpression. Microexpressions are superquick expressions that cross over people's faces against their will and without their awareness. These provide a true look at their honest feelings about a matter. While most people aren't looking for such clues, a good many of us detect them without knowing what just happened. The information we glean — detecting a millisecond-long look of anger in the middle of a smile — is often chalked up to intuition or a "gut feeling." If your "gut" is telling you something isn't quite right with a person, you very well may have detected a microexpression on that person's face that doesn't mesh with what he or she is saying. Another nonverbal sign of lying is a forced smile, which generally involves only the muscles of the mouth and not the rest of the face. A sign of deception is a smile or other gesture — such as nodding "yes" during a denial — that contradicts what is being said. When we normally interact, both speech and body language happen naturally, without specific thought. When we lie, however, not only must we appraise the truth and construct a plausible lie and then verbalize it, we must also decide which body gestures best match the lie, or rather best represent the telling of the truth. All of this thought leads to mis-matching words and body language.
There are other nonverbal cues that many people think are surefire signs of lying but aren't, such as increased blinking, scratching the face or nose, or placing a hand over the mouth while speaking. These signs are only good indicators when they represent a change in the person's normal behavior (that is, the behavior immediately preceding the suspected lie). Maybe the guy who's blinking a lot has an eyelash in his eye, and the girl covering her mouth is just self-conscious; however, if the person doesn't blink often during the first three statements and

blinks like crazy and scratches his or her neck while giving the fourth statement, then that statement warrants closer examination.

Someone telling a lie will also leak verbal clues that point to dishonesty. Since he or she has to invent an answer, a lie-teller will often spend more time searching for the right word in the course of telling a story. The person might take too long to provide an answer or get words mixed up. To get extra time to think, a liar won't use contractions (opting for "cannot" instead of "can't") and may also repeat questions ("Where was I last night?" or "You want to know what I was doing yesterday?").

Since they have to create an alternate reality apart from the truth, liars have difficulty knowing how much of the new story to tell and will often include unnecessary details.

Now, I'd like to talk about how to catch a liar in the act.

If you were accused of murder, you'd be under enormous pressure to lie if you were guilty. The stakes are high, and that kind of pressure can lead to physical cues that will give you away. A person serving a life sentence for murder, however, would feel virtually no pressure when lying about the murder because he or she is already in prison - and there won't be any further consequences for lying. In this case, it's the verbal details, and not the body language, that will likely be his or her undoing.

Here's how you separate the liars from the truth-tellers:

Establish the baseline. Liars may look you directly in the eye, and truth-tellers may be fidgety and seem evasive, so don't look for one trait or the other. First, establish the person's behaviors, mood and mannerisms for that particular point in time, before the questioning begins. Is the person relaxed or nervous? Angry? Distracted? Notice how much eye contact and blinking is going on. Does the person touch his or her hands or face when speaking?

Look for deviations from the baseline. The key to detecting lies is to look for deviations from an established pattern of behavior. If a person normally makes no eye contact and blinks like crazy but stares straight through you when answering a particular question, there's your red flag. Look for slight pauses before answers —— this is the amount of time it takes their brain to fabricate data. The liar may act offended at being questioned at all but suddenly quite affable when the lie is being told, or vice versa.

Listen. Sometimes, there will be no body language or visual cues that accompany a lie. You have to rely on the verbal information you receive. Do the facts add up? Is the person telling you lots of information that is unrelated to the question? If someone provides lots of details, ask more questions. These details might be their undoing. After getting into the nitty-gritty of the details, bounce the questioning back to the overall time frame or arc of the story. Now, refocus on a small detail. Does the story still fit together? Is the person having to create new details to explain why other details aren't fitting well into the arc of the story?

Pause. For most people, lying — and the circumstance that necessitates the telling of a lie — is stressful. If you're questioning somebody, pause between one of his or her answers and your next question. Pauses are slightly uncomfortable for most people in a social interaction, and much more so for a person who is trying to pass off a lie. This pause may seem like a torturous eternity to a liar. Look for fidgeting, defensive posturing and microexpressions.

Change the subject. The best news a liar can receive is that the lie is over. When the person believes the topic of conversation has changed, he or she may be visibly relieved. A nervous person may loosen up; an agitated person may smile. This tactic also allows you to continue studying for deviations from the baseline or to look for a return to the baseline.

아래 한국어 지문을 읽고 다음 문제에 영어로 답하시오.

[문제2-1(요약하기)]: 글의 내용을 영어로 요약하기. (*번역이 아니라 내용을 요약해야 합니다.)
[문제 2-2(확장하여 쓰기)]: 글에서 지적하고 있는 문제가 왜 발생했는지에 대해 자신의 의견을 영어로 쓰기.

　　요즘 기성세대들이 잘 내뱉는 푸념 중의 하나가 「애들이 버릇이 없다」는 것이다. 지하철 같은 대중교통에서나 학교, 식당, 공공기관 등 대중이 모이는 장소에서 청소년들이 보여 주는 태도가 못마땅하다는 말이다. 주변의 시선을 전혀 의식하지 않은 채 떠들고 뛰며 소란을 일으키는 것은 보통이고 그런 행동을 나무라면 불쾌한 표정을 지을 뿐 미안해하거나 사과하는 아이들이 적다.

　　아랫세대에 대해 버릇없다고 생각하는 것이 새삼스런 것은 아니다. 기성세대도 어린 시절에는 그 윗세대로부터 「버릇이 없다」는 이야기를 항상 들어왔다. 나이 들어가면서 자신보다 아랫세대에 대해 섭섭함이나 불만을 갖게 되는 것은 어느 시대이건 간에 공통된 현상이다. 그러나 요즘 청소년들의 「버릇없기」의 강도는 예전과는 비교할 수 없을 정도여서 중대한 사회문제로 부각되고 있다.

　　필자가 「버릇없는 아이들」이라는 테마로 취재를 시작한 이래 만난 사람들은 「애들이 버릇이 없다」는 점에서 의견이 100% 일치했다. 그 점은 청소년 스스로도 인정할 정도였다. 다만 그 내용과 강도 그리고 앞으로의 전망 등에서 엇갈릴 뿐이었다. 특히 교육현장에 있는 교사나 교수 등은 그런 현상을 더 심각하게 받아들이고 있었다. 경력 33년의 한 초등학교 교사는 예전에 비해 한 학급 내의 학생 수는 크게 줄어들었는데도 통제가 더 안 된다고 했다. 예전에는 교사가 큰 소리 칠 것도 없이 눈을 한번 껌뻑 해도 애들이 알아들었다. 그런데 요즘은 선생님의 말을 잘 안 듣는 것은 물론 엉뚱한 짓을 하는 아이가 많아 골머리를 썩인다고 했다.

　　한 대학교수는 선생님 앞에서 담배를 피는 것은 보통 일이고 강의 중에 대놓고 잠을 자거나 옆 사람과 노닥거리는 학생들이 많아 수업 분위기가 어수선해지는 경우가 많다고 했다. 이를 일부 버르장머리 없는 청소년들의 일이라고 치부할 수 있다. 사실 우리 아이들 중에는 부모와 선생님에게 순종하며 보편적 가치기준에 맞게 행동하는 경우가 대부분인 것이 사실이다. 그러나 빗나간 소수의 태도는 예전에 상상할 수 없는 수준까지 치닫고 있으며 말 잘 듣는 아이들의 태도 역시 분명 예전과 차이가 난다.

　　사회 곳곳에서 나타나는 버릇없는 행동의 양상은 다양하다. 우선 가장 많이 꼽히는 것이 극단적인 이기주의다.

자신의 이익에만 집착하며 단체 생활에는 잘 적응하지 못하는 경향이 두드러지고 있다. 둘째는 주변을 의식하지 않고 자기 마음대로 행동하는 것이다. 공중장소에서 옆 사람을 개의치 않고 마구 떠드는 행위가 그런 현상이다. 상대에 대한 배려가 인간사의 출발점임에도 자기 하고 싶은 대로 행동하여 주변에 피해를 주는 경우가 현저히 많아졌다.

셋째는 과격한 행동이 남발되고 있다는 점이다. 욕은 일상사가 돼 있고 아울러 폭력도 자주 나오는 현상이다.

교육현장경험이 오래된 교사들은 아이들의 버릇없는 현상이 1980년대 말부터 조짐이 나타나기 시작하더니 1990년대 중반부터 심화됐다고 말한다.

(B언어 작문)

제시문을 읽고 기후변화에 대처하는 여러 나라의 입장을 분석하고, 한국의 현실을 고려하면서 필자의 주장에 대한 자신의 견해를 <u>영어로 논술하시오.</u>

1992년 리오데자네이로에서 기후변화협약이 처음 체결된 이후 지구온난화를 막기 위한 국제사회의 노력이 본격화되었지만 전 세계 온실가스배출량은 여전히 늘고만 있다. 교토의정서 채택 이후 지난해까지 온실가스배출량은 41%나 증가했으며 2000년대 들어서만도 증가율이 연평균 3.4%에 이른다. 각국의 요란한 구호에도 불구하고 저탄소산업과 에너지체제로의 전환에 성공적인 국가는 독일 등 몇 개 나라에 한정돼있고, 개도국에서의 온실가스배출량은 해마다 빠른 속도로 증가하고 있다.

심각한 기후변화 징후들이 여기저기서 나타나고 있음에도 각국이 자기 입장을 내세우며 합의점을 찾지 못하고 있는 이유는 무엇보다 온난화를 유발시키며 얻는 산업화 이익과 기후피해가 불평등하다는 점에 있다.

선진국이 산업화 이후 온실가스를 배출하며 부를 축적하는 동안 상대적으로 지구온난화에 책임이 작은 빈국은 기후변화로 인한 피해를 떠안은 채 갈수록 심해지는 빈곤에 시달리고 있기 때문이다. 그리고 뒤늦게 산업화에 뛰어든 신흥 개도국의 경우도 선진국과 같은 기준의 온실가스감축의무를 지게 된다면 역사적으로 공평치 못한 책임을 떠안게 된다.

남태평양의 한 작은 섬나라인 투발루가 지구평균기온의 상승폭을 2℃가 아닌 1.5℃로 제한해야 한다면서, 선진국뿐만 아니라 개도국들도 법적 감축의무를 지는 새로운 협약에 서명할 것을 요구하고 나섰다. 군소도서국가연합(AOSIS) 국가들과 일부 아프리카 최빈국들이 이에 즉각 동조하면서 큰 파란이 일고 있다. 그들의 이유는 절박하다. 총인구가 만여 명에 불과한 이 조그마한 섬나라는 그들과 무관한 먼 나라 사람들이 저지른 과오 때문에 지구상에서 사라질 위기에 처해 있기 때문이다. 해수면상승으로 비슷한 위기에 처한 다른 군소 섬나라들 역시 억울한 피해자이기는 마찬가지이다.

가난한 대륙 아프리카도 온실가스배출량은 지구전체의 4%에 불과하지만 지구온난화로 인한 환경재앙은 극심하다. 이들 국가에서는 급격한 사막화와 가뭄, 그리고 홍수피해로 인해 수천만 명이 아사위기에 처해있으며, 매년 기후변화로 인한 희생자만도 1억 6천여 명에 달한다.

티벳의 고원지대도 예외가 아니다. 지난 40년간 이 곳 빙하의 2/3가 사라졌으며 향후 10년 안에 나머지도 모두 녹아 없어질 것이라고 한다. 그렇게 되면 지구의 빈곤층에 속하는 최소 10억 명의 사람들이 물 부족에 시달리게 된다.

이들 빈국의 사정과는 달리 중국, 인도, 한국과 같은 개도국은 급속한 경제개발로 산업화의 이익은 선진국과 공유하는 반면 온난화로 인한 피해는 그리 절박하지 않다. 그래서 여전히 느슨한 수준의 감축을 주장한다. 그러나 이들 나라 역시 지구온난화에 분명한 책임이 있는 이상 자신이 져야할 만큼의 의무는 다해야 한다는 목소리가 높아지고 있다.

여기서 한 걸음 더 나아가 생각해보아야 할 사실이 있다. 그것은 개도국 모두가 앞으로도 늘 이렇게 수동적인 자세를 취하지는 않으리라는 것이다. 향후에는 오히려 이들 중에서 기후변화정책에 적극적인 국가가 등장할 가능성이 높다. 기후변화에 주도적인 국가가 새로운 미래시장을 선점한다는 것이 선진국 사례를 통해 이미 인지되기 시작했기 때문이다. 그때가 되면 한국은 과연 어느 위치에 서있게 될까?

한국은 온실가스배출량이 세계 9위임과 동시에 배출증가율이 OECD 국가 중 가장 빠른 나라로서 이제 더 이상 온난화의 책임을 피하기 어렵다. 다행히 정부가 온실가스 감축에 있어 개도국 중 선도적인 역할을 자임하고 나섰다니 듣던 중 반가운 소식이다. 하지만 그 말만 믿고 반기기에는 어쩐지 석연치 않은 구석이 있다.

한국은 자발적으로 감축은 하되 성장에 필요한 만큼 배출한다는 매우 이중적인 전략을 세웠다. 여기서 정부가 말하는 자발적 감축이란 지난 11월에 발표한 2020년까지 2005년 대비 4%의 감축목표를 의미한다.

그런데 이 목표치는 유엔기후변화회 공동대응단이 요구한 25% 이상 감축에 턱없이 부족함은 물론 브라질의 20% 감축목표에 비해서도 훨씬 낮은 수치이다. 이것이 과연 지난 백년을 기준으로 세계에서 22번째로 온난화에 책임이 있는 국가가 취할 선도적 자세인지 의문을 갖지 않을 수 없다. 게다가 미래를 향한 에너지와 산업체제전환은 정부계획에서 찾아보기가 힘들다.

한국이 온난화문제에 있어서 능동적인 역할을 수행하는 것은 인류에 대한 당연한 자기책임을 다하는 것이다. 그러므로 지금 한국에 필요한 것은 기후변화회의를 유치하고 토목사업을 녹색성장으로 포장하는 정치기술이 아니라, 온난화의 불평등문제를 해결하면서 미래시장을 적극적으로 준비하는 진정성 있는 의지와 자기변화의 노력이다.

(읽고 쓰기 A-B)

* 다음 두 개의 한국어 지문을 읽고 <u>각각 영어로 요약하세요.</u> 한국어 지문의 일부를 그대로 옮기면 안 됩니다.

1. 국제사회에선 "석유 대박이 나면 반드시 따라 해야 하는 나라가 있다"고 한다. 바로 노르웨이다. 노르웨이도 숱한 탐사 실패 끝에 1969년 대박이 났다. 오늘날 노르웨이가 1인당 국민소득(약 8만 달러) 세계 2위 국가가 될 수 있었던 건 북해 유전 덕분이었다. 그전까지 노르웨이는 척박한 자연과 주변국 등쌀에 시달리는 먹고 살기 힘든 나라였다. 20세기 북미 대륙을 향한 이민 행렬이 끊이지 않았다. 현재 미국의 노르웨이계가 500만이 안 되는데, 지금 노르웨이 인구가 딱 그 정도이니 그들이 얼마나 미친 듯이 제 나라를 벗어났는지 짐작할 수 있다.

노르웨이는 '희한한' 나라이다. 정부청사를 폭파하고 청소년 캠프에서 무차별 총격을 가한 살인마가 있어서가 아니다. 국제적 기여라는 면에서 어떤 선진국도 따라가지 못할 수준에 있기 때문이다. 이 나라는 모든 국가가 자국의

'국익'을 위해 움직인다는 국제정치의 기본 원칙과는 다른 방식으로 움직이는 듯하다.

지난해 OECD 국가의 공적개발원조(ODA) 실적을 보면 노르웨이는 지원금 액수 면에선 9위였지만 경제 규모 대비 ODA 기여는 1위였다. 노르웨이는 국제 분쟁의 중재자 역할에도 적극적이라, 1993년 이스라엘과 팔레스타인을 협상 테이블에 마주 앉게 해 오슬로 협정을 성사시켰다. 이후에도 콜롬비아 등지에서 분쟁 해결을 위해 노력해왔다. 노르웨이는 브라질 아마존의 벌목을 막기 위한 아마존 펀드에 가장 먼저 기부했고, 동부 아프리카 기아 해결을 위해 프랑스나 독일보다 더 많은 돈을 기부한다.

노르웨이는 정말 '이상한' 나라이다. 군사력이 약 2만 명 규모인데 그 중 500명을 아프가니스탄에 파병했다. 2차 대전 직후부터 최근까지 노르웨이가 평화유지 역할을 위해 국제 분쟁지역에 파견한 군인은 연인원 12만 명에 달한다.

노르웨이는 정말 '비정상적인' 나라이기도 하다. 석유 팔아 번 돈을 당장 쓰지 않고 국부펀드에 넣어 미래를 대비할 만큼 냉정하다. 석유 판 돈이 쏟아지는데 어떤 정부가 당장 국민들에게 선심 쓰고 싶은 유혹을 억누를 수 있을까. 엄청난 국부를 보유했다가도 정부의 선심성 정책으로 재정이 파탄 나고 나라가 위기에 이른 사례는 아주 많다. 노르웨이는 정권이 바뀌어도 석유 수입은 미래를 위해 먼저 투자한다는 원칙이 지켜지도록 아예 법까지 만들었다. 노르웨이 인들에겐 '지금 그 돈을 갖다 쓰면 미래 세대의 것을 훔치는 것'이란 생각이 있다고 한다.

어떻게 노르웨이에선 이 모든 것이 가능할까. 한 노르웨이 외교관은 "세계화된 세상에서 지리적으로 멀다는 건 의미가 없어 세계평화와 전 지구적인 이익에 기여하는 것이 곧 노르웨이의 이익이기 때문"이라고 했다. 이렇게 이타적인 방식으로 국익을 추구하는 나라가 되는 건 석유 대박이 나야만 가능할까? 아니다. 노르웨이가 주는 진짜 교훈은 작은 나라가 어떻게 하면 국제사회에서 존경 받는 강한 나라가 될 수 있는가이기 때문이다.

2. 최근 한국을 찾는 중국인 관광객을 맞이하느라 관광업계, 그 중에서도 유통업체가 발 빠르게 움직이고 있다. 다른 해외 관광객들에 비해 중국인들은 특징적인 소비 행동을 보이기 때문이다. 명품이 자신의 신분과 권위를 나타낸다고 믿고 면세 혜택을 누리며 고가의 명품을 주저 없이 대량으로 구매한다. 마치 과거 우리가 해외여행 자유화로 각국의 면세점에서 명품을 샀던 시절을 상기시킨다.

쇼핑도 중요한 관광활동임에는 틀림없으나 쇼핑이 위주가 되면 장기적인 안목에서는 관광 발전에 긍정적이지 않다. 더 가깝고 더 싼 지역에서 다양한 명품을 구입할 수 있다면 그들은 쉽게 관광지를 옮길 것이다. 따라서 쇼핑만이 아닌 경쟁력 있는 한국형 관광 포트폴리오를 구성하는 것이 중요하다. 그러려면 관광객들이 공감하고 한국을 사랑하게 할 한국관광 브랜드 집단을 육성해야 한다.

이런 브랜드 집단을 위해 먼저 한국의 특징을 보여주는 다양한 소재를 찾아 상품화해야 한다. 관광상품은 일반상품과 달리 비필수적이며 가시적이기 때문에 입소문과 구전효과, 광고 같은 커뮤니케이션 전략이 중요하게 작용한다. 또한 기능성보다 감성적인 측면이 중요하므로 상품을 구성할 때 깊고 짙게 독특한 경험을 할 수 있도록 구성해야 한다. 이런 측면에서 볼 때 케이팝(K-pop · 한국대중가요), 한국드라마, 문화공연, 문화 유적지 등의 소재를 이용한 관광 포트폴리오의 구성이 필요하다.

이미 케이팝은 세계적으로 널리 알려진 세계 젊은이들의 아이콘이다. 케이팝의 파생 관광상품은 빠르게 중국인 관광객들을 파고들 것이다. 또한 우리나라의 현대 및 고전 드라마의 수준도 많이 향상되었고 문화 유적지도 이야기가 있는 흥미로운 관광지로 전환되고 있다. 이런 독특한 관광 포트폴리오를 경험한 중국인 관광객들이 케이팝의 본 고장이요, 각종 드라마의 배경이 되는 한국으로 가는 것을 꿈꿀 때 한국관광의 가치가 높아지고 한국관광의 브랜드 집단이 형성될 수 있다.

세계 관광에서 중국은 이제 주요 송출국으로 급부상하고 있다. 지난해 중국인 해외 관광객은 5000만 명을 넘었으나 우리나라를 찾는 비율은 4% 수준인 연간 200만 명 정도로 이웃이라는 지리적 이점에도 불구하고 만족스럽지 못하다. 하지만 한국관광 브랜드 집단이 형성된다면 한국을 찾는 중국인 관광객은 꾸준하게 증가할 것이므로 장기적인 관점에서 한국관광의 미래는 희망적일 수 있다.

한국관광을 좋아하고 사랑하는 중국인 커뮤니티를 형성하기 위해서는 많은 노력과 시간이 필수적이다. 하지만 한번 형성된 커뮤니티는 막강한 영향력을 행사하며 한국관광에 대한 팬덤으로 자리 잡을 수 있다. 지리적으로 한국은 조그만 나라지만 그 관광시장은 무한하다. 중국인에게 한국관광이라는 브랜드 집단이 형성되면 한국을 한 번 찾은 중국인 관광객은 대를 이어 지속적으로 한국을 다시 방문하게 될 것이기 때문이다.

(읽고 쓰기 B-A)

1. Read the following essay and summarize it in Korean with your own words and expressions.

The Word Become Flesh: The Feel of a Good Book

Among people who read lots of literature—be it verse or prose, fiction or fact—there are two loose but very real camps. The first consists of people for whom the book provides a vehicle for the text. The physical characteristics of this vehicle do not matter. It may be hardcover or paperback, typeset in any font, printed on grey paper or cream, used or new—they could care less, as long as they have the text, legible and reliable. These are the dualists, believing in the separability of the book and the text, the body and the mind.

The second camp, as you might suspect, are the monists, who insist that the book and the text are inextricably bound together. These are the readers who, before they buy a book, check the acidity of its paper; readers who scour the notes on typeface at the back of a novel, who have favorite dust jackets and layouts and spines. They are so picky because, for them, the physical reading experience affects the meaning of the text itself. Typefaces impart gravity or ease; margins impart degrees of focus. Cover images affect the attitude you bring to a text. Even the color and feeling of the endpapers flavor the experience.

The dualists generally think the monists are capricious and unfocused—batters who can't hit the ball because they're preoccupied with the feel of the bat. The monists think the dualists are insensitive louts who are blind to an entire world rich with sensations and emotions. The dualists are ascetics, disciplined, attentive to the word in its spiritual purity; the monists are aesthetes, sensualists, consumed with the mystery of the incarnation and the many sacraments built up around it. Dualists shake your hand; monists hug you.

I am a monist through and through. For me, the form of a book has always impacted the meaning of the text, from children's books on up. Books cue certain interactions and shun others. Some books wear suits and some wear jeans; some have oily hands, and some smell oddly of cigarettes, cats, and spring rain. These are superficialities, but integral superficialities, in the same way that one's hair or height is integral. One mind in a different body would no longer be the same person, taken as a whole. The same text in two different books is not the same experience.

Reading, consequently, is a deeply corporeal experience, as much as eating or seeing or having a cold. It doesn't take place merely in the arena of the mind, with ideas and images tossed around in some purely abstract realm, but instead plays itself out between flesh and paper. It binds ideas with the vessels that hold them, with the circumstances of their use; it engages the full range of human faculties, at least as much so as parachuting or cooking or playing music. Reading is not in the least a detached exercise that separates the mental and the physical. It welds the touch and sight and smell of a moment to the vivid, hovering clouds of the imagination — fuses the body to the mind and soul.

2. Read the following article contributed to an American newspaper and summarize it in Korean with your own words and expressions.

How Exercise Can Strengthen the Brain

Can exercise make the brain more fit? That absorbing question inspired a new study at the University of South Carolina during which scientists assembled mice and assigned half to run for an hour a day on little treadmills, while the rest lounged in their cages without exercising. Earlier studies have shown that exercise sparks neurogenesis, or the creation of entirely new brain cells. But the South Carolina scientists were not looking for new cells. They were looking inside existing ones to see if exercise was whipping those cells into shape, similar to the way that exercise strengthens muscle. For centuries, people have known that exercise remodels muscles, rendering them more durable and fatigue-resistant. In part, that process involves an increase in the number of muscle mitochondria, the tiny organelles that float around a cell's nucleus and act as biological powerhouses, helping to create the energy that fuels almost all cellular activity. The greater the mitochondrial density in a cell, the greater its vitality. Past experiments have shown persuasively that exercise spurs the birth of new mitochondria in muscle cells and improves the vigor of the existing organelles. This upsurge in mitochondria, in turn, has been linked not only to improvements in exercise endurance but to increased longevity in animals and reduced risk for obesity, diabetes and heart disease in people. It is a very potent cellular reaction.

Brain cells are also fueled by mitochondria. But until now, no one has known if a similar response to exercise occurs in the brain. Like muscles, many parts of the brain get a robust physiological workout during exercise. The brain has to work hard to keep the muscles moving and all of the bodily systems in sync. Scans have shown that metabolic activity in many parts of the brain surges during workouts, but it was unknown whether those active brain cells were actually adapting and changing. To see, the South Carolina scientists exercised their mice for eight weeks. The sedentary control animals were housed in the same laboratory as the runners to ensure that, except for the treadmill sessions, the two groups shared the same environment and routine.

At the end of the two months, the researchers had both groups complete a run to exhaustion on the treadmill. Not surprisingly, the running mice displayed much greater endurance than the loungers. They lasted on the treadmills for an average of 126 minutes, versus 74 minutes for the unexercised animals. More interesting, though, was what was happening inside their brain cells. When the scientists examined tissue samples from different portions of the exercised animals' brains, they found markers of upwelling mitochondrial development in all of the tissues. Some parts of their brains showed more activity than others, but in each of the samples, the brain cells held newborn mitochondria. There was no comparable activity in brain cells from the sedentary mice.

This is the first report to show that, in mice at least, two months of exercise training "is sufficient stimulus to increase mitochondrial biogenesis," Dr. Davis and his co-authors write in the study. The mitochondrial proliferation in the animals' brains

PART · 2
번역의 도입과 이해

　　번역은 창작이 아니라 기술적인 대응의 한 형태에 불과하므로 다양한 다른 형태의 접근이 병렬적으로 존재하는 게 당연하다. 그래서 나는 기본적으로 고전이 될 만큼 뛰어난 명작은 몇 가지 다른 번역이 있어도 좋다고 생각한다. 번역론과 관련하여 벤야민은 "어떤 사기그릇의 파편들이 다시 합쳐져 완성된 그릇이 되기 위해서는 가장 미세한 파편 부분들이 하나하나 이어져야 하면서 그 파편들이 서로 닮을 필요는 없는 것처럼, 이와 마찬가지로 번역도 원작의 의미에 스스로를 비슷하게 만드는 대신 애정을 가지고 또 그 세부에 이르기까지 원작이 의도하는 방식에 자신의 언어로 스스로를 동화시켜 원작과 번역 양자가 마치 사기그릇의 파편이 사기그릇의 일부를 이루듯이 보다 큰 언어의 파편으로 인식되도록 하지 않으면 안 된다."라고 했다. 사람들은 흔히 '명번역'이라는 표현을 쓰는데, 그것은 달리 말하면 '매우 뛰어난 하나의 대응'이라는 의미이다. 유일무이한 완벽한 번역이란 원칙적으로 있을 수도 없으며, 그런 것이 있다손 치더라도 장기적인 안목으로 봤을 때는 작품에 오히려 좋지 않은 결과를 초래하지 않을까 싶다. 적어도 고전이라 불릴 만한 작품에는 몇 가지 얼터너티브(대안)가 필요하다. 양질의 몇 가지 선택지가 존재해 다양한 측면에서 집적하여 오리지널 텍스트의 본디 모습이 자연스레 떠오르게 하는 것이 번역의 가장 바람직한 것이다.

　　현대 사회에서 번역은 매우 중요한 한 영역으로 오늘날 사회 각 분야에서 이루어지는 국제교류의 현장에서 필수적인 매개가 되고 있으며, 시시각각으로 생산되는 온갖 종류의 정보들을 습득하고 교환하는 데도 중요한 수단이 되고 있다. 또한 번역은 세계무대에 자국을 알리고 자국문화의 세계화를 통해 국가 경쟁력을 확보할 수 있는 국가 이미지요, 국가 마케팅 전략이기도 하다. 세계화 시대 살고 있는 오늘날 번역의 수요는 다양한 분야에서 날로 증가하고 있으며, 번역의 중요성은 좁게는 상호의 사소통이 매개로서, 넓게는 국가 이미지 제고의 중요한 한 방편으로서 강조되어 마땅하다. 그러나 그동안 우리 사회에서는 질 낮은 번역에 대한 질타와 전문 번역인력의 부족에 대한 지적만 있었을 뿐 상황을 개선하기 위한 구체적인 노력은 이루어지지 않았던 것이 사실이다. 번역행위는 문화라는 울타리 안에서 이루어진다. 번역은 듣기-말하기-읽기-쓰기 등 4기능의 종합적 산물이며 번역활동은 서로 다른 문화권의 이질적 특징을 이해시키는 가교 역할을 하는데 상이한 문화권의 장벽을 상호간의 이해로 극복함으로써 세계 평화에 기여할 수 있는 가장 적절한 수단이기도 하다. 번역이란 원문 텍스트 저자가 의도하는 의미를 이해하고 이 의미를 원문 텍스트 저자가 도착어를 모국어로 하는 사람이었을 경우 표현했을 방식으로 재표현하는 것을 가리킨다. 번역은 지적인 활동으로써 그 목적은 한 언어로부터 다른 언어로 문화적 과학적 그리고 기술적 텍스트의 전환이며 번역을 행하고 있는 사람들에게 본질적으로 고유의 특수한 의무를 강요한다. 통역이나 번역은 자국 문화의 여러 가지 상황이나 문화정책에 따라 달리 이해될 수 있기도 하고 다양하게 정의될 수 있다. 번역은 자국의 문화 형태에 새로운 문화적 공간을 열어 줄 뿐만 아니라 국가 간의 문화적 교류의 창구 역할을 하기도 한다. 다른 의미에서는 번역은 자국의 고유한 문화적 전통을 파괴하는 역기능을 하기도 한다. 번역이란 남을 이해하기 위해 자신이 이해는 것을 말하며 하나의 의사소통 행위로서 발신자와 수신자가 있어 메시지를 전달 할 때 수신자의 지식수준과 텍스트가 사용될 텍스트의 용도를 고려한다.

번역의 궁극적인 목적은 번역가의 길을 비추어 주는 등대와 같은 역할을 하며 번역과정 중 야기되는 모든 의문점에 답을 제시해 준다. 번역에는 유일한 정답이 있을 수 없으므로 여러 가지 대안에 대해 학생들이 항상 열린 자세를 갖도록 유도하고 일방적인 해답을 제시하는 방식으로 수업이 진행되면 안 된다. 또 훌륭한 번역사가 되기 위해서는 외국에 대한 이해 못지않게 도착어의 표현력이 필요하다. 이를 위해 필요한 모국어의 문장력을 향상하는 방법도 제시해 주어야 한다. 번역에 사용될 텍스트는 시사성과 현재성을 갖춘 것들이 좋으며 다양한 텍스트를 학생들이 접할 수 있도록 유도한다. 또 강의진행과 방법으로는 번역에 대한 학생들 상호간의 자유롭고 건설적인 평가와 토론을 유도하며 이때 이루어지는 토론은 원문 텍스트에 대한 정확한 이해, 적절하고 자연스러운 도착어 표현, 독자의 눈높이에 맞는 번역물인지 그 완결성을 근거로 이루어져야 하며 실제 번역에 들어가기 전에 필요한 사전 자료조사의 중요성을 일깨우고 작업을 하는데 있어서 효과적인 방법론을 교수한다. 통역수업과는 달리 수업의 역동성이 떨어져 주입식으로 흐를 수도 있기 때문에 번역은 다양한 수업진행 방식을 개발할 필요가 있다. 더 나아가서 강의 중에 다루게 될 텍스트는 미리 배포하되 텍스트 배포를 할 시점에서 출처와 필자, 텍스트의 집필목적, 대상 독자 등을 학생들에게 반드시 알려주어야 한다. 명백한 번역상의 오류가 발견된 경우 출발어 텍스트(SL)에 대한 이해 부족 부분을 설명하고 도착어 표현의 미숙함인지 아니면 배경지식이 부족해서 그런 부자연스러운 현상이 나타나는지를 학생들끼리 토론할 수 있도록 한다. 또한 과제물과 별도로 대규모 번역 프로젝트를 학기별로 기획하여 현장 상황을 직접 체험할 수 있도록 하는 방법도 권장할 만하다.

번역능력은 다음과 같이 구분되어 이해될 수 있다.

1. 출발어 해독능력(source language 영어) – 번역 대상 텍스트를 정확하게 해독하고 이해하는 능력으로 문화적 이해, 원문의 주제 이해, 저자의 의도 이해

2. 도착어 생산능력(target language 한글) – 번역문을 읽는 독자들이 번역문의 목적과 의도를 이해할 수 있도록 정보를 정확하게 전달하는 번역문을 생산해 내는 능력

3. 번역 중재 능력 – 번역과정에서 일어나는 두 언어와 문화 간의 차이에서 기인하는 문제들의 해결능력. 두 텍스트가 일정하게 주어진 범위 내에서 결과적으로 등가성을 확보하기 위해 수많은 중재 과정이 요구됨

번역은 단순한 언어 기호의 전환이 아니고 문자라는 형식 속에 그 언어를 사용하는 민족적 의식, 세계관 곧 넓은 의미에서 문화의 역동적이고 고유한 내용이 농축되어 있는데, 이 모든 것을 다른 형식으로 바꾸어 표현하는 것이 번역 작업이다. 그러나 번역작업이 언어적인 차원의 일대일 대응이라면 하나의 텍스트 가운데 하나의 번역만이 가능해 질 것이지만 현실은 그렇지 않는데 있다. 어디까지나 번역사는 작가가 말하고자 하는 바를 전달하는데 충실해야 하는 것이다. 물론 번역사는 번역을 하면서 재량을 가질 수 있다. 거대가 문학 번역의 경우에는 실용 텍스트의 번역보다 번역사에게 훨씬 많은 재량이 부여된다. 그러나 이 경우에도 지나치게 해석적으로 접근해 원문의 의미를 왜곡하거나 표현과정에서 도착어의 규칙을 위반해서도 안 된다. 번역을 하는 작업 가장 흔히 쟁점이 되는 것은 "무엇을 옮길 것인가?"(What to translate or transfer into target language?)이다. 이를 둘러싼 가장 전형적인 논쟁이 source language text의 형태와 내용 중 어느 것을 중시하여 번역을 할 것인가이다. 가장 이상적인 해결책은 둘 모두 옮기는 것이지만 번역어(TL)의 기준에서 볼 때 ST의 형태가 잘 쓰이지 않는 것이라면 ST나 메시지를 애매하게 할 수 있다.

번역이 "의사소통의 과정"(Levý)이라면, 문학번역 또한 의사소통의 과정이다. 독자는 저자가 작품에 부여한 의미나 의도를 추론하고 해석하는 행위에 적극적으로 참여한다는 점에서 의사소통이다. 그렇다면 번역이란 무엇인가? 라는 질문에 여러 가지 차원의 정의를 내리고 있다. 실제로 오늘날 번역의 수요와 필요성의 증대에 따른 번역 결과물은 원전 메시지의 적절한 대응구로의 전환보다는, 도착어(TT-Target language text) 언어 문화권에 적합한 텍스트로써 기능할 수 있어야 함에 비중을 둔다. 문화라는 개념이 번역학에 도입됨으로 인해, 번역 과정에서 나타나는 원전 메시지의 일부분이 삭제, 축소, 확장 되는 등의 전환은 자연스러운 현상으로 인식되며, 이런 전환을 통해 각 언어 문화권의 특성을 이해할 수 있다.

번역은 우선은 의미 면에서, 다음으로는 문체에 대응하여 원문에 가장 가까우면서도 자연스럽게 동등하도록 재현하는 것이며, 번역 과정은 언어 A의 메시지가 개념으로 해독되어 이 개념이 언어 B의 문장으로 바뀌는 근거를 마련해주게 된다. (Nida) 번역이 자식이라면 원문은 부모이다. 원어와 역어 사이에 시간적, 문화적 차이가 나는 것은 부모의 자식에 대한 세대 차이와 비슷하다. (Waldrop) 번역이란 첫째로는 의미상으로, 둘째로는 문체상으로 원어 메시지를 역어로 가장 가깝게 자연스러운 등가로 재생산해내는 것이다. (Nida&Taber) 한 언어로 된 텍스트를 다른 언어로 된 동등한(equivalent) 텍스트로 대치하는 것이 번역이다. (Catford)

번역의 정의는 시대와 학자에 따라 그 내용이 다양하다. 이처럼 번역의 정의가 조금씩 차이가 나는 이유는 그 시대가 요구하는 잘 된 번역이 무엇인가 하는 기준 혹은 번역 시 지향되어야 할

지침 등의 변화에 따른 것이라 할 수 있다. 이는 번역 대상과 번역의 목적이 무엇인가에 따라 영향을 받는다. 예를 들면 번역 초기에 이루어지던 번역 대상 텍스트인 성경, 정전 등의 번역은 최대한 원전을 직역하여 등가를 이루는 것이 적절한 반면, 오늘날 번역의 필요성이 확대되는 영역 중 하나인 광고 텍스트는 도착 언어권 문화에 맞는 텍스트로 재생산되는 것이 더욱 효과적이라 할 수 있겠다. Nord는 각기 다른 의사소통 목적은 다른 번역 전략을 요구한다고 한다.

Shaffner에 따르면, 생산물로서의 번역물과 활동으로서의 번역에 관한 논의에서, 잘된 번역이 무엇인가 하는 평가는 우선적인 고려 대안 중 하나이며, 각각의 번역 활동의 최종적인 목적은 잘 된 번역이자 좋은 도착어 텍스트를 생산하는 것이다. 오늘날 텍스트 언어학과 화용론의 발달은 기존의 언어학적 형식을 얼마나 정확하게 재현했는가와 같은 미시적인 관점을 넘어, 번역문이 도착 언어 문화권에서 의도하는 목적을 달성하기 위해 효과적으로 생산되었는가에 더욱 비중을 두게 되었다. 따라서 일부 학자들은 'good translation' 개념 대신에 화용론적 적절성(pragmatically adequate) 또는 목적론적 적절성(functionally appropriate)을 추구하는 번역을 선호한다.

Jacobson은 "오늘날 생산되고 있는 대부분의 번역물의 목적은 독립적, 자율적 텍스트로서 기능한다. . . . 텍스트는 누가 실제 저작자인지 번역자인지 명백하게 나타내주지 않을 뿐만 아니라, 심지어 그 텍스트가 번역된 것인지 아닌지조차 구별하기 힘들다."고 하였다. 이는 오늘날 번역은 더 이상 등가성의 재현이 아니라, 번역물이 필요로 하는 상황에서 그 목적에 맞는 텍스트로의 의미를 이해하기 쉽게 전달하는 것을 최대의 목적으로 할 것으로 변화되었음을 나타내준다. 또한 최대한의 이해를 돕기 위해 번역과정에서의 원전 텍스트의 새로운 글쓰기 작업 또한 광의의 개념에서 번역의 일종으로 포함되기도 한다.

정보성의 등가차원(Informational Equivalence)

한 언어에서 다른 언어로 메시지를 전달하는 과정에 언어적 차이와 함께 문화적 차이도 고려해야 한다. 그러므로 번역 텍스트 독자의 이해를 향상시키기 위하여 부가적인 정보라고 할 수 있는 부연 및 보충 설명이 필요한 경우가 있다. 그렇지 않으면 독자는 언어적 문화적 이질성 때문에 텍스트를 이해하지 못하기 때문이다. 다음 예문에서 부연 보충설명이 결여된 경우를 보자.

1) As late as the end of the Joseon Period, **Dano** was observed as one of the four most important festivals, the other three being lunar New Years Day, **Hansik Day**, and the Chuseok Moon festival. (국립민속박물관에서 발췌함)

2) On this map the national territory is divided into 22 sections **running approximately 120 ri** from north to south, with each section designed to form a single volume when folded.

(국립중앙박물관에서 발췌함)

3) Welcome to visit our original **moving rib** restaurant. (제주도 여행 상품에서 발췌함)

4) In order to enjoy the plentiful events more, be sure **to check up the areas with traffic restriction to be enforcing** during the festival period. (*Hi Seoul Festival*에서 발췌함)

5) 청와대 홈페이지 애국가: "무궁화 삼천리 화려강산" "Rose of Sharon, thousand ri of mountains and river land"로 어색하기 짝이 없는 오역을 하고 있다. 그러나 삼천리 화려강산은 (at) every corner of the land of Korea/ all over Korea/spectacular or magnificent/rivers and mountains 라는 표현이 적합 (청와대 홈페이지 발췌)

본 예문 1)의 경우 구정, 추석, 단오, 한식 등 조선시대 명절을 소개하는 것이므로 정보의 등가성을 고려하여 부연 보충설명을 제공하는 것이 바람직하다. 예문 2)의 경우 "120 리"에서 독자들의 이해를 위해 1리가 몇 마일에 해당하는지 단위 환산에 대한 부가적인 정보제공이 필요하다. 예문 3)의 경우 갈비 자체가 움직이는 이동성을 갖는 moving의 뜻이 아니라 갈비의 산지가 경기도 포천 이동면이라는 뜻이므로 도착 텍스트에 사용된 "moving rib"은 잘못된 표현임 4)의 경우 "행사기간 동안 시행되는 교통통제"를 과도하게 직역하여 어색하여 보다 자연스럽게 "check in advance for traffic restrictions"로 표현하여야 함.

오늘날 번역은 각각의 언어 문화권에서의 의도하는 목적에 적합한 의사소통 활동으로서의 역할을 강조한다. 언어적 비언어적 의사소통 활동에서 나타내는 의미는 언어 문화권에 따라 다를 수 있다. 따라서 원저자의 의도를 나타내는 원전에서 사용된 의미 혹은 기호는 번역되는 과정에서 도착 언어 문화권에서 다른 것으로 대치될 수 있으며, 원전의 내용보다는 도착 언어 문화권의 필요와 목적을 충족시키는 번역물 생산을 하도록 한다. 저자-원천텍스트-번역가, 번역가-목표텍스트-목표독자 간에 일어나는 의사소통의 과정이다. 독자는 저자의 의미나 의도를 정확히 알 수 없으므로, 텍스트 내에 글자로 드러나지 않은 문맥적 함축의미와 글자로 드러난 발화를 통해서 가정을 하고 추론하여 해석을 하게 된다. 따라서 문학번역은 원천텍스트의 기호를 해독(decoding)하여 목표텍스트에 기호를 부여(encoding)한다기보다는, 의미 추론과 해석을 통해서 이루어진다고 볼 수 있다. 오늘날 우리는 정보흐름의 속도가 그 어느 때보다도 빠른 지구촌 사회에 살고 있다. 새로운 미디어인 인터넷의 가속화는 외국어로 된 정보에 대한 노출 기회와 다른 언어 문화권 사람들과의 교류를 확대시켜, 번역의 필요성과 수요는 점차 증가하고 있다.

기존의 번역이 출발언어의 정보와 메시지를 도착언어로 정확하게 전달하는 원전 중심의 텍스트 재현이었다면, 오늘날 번역은 도착 언어권의 수요와 필요성에 부합하는 텍스트로 재구성하는 것으로 확대되었다. 언어는 그 사회 구성원들이 공유하고 있는 역사적·사회적 경험, 신념 체계 등의 토대에서 발전되어 온 것으로 언어적 차원에서의 대응만으로는 적절한 번역이 이루어졌다고 볼 수 없다. 다방면에서 많은 지식을 습득하는 노력이 필요한 번역은 언어장벽을 효과적이고 경제적으로 극복하여 인간 활동의 모든 영역에서 의사소통을 원활하게 해주는 것을 가능하게 한다. 특정 사회의 문물이나 사상의 표현수단인 언어는 그 사회의 문화가 지닌 표현을 전달하는 수단이 되고 번역을 통해 한 사회의 문화적 가치전달이 가능하게 되어 궁극적으로는 쌍방의 교류와 소통이 이루어지게 되는 것이다. 번역가에게 요구되는 것은 우선 외국어에 대한 기본지식과 풍부한 어휘력, 문법지식과 독해력이 뛰어나야 할 것이다. 다양한 분야의 폭넓은 지식과 연구를 통한 풍부한 상식도 필요하다. 자료를 조사하는 성실함과 준비성도 필요한 항목이다. 다시 말해 두 언어를 모두 자유롭게 구사하는 능력이 필요하다는 말이다. 왜냐하면 번역은 한 문화권에 속하는 원작자를 위해 작품이 지닌 문학성을 그대로 살려줘야 할 뿐 아니라 다른 문화와 언어권에 속하는 독자에게도 올바른 이해와 감동을 주어야 하는 이중 책임이 따른다.

번역은 이질적인 두 문화를 중재하고 소통시키는 행위로서 출발어 텍스트의 표층적 언어 코드는 물론 그 안에 내포된 심층적 문화 코드까지 다층적으로 해독하여 목표언어로 재표현해야 한다. 이때 번역가들은 상이한 코드를 지닌 이문화 간에 적절한 접점을 찾는 과정에서 나름의 여과 장치를 가동하게 된다. 특히 문화적 특수성이 투영된 문화소(文化素, cultureme)의 경우, 한 문화권에만 존재하고 다른 문화권에는 부재하거나, 두 문화 모두에 존재하더라도 문화권 별로 연상되는 의미가 다를 수 있기 때문에 다양한 형태의 굴절과 변주가 일어난다.

실제로 특정 개념이나 현상을 바라보는 시각은 문화권마다 상이하다. 즉, 동일한 대상을 두고도 문화권마다 다른 프레임을 들이댄다. 사진사마다 프레임 내에 담아내는 피사체의 모습이 다르듯이 각 문화권마다 어떤 개념이나 현상을 대할 때 전경화(前景化)시키는 요소나 프레이밍하는 관점이 다르다. 이러한 문화 간 프레임의 차이는 각 문화권의 특수성을 반영하는 문화 속에서 더욱 두드러진다. 일례로 '질투'의 개념을 한국에서는 '배가 아프다'는 관용적 표현을 쓰지만 중국에서는 '식초를 먹다(吃醋)'라고 묘사한다. 한국인들은 질투의 정도, 결과에 프레임을 맞춘 반면 중국인들은 질투의 느낌에 프레임을 맞추고 이를 시큼한 맛에 빗대어 표현한 것이다. 이처럼 현상의 어느 일면에 프레임을 맞추느냐는 그 문화권 내 구성원들의 사고체계, 사유방식과 직결된다. 따라서 이문화 간 원활한 의사소통을 위해서는 두 집단에 존재하는 프레이밍 방식의 차이를 메우는 단계가 필요하다.

오늘날 우리는 정보 사회로의 이행이 가속화되어 정보흐름의 속도가 그 어느 때보다 빠른 지구촌 시대에 살고 있다. 새로운 미디어인 컴퓨터 네트워킹이라고 불리는 인터넷의 점진적 발달과 확산은 오늘날 지리적 경계와 문화적 차이를 넘어 정보교환의 원활한 장을 열었으며, 미디어 테크놀로지의 진화에 의하여 멀티미디어의 변혁기를 맞아 정보는 과거에 경험할 수 없었던 속도와 규모로 우리에게 다가오고 있다.

번역의 목적과 필요성은 번역을 필요로 하는 독자들의 요구와 기대에 맞게 이루어져야 한다. 따라서 정보화 시대에 현대인들이 가장 자주, 쉽게 접할 수 있는 커뮤니케이션의 매체로서 인터넷의 중요도가 부각됨에 따라 번역의 대상도 지면 기반 텍스트에서 인터넷상의 웹 문서로 확대, 변이되는 패러다임에 주의를 기울일 필요가 있다.

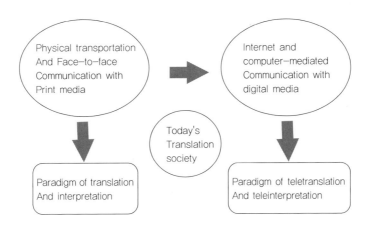

스가야 아키고(2002:189)에 따르면, 1990년데 중반 이후 폭발적으로 확산된 인터넷은 직장, 가정, 교육 현장에 급속히 침투하여 우리의 일, 학습, 놀이, 쇼핑부터 사람과의 만남이나 정치 참여, 사화 참여 등에 이르기까지 커뮤니케이션의 수단을 조금씩 변화시켜 가고 있다. 웹상에서의 대부분의 문서가 영어임에도 불구하고, 인터넷 사용 인구는 급속도로 확산되어 중국인은 3억 명, 세계 인구 전체로는 약 18억 명이며, 유럽의 온라인 사용자는 이미 미국의 수준을 능가했다. 인터넷 사용인구의 증가는 e-commerce에 기반을 둔 웹의 중요성을 가하여, 미국의 e-commerce를 통한 제품의 세계적 판매 예상액은 현재 6조 달러에 이를 것으로 추정된다.

시대가 변함에 따라 번역의 대상과 목적 및 필요성은 변하기 마련이다. 앞서 살펴 본 대로 원전에 우위를 둔 번역은 서구의 고전문학 작품 등 원전 자체에 권위가 있는 작품에는 여전히 적용된다. 그러나 오늘날 경제의 인적, 물적, 기술적 자원이 세계 시장에서 통합, 운영, 상호 영향을 미치는 조직화 과정을 통한 세계 시장이 통합되는 정보화 시대는 번역 대상과 목적을 상업적인 것으로 변화, 확대 시키고 있다. 상업적 메커니즘에 기반을 둔 정보전달 상품으로서의 번역 대상의 증가는 번역의 새로운 정의인 로컬라이제이션의 필요성을 대두시키며 번역은 새로운 국면을 맞게 되었다.

실제로 일상생활에서 접하는 서적, 영화, 광고, 제품 설명서 등은 팔 것을 전제로 하고 있다는 점에서 상업적 측면과 따로 떼어서는 생각할 수 없다. 이러한 번역 대상의 상업적 측면은 번역의 성격에도 변화를 주었다. 오늘날 번역은 얼마나 원전에 충실하게 번역 했는가, 오역은 없는가와 같은 논의보다는 도착 언어권(TT) 독자들에게 번역의 목적에 적합한 것으로 수용될 수 있는가의 결과론적 평가가 훨씬 중요해졌다. 이러한 번역에 대한 새로운 정의는 원문은 하나의 정보 제공요소이며, 번역물은 새로운 글쓰기로 인식되게 한다.

번역의 원칙

일반적으로   해석은   interpretation/understanding/explanation,   번역은   translation/poor translation/mistranslation 문학의 한 장르이다. 번안이(개작/각색-adapt 모양이나 형질을 상당히 수정

하여 조화롭게 함)있다. ex) This was adapted from one of Zola's novels. 그러나 작가의 글쓰기는 작가의 모습이 보이지 않아야 하는데 신문기사나 TV 보도에서는 비판과 편파적인 표시(개인이 책임지는 사설이나 기획물에서만 가능함)를 하는 경우가 허다하다. "이런 나쁜 관행이 지금도 남아있습니다."

- 번역은 영어공부가 아니며, 작문도 아니다. 처음이자 마지막 승부는 어휘가 결정한다. 지나치게 빈번한 단어의 반복을 절제할 줄 알아야 한다. "것" "수" "있다" "가진" "너무" "있는".

The struggle becomes so painful that nothing else is felt.
정상 번역: "싸움이 너무 고통스럽기 때문에 (고통말고는) 다른 감정을 전혀 느끼지 못한다"(o)
오역: "투쟁은 아무것도 느낄 수 없을 만큼 너무나 고통스러웠다" (x)

No man is happy unless he believes he is.
오역: "자신이 행복하다고 믿는 자만이 진정 행복할 수 있다"(X 원문에 can이 없음)
"스스로 행복하다고 믿지 않는 자는 행복할 수 없다" (x)
정확한 번역: "스스로 행복하다고 믿기 전에는 어느 누구도 행복하지 않다"(o)

Man can be killed by the virus.
오역: "인간은 바이러스에 의해서 죽을 수도 있다" (x)
정확한 번역: "인간은 바이러스 때문에 죽기도 한다" (o)

- 번역에서 순발력이란 반사작용이 아니라 오랜 훈련을 거쳐 익힌 자연스런 능력임
단어의 짝짓기: 어울리지 않는 단어는 눈/귀에 거슬린다. 안정효의 『번역의 공격과 수비』 "3장. 산문체" (90 페이지 이하— 본서의 아래 1-8설명 참고)에서는 아래와 같이 설득력 있는 예를 들어 설명하고 있다. ex) "낮에 나온 반달은 하얀 반달"(동요)를 "낮에 나온 半月은 白色半月은"(x) "엄마하고 나하고 만든 꽃밭에"를 "모친하고 나하고 거하는 화단에"(x)

- 훌륭한 번역체는 번역한 사람이 "보여서는 안 된다." 번역가의 솜씨가 독자에게 띄지 말아야 한다. 백 마디의 묘사보다 기억에 남는 한 마디의 문장이 훨씬 인상적이다.
  - Gone with the Wind(Margaret Mitchell의 문체)
    "Tomorrow is another day." "내일은 내일의 태양이 떠오르고" (x)
  "그냥 내일하지 뭐" "오늘만 날인가, 내일도 날인데" (o) "내일해도 되는 일이야"(o)
  - 명사의 정확한 번역: William Blake 윌리엄 브레이크/블레이크

Everything that lives

Lives not alone

Nor for itself

오역 1: "모든 것은 생명을 가지고 생명은 외롭지도 혼자 힘으로 살아가지도 못한다" (공간/시각을 무시한 글자로 채워놓은 답답한 번역/ 문장의 장단을 무시함) 오역 2: "살아있는 모든 것은/혼자가 아니며/혼자 살 수 없다" (시적인 분위기가 없는 잡초밭 같은 인상을 준다)

정상적인 번역: 생명을 지닌 모든 존재는

혼자 살지 아니하고

자신을 위해서만 살지도 않는다.   - 윌리엄 블레이크

Don't think in terms of forever.   영원을 염두에 두지 말라

Never idealize others.

Don't be afraid of giving. (서술체 문장임)

오역: "영원을 기대하지 말 것. 현재를 충실히 대한다면 자연히 영원으로 이어질 것이다. 상대에 대한 환상을 갖지 말 것. 당신의 기준에 맞춰 살려고 하는 사람은 이 세상에 없다. 베푸는 것에 인색하지 말 것. 스스로 주고 싶어 주는 것이라면 자니칠 것이 있겠는가" (서술체 문장이 아니고 공간번역이 무시됨)

"A thing of beauty is a joy for ever." (John Keats)

"아름다운 것은 영원히 기쁜 것이다" ("것"은 두루 넓게 사용되는 말이어서 너무 평범하고 밋밋한 번역이다. 따라서 모든 번역에서 부자연스럽고 불필요한 "것"은 생략하는 것이 최선의 길이다)

St. Exupery 3 "성 엑수퍼리"(x) "쌩떽쥐뻬리"(어린왕자)

"Man is but a network of relationships and these alone matter to him."

網=복잡하게 얽힌 (얽히고 설킨 인연)

오역 1: "인간은 단지 관계의 네트워크일뿐이고 이 네트워크는 인간에게 매우 중요한 것이다" (of를 번역한 수동적 번역)

오역 2: "사람은 복잡하게 얽힌 관계의 망에 불과하다. 그래서 사람에게 중요한 것은 이러한 관계뿐이다." (of를 번역한 공격적 번역)

오역 3: "인간의 삶이란 다름 아닌 얽히고설킨 관계이며, 인간에겐 오직 이것이 중요하다" (of를 번역하지 않은 공격적인 번역)

-Anonymous 무명씨(x 이름이 없는 분) 익명 (x) 作者未詳(o)

-천박한 엉터리 영어: "화이팅" "매니아" "헤어 드레서"

"화이트 펜슬로 시원한 눈매를 그리는 뷰티레슨예요"

"hair가 straight해서 eyeline과 볼에 volume과 point를 주고"

- 잡초제거 작업-번역은 정밀작업이다. 잡초가 무성한 밭에 아름다운 꽃밭은 없다.
  1. 너덜너덜하게 살찐 문장은 살을 빼야 한다. wide range of/I want to kill you.
  2. 공백의 중요성. 길고 짧음, 장단, 어휘의 압축은 분위기 전달에 강도를 나타냄.
     시/수필(음악적)의 번역을 산문이나 논문체로 하면 안 됨
        "인생이란
        나그네 길" ---------- "인생이란 나그네 길" (x)
  3. konglish/english   "The writer and the **problem** of writing" ...
                                        issue or matter (0)
        옆얼굴 "side face" (x) profile (o) 옆얼굴, 물건의 측면, 외곽선
        She has a beautiful profile. 옆얼굴이 아름답다.
  4. 번역은 제2의 창작이 아니다. 맘대로 문장을 절단하고 붙이고 어려운 단어는 빼고 멋진 표현을 추가하는 것을 삼가야 한다 (해적질 piracy). 번역은 온전히 다른 언어로 옮기는 작업이고 남의 글을 전달하는 행위이다. 그래서 눈에 보이지 않는 번역가가 가장 훌륭한 번역가이다.
  5. 번역체: "그의 뺨이 그의 아내의 손에 맞아졌다"
        "그는 그의 손으로 숟가락을 들어 그의 밥을 먹었다"
        "그 여자는 아름다운 마음을 가졌다" (영어식 표현으로 오염된 변종된 우리말)
        She has a kind heart/ She is a woman with kind heart.
        "그여자는 마음씨가 곱다/착하다"(o) 영어문장은 한글로 써도 영어임.
        "파란 눈을 가진 여인" – "눈이 푸른 여인" (o)
        "짧은 다리를 가진 오리" – "다리가 짧은 돼지" (o)
        "어두운 과거를 가진 여자" – "어두운 과거를 간직한 여자" (o)
        "긴 목을 가진 여인" – "목이 긴 아가씨" (o)
        "아름다운 무늬를 가진 곤충" – "무늬가 아름다운 곤충" (o)
        "명랑한 아침/즐거운 아침"(20여 년 전) – 좋은 아침(good morning을 직역)
        KBS "생방송 세계는 지금"에서 "접시를 씻고 돈도 벌고"라고 제목을 붙임 (washing dishes)..."설거지" "부엌일"(o). (접시 닦기=그릇 닦기)
  6. *House of the Winds* (Yun Mia, Penguin) "moss rose" (이끼장미로 에센스 한영사전에 잘못 설명되어 있음) "채송화"(the rose moss)임
     "swallow" 서양: (겁을 잔뜩 먹음) 삼키다, 억누르다(suppress) 모욕을 참다
                         swallow one's grief 슬픔을 억누르다
                 동양: 침을 삼키다
     "Wash behind your ears" (흔한 영어) 귀 뒤쪽을 씻으라(x)   손발을 깨끗이 씻어라(o)

KBS <로미오와 줄리엣> "아이고 <u>등</u>이야" (심부름 다녀온 유모가 힘들다고 엄살 부리며 줄리엣에게 안마해 달라고 하는 장면)

My back hurts. (서양인) "아이고 <u>허리</u>가 쑤시는구나"(한국인)

Anne of Green Gables (Montgomery)에서 "red head" (빨간머리 x)

머리카락은 아무리 붉어도 "빨간"은 되지 않음   (붉은머리 o)

현재형/과거형: "나는 자리에서 일어<u>나고</u>, 세수<u>하고</u>, 밥을 <u>먹고</u>, 여행을 <u>떠났다</u>"

— 앞이 현재형이라도 마지막이 과거형이면 과거시제이다.

주어가 복수이면 복수임: "사람들<u>은</u> 머리<u>들이</u> 좋다"/"사람들은 머리가 좋다"(o)

"과일가게에서 배들, 사과들, 감들을 잔뜩 샀다"(x)

"과일가게에서 배, 사과, 감들을 잔뜩 샀다" (o)

7. *The Train* (Hemingway) 정처없이 방랑생활하는 아버지와 어린 아들은 어느 소도시에 가까워지자 아들이 **"우리 이곳에서 두세 달 동안이라도 stay하면 안 되겠어요?"**라고 한다.

번역: "두세 달 머 물렀다 가자" (학생) – 한국어의 "머물다" "묵어가다"는 잠시 스쳐 지나간다는 의미임. 그러나 여기서는 아들이 두 세 달이나마 뿌리를 내리고 "살아보았으면" 하는 소망이 있다. "우리 두세 달이라도 거기서 살아보면 안 될까요?"(o)

8. 모범적인 번역의 예문:

① Don't think in terms of forever.

Think of now, and forever will take care of itself.

영원을 염두에 두지 말라. 지금을 생각하면 영원은 저절로 풀려나간다.(o)

② Never idealize others. They will never live up to your expectations.

절대로 다른 사람들을 이상화하지 말라. 그들은 결코 우리의 기대를 충족시키지 못할 터이다.

③ Don't be afraid of giving. You can never give too much, if you're giving willingly.

주기를 두려워하지 말라. 마음이 내켜서 준다면 아무리 줘도 아깝지 않다.

④ Realize that you always have choices. It's up to you.

항상 자신이 선택한다는 사실을 깨달아야 한다. 결정은 내가 내린다.

⑤ Don't hold on to anger, hurt or pain. They steal your energy and keep you from love.

분노나 아픔이나 고통에 매달리지 말라. 그런 감정은 인간의 기력을 빼앗아가고 사랑을 못하게 방해한다.

⑥ Expect what is reasonable, not what is perfect. 완벽함이 아니라 합리성에 기대를 걸도록 하라.

⑦ Be polite. Love does not give license for rudeness.

예의를 지켜라. 사랑은 무례함의 허가증이 아니다.

오역: "항상 예의를 갖춘다. 사랑이 무례함의 면죄부가 될 수는 없다"

(license는 면허증이나 허가증이지 면죄부가 아니다. 면죄부(indulgence)는 종교가 타락했을 때 돈을 받고 죄를 면해 준다면서 팔아먹던 악명 높은 물건이었다.

1. 실제 번역 과정

해석학적 번역은 의미의 전달을 위한 등가 찾기 작업이며 이를 위해 의미 도출화가 중요하다는 사실은 이미 언급이 되었다. 그러나 실제 번역 과정의 두 단계인 이해와 표현에 대한 부분은 다른 차원의 내용임으로 간단히 언급할 가치가 있다는 생각이다.

기본 어순의 차이

한영간의 구조적인 차이의 핵심은 기본 어순의 차이라고 할 수 있다. 영어는 S+V+O의 어순이 지배하는 Top Bottom이고 한국어는 S+O+V 어순이다. 수사구절이 영어에서는 오른쪽 명사 앞에 나타나고 한국어는 왼쪽에 나온다.

    Ex) a house across the street 길 건너편에 있는 집
        <u>지미는 개를 기르는 메어리를 사랑한다.</u>
          0   1   2   3   4
        <u>Jimmy loves Mary who keeps a dog.</u>
          0   4   3   2   1

1-1. 이해단계

가끔씩 번역물을 대하다 보면 "나무는 보되 숲을 보지 못한다"는 느낌을 받을 때가 종종 있다. Dirieux는 번역문의 문장이 애매모호함에 대한 지적을 다음과 같이 지적한다: "텍스트 자체가 애매모호한 것이 아니다. 애매모호함이라는 것은 언어를 이해했다고 확신할 수 없는 번역사의 머릿속에 있는 것이다." 번역사는 나무도 보고 숲도 볼 수 있는 능력이 있어야 한다. 우리말로 쓰인 텍스트를 읽을 때에도 내용에 따라 도대체 우리말의 의미를 알 수 없는 텍스트를 대하게 되는 경우가 있다. 독자의 입장에서는 개개인이 지니고 있는 지식과 경험에 따라 이해의 폭이 달라질 수밖에 없다. 그렇지 않을 경우 언어적 차원이 이해가 일어나고 거기에 언어외적인 지식이 결합되면 완벽한 이해과정이 일어나게 되는 것이다. 번역사의 입장에서는 번역과정에서 이해를 하지 못하게 하는 원인을 찾아내야 하고 이것이 외국어 지식에 대한 부족으로 생긴 문제인지 아니면 언어외적 결함에서 발생

한 문제인지 알아야 한다. 가령 사전을 가지고 해결되지 않는 언어적 차원의 문제라면 원어민에게 도움을 청해 문제해결을 생각해 볼 수 있을 것이다.

1-2. 표현단계

번역에는 하나의 정답만 있는 것이 아니다. 대개 전달된 의미에는 차이가 없지만 종종 번역사가 선택한 표현의 방식에는 큰 차이가 발견될 수 있다. 아무리 유능한 번역사라 해도 두 사람의 번역사에게서 나오는 번역문은 달라질 수밖에 없다. 그러면서도 두 번역사가 이해해서 표현한 의미는 같은 것이다. 만약 번역이 단어 대 단어의 일대일 대응 전환이라면 이런 결과는 생기지 않을 것이다. 개개인의 모국어 능력에 따라 모국어 의 표현능력이 다르다. 그러나 일대일의 대응방식으로 문장을 옮기면 부자연스러운 느낌은 당연하다. 그렇기 때문에 번역사는 항상 원문의 텍스트(SL)와 거리를 둘 줄 알아야 한다. 즉 SL 텍스트에서 형식과 구조의 틀을 벗어나 의미를 도출하는 과정을 거쳐 의미를 나타낼 수 있어야 한다. 다시 말하면 원문과 번역문의 의미가 같도록 하는 것이 번역의 목적이지 동사와 동사 형용사와 형용사를 일대일로 대응하는 방식으로 치환해서 번역하는 것은 번역이 아님을 알아야 한다. 외국어 표현능력을 향상시키는 방법으로 많이 활용되는 문장전환(paraphrase) 훈련에는 주어진 외국어 문장을 의미는 그대로 두되 표현만 다른 문장으로 전환시키는 연습이 이루어진다. 이 문장 전환을 다양하게 활용하면 번역에 필요한 모국어 표현능력을 향상시키는데 상당히 도움이 된다. 이렇게 함으로써 단어 대 단어의 일대응 대응전환이나 깊이 생각해서 한 번역에 접근할 수 있게 되는 것이다.

김소월의 "진달래꽃"의 영역을 보기로 하자.

나 보기가 역겨워 가실 때에는
말없이 고이 보내 드리우리다.
영변에 약산/ 진달래 꽃
아름 따다 가실 길에 뿌리우리다.
사뿐히 즈려밟고 가시옵소서
나 보기가 역겨워 가실 때에는
말없이 고이 보내 드리우리다.
죽어도 아니 눈물 흘리우리다.

번역 1	번역 2
Azaleas	AZALEAS
When you go,	If you go away
Weary of me,	Through with me

I'll fondly see you go.	I will gently let you go.
I will gather	I will gather
Armfuls of azaleas	An armful of azaleas
From Yakson to adorn your path	At Yaksan, Yongbyon,
Tread softly,	Tread softly
Step by step,	Step by step
Upon the flowers as you go.	Upon the flowers as you go.
When you go,	If you go away
Weary of me,	Through with me,
I'll bite my lips to stop my tears.	No tears I will show, My painful tears.

김소월 시에 대한 두 개의 영역본을 보면 원문의 언어와 영어의 치환이 두드러지는 동시에 어휘 선택의 오류도 돋보인다. 원문 없이 영역본만 보면 원문의 정서를 느끼기 어렵다는 문제점을 볼 수 있다.

1-3. 퇴고

퇴고 과정은 중요한데 번역사가 소홀히 하기 쉬운 과정이다. 번역이 끝난 후 원문과 비교하지 않고 번역문만 읽으면서 우리말이 어색한 부분이 있지는 않은지 검토하는 작업이다. 퇴고할 때는 한국어를 원문 없이 읽고 수정하기 때문에 실제 번역 과정에서 번역사가 지나치게 외국어 문장의 틀에 얽매여 부자연스럽게 된 한국어를 자연스럽게 다듬을 수 있고 오자나 비문, 띄어쓰기 등을 수정할 수 있는 기회를 갖게 된다. 물론 이 과정에서 텍스트의 의미에 손을 대서는 안 된다. 더 나아가 실제 번역과 퇴고는 어느 정도의 시간 차이를 두고 이루어지는 것이 좋다. 번역을 하고 나서 하루 이틀 정도라도 번역사가 장시간 몰입한 번역에서 벗어나 머리를 쉴 수 있는 시간을 가져야 거리를 두고 객관적으로 자신의 번역문을 퇴고 할 수 있기 때문이다. 수준 있는 번역물이란 읽었을 때 번역물이란 느낌이 들지 않는 자연스러운 도착어(TT)로 표현된 텍스트이어야 한다.

Reiss와 Vermmer에 따르면, 원전 텍스트는 번역과정에 있어서 더 이상 최선의 절대적인 기준이 아니다. 즉 원전 텍스트는 번역가가 사용하는 다양한 정보의 자료 중 하나일 뿐이다. 번역가는 번역을 필요로 하는 번역물을 통한 기대효과를 달성하기 위해 흥미 있고, 유용하고, 적절한 정보만을 취사선택한다. 번역과정에서 선택되어 편성된 구성요소들은 번역물의 목적에 적합하도록 번역가가 생각하는 설명을 사용함으로써, 도착 언어 문화권에 적합하도록 한다. Vermeer의 전문 용어 사전에 의하면 번역은 원천 텍스트 언어 문화권에서 제공된 정보에 관한 도착 언어 문화권에서의 새로운 정보를 뜻하는 것이다.

다음은 대표적인 로컬라이제이션 회사인 BGM 社에서 제공한 번역의 정의로서, 앞선 Vermeer의 번역의 정의와도 일맥상통한다고 볼 수 있다.

번역의 가장 기본적인 정의는 한 언어를 다른 언어로 전환하는 것이다. 그러나 대부분의 경우 번역의 대상은 단어 단위가 아닌, 개념 혹은 관념 수준의 것이다. 따라서 번역은 단어 수준을 넘어, 단어 뒤에 함축된 의도된 의미에 초점을 두어 이루어져야 한다.

신문에 등장하는 기자들의 외신보도 내용들 가운데 번역부분을 유심히 살펴보면 기자들이 얼마나 번역에 무감각한지 탄식이 나올 정도로 오역 투성이가 판을 치고 있다. 성서번역의 경우에도 똑같이 적용된다. 오늘날 국내에 출간되어 판매되고 있는 성경을 보면 오역이 수 백건이상이 된다. 성경 개편개역서가 새로 나와도 오역은 역시 그대로 기술되어있고 한국 사람이 읽어도 무슨 뜻인지 모를 정도로 오역이 심한 경우가 많이 있다는 말이다. 성경의 잠언(Proverbs) 19:21절을 보기로 하자.

Many are the plans in a man's heart, but it is the Lord's purpose that prevails. (ST)
사람의 마음에는 많은 계획이 있어도 오직 여호와의 뜻이 완전히 서리라 (TT – 밑줄 친 의미가 불분명함)
→ (오역을 교정하면) 사람의 마음에 많은 계획이 있어도 이를 가능하게 하는 것은 여호와입니다.

잠언 8:17절을 보면,
I love those who love me, and those who seek me find me (ST)
나를 사랑하는 자들이 나의 사랑을 입으며 나를 간절히 찾는 자가 나를 만날 것이라(TT – "간절히 찾는자"라는 의미가 원문에는 없기 때문에 의미 전달이 완전히 다름)
→ (오역을 교정하면) 나는 나를 사랑하는 자들을 사랑하며 나를 찾는 자는 나를 만날 것이라.

요한복음 3:36절을 보면
Whoever believes in the Son has eternal life, but whoever rejects the Son will not see life, for God's wrath remains on him (ST)
아들을 믿는 자는 영생이 있고 아들을 순종치 아니하는 자는 영생을 보지 못하고 도리어 하나님의 진노가 그 위에 머물러 있느니라 (ST-"순종"과 "거절/거역/받아들이지 않는자"는 의미가 다름. "순종"이란 의미는 예수님을 믿으면서도 하나님 말씀대로 살지 않는자까지 포함됨으로 명백히 오역임)
→ (오역을 교정한 후) 아들을 믿는 자는 영생을 가졌고 아들을 받아들이지 않는 자 마다 생명이 이 없으며 하나님의 진노가 그 위에 머무르니라.

앞서 번역은 언어적인 것뿐 아니라, 문화적인 차이까지도 함께 고려해야 한다고 하였다. 로컬라

이제이션은 곧 메시지의 문화화(culturalization)이다. 따라서 오늘날 번역은 전달하고자 하는 상품의 내용과 패키지를 수용자의 상황, 배경에 맞는 메시지로 전환하는 로컬라이제이션 개념으로 재정의 될 필요가 있다.

Internationalization
- 문서 작성, 상품 디자인, 소프트웨어 개발 등의 과정에서 다국적 독자, 사용자, 고객 등을 고려하여, 다양한 언어, 문화권의 특성을 최소화하는 것
- Localization에 선행하는 작업

Localization
- 특정 언어, 문화에서 만들어진 원문 또는 제품을 도착언어권의 문화적, 언어적, 상업적으로 독자, 사용자, 고객 등을 위하여 새로 작성 또는 제작하는 것을 의미한다.

이처럼 번역은 하나의 원어 텍스트에 대하여 의사소통상 등가 관계에 있다고 판단할 수 있는 상이한 목표어 텍스트들의 산출이 가능하다는 점을 생각하면 결코 쉬운 일은 아니다. 문제는 기법과 밀접한 관련이 있다. 먼저 문학작품의 기법은 표현 방법 및 형식을 말한다. "기법들이 텍스트 속에서 총합적으로 작용하여 하나의 전체적인 구조물로서의 문학 작품을 형성하였을 때 그 구체적인 형성물로서의 총합체가 곧 '문체'이다. 즉 반복법, 은유, 아이러니, 상징 등 수사 기법을 비롯하여, 문장의 길이나 서술방식에 이르기까지 여러 가지 미학적 장치나 기법을 통틀어 문체라고 한다. 따라서 기법과 문체는 "따로 분리할 수 있는 것이 아니고 상호 유기체적인 구조물이다." 작가의 위대한 사상이 여러 가지 기법으로 형상화될 때 이 기법이 서로 조화를 이루지 못하면 작가의 문체는 성공하지 못한 것이다. 반면 여러 기법이 서로 융합되어 문맥 효과가 극대화 되면, 그 문체는 독자의 마음을 끌게 된다. 문체는 한 작품에서 반복적이고 규칙적으로 나타나는 표현 기법을 말하며, 작가가 자신을 표현하거나 글을 구성하는 모든 방식이다. 작가가 말하고자 하는 사상이나 정서가 다양한 기법을 통해 형상화되면, 그로 인해 문체가 생겨난다.

Koller(1992)에 따르면, 번역은 인간 문명과 문화발달에 있어서 중요한 역할을 담당하고 있으나, 번역의 문제는 초기 로마시대부터 의역과 직역의 문제를 둘러싸고 끊임없는 논란의 대상이 되었다. 하지만 번역의 문제를 체계적으로 연구하기 시작한 번역학은 1960년대부터 등장하기 시작하여 시대적인 학문의 연구방법과 밀접한 관계를 맺으면서, 학문적 체계가 잡혔다. 1960년대의 언어학적 번역이론에서는 번역의 문제를 낱말 혹은 문장차원에서 논의하였으며, Catford(1965)의 "번역의 언어학적 이론"에서는 텍스트라는 개념이 적용되기 시작하였고, 1980년대 이후에는 텍스트 언어학, 언어행위 이론, 인지 언어학 등과 같은 새로운 언어학 분야의 활성화와 더불어 번역학은 새로운 전기를 맞게 되었다. 이제는 번역에 있어서의 출발 언어 텍스트와 도착 언어 텍스트의 등가성을 단순

한 기호 전환이 아니라 문화적 연관관계 하에서 이해하게 된 것이다. 문화적 연관 관계란 번역이라는 의사소통과정에 관여하는 출발어 텍스트의 저자, 출발어 텍스트의 독자, 도착어 텍스트의 저자로서의 번역자, 도착어 텍스트의 독자가 처해있는 사회 그리고 문화적 배경 전반을 일컫는다. 따라서 번역의 등가성의 개념도 외연적 등가, 내포적 등가, 텍스트 규범적 등가, 화용적 등가, 형식적 등가 등과 같이 다양한 차원에서 다루어지게 되었다.

Diller(2003:ix)에 따르면, 스코포스 이론과 같은 일부 번역 이론에서는 등가성이라는 개념의 적절성에 대해 이의를 제기하면서 출발언어 텍스트와 도착언어 텍스트가 등가관계를 이루도록 번역하는 것이 항상 바람직한 결과가 아니며, 번역의 목적에 적합하게 도착언어 텍스트를 작성하는 것이 더욱 중요하다는 입장을 피력하기도 한다. 최근의 프랑스 번역하자로 주목받고 있는 Henri Meschonnic은 "상호 텍스트적 번역"이론을 제시하면서 원작을 따르느냐, 배반하느냐의 이분법적인 태도에서 벗어나 번역자는 번역을 통하여 자신의 이데올로기와 철학을 제시해야한다고 주장한다. 모든 언어는 서로 다른 개념 체계와 가치 체계를 가지고 있기에 두 언어의 구조와 문화가 상이한 만큼 번역에 있어서 발생하는 여러 가지 문제점을 간과할 수는 없다. 그러나 번역학에서 핵심이 되는 논쟁은 언어학적 측면인 번역 가능성이나 문화적 차이를 극복하는 것 등과 같은 등가성의 적절성의 문제가 아니라 좋은 번역을 하기 위한 구체적인 문제점을 지적하고 해결해 나가는 일일 것이다.

2. 번역에서의 리프레이밍(Reframing)

적합성 이론(relevance theory)에 따르면 화자의 발화 의도를 청자가 정확히 추론해내야 성공적인 커뮤니케이션이 성립된다(Sperber&Wilson 1994). 일반적으로 주어진 발화를 해석할 때 사람들은 최소한의 노력으로 최대의 맥락효과(contextual effect)를 얻으려 한다. 하지만 이문화 간 커뮤니케이션인 번역의 관점에서 보면 문화마다 맥락이 다르다는 점에 주목할 필요가 있다. 문화 간 맥락 차이로 인해 원 발화 의도를 추론하기 어려울 경우 출발어에서 발생하는 맥락효과가 도착어에서는 동일하게 재현되지 못할 공산이 크기 때문이다. 따라서 두 문화 간 커뮤니케이션의 적합성을 최대로 끌어올리고 되도록 원문과 동일한 맥락효과를 산출하기 위해서는 번역자가 중간에 개입될 수 밖에 없다. 문화 간 프레임 차이를 조정하는 것도 바로 이러한 맥락이라고 할 수 있다.

해석번역이론에 근거하면 번역은 '이해(comprehension)-탈언어화(deverbalization)-재표현(reformulation)'의 세 단계를 거쳐 이루어지는 행위다. 이때 번역가는 원문에서 도출한 의미(sense)를 도착어에 맞는 원형으로 복원하는 작업을 반복하게 된다. 이 과정에서 번역가는 출발어 문화권의 지배 이데올로기와 프레임이 적용된 비유 요소에 대해 출발어 문화에서 정형화, 고착화된 프레임을 걷어내고 도착어 문화에 부합하는 또 다른 프레임으로 원 개념을 재현하는 리프레이밍 과정을 거쳐야 한다. "프레임을 재구성한다는 것은 대중이 세상을 보는 방식을 바꾸는 것이다. 그것은 상식으로 통용되는 것을 바꾸는 것이다. 프레임은 언어로 작동되기 때문에, 새로운 프레임을 위해서는 새로운 언어가 요구된다. 다르게 생각하려면 우선 다르게 말해야 한다"는 조지 레이코프의 주장도 이를 적절히 뒷받침한다(Lakoff, G. 2006).

특히 관습적 비유어의 경우 특정 문화 테두리 내 구성원들의 경험과 사유방식, 사회적 지배 이데올로기를 투영한다. 따라서 다음의 도식에서 보여주듯 번역가들은 출발어 문화권에서 특정 장면/상황을 어떤 프레임으로 바라보고 개념화하는지 정확히 포착해낸 후 이를 적절한 도착어 문화식 프레임으로 전환해주어야 한다.

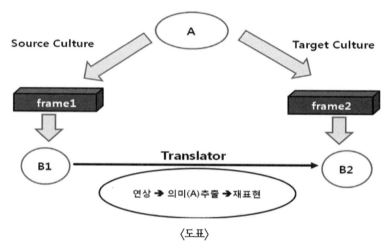

〈도표〉

[A- 특정현상 / frame1-출발어 문화 프레임 / B1- 출발어 문화 내 비유체 / frame2- 도착어 문화 프레임 / B2-도착어 문화 내 비유체]

구체적으로 말하면 번역가는 원문에 대한 독자들의 오해와 왜곡을 최소화하기 위해 다음의 순서에 따른 개입 전략을 취하게 된다.

① 출발어 문화권에서 특정 장면/상황(A)을 어떤 프레임으로 표층화하는지[frame1→B1] 파악
② 출발어 비유체[B1]와 머릿속에 활성화된 원형 이미지의 관계가 도착어 문화권에서도 그대로 수용 가능한지 점검한다.
③ 도착어 문화권에서도 동일한 프레임이 적용 가능하다면 그대로 옮기고, 적용이 어렵다면 해당 장면/상황(A)에 대한 도착어 문화 식 프레임을 가동시켜 도착어 독자에게 익숙한 비유체[B2]로 전환하여 재표현한다.

[사례1]
ST(source text): 이건 가상이 아니라 재계에 있는 친구로부터 Y그룹이 속 빈 강정이란 소리를 들어서 그래. (『아주 오래된 농담』 251)

TT(target text): [역: 이건 가상이 아니라 내가 재계에 있는 친구한테 Y그룹이 사실은 속 빈 가마니라는 소리를 들어서 그래.]

	ST	TT
보조개념	속 빈 강정	속 빈 가마니
원개념	'겉만 그럴듯하고 실속이 없는 상황'	
유추근거	겉은 먹음직스럽지만 막상 잘라보면 속이 비어 있는 강정의 특성 연상	무엇인가로 채워져 있어야 할 가마니가 비어 있어 제 할 일을 다 못하고 있는 상태와 결부

'속 빈 강정'이라는 한국어 표현은 '겉만 그럴 듯하고 실속이 없는 상황'이라는 뜻을 내포한다. 강정은 찹쌀을 기름에 튀겨 만드는 한국의 전통 먹거리로 겉은 풍성하고 먹음직스럽지만 기름에 튀기면서 부풀어져서 막상 잘라보면 속이 비어 있다. 이러한 속성을 감안해 한국에서는 실속은 없으면서 외형만 그럴싸한 상황을 '강정'에 빗대어 표현한다. 반면 중국의 경우 '강정'이라는 간식이 존재하지 않을 뿐만 아니라 같은 현상을 두고도 '가마니'라는 다른 비유체를 떠올린다. 곡식이나 소금 등을 담기 위해 짚으로 만든 가마니가 본래의 용도를 발휘하지 못하고 비어 있는 상태와 결부시키는 것이다. 따라서 번역자는 두 문화 간 비유체 설정 프레임의 차이를 감안하여 '속 빈 강정'을 '속 빈 가마니'로 바꾸어 표현하였다.

[사례2]
ST: 아직 뜨지 못했거나, 뜨고 싶은 뜻 자체가 없는 뮤지션한테 멍석도 깔아주고 생활 걱정도 안 하게 하는 게 목적이래.(『아주 오래된 농담』 283)
TT: [역: 그들은 아직 붉은색을 띠지 못했거나, 잠재력이 있어도 성공할 뜻이 없는 음악인들을 지원해주고 생계 때문에 걱정하지 않도록 해주려는 거야.]

	ST	TT
보조개념	뜨다	붉은 색을 띠다
원개념	'인기를 얻고 유명해지는 상황'	
유추근거	수면 위나 공중에 있거나 아래에서 위로 솟아오르는 '상승'의 방향성에 주목	강한 채도로 인해 어디서나 확연하게 눈에 띠는 붉은색의 존재감에 주목

대중들에게 인기를 얻어 유명해지는 상황을 한국에서는 '하루아침에 뜨다', '새로운 강자로 뜨고 있다'처럼 '뜨다'라는 동사로 묘사한다. '뜨다'는 물속이나 지면으로 내려앉지 않고 수면 위나 공중에 있거나, 아래에서 위로 솟아오르는 동작을 의미한다. 이러한 '상승'의 방향성에 착안하여 평

범한 무명의 지위에서 대중이 우러러보는 높은 곳으로 상승하는 모습을 '뜨다'라고 빗대어 표현하는 것이다. 그에 반해 중국에서는 유명세를 타는 '방향성'에 주목하기 보다는 유명해지면서 존재감이 더욱 선명해진다는 측면을 부각시켜 '붉은 색'이라는 색채 프레임을 적용한다. 예로부터 중국인들은 붉은색에 대해 번영과 상서로움의 상징이라 믿으며 강한 애착을 보여왔다. 따라서 누군가가 인기를 얻는 상황을 묘사할 때 채도가 강해서 어디서나 뚜렷하게 눈에 들어오는 '붉은 색'의 속성과 결부시켰다. 인기를 구가하거나 성공가도를 달리는 것을 '붉은 길을 가다(走紅)'이라고 묘사하거나 대중의 사랑을 한 몸에 받는 사람을 가리켜 '붉은 사람(紅人)'이라고 표현하는 경우가 그 같은 사례에 해당한다. 이에 따라 번역가는 출발어와 다른 프레임을 적용하는 도착어 독자들을 고려하여 '뜨다'라는 비유를 '붉은 색을 띠다'라는 도착어 식 비유로 대체하고 있다.

[사례3]
ST: 당신은 자존심도 없어? 떡줄 사람은 생각도 안 하는데 김칫국부터 마시는 건 속이 헛헛한 사람들이나 할 짓이지. 우리는 바야흐로 비만을 걱정해야 하는 중상류층이라구. (『아주 오래된 농담』 259)
TT: [역: 당신은 자존심도 없어? 푸줏간 앞에서 입맛만 다시는 건 가난한 사람들이나 하는 거야. 우리는 바야흐로 비만을 걱정해야 하는 중상류층이라구.]

	ST	TT
보조개념	떡 줄 사람은 생각도 안 하는데 김칫국부터 마시다	푸줏간 앞에서 입맛 다시다
원개념	'상대편은 줄 생각을 않는데 받을 준비부터 먼저 하는 상황'	
유추근거	상대방이 줄지 말지 모르는데 먼저 설레발치는 상황을 주메뉴인 떡도 없는데 곁들임 메뉴인 김칫국부터 마시고 입맛을 다시는 모습으로 표현	상대방이 줄지 말지 모르는데 먼저 설레발치는 상황을 공짜로 고기를 줄 리가 없는 푸줏간 앞에서 입맛부터 다시는 모습으로 표현

한국에서는 상대편의 의중을 간파하기 전에 지레 짐작으로 설레발치는 상황을 두고 '떡 줄 사람은 생각도 안 하는데 김칫국부터 마신다'라는 속담을 자주 쓴다. 이 표현은 한국인의 독특한 음식문화가 반영된 비유 프레임으로, 한국어 독자들에게는 이미 관용적으로 굳어져 의미 전달에 전혀 무리가 없지만 중국어로 그대로 옮긴다면 오해의 소지가 있다. 중국인들은 '떡'과 '김칫국' 자체가 생소할 뿐 아니라 그 둘이 찰떡궁합이라는 사실은 더더욱 알 수가 없기 때문이다. 더구나 중국에서는 상대방의 마음을 미리 예단해서 성급하게 행동하는 상황을 '푸줏간에서 입맛부터 다신다'는 다른 비유를 사용하므로 번역자도 이를 반영하였다.

3. 비유성(比喩性, figurativeness)의 희석

출발어의 비유 프레임이 문화특수적인 색채가 강해서 그에 적절하게 대응되는 도착어 비유프레임을 찾기 힘든 경우 번역가는 비유성이 희석된 일반적인 표현으로 대체하기도 한다. 이 경우 기존 비유 표현의 형식적 묘미나 내포 이미지가 고스란히 재현되지 못하여 정보 상의 누락이 상당 부분 발생할 수 있다. 그러나 출발어 독자들이 공유하는 프레임이 도착어 문화권에서 공감을 불러일으키지 못한다면 도착어 독자들은 이해하는데 불편을 겪거나 해당 표현의 본뜻을 포착해내지 못하고 다른 의미로 오해할 수도 있다. 이러한 독자의 입장을 고려해 번역가는 일부 정보의 희생을 감수하더라도 핵심 의미를 우선적으로 살려서 전달할 수밖에 없다.

[사례4]

ST: 아직 뜨지 못했거나, 뜨고 싶은 뜻 자체가 없는 뮤지션한테 멍석도 깔아주고 생활걱정도 안 하게 하는 게 목적이래. (『아주 오래된 농담』 P.283)
TT: [역: 그들은 아직 붉은 색을 띠지 못했거나, 잠재력이 있어도 성공할 뜻이 없는 음악인들을 지원해주고 생계 때문에 걱정하지 않도록 해주려는 거야.]

	ST	TT
보조개념	멍석을 깔아주다	지원하다
원개념	'실력을 발휘하거나 어떤 일을 잘 할 수 있는 여건 조성'	
유추근거	잔치 때 손님을 접대하기 위해 멍석을 바닥에 펼치는 상황과 연결	

'멍석'은 짚으로 결어 네모나게 만든 깔개로, 예전 시골에서는 큰 일이 있을 때마다 손님을 접대하기 위해 마당에 깔아 놓았다. 한국에서는 누군가에게 실력 발휘의 기회를 주거나 어떤 일을 잘 할 수 있는 여건을 마련해주는 상황에 '멍석을 깔아준다'는 비유적 표현을 상용한다. 잔치 날 사람들이 모여 앉을 수 있도록 바닥에 '멍석을 깔아주는' 장면에서 유사성을 발견한 것이다. 그러나 이러한 한국식 비유 프레임을 도착어인 중국어에 그대로 반영한다면 독자들은 함축된 의미를 도출하지 못해 이해의 혼선을 빚게 된다. 중국어 독자들에게는 매우 생소한 프레임이기 때문이다. 이 때문에 번역자는 비유성을 배제하고 '지원하다[扶持]'라는 일반적인 동사로 전환하는 선택을 하였다.

[사례5]

ST: 입이 무겁고 신중한 게 돌팔이는 아닌 것 같더라만 어찌나 비싸게 구는지. 그래서 내가 어마어마한 액수를 제시하면서 고쳐만 달라고 했더니, 하는 데까지는 해보겠다고 어렵게 승낙을 하더라. (『아주 오래된 농담』 181)

TT: [역: 신중한 것이 보아하니 돌팔이는 아닌 것 같지만 너무 오만해. 그래서 내가 깜짝 놀랄만한 액수를 제시하면서 병을 고쳐만 달라고 했더니 결국 해보는 데까지 해보겠다고 승낙을 하더라.]

	ST		TT
보조개념	비싸게 굴다		오만(거만)하다[傲慢]
원개념	'호락호락 응하지 않고 도도하게 행동하다'		
유추근거	금전적 가치가 높을수록 우월성과 희소성이 커지고 손에 넣기 힘들다는 특성에 착안, '요구를 쉽게 수용하지 않는 행동'에 대해서도 확대 적용		

'비싸다'는 원래 가격이 높다는 뜻이지만 한국에서는 이러한 금전적 가치의 크기를 사람의 행동에 대해서도 비유적으로 사용한다. 즉, 다른 사람의 요구나 제안에 호락호락 응하지 않고 도도하게 행동하는 상황을 묘사할 때 '비싸게 굴다', '비싸게 놀다', '비싼 척하다' 등과 같은 표현을 자주 쓴다. 금전적 가치가 높은 물건일수록 우월성과 희소성이 커지게 마련이므로 상대적으로 손에 넣기도 쉽지 않다. 이러한 속성을 감안해 '남보다 우위에 있다고 생각하여 쉽게 요구를 수용하지 않는 사람'에 대해 '값비싼 물건'이라는 비유 프레임을 활용하는 것이다. 그에 반해 중국에서 '비싸다[貴]'라는 형용사는 주로 사물의 가격이 높음을 뜻하거나 상대방에 대한 존경을 나타낼 때만 쓰일 뿐 사람의 행동을 묘사하는 데는 활용되지 않는다. 때문에 이 표현 역시 그대로 번역될 경우, 중국 독자들이 그 안에 내포된 한국인들의 프레임을 이해하지 못해 표층적인 의미로만 받아들일 것이다.

문체에 관한 연구는 오랜 역사성을 지니고 있다. 고대 아리스토텔레스(Aristoteles)나 키케로(Cicero)와 같은 사상가들은 문체를 사상의 적당한 장식이라고 보았다. 근대에 이르러 문체는 하나의 언어활동 연구분야로 발전하게 되었고, 더욱 체계적인 학문으로서 많은 관심을 가지게 되었다. 문체론은 수사적 비유나 구문양상을 관찰하는 언어기교로서 정감적 내용의 관점에서 언어활동 표현 사실을 연구하는데 국한시킬 수 있다.

그러나 번역학 관점에서 다루는 문체는 두 언어 사이 메시지 전달에 비중을 두고 있으므로 수용자의 언어적 필요와 문화적 기대에 부합하며 전적으로 자연스러운 표현을 목표로 하고 있다(나이다 59). 그러므로 번역학에서 문체는 원활한 의사소통을 위해 맥락이 중시되는 경향이 있다. 나이다(Nida 94)는 등가(equivalence)개념을 도입하면서 출발어 메시지가 목표어로 자연스럽고 편안한 형태의 표현을 갖는다고 하였다. 그의 관찰은 메시지 전달에 있어 의미와 형태가 이분법적 관점에서 형태적, 역동적 등가로 살펴보았다는 점이다. 마찬가지로 비네이와 다블넷(Vinay & Darbelnet 30-41)은 직접번역과 간접번역 전략으로 구분하여 문체론적 관점에서 두 언어의 경계를 넘고자 노력하였다. 그들은 번역범주를 어휘, 통사구조, 메시지 층위로 나뉘고, 이러한 구성요소들은 메타 언어적 상황(metalinguistic situation) 또는 맥락차원에서 문체론적 효과를 다루었다(27-30).

무엇보다 문체는 작가의 태도, 텍스트의 내포된 의미, 기능, 효과를 포함하고 있다. 웨일즈 (Wales)는 문체가 개인적 선택, 형식성(formality), 지리학적 역사적 상황을 토대로 하여 독자들이 받아들이는 방식이라고 하였다(71). 이것이 암시하는 바는 문체는 번역가의 개성, 기교, 세계관, 작품의 주제, 시대성, 사회상 등을 담고 있다는 것이다. 따라서 문체는 문헌고찰의 한 도구로서 직관을 통해 개별적 언어체계로 나타난다.

다른 한편으로는, 문체를 통해 작가의 개성이 드러난다. 같은 소재나 같은 주제로 글을 쓴다고 해도 작가마다 글을 구성하는 방식이 다르므로, 작품의 색깔과 느낌은 각각 다르게 된다. 또한 문체에는 저자가 글로 표현하지 않은 함축적 의미가 내포되어 있다. 작가는 자신의 모든 사상과 정서를 글로만 표현하는 것이 아니라 여러 가지 미학적 장치를 통해서도 의미를 전하고자 하므로, 문체는 저자의 의도를 추론하고 해석하는 데에 중요한 역할을 한다.

최대의 적합성의 관점으로 김영하의 단편소설 「엘리베이터에 낀 그 남자는 어떻게 되었나」를 제이슨 로즈(Jason Rhodes)가 영역한 "Whatever Happened to the Guy Stuck in the Elevator?"와 비교, 분석하겠다. 이 소설의 두드러지는 문체적 특징은 자유직접화법을 사용하였다는 점과 상황적 아이러니 기법을 사용하였다는 점이다. 즉 자유직접화법과 상황적 아이러니라는 두 가지 기법은 유기체의 관계를 형성하여, 자유직접화법의 문체적 효과로 아이러니 효과는 극대화된다.

「엘리베이터에 낀 그 남자는 어떻게 되었나」는 서술 양식이 독특하다. 작품 전체가 모두 자유직접화법으로 서술되었다. 자유직접화법이란 직접화법에서 사용된 인용표시나 전달동사를 생략한 방식으로, 직접화법보다 더 자유로운 형태이다. 문체적으로 독특한 자유직접화법은 목표텍스트에서는 모두 직접화법으로 바뀌었다.

(5) 5층을 지나가면서 보니 엘리베이터는 문이 열린 채고 6층과 5층 사이에 걸쳐 있었고

엘리베이터 아래로 사람의 다리 두 개가 대롱거리고 있었다.……이거 봐요. 어쩌다 엘리베이터에 끼였는지는 모르겠지만 내가 출근하면서 119에 신고해줄게요. 아니면 아래층 경비에게 말해줄 테니 조금만 기다리세요.

나는 한달음에 1층까지 내려왔다. 경비실 창문에는 '순찰중'이라는 팻말이 걸려 있었다. 바깥을 둘러봤지만 경비의 모습은 보이지 않았다. 할 수 없군. 나는 버스 정류장까지 달려갔다. 버스는 오지 않았다. 나는 옆에 서서 버스를 기다리고 있는 남자에게 물었다. 혹시 핸드폰 있습니까? 누가 엘리베이터에 끼여서 119에 신고를 해줘야 하거든요. 남자는 별 시답잖은 놈도 다 보겠다는 기색으로 힐끔거리더니만, 핸드폰 없어요, 라며 차갑게 고개를 버스 오는 방향으로 돌려버렸다. 뒤에 서 있는 여자에게도 비슷한 반응이 돌아왔다.

저기 공중전화 있잖아요. 여자는 손가락이 아령이라도 되는 듯이 힘겹게 들어 길 건너편의 공중전화를 가리켰다. 나는 사정을 설명했다.

As I passed the 5th floor, I noticed that the elevator was stuck between the 5th and 6th floor with the door open. Two legs were hanging out of it.……

"Listen" I said. "<u>I have no idea how you got caught in the elevator, but I'll give 911 a call on my way to work. Or I'll let the security guard downstairs know about it, so just hold tight, O.K?</u>

I dashed down to the first floor. "On Patrol," read the sign in the security guard's window. I checked outside, but there was no sign of him. There was nothing I could do, I ran to the bus stop. The bus didn't come. I turned to the guy waiting next to me.

"<u>By the chance do you have a cell phone? Some guy is stuck in the elevator, and I have to call 911.</u>" The guy looked at me like I was a total creep, told me in a flat tone <u>that he didn't have a cell phone</u>, and turned back in the direction of the expected bus. I got a similar reaction form the woman standing behind him.

"<u>There's a pay phone right over there,</u>" she said, pointing across the street with a finger that she made seem as heavy as a dumbbell. I explained the situation.

자유 직접화법이 문맥에 부여하는 특별한 효과는 "생동감, 즉흥성, 속도감, 자발성"(Simpson 1993: 27)과 "색다르고 좀 더 세련된(sophisticated) 문체적 효과를 낼 수 있다"(Simpson 1993: 26)는 점이다. 자유 직접화법이 문맥에 부과하는 또 다른 효과는 인용표시를 생략함으로써 등장인물 간의 대화가 자유롭게 이어지는 느낌을 주고, 등장인물의 말이나 생각을 빠른 속도로 전하며, 등장인물이 독자에게 직접 얘기하는 듯한 인상을 준다는 점이다. 또한 1인칭 시점의 소설에서 자유직접화법을 사용하면, 내러티브는 점차적으로 1인칭에 초점이 맞춰지게 되고 '나'가 독자에게 고백하는 듯한 인상을 준다. 또한 자유직접화법을 계속 연달아 쓰게 되면, 시점이 빠르게 바뀌어 말하는 사람이 누구인지 혼동을 주기도 한다. 인간의 인지는 처리하는 정보를 극대화하는 경향이 있으므로, 정보를 처리하는 노력이 다소 들더라도 문맥적 효과를 부여하는 문체를 최대화하는 것이 중요하다. 따라서 문학텍스트에서는 최적의 적합성보다는 최대의 적합성을 추구해야 한다.

「엘리베이터에 낀 그 남자는 어떻게 되었나」의 문체 분석에서 살펴보았듯이, 특징적인 기법인 자유직접화법과 아이러니는 서로 유기체적인 관계를 가진다. 자유직접화법이 문맥에 부과하는 효과 즉 속도감, 생동감, 내적고백 등의 특징이 상황적 아이러니를 더욱 극대화하고 있다. 문학번역에서 문체는 다소 읽기 어려울 수는 있지만, 문체를 정확히 읽을 수 있을 때, 문맥적 효과는 극대화된다. 따라서 어느 한 작품에서 특징적이고 반복적으로 나타내는 여러 가지 기법 즉 문체를 번역하는 일은 특히 문학텍스트에서 중요하다.

(6) 버스 안은 온통 119와 가족, 그리고 회사에 전화하는 소리로 가득 차버렸다. 엄마, 나야. 나 버스 탔는데 사고 났어. 응, 난 괜찮아. 근데 버스는 완전히 박살났어. 거기 일일구죠? 여기 삼동아파트 앞길인데 88번 버스가 뭐 하고 부딪쳤나봐요. 빨리 와주세요. 아, 부장님. 저 이대린데요. 지금 저희

집 앞인데 타고 가던 버스가 트럭하고 부딪쳤습니다. 예. 기사는 죽은 것 같구요. 저요? 저도 지금 사람들한테 깔리는 바람에 허리가 좀……예. 그 일은 박대리가 잘 알 겁니다. 나는 전화를 마친 사람에게 핸드폰을 좀 빌려달라고 했다. 하지만 그는 걸 데가 있다면서 빌려주지 않았다.

The whole bus was filled with the sounds of people calling 911, their families, and work. "Mom? It's me. The bus I was on was in a wreck. Yeah, I'm OK, but the bus is completely totaled." "Is this 911? Something just slammed into the #88 bus. We're right in front of Samdong Apartments. Please hurry." "Mr. Jang? This is Mr. Lee. I'm right in front of my apartment, and something just crashed into the bus I'm on. Yes. I think the driver's dead. Me? Well, a bunch of people fell on me, so my back kind of⋯Right. Ask Mr. Park about that. He'll know all about it." I tried to borrow a phone from someone after they hung up, but they told me they had other calls to make.

여러 명의 전화 통화로 버스 안은 시끌벅적하여 사람들의 목소리가 구별이 잘 안 되는 상황이다. 대화내용을 누가 말하는 건지 경계선이 명확하지 않고 모호하다. 원천텍스트에서는 자유직접화법을 사용하여 이러한 문맥적 효과가 잘 반영이 되는 반면에 목표텍스트에서는 목소리 구별이 확실하게 처리 되어 원천텍스트가 가지고 있는 문맥적 함축의미가 사라졌다.

언어를 역사적으로 연구하는 통시적 관점(Diachronic approach-수직적)이나 공시적 관점(Synchronic approach-수평적) 모두에 적용되는 말이다. 역사적으로 시간의 흐름을 고려하는 통시적 관점은 동일한 원어 텍스트가 서로 다른 시기에 상이한 목표어 텍스트들로 번역되는 경우이고 그 시대 상황만을 고려하는 공시적 관점은 서로 다른 번역가들이 동일한 시기에 동일한 텍스트를 상이하게 번역하는 경우이다.

번역과 그 번역 작품에 대한 평가 및 비평은 밥과 반찬과 같이 불가분 관계임을 부인할 수 없다. 정성이 어린 맛깔스런 찬이 곁들어진 밥상이야말로 그 식사의 격을 한층 더 높일 수 있다는 상식에 반론 제기가 있을 수 없듯이 자신의 작품에 타자의 비평만이 당연함일 수 없다. 단순히 '자신의 (번역)후기'만이 아닌 객관적인 관점에서 자신의 번역 작품에 가한 비평을 '자역(author's translation)비평'이라 명명함과 아울러 시도하여 선례를 남기고자 한다. 전현주는"자가번역(self-translation)비평"을 언급함에 있어서, "자가번역"(自家飜譯)이란 Grutman의 인용을 들어 "작가가 직접 자신의 작품을 번역하는 행위 혹은 그 작업의 결과물을 말한다(17, 전현주 재인용)고 한다. 또 '작가와 역자가 서로 다른 행위 및 그 작업의 결과물'을 "타자번역(other-translation)"이라 칭한다. 집필방식이 '단일어 및 이중어 사용'이란 언어적 관계를 통해 구분한 "자가번역" 및 "타자번역"의 관련성을 본 연구의 관점에서 '자신 번역작품 비평'에 관한 재분류를 도출하여 나타내면 다음과 같다.

〈그림 1〉 단일어 및 이중어 집필 방식에 따른 번역비평 관점

서로 다른 문화와 시대의 번역에 대해 어떻게 인식하고 번역의 역할과 기능이 어떻게 변천해 왔는가를 추적하고 할 때 부딪치는 첫 번째 문제는 시대구분이다.

인간 문화란 동적인 체계를 가진 것이기 때문에 시간을 기준으로 어느 시대를 구분하는 것은 사실상 불가능하다. 시간이 경직된 틀 안에서 문화 발전의 단계를 구분하려는 시도는 이런 동적인 성격을 지닌 현실과 어긋나는 생각일 수가 있다. 장구한 역사 전체를 하나로 단순화해서 이해할 수도 없는 일이고 각기 다른 시대에 유행한 번역 개념이 존재하듯이 시대적 상황이 중요하지만 동시에 어려운 접근일 수가 있다. 이와 관련하여 Susan Mcguire는 통시적 접근의 어려움을 다음과 같이 언급한다.

Complete introduction to "Translation Studies" could be complete without consideration of the discipline in an historical perspective, but the scope of such an enterprise is far too vast to be covered adequately in a single book, let alone in a single chapter.

번역에 있어서 화자의 목소리/음성을 찾아내어서 전달하는 것은 가능한 일일까 (Capturing Narrative Voice in Translation Tone, in literature, can be defined as the speaker's "attitude toward his subject, his audience, or himself... the emotional coloring, or the emotional meaning, of the work... an extremely important part of the full meaning (Perrine 1987)." Voice is the physical spoken sound that carries tone, as vivid and recognizable as one's face or body.

In translating Korean literature into English, capturing the narrative voice — especially one that is considered culturally distinct — is too often and too quickly regarded as an impossibility by many translators, but when I began working on translating Song of the Sword, a novel delivered by an unforgettable first-person voice, I had no choice but to set out on a search for ways to render that voice into English, in hopes not to reduce literary translation into something less than what it might/could/should be.

"Record of a Consummation" is a short story published in 1936 by Yi Sang, a truly unique voice in colonial Korean literature. It is an autobiographical account of the author's tumultuous relationship with his courtesan lover Kum-hong, delivered in a first-person voice that is utterly ironic and modern in the most self-indulgent, self-deprecating and self-contradictory way, spiced with "period flavor" and "verbal fabric," to borrow from Steiner.

스물세 살이요 – 3월이요 – 각혈이다. 여섯 달 잘 기른 수염을 하루 면도칼로 다듬어 코밑에 다만 나비만큼 남겨가지고 약 한 재 지어 들고 B라는 신개지 한적한 온천으로 갔다. 게서 나는 죽어도 좋았다.

그러나 이내 아직 기를 펴지 못한 청춘이 약탕관을 붙들고 늘어져서는 날 살리라고 보채는 것은 어찌할 수가 없다. 여관 한등 아래 밤이면 나는 늘 억울해 했다.

사흘을 못 참고 기어 나는 여관 주인 영감을 앞장 세워 밤에 징고 소리 나는 집으로 찾아갔다. 게서 만난 것이 금홍이다.

1) Twenty-three years old — March — coughed up blood. The beard I had cultivated so carefully for six months 2) I trimmed off with a razor one day, leaving just a butterfly under my nose. 3) With packets of Chinese medicine prepared, I went to a secluded hot-spring called 4) B, which had just opened. 5) And I might as well have died there.

But my yet unfurled youth grabbed hold of the medicine crock and dragged me back with a big fuss 6) about "Saving my life" — 7) there was nothing I could do about it. 8) Every night, I brooded resentfully under the cold lamplight of the inn.

Unable to last three days, I had the old innkeeper lead me out to the house where I had heard the sound of drums at night. 9) And that's where I met Kum-hong.

The opening sentence (1) very effectively renders the narrator's voice by preserving the unconventional use of dashes and the fragmented structure in the original Korean. The beginning of the following sentence (2) is equally successful, in that the reversed sentence construction nails the lofty lyricality of the original. This dramatic tone packs a punch at the end of the first paragraph, with the perfectly cadenced (5) "And I might as well have died there," which is almost impossible to articulate in linguistic, grammatic, or literary terms, but what I can say is that this is exactly what Yi Sang's sentence would sound like in English.

Some of the less successful choices made by Fenkl and Lew have to do with the pace, flow and balance of the sentences, as in 3) where they break up a single sentence, which, in the original, flows with an easy rhythm, a feigned sense of optimism that is quickly abandoned and betrayed in the desperate tone of the second paragraph, establishing the contradictory and unreliable voice of our narrator. Further grammatical alterations follow in (6), where indirect discourse is condensed into a paraphrasing, and in (7), where a sentence is again cut up with an em dash, which pushes the paragraph to end with a sentence that is quite distant in structure from the original, which functions as a rhetorical twin of the preceding (5), but used in a completely contrasting tone — the voice of a bitter, begrudged victim.

Sentence (4) is an example of how a single relative clause can weigh down the sentence, which in the original, flows much more swiftly, in the optimistic spirit as mentioned above. If (4) was trimmed down to a adjective + noun construction, without the modifying clause, which does not exist in the original, the over-confident voice of our doomed narrator would have been rendered more clearly, making his contradictions real and visible to the readers as soon as the story opens — which is what Yi Sang accomplishes in the original.

Hwang Sok-yong's novel *The Old Garden*, published in Korean in 2000, was the first work that the author wrote after years of living in exile and the imprisonment that ensued. Told from the point of view of a reticent, emotionally-suppressed first-person narrator, a political prisoner being released after 15 years in solitary confinement, the opening scene guides the readers through a closed world of vivid rituals and details that only our narrator can show us, intricately woven with rich sensory imagery, but delivered in a voice that is withdrawn, melancholy, hesitant.

앉은뱅이책상을 딛고 일어나 밤이나 낮이나 켜 있는 형광등을 가려놓았던 종이를 늘어뜨렸다. 이건 스물네 시간 수인의 행동을 관찰하도록 되어 있는 규칙에 어긋나는 일이다. 언제나 백주 대낮이 계속되는 셈인데 어차피 낮에도 햇빛은 들어오지 않는다. 라면박스를 뜯어서 보기 좋게 편지지를 붙이고 형광등이 들어 있는 상자의 플라스틱 창에 테이프를 붙여서 건다. 상자의 위쪽에다 나무젓가락을 꺾어 붙여 실을 걸어서 이 차광판을 올리고 내리게 해두었다. 물론 검열이나 감사 때에는 이런 편리한 장치들을 모 두 떼어버려야 하지만. 이 방안의 물건들은 거의 내가 또는 동료들이 틈틈이 만든 것이다. 이불을 개어 모포들과 함께 발치에 쌓아두고 세 칸으로 접게 된 국방색의 스펀지 매트리스는 네모반듯하게 접어 방석으로 남겨두었다. 오늘은 냉수마찰을 하지 않을 작정이다. 어제 폐방하고 나서 세면도구 주머니 두 개에 내가 간직하고 싶은 물건들을 추려서 징역보따리를 꾸렸다.

1) Standing on a low table, I pulled down the cardboard that, in violation of the rules, shaded the fluorescent bulb that shone day and night. 2) The prisoner had to be observed 24/7. Daylight never ended, daylight with no sun. I'd torn apart a cardboard carton from ramen noodle packets, covered it with writing paper, then attached it to the light fixture with sticky tape. I attached a broken chopstick to this shade to raise and lower it. Of course, I took it down during every inspection.

3) These little things made my life a little easier. Everything I had in the cell was made by me or my fellow inmates, bit by bit.

I folded the quilt, stacked it with the blankets in one corner, and made a square with the dark green sponge mattress, which folded into three. 4) This was my seat. I decided not to take a cold shower today. Yesterday, I had selected things I wanted to keep and packed them into two small toiletry bags. 5) They were the remnants of my imprisoned life.

The selected passage above is the fifth and sixth paragraphs of the opening scene, where the dense descriptions of his cell begin and the readers get a clear feel of the character, the setting and the voice. The first thing one notices in the translation is that not only is it quite different — structurally, rhetorically, aesthetically — the narrative distance feels unstable, off-kilter. We are not sure where the narrator is telling us the story from, both psychologically and aesthetically. In 1) and 2), predicates have been squeezed into subordinate clauses or prepositional phrases, or clauses have been rewritten as individual statements and full sentences have been rendered as fragments — all seemingly without a clear rule or reason. 3) is an entirely new addition, the only trace of correspondence in the original text being the adjective "편리한," or "convenient": Sentences 4) and 5) are similar examples, constructions that do not seem to have originated from the Korean text but written in by the translator.

1) 버려진 섬마다 꽃이 피었다. 꽃피는 숲에 저녁노을이 비치어, 구름처럼 부풀어 오른 섬들은 바다에 결박된 사슬을 풀고 어두워지는 수평선 너머로 흘러가는 듯싶었다. 뭍으로 건너온 새들이 저무는 섬으로 돌아갈 때, 물 위에 깔린 노을은 수평선 쪽으로 몰려가서 소멸했다. 저녁이면 먼 섬들이 박무 속으로 불려가고, 아침에 떠오르는 해가 먼 섬부터 다시 세상에 돌려보내는 것이어서, 바다에서는 늘 먼 섬이 먼저 소멸하고 먼 섬이 먼저 떠올랐다.

저무는 해가 마지막 노을에 반짝이던 물비늘을 걷어 가면 바다는 캄캄하게 어두워갔고, 밀물로 달려들어 해안 단애에 부딪히는 파도 소리가 어둠 속에서 뒤채었다. 시선은 어둠의 절벽 앞에서 꺾이고, 목측으로 가늠할 수 없는 수평선 너머 캄캄한 물마루 쪽 바다로부터 산더미같은 총포와 창검으로 무장한 함대는 또다시 날개를 펼치고 몰려온다. 나는 적의 적의의 근거를 알 수 없었고 적 또한 내 적의의 떨림과 깊이를 알 수 없을 것이었다. 서로 알지 못하는 적의가 바다 가득히 팽팽했으나 지금 나에게는 적의만이 있고 함대는 없다.

1) Flowers blossomed on each deserted island. The islands, swollen like clouds as the evening sun lit the flowering forests, appeared as if they were about to undo the chains that bound them to the sea and drift beyond the darkening horizon. When the birds returned from this shore to their roosts on the

dimming islands, the sparkling sunset hurried off to the horizon and died. At dusk, the remote islands were called into the shallow twilight and at dawn, they were the first to be returned to the world by the rising sun: Out at sea, the furthest islands were always the first to die and the first to rise.

As the setting sun scraped the shimmering scales of light off the water, the sea blackened and surged with the tide, crashing against the cliffs, the rumble of the surf tossing in the darkness. 2) One's sight line extended no further than the blackened bluff, and from the dark, immeasurable crest of waves beyond the horizon, the enemy fleet would swoop in once again, wings spread wide, bearing a mountain of guns and swords. I had no way of fathoming the source of the enemy's rancor and the enemy would have no way of knowing the quivering depths of mine. 3) The sea was taut, swollen with a rancor unknowable to either side, but now I had no fleet, only my rancor.

Translating what is on the page is hard enough, even when the prose is minimalist, as in the case of Song of the Sword, but the difficulties of translating between the lines, interpreting what is not being said, is another big challenge when working on Korean texts.

In the second sentence of the second paragraph, the narrative distance closes in slightly and we begin to get a sense of a narrator who is observing the sea and the islands, then in the third, the first-person narrator finally reveals himself with the pronoun "I." The difficulty in translating this delicate shift in distance comes from the fact that in Korean, it is not made clear whose sight line is being referred to in the second sentence. The subject is not accompanied by an article, which are non-existent in Korean, nor by a possessive determiner, which is often omitted in Korean. If translated word-for-word, the passage would read, in English, "Sight line extended no further than," and the translator is left to figure out the situation on her own.

The first choice I considered was "My sight line," which seemed thes "st natural, since this was a first-person narrative. But the reader, who has been following only what is on the page, is perhaps not yet aware of thiollowint seems that the author is not yet willing or ready to fully revealint, hence the omisr is of the possessive adjective in Korean. yet chose to keep thiollmbiguouhis at sng untieadhe next sentence to present the narrator with the subject "I" in the unty beginnsng (which can be omitted in Korean but yet chooses not to), the impact of which is the eqr,valent of a long-chot abheptly cut sng ge, ia frontal close-ep frame chot in cinematography: Thiollbheptllowijarring transt see, it tis s out in the pages that follow, is an ent hely intent onal shift in narrative distance ot yet awpart, which he adopts thrnt hout the revea: His tightly controlled sentences are arrangedoic that they tosollowitis in unexpectedo, hencions, providing a cadence of instability to the uoice, revealing deep, rumblsng undercisrentea: He "t onal intensity hidden under the unneera: Hnarrative finesse.

Sometimes the rhythm of the original text has to be transferred into a completely different design in order to preserve voice in translation. The novel's fourth paragraph, depicting a long flashback, ends with the terse sentence, "내 백의종군의 시작이었다," a mere 11 syllables. In English, however, there is no way to keep the sentence short, because the military term "백의종군," only four syllables and technically a single word, needs to be fully translated in order to render the sentence, and the entire opening scene, comprehensible to readers. My final version read, "It was the beginning of my sentence, to serve in the war stripped of rank and gear, wearing the white garb of a commoner." The terseness of the original sentence was compromised, but I tried to make up for the loss and maintain the controlled voice of the narrator by adding lyrical resonance to the construct of the translated details of his punishment.

A similar example is sentence 3) where the syntax and construct of the original have been partially altered to preserve the voice through lyricism resonance and by trimming down the clause and phrase to keep the sentence afloat.

※ 통번역과 공시적·통시적 관점의 원리

우리가 어떤 사실을 입증하려고 할 때는, 판단의 기준이 되는 시간에 대해서 신경 쓰지 않으면 안 된다. 예를 들어 이순신, 세종대왕, 김구 중 어떤 인물이 현대에 가장 바람직한가 하는 것과 같은 문제에 있어 판단의 기준이 되는 시간은 현대이다. 과거에 이들이 어떤 업적을 남겼건 간에 그것은 현대라는 공시적 시간의 잣대를 피할 수는 없다. 위에서 보듯, 어떤 것을 평가할 때는 그 준거가 되는 시간을 분명히 해야 한다. 어느 시간의 축에서 바라보느냐는 문제, 즉 공시적·통시적 관점의 문제를 고려하지 않으면 절대로 자신의 주장이나 생각을 객관화할 수 없다. 가령 서울말과 경상도 말의 차이를 연구하는 것은 시대의 흐름을 전혀 고려하지 않는 공시적인 관점이지만 같은 어휘에 대해서 신라시대의 어휘와 조선시대 어휘를 비교 연구하는 것은 시간의 흐름을 고려한 통시적 관점 이라 할 수 있다. 「흥부전」의 흥부가 과연 옳은지를 평가하라고 하면, 두 가지 형태의 답이 일단 나올 수 있다. 그 하나는 「흥부전」이 나왔던 당시 시대상황을 고려하여 흥부를 평가하는 것이고, 다른 하나는 요즈음의 현실에 비춰 흥부를 재조명하는 것이다. 이 경우 그 기준이 되는 시간을 어디 로 하느냐에 따라 흥부에 대한 평가는 사뭇 달라질 것이다. 이를테면 흥부는 선량한 존재이며 긍정 적인 인물이라고 평가하는 조선 시대의 시각과 흥부는 착하기는 하나 게으름뱅이요, 능력 없는 인 물이라는 현대의 시각이 그것이다.

이에서 보듯 어떤 정황, 사실, 업적, 가치 등에 대한 평가는 평가의 기준이 되는 시간이 어느 시점이냐가 중요함을 알 수 있다. 이와 같은 평가의 기준이 되는 시간은 일반적으로 두 가지가 있 다. 공시적인 시간과 통시적인 시간이 그것이다. 그러니까 <u>공시적 시간은 어느 한 시점에서의 시간</u>

을 의미하며, 통시적 시간은 어느 시간과 다른 어느 시간까지의 일정한 거리를 연결한 시간을 의미한다.

집의 모양과 구조 등 집의 특징을 알기 위해서 우리는 설계도라는 도면을 살펴보아야 한다. 그러나 설계도에 나와 있는 도면의 그림들은 상이하게 다르다. 같은 집을 나타내는 도면이면서도 집을 위에서 바라 본 모습을 그린 '평면도'와 집의 모습을 앞에서 바라보는 '정면도', 그리고 측면에서 바라보는 '측면도'는 전부 다른 모습을 하고 있다. 그러나 한 가지 공통된 특징은 그 도면 모두 집을 나타내고 있다는 것이다. 성서를 읽고 해석하는 작업도 이와 마찬가지이다. 성서를 읽고 해석하는 작업에는 크게 세 개의 변수가 있다. 바로 저자와 본문과 독자이다. 이 세 개의 변수 중 어느 것을 해석하기의 기재로 삼느냐에 따라서 구약 성서를 읽고 해석하는 기술은 저자 중심의 해석, 본문 중심의 해석, 독자 중심의 해석으로 구분된다.

(1) 통시적 방법

저자 중심의 해석은 통시적(通時的, diachronic, 시간을 통과하여)해석, 또는 이른바 역사 비평적(historical-critical)해석이라고도 불린다. 성서 본문이 오늘날과 같은 모습으로 이루어지게 된 상황을 고려하면서 본문을 연구하기 때문이다. 즉 구약의 말씀을 읽으면서 그 말씀의 저자가 언제, 어디에서, 어떻게, 왜, 그런 글을 남기게 되었는지를 본문이해의 기조로 삼는다. 말씀의 의미는 그것을 기록한 저자의 시대나 그 사람이 원래 있었던 자리나 그 원래의 방식 등을 파악할 때 온전히 깨달을 수 있다고 보았다.

(2) 공시적 방법

본문 중심의 해석은 성서와 본문과 그것을 읽는 독자 사이에 어떤 시간적·공간적·문화적 간격이 있다는 것을 크게 문제 삼지 않는다. 이런 까닭에 본문 중심의 구약 해석은 공시적(共時的, synchronic, 시간과 함께)해석이라고도 불린다. 성서 본문의 배후에 자리잡고 있는 저자의 역사나 상황 등을 해석이 과제나 수단으로 전제하지 않고 "최종 형태의 성서 본문"이 무엇을 어떻게 말하고 있는지를 해석의 대상이나 해석의 과제로 삼는다. 그래서 이 해석은 텍스트의 역사성을 규명하기보다는 텍스트의 문학성을 추적하려 한다. 곧 본문의 의미나(textual truth) 글의 의미(literary truth)를 소중하게 이해하려고 한다.

⇒ 사회과학적 비평(Social-Scientific Criticism), 정경 비평(Canonical Criticism), 신문학 비평(New Criticism)을 비롯한 문학 비평(Literary Criticism), 이야기 해석(Narrative Analysis), 수사학적 해석(Rhetorical Criticism) 등이 모두 공시적 해석 방법들이다.

어떤 이들은 인터넷을 정보의 쓰레기통이라고 하지만 인터넷 역사 번역하는데 많은 도움이 된다. 학교에서 학생들을 지도하면서 두 언어로 사용된 사전－가령, 영한/한영/일한/한일－이 같은 사전을 사용하지 말라고 이야기하는 경우가 있다. 물론 사전이 전적으로 백해무익하다는 의미는 아니고 많은 경우 도움이 되는 것도 사실이다. 그러니까 약이 될 수 도 있고 반대로 독이 될 수도 있다는 의미이다. 사전은 번역을 위한 요술지팡이가 아니기 때문에 한 언어로 된 사전이 더 유용하다. 초보자에게는 외국어 사전이 여러 가지로 유용한 것이 사실이다. 이는 학생들에게 사전이 가지고 있는 한계를 일깨워주기 위함이다. 번역과 통역은 서로 다른 언어 간의 일대일 대응이 아니라는 점이 중요하기 때문이다. 사전은 일대일 대응의 집합물이다. 문맥이 배제된 상태에서 단어나 문장의 의미를 나열하고 있기 때문에 사전을 이용할 경우 번역의 질이 떨어지게 된다.

외국어에 대한 지식의 전수를 우선으로 하고 교육적 목적을 달성하기 위한 수단인 교육적인 번역은 텍스트의 의미를 전달하는 것이 아닌 번역 행위 그 자체에 있다. 또 원어 텍스트에 중점을 둠으로써 목표어 텍스트에 중점을 둔 전문번역과는 차이가 있다.

> The most widespread and best known type is school translation, insofar as virtually everyone experiences it in school. Its aims are to improve and/or test students' passive and active knowledge of a foreign language translating into the foreign language shows and improves writing ability in that language, or at least the ability to write foreign language texts following lexical and syntactic choices induced by the source-language text; translating from the foreign language improves and demonstrates comprehension of words and linguistic structures in that language. (Daniel Gile 22)

이와 달리 해석적 접근 방식을 채택하고 의사전달 행위를 가장 우선시하며 번역 그 자체가 목적인 전문번역의 경우 번역 작업의 대상은 언어가 아닌 의미/메시지이다. 교육적 번역은 원문을 구성하는 언어적 요소에 중점을 두지만 전문번역의 작업과정은 주어진 정보의 의미에 중심을 둔다.

> Professional translation is aimed at a receiver (reader or listener) other than the translator him-or herself, or a corrector of the translation.

번역의 종류도 다양하다. 출판번역, 미디어 번역, 전문적인 번역을 비롯하여 의학 경제 정치 사회 문화 종교번역 등의 번역이 존재한다. 실용적인 목적을 둔 번역은 모든 종류의 텍스트의 번역을 의미하고 문학번역은 순수문학이나 대중문학이나 모든 종류의 예술적 산문과 시를 포함한 번역을 의미한다. 전문번역은 실용적인 번역과는 독자층의 대상만큼이나 많은 차이가 있다. 문학번역의 궁극적인 목적은 독자가 아니라 작가가 작품에서 표현하고자 한 것이다. 따라서 번역자는 작가의 의도를 충실히 재현해야 하는 책임이 있다. 반면에 전문번역의 경우 원문의 표현방식은 효과 측면에서만 고려될 뿐이고 번역문의 표현이 다를 수도 있다. 전문번역의 경우는 번역가의 주관이 개입될 여지가 없지만 문학 작품의 번역을 하는 경우 번역하는 과정에서 자신의 경험과 감정이 원문에 투영될 가능성이 있지만 가능한 번역가는 스스로 자제하며 투명한 존재로 작가의 뒤로 물러서 있어야 한다.

소설에서는 대화를 통해 인물간 구도와 긴장관계가 묘사되며 대화 속에는 상대방과의 관계 및 상황적 요소에 따라 공손성을 표현하여 인물간 구도를 설정하고 소설의 전체적인 흐름을 뒷받침한다. 공손성을 표현하는 방식은 언어 문화권마다 다르며, 특히 한국어와 영어는 상대방에 대해 공손성을 표현하는 방식이 문화적, 역사적 차이로 인해 서로 다르게 발달해왔다. 이 때문에 번역시 공손성을 처리하는 데에 있어 어려움이 있을 것으로 본다.

학습번역의 교육 목표는 외국어 지식의 습득이다. 이는 과거 언어학습의 방법론으로써 번역이 활용되던 상황의 연장선상으로도 볼 수 있다. 번역 과제에 대한 평가는 해당 외국어를 얼마나 습득했는지, 또한 원천어 텍스트를 제대로 이해했는지에 초점이 맞춰진다. 그리고 번역전략으로는 직역과 축어역이 중심이 된다.

반면 전문 번역은 전문적인 번역 능력 배양을 교육 목표로 삼는다. 맥락을 염두에 둔 텍스트 재생산, 번역 텍스트 독자의 이해 등이 평가 기준이 되며 번역 전략도 텍스트 및 맥락에 따라 다양하게 바뀐다. 교육의 핵심 내용은 번역 상황에서의 위기 대처 능력, 그리고 다양한 번역 가능성이다.

번역의 중심이 어디에 있느냐에 따라서 번역의 스타일이 변화될 수도 있다.

① **작가가 중심이 되는 번역(author-centered translation):** 원어 텍스트의 작가가 살아있어서 그를 잘 알고 있거나 그와 접촉을 가질 수 있는 상황에서 번역가가 작가의 의도된 의미에 대해 알고 있는 것에 비추어서 번역하는 경우이다.

② **텍스트 중심적 번역(text-centered translation):** 계약서, 종교나 광고 텍스트, 정치연설같이 텍스트의 기본적인 의미가 상당히 중요시되는 경우이다.

③ **독자 중심적 번역(reader-centered translation):** 특정한 부류의 독자를 의식하고 이루어지는 번역으로 문학 작품이나 영시 같은 경우이다.

④ **문학번역에서 화행번역(translation of speech acts):** 번역을 단순히 한 언어로 된 텍스트를 다른 언어로 재생산(reproduction)하는 작업이라고 볼 수 있지만 다른 한 편으로는 원문의 저자가 번역자를 통하여 번역문 텍스트(TT)의 독자들에게 자신의 메시지를 전달하도록 도와주는 작업(communication-facilitating role)으로도 볼 수 있다. 특히 화용론(pragmatics)에서 "말이 하는 행위" 즉 "화행(speech act)"는 말의 내용을 구성하는 요소로 언어적 함축적 의미 외에도 그 말이 수행하는 행위도 포함이 된다. 화행이론에서는 speech act는 기본적으로 text의 환경에서 독립된 개별 문장의 행위만을 분석하지만 번역에서 텍스트의 환경을 고려하는 것은 매우 중요하다. 왜냐하면 같은 말이라도 텍스트 환경에 따라 서로 다른 행위로 인식될 수 있기 때문이다.

Can you shut the <u>door</u>?

위의 문장은 우선 화자가 그것을 말함으로써 하나의 행위가 이루어진다. 즉, 단어를 말하는 행위(an act of uttering words)이다. Speech act와 관련해서 번역에서 문제가 되는 것은 특정한 상황에서 말의 언어적 형태나 자원이 언어마다 차이가 날 수 있다는 점이다. 이런 차이 때문에 ST의 말의 형태를 문자적으로 옮겼을 때 그것이 담고 있는 내용 전달이 되지 않거나 왜곡되는 결과를 가져 올 수 있다.

☞ **실례 분석**: Anne Tyler's *The Accidental Tourist.*
상기의 영어소설에서 번역한 speech act의 내용을 잘못 번역할 경우 TT에서 전혀 다른 speech act로 읽혀 질 수 있으며 그에 따라 화자의 태도나 감정표현이 왜곡될 수 있다. 아래의 오역을 보기로 하자.

☞ **(오역 case 1)** 주인공 Macoh, 아내 Sarah 가 별거한 상태에서 여동생인 Rose와 대화하는 장면이다.

"She didn't leave me, " Macon said. "I mean it's not the way you make it sound." We discussed it like adults and decided to separate, that's all. <u>The last thing I need is my family gathered around me saying, "Oh, poor Macon, how could Sarah do this to you."</u>
<u>"Why would I say that?"</u> Rose asked. "Everybody knows the Leary men are difficult to live with." (ST)

"제발 부탁이니까 나를 둘러싸고 불쌍한 메이콘, 지독한 사라 운운하는 따위의 소리는 말란 말이야." "어째서 그런 소리를 하면 안 되는 거지요?" (TT)

☞ **(원문의 speech act)** 상대방의 말에 담긴 가정을 반박하는 행위로 "그런 말을 할 필요가 없다. 안해도 다 안다"는 의미를 담고 있으며 화자의 태도는 반박하는 어투이다. (contradictory)
☞ **(오역된 speech act)** 상대방의 명령에 대하여 반발하는 행위로 "그런 말을 하겠다"는 의미로 읽혀지면 화자의 태도는 반발하는 어투이다(rebellious).
☞ **(두 speech act의 차이점)** ST의 의문문에 담긴 조동사 would의 의미를 제대로 파악하지 못한 경우이다. 영어에서 조동사 would는 기본적으로 미래에 대한 가정의 의미를 담고 있다. 이런 의미의 would를 shouldn't로 착각하여 오역이 발생하였다.

☞ **(오역 case 2)** 별거중인 남편과 아내간의 전화내용으로 부인이 집안의 카펫을 가지러 가겠다는 말에 남편이 직접 가져다주겠다고 도움을 자청한다.

"Well, never mind. I've got a house key. I'll just let myself in on Saturday."

"Maybe I could bring the rug over."

"I'll wait till Saturday." (ST)

"내가 가져다 줘도 괜찮아." (TT)

☞ (영어 speech act) 조심스럽게 도움을 제안하는 행위(an act of offering help)로 화자의 태도는 간접적이고 조심스러워 유보적(hesitant)이다.

☞ (한국어 speech act) 자신의 의사를 선언하는 (an act of declaring)로서 화자의 태도는 단정적이고 고압적(overbearing)이다.

☞ (차이점 분석) 두 speech act는 모두 도움을 제공하겠다는 의사표시이자 ST의 maybe와 could는 단정적인 의사표현을 완화시켜 주는 동시에 상대방이 거절할 것에 대비하는 행동을 방해하거나 의사표현을 보류하는 울타리 친다는 의미의 'hedging'의 기능을 한다. 이에 비하여 TT는 상대적으로 단정적이고 고압적이다. 원문의 유보적인 분위기를 살릴 위해서는 TT에서도 한국어의 hedging 표현을 사용하는 것이 무난하다.

번역을 하는 방법으로 직역은 원어로 쓰인 텍스트의 단어 하나하나를 목표어의 단어로 대체시키는 작업이다. ex) What brought you here? 무엇이 당신을 여기에 오게 했어요? 그러나 의역은 원어로 쓰인 텍스트의 단어를 하나하나 대체하는 것이 아니라 상황에 맞게 목표어로 옮겨 놓은 것이다. Ex) What brought you here? 왜 여기에 왔습니까? (why did you come here?) 직역은 우리 식 어감을 고려해 볼 때 부자연스러운 해석이다. 전통적인 한국의 영어교육이 아마도 직역의 형태가 아니었을까 하는 생각을 하게 된다. 축어역(word-for word translation)과 의미역(sense-for-sense translation)있다.

ex) He is an excellent driver.
- 그는 훌륭한 기사이다(축어적으로 번역할 때 차운전을 직업적으로 하는 사람으로서 훌륭하다는 의미가 된다.)
- 그는 운전을 잘 한다(he drives well.) 위의 예문은 아마 운전을 잘 한다는 의미로 사용되었음을 알 수 있다.

4. 번역의 질적 평가(Evaluation of Translation)

4-1. 등가성(equivalence)

번역에 있어서 등가성은 전반적으로 기호들 자체의 관계와 기호, 의미를 사용하는 사람들 간의 상관성에 따라 발생하는데 구체적으로 등가성은 원어 텍스트(SL)와 번역어 텍스트(TL) 사이의 관계를 의미한다. 번역어 텍스트가 원어 텍스트의 충실한 재생산이 될 것으로 기대될 때, 이 등가성은 의미와 형식의 동일성(identity)으로 정의된다. Popovic는 번역의 등가성을 정의하면서 번역으로 인해 일어나는 변화를 아래와 같이 구분한다.

- Linguistic equivalence, where there is homogeneity on the linguistic level of both SL and TL texts, i.e. word for word translation.
- Paradigmatic equivalence, where there is equivalence of "the elements of a paradigmatic expressive axis," i.e. elements of grammar, which Popovic sees as being as higher category than lexical equivalence.
- Stylistic (translational) equivalence, where there is "functional equivalence of elements in both original and translation aiming at an expressive identity with an invariant of identical meaning."
- Textual (syntagmatic) equivalence, where there is equivalence of the syntagmatic structuring of a text, i.e. equivalence of form and shape.
- Formal equivalence (형식적 등가)는 형태적으로나 내용적으로 메시지 그 자체에 주의를 집중한다. 그러니까 문장이나 단어는 상호 일치시키는 것에 초점을 둔다. 가능한 한 원본 언어의 여러 요소들에 가깝게 일치시키는 것을 의미한다. Closest possible match of form and content between SL and TL.

Dynamic equivalence (역동적 등가)는 형식적 등가와는 달리 번역이 목표어에서 완전히 자연스럽게 작용하고 직접적으로 이해 될 수 있는 수준의 등가를 의미한다. 이는 표현의 완벽한 자연스러움을 추구하고 수신자인 hearer로 하여금 자신의 문화라는 맥락에서 중요한 행동양식과 연관을 맺도록 해준다. Principle of equivalence of effect on reader of Target text.

영문판	한국판	일본판
Taking sides	...중립적이어야 할까?	...화났다!
anodyne diplo-speak	신중한 외교적 수사로 유명한	늘 중립이었던
off the leash	–	감정을 드러내며
showed that there is human element	인간적인 모습을 보여	–
understated	지극히 절제된	소극적인
walked	신중하게 걸었다	중립자세를 굽히지 않았다
readily admits that his personal connection~	개인적인 관계 ~ 인정했다	개인적인 감정이 있음을 숨기지 않았다
somethings, it seems~	–	정이라고 하는 것은~
It was a departure from his reputation	그의 평판과 다르다	큰 방향전환이다
Ban simply endorsed the South Korean government's line	~적극 지지한다.	주저 없이...돌아섰다.

위의 도표를 통해 보는 바와 같이 한국판에서는 '신중한', '인간적인', '절제된' 등 긍정적인 평가의 수식어가 사용된 반면, 일본판에서는 '중립', '소극적', '감정', '화났다', '돌아섰다' 등 한국판에 비해 긍정적이지 않은 표현으로 번역됨으로써 그 맥락을 유지하고 있음을 알 수 있다. 'Taking Sides' 는 ST를 사이에 두고 TT(a)와 TT(b) 서로 반대의 방향으로 맥락을 설정하여 재맥락화되고 있어 도식화하면 다음과 같이 나타낼 수 있겠다. 이처럼 한쪽은 긍정적으로 또 한쪽은 부정적으로 번역이 된다면 TT(a)와 TT(b)의 거리는 점점 더 멀어진다. 그 결과 TT(a)와 TT(b)의 독자들은 서로 상당히 다른 방향으로 기사문을 접하게 될 것이다.

ST: Achebe, Chinua(1958). Things Fall Apart. London: Everyman's Library.
TT1: 「무너져 내리다」, 한남철(역). 서울: 태창문화사, 1979.
TT2: 「모든 것은 무너진다」, 임정빈(역). 서울: 동쪽나라, 1994.
TT3: 「모든 것이 산산이 부서지다」, 조규형(역). 서울: 민음사, 2008.

ST: That was many years ago, twenty years or more, and during this time Okonkwo's fame had grown like a bush-fire in the harmattan. (1)
TT1: 이 모두가 오래 전의 일이었다. 근 20여 년 되었는데 그 이래로 오늘 날까지 그의 명성은 하르마탄 (역주: 아프리카 내륙에서 대서양쪽으로 부는 건조한 바람) 바람을 만난 산불의 기세로 크게 번졌다. (17)
TT2: 그것은 옛날이야기다. 거의 20년도 더 된 지난 일이고 그 당시 오콩코의 명성은 더운 사막

에서 불어오는 열풍에 불붙는 듯 했다. (12)

TT3: 그것은 오래전, 이십 년 혹은 그보다 더 오래전이었고, 이후 오콩코의 명성은 하마탄[1] 속의 산불처럼 커져 나갔다. (12)

이는 중요한 문화적인 의미를 담고 있다. 이를 하나의 도착언어로 번역할 때 해당 어휘가 제2의 원천언어임이 나타나야 하고, 의미도 동시에 전달되어야 한다. 이를 위해 TT1과 TT2는 문장부호를 활용해 '다른 언어'임을 표시했고, TT3은 별도의 문장부호는 사용하지 않았다. 또한, 소리나는 대로 표기한 것만으로는 의미를 전달할 수 없기 때문에 gloss로 설명을 제공하고 있는데, TT3은 intratextual 방식을 취해 가독성을 보다 고려했다는 점이 다르다. 그러나 TT1, TT2, TT3 모두 이국성을 보존하기 위해 보존전략을 주로 활용하고 있다. 또한, 이보어가 아닌 일반적인 문화소 번역에서는 보존전략뿐 아니라 대체전략도 활용되고 있다.

예문은 『악마는 프라다를 입는다』의 한 부분이다. 특정 영화와 드라마의 등장인물들의 옷차림새를 한 사람들을 조롱하는 장면으로 이 역시 영화나 드라마에 대한 설명이 중요한 것이 아니라 그 설명이 등장인물들의 옷차림새를 연상시켜 줄 수 있어야 비로소 추가 정보를 넣은 효과를 볼 수 있다. TT8-1)에서는 TV 드라마나 영화에 대한 설명은 있으나 등장인물의 의상이 잘 연상되지 않기 때문에 TT8-2)에 이를 재구성 했다.

ST8) I hoped I wasn't staring during my monologue, but the spectacle was truly outrageous. I'd seen women dressed like hookers and men dressed like women and models not dressed at all at Miranda's parties, but never before had I seen people dressed like this. I knew it wasn't going to be a trendy New York crowd, but I was expecting them to look like something out of Dallas; instead, they looked like a dressier version of the cast from Deliverance. (Devil Wears Prada 325)

TT1) 혼자 말하면서 나는 그들을 쳐다보지 않으려 했지만 그 광경은 실로 충격적이었다. 전에 미란다의 파티에서 매춘부처럼 입은 여자와 여자처럼 입은 남자들, 그리고 아예 옷을 입지 않은 모델들을 본 적은 있지만, 이렇게 입은 사람들은 한 번도 본 적이 없었다. 유행에 민감한 뉴요커들 같지는 않겠지만, 적어도 <댈러스>[2]에 나오는 사람들처럼은 입었을 줄 알았다. 하지만 이들은 <구출>[3]의 등장인물들이 조금 차려입은 정도에 지나지 않았다.

TT2) 혼자 말하면서 나는 그들을 쳐다보지 않으려 했지만 그 광경은 실로 충격적이었다. 전에 미란다의 파티에서 매춘부처럼 입은 여자와 여자처럼 입은 남자들, 그리고 아예 옷을 입

---

[1] 아프리카 중부 사하라 사막에서 발생하는 모래 바람. 하마탄이 심하면 기온이 내려가기도 한다.) TT3 본문 하단에 각주로 표시되어 있는 내용
[2] 댈러스를 배경으로 한 TV 드라마
[3] 남부의 차카누가 강에서 일어난 구출작전을 그린 영화. 원제는 'Deliverance' (악마는 프라다를 입는다)

지 않은 모델들을 본 적은 있지만, 이렇게 입은 사람들은 한 번도 본 적이 없었다. 유행에 민감한 뉴요커들 같지는 않겠지만, 적어도 <댈러스(Dallas)>[4]에 나오는 사람들처럼은 입었을 줄 알았다. 하지만 이들은 <서바이벌 게임(Deliverance)>[5]의 등장인물들이 조금 차려입은 정도에 지나지 않았다.

4-2. 충실성(faithfulness)

번역의 충실성이라 함은 내용(content fidelity), 형식(form fidelity), 언어(linguistic fidelity), 문체(style fidelity)를 의미한다. 번역의 핵심이 되는 쟁점은 원문에 대한 충실성인가 아니면 독자들의 이해도를 돕는데 무게를 둘 것인가에 있다. 원어 텍스트에 충실하고 번역어 표현도 훌륭한 경우도 있고 원어 텍스트에 충실하지만 번역어 표현이 자연스럽지 못한 번역이 있기도 하며 원어 텍스트에 충실하지 못하지만 번역어 표현이 자연스러운 번역도 있고 원어 텍스트에 충실하지 못하고 번역어 표현도 자연스럽지 못한 번역도 있다.

4-3. 번역 불가성(untranslatability)

번역의 불가성을 주장한 사람은 Jacobson이다. 그는 "차이속의 등가성"(equivalence in difference)이라는 유명한 개념을 도입하였고 문학 텍스트에서는 통사적, 형태적 요소들도 각기 의미를 지니기 때문에 문학 텍스트는 본질상 번역이 불가능하며 단지 "창조적 치환"(creative transposition)만이 가능할 뿐이라고 주장했다.

번역이 불가능한 유형은 언어적인 것과 문화적인 것으로 나누어 설명될 수 있다. 언어학적으로 보면 번역이 불가능한 것은 원어에 해당하는 언어가 목표어에 없다는 것을 의미한다. 그리고 문화적으로 볼 때 번역이 불가능한 것은 문화에 원어에 해당하는 상관된 상황이 없는 경우이다. 이를 Popovic은 아래와 같이 설명하고 있다.

- A situation in which the linguistic elements of the original cannot be replaced adequately in structural, linear, functional or semantic terms in consequence of a lack of denotation or connotation.
- A situation where the relation of expressing the meaning, i.e. the relation between the creative subject and its linguistic expression in the original does not find an adequate linguistic expression in the translation.

---

4 텍사스 석유 재벌가의 음모와 사랑을 그린 80년대 TV 드라마
5 남부 조지아 강으로 휴가를 간 직장인들이 지역 폭력배에게 습격당하는 사건을 그린 영화(악마는 프라다를 입는다)

이처럼 두 언어 간의 완전한 대응의 부재가 있을 경우에는 번역이 불가능함을 알 수 있다. 어차피 두 언어 간의 완전한 대응은 있을 수 없다. 영어 단어가 100만 단어의 방대한 양이지만 히브리어나 희랍어를 번역할 때 완전한 상응을 기대할 수 없는 것이 현실이다. 그렇다 보니까 전달될 수 없는 많은 의미가 가려진 채로 남는데 이는 문화적 사회 구조적인 차이에서 오는 상상하기조차 어려운 점들이 많이 있기 때문이다. 이런 점에서 볼 때 의미의 본질적인 것을 그대로 재현하는 것은 불가능하다. 이런 이유 때문에 번역가는 다음과 같은 사항을 받아 들여야 한다고 Mcguire는 강조한다.

- Accept the untranslability of the SL phrase in the TL on the linguistic.
- Accept the lack of a similar cultural convention in the TL.
- Consider the range of TL phrases available, having regard to the presentation of class, status, age, sex of the speaker, his relationship to the listeners and the context of their meeting in the SL.
- Consider the significance of the phrase in its particular context — i.e. as a moment of high tension in the dramatic text.
- Replace in the TL the invariant core of the SL phrase in its two referential systems (the particular system of the text and the system of culture out of which the text has sprung).

4-5. 형식이냐 내용인가?(Form vs. Content)

형식에 우선권을 줄 것인가 아니면 내용에 우선권을 줄 것인가 하는 문제이다. 원어 텍스트의 형식을 번역어 텍스트에서 어떻게 다룰 것인가에 대한 쟁점으로 내요 전달이 주요 목적인 경우는 상관없는 일이지만 내용과 형식이 불가분의 관계를 맺고 있는 경우 (영시 같은 경우) 쉽게 결정을 내리기 어려운 일이고 복잡해진다.

The principle of attempting to reproduce the meaning of a passage as understood by the writer may seem so obvious as not to be worth saying, but there is much more here than one might suspect. For example, some persons insist that in translating the Greek of the New Testament one must go back to the Aramaic and understand Jesus's words in terms of what he must have said in Aramaic. But the translator is bound to ask himself: "what was it that Luke, writing in his day, understood by the Greek that he used?" Not only must we avoid going behind the writer; we must also avoid going ahead of the writer in exegeting and understanding his language.

아이러니컬하게도 대부분 배우들 간의 대화로 전개되는 영화를 제외한 다큐멘터리, 학습교육용 영상물 등은 해설위주로 자막이 나타나므로 구어체보다 문어체로 나타난다. 영상물을 흔히 접하고 있는 오늘날 사회에서 자막번역은 그 어느 때보다 중요한 위치를 차지하고 있다. 자막번역에 나타난 모국어 표현들은 대부분 구어체로 구성되어 있다. 그러나 텍스트에서 텍스트로 전환되는 과정에 소실된 메시지 내용들은 영상과 발화맥락을 통해 보상받기도 한다.

이러한 구어체 표현들은 자막 번역가의 개인적 어휘특색들을 보여준다. 이것은 번역가 자신의 개성적 언어특징, 즉 문체를 관찰할 수 있는 기회를 제공해준다. 두 언어의 이질성은 출발 텍스트의 발화를 여러 전환기법에 의해 목표 텍스트에 전달된다. 또한 자막은 영상과 일치에 의한 한정표현이나 어휘 그리고 자막시간과 공간제약에 의한 표현으로도 도출된다.

더 나아가, 실질적으로 영화자막에 나타난 문체는 여러 변수들에 의해 제약을 받는다. 그러한 제약들은 영상 이미지가 제공하는 내용과 더불어 전이(transfer)과정의 전환(shift)과 연관성을 지니고 있다. 사실, 영화자막에 등재되는 표현들은 장면과 일치하는 경우도 있지만 불일치하는 경우들도 잔재하고 있다. 자막에 등재되는 표현들은 정제된 문체표현으로 나타나기도 하고, 몇몇 경우에는 무분별한 속어나 유행어로 표출된다. 이처럼 자막번역에 나타난 문체는 메시지 전달체의 복합작용에 의해 결정된다.

특히, 영상 자막번역은 방언이나 사투리를 포함하지 않고 명시적으로 품위 있는 언어를 내포하고 있다. 오늘날 TV, DVD, 동영상 등과 같은 영상물에 나타난 자막표현들이 일반 문체표현과 크게 다르다는 것을 관찰할 수 있다. 자막번역은 문법이나 어순에 구애받지 않는 경향이 있다. 자막번역은 대화체로 구성되어 있어 시제, 조사, 수의 일치를 회피하고 수동형, 진행형을 지양하며 주어, 접속사, 수식어 등을 생략하는 현상들이 빈번히 발생한다. 또한 어투는 영화 속 배우의 연령, 직업, 용모 등을 고려한 언어로 표출된다.

영상장면의 흐름과 함께 전개되는 자막은 출발 텍스트의 내용이 축어역으로 전달되는 것보다 글자 수의 제약으로 영화자막에 등재되는 글자 수는 띄어쓰기 포함하여 한 줄에 8자씩 모두 16자로 제한하고 있다. 그리고 영상 자막번역은 영화 장르마다 독특한 장면과 대화를 통해 문체를 달리한다. 그러므로 자막에는 영상번역 작가의 개성미를 반영할 뿐만 아니라 영상맥락과 연관성, 사회 맥락적 시대성, 언어의 정제된 함축성, 명시성을 투영시킨다. 그러나 영화는 대중문화의 맥락을 토대로 두 문화권의 중계역할을 수행한다. 그러므로 출발 문화권에서 제작된 영화가 목표 문화권에서도 동일한 효과를 발생시키도록 자막번역 작업을 한다는 것은 매우 어렵다. 영상자막의 문체에 관해 관찰할 수 있는 또 하나의 사실은 자막이 시간적, 공간적 제약 환경으로부터 많은 영향을 받는다는 이유로 함축적이고 명시적인 표현으로 전달되기도 하는 것이다.

영화는 보통 3초에서 4초 이내에 장면이 전환되기 때문에 관객들은 빠른 장면전환으로 자막을 독해하는데 어려움을 겪는다. 긴 발화의 경우 축소번역 방식으로 생략, 부가, 대체와 같은 번역기법을 통해 한정된 공간에 나타낸다. 이러한 전달방식은 자막 번역가에게 언어선택이나 영상장면과의 결속관계를 고려하여 부담이 되는 요소이다. 또한 자막에 나타난 문체는 장면전환 시간에 의해 많은 영향을 받는다. 이것은 일반문헌 방식의 메시지 전달보다 제한된 표현방식으로 자막 등재되는 것임을 암시한다.

이와 같이 영상자막은 자막 시간과 공간, 장면 전환시간, 장면과 자막일치 문제 등을 고려하여 적절한 문체로 전개되어야 한다. 자막번역은 편지글이나 규약, 공문서와 같은 문어체가 아닌 의사소통 중심으로 대화를 전개하는 만큼 구어체로 되어 있다. 구어체는 우리가 일상생활에서 쓰는 그대로 문장화한 문체라고 볼 수 있다. 따라서 자막번역에서 문체는 현실감을 부여하는 가시적인 표현이다. 그러면 자막번역에 나타난 문체는 어떠한 특징을 지니고 있을까?

첫째, 자막번역에 나타난 간결체의 사례를 아래에서 볼 수 있는 바와 같이, 축소번역은 글자 그대로 될 수 있는 한, 말을 줄여서 한 마디 한 마디가 압축된 표현으로 번역되는 방식을 말한다. 이러한 번역방식의 문체는 언어표현의 기교를 필요로 하지만, 지나치게 표현을 줄이게 되면 내용전달에 문제가 발생할 수 있다. 그러나 자막번역에서 축소번역에 의한 의미 값 소실은 영상이 그 보조 장치로서 보상을 하게 된다. 그러므로 영상과 자막은 상호 보완적 관계를 맺고 있다(Gambier 64). 자막번역의 문체는 간결체이다. 자막번역은 앞에서도 언급하였듯이, 자막공간과 시간제약으로 인해 축소번역 전략이 추구된다.

(1) a. 제가 이 집을 나가버리겠어요. → ~ 나가겠어요.
     b. 초능력이라도 → ~ 초능력도
     c. 나야말로 속이 시원하단 말야 → ~ 나두 속이 시원해.

자막번역은 배우들의 발화를 명료하고 짧게 전달하고 있다. 상기 예에서 볼 수 있는 바와 같이 일반적으로 출발어와 목표어 사이에 언어구조나 자질의 간격이 크면 클수록 간결체가 두드러진다. 또한 줄어진 자막은 새로운 어휘로 대체되든지 혹은 준말이 활용된다. 보통 자막에는 출발 텍스트에 포함된 조동사, 수식어, 접속사, 담화표지와 같은 요소들이 생략되는 경향이 강하다.

둘째, 이미 앞에서도 언급하였듯이, 자막은 배우들의 대화를 문어로 표기한 형태이고 자막번역은 구어체이다. 그러므로 자막에는 배우들의 짧은 대화일지라도 직역을 피하고 대화형식으로 바뀐다. 영화 속 배우들의 대화를 비격식체인 구어체로 전환하여 전달하는 작업은 고도의 언어능력을 필요하다.

a. 하였어요 → ~ 했어요
b. 현격히 → ~ 많이
c. 멈춰요 → ~ 거기 서!
d. 제발 말해줘요 → ~ 어서 말해 봐요.

a. 선생님 집이 어디죠? → 선생님 댁이 어디시죠?
b. 까놓고 말해서 → 솔직히 말해서
c. 골 때리는 일이 많아졌어. → 골치가 아픈 일이 많아졌어.

5. 영한번역의 질적인 평가 및 실무 적응

예문 1

It is no less pleasant to do a difficult thing for oneself than to climb a steep mountain.

40점 번역 가파른 산을 등산하는 것보다 자기 자신을 위해서 어려운 일을 하는 것이 덜 즐거운 것이 아니다. (직역)

90점 번역 가파른 산을 오르는 것도 좋지만 어려운 일을 스스로 찾아 하는 것도 좋은 일이다. (현장 영어식 의역)

예문 2

All the efforts of the doctors were of no avail.

35점 번역 그 의사들의 모든 노력들은 이용할 수 없게 되었다.

주의할 점 "were of no avail"을 하나로 묶어 "허사였다"로 처리함이 바람직하다.

65점 번역 그 의사들의 모든 노력들은 모두 허사였다.

주의할 점 "이용할 수 없게 되었다"가 "허사였다"로 간략하게 처리되었다. "모든 노력"이란 표현은 힘들고 어렵던지 쉽고 용이한 종류의 일이던지 분명해야 하기 때문에 추상명사로서 "노력"은 동사로 표현하는 것이 더 적절하다.

95점 번역 의사들의 노력은 모두 허사였다. 또는 의사들이 노력했지만 아무 소용이 없었다.

주의할 점 한글의 특징은 문장 성분의 자유로운 이동이다. 가령 "모든 의사들이 참석했다"보다는 "의사들이 모두 참석했다"가 더 자연스런 표현이다. "형용사"인 "모든"은 "부사"인 "모두"로 바꾸어 주는 것이 좋다.

예문 3

To prolong this discussion is to waste time.

35점 번역 이 토론을 연장하는 것은 시간을 낭비하는 것이다.

주의할 점 To prolong this discussion=to waste time. 동사 "이다"와 보어 "낭비하다"는 "낭비다"로 처리함이 바람직하다.

65점 번역 이 토론을 연장하는 것은 시간 낭비다.

주의할 점 사람의 관점으로 바꾸어주는 것이 더 좋은 표현이다.

95점 번역 이 문제는 더 이상 토론할 필요가 없다.

예문 4

The serious conviction that a person should have is that nothing is to be taken too seriously.

50점 번역 사람이 당연히 가져야만 하는 중대한 믿음은 너무 중대하게 받아 들여야 하는 것은 아무 것도 없다는 것이다.

평가 의미를 이해는 할 수 있으나 상당히 어색하기만 하다. 왜 그럴까? "The serious conviction" 무생물이 주어로 표현되었기 때문이다. 따라서 사람이 전체의미의 주어로 표현되어야 한다.

90점 번역 1. 사람들이 꼭 알아 두어야 할 것은 모든 것을 너무 심각하게 생각하지 말라는 것이다.
2. 사람들은 누구나 할 것 없이 어떤 일을 무조건 심각하게 생각해서는 안 된다.
3. 사람들이 꼭 염두에 두어야 할 것은 무엇이든 너무 심각하게 생각하지 말라는 것이다.

예문 5

The mobilization of an entire nation's economy and people served as a single cause.

50점 번역 전체 국가의 경제와 국민의 동원은 한 가지 이유로써 기여했다.

평가 serve as (－ 역할을 하다) 주어진 문장의 핵심은 mobilization이라는 명사를 동사(동원하다)로 표현하는 것이다. 그리고 동원한 이유가 as a single cause (as=because)이다.

90점 번역 하나의 명분 때문에 국가의 모든 경제와 국민이 동원되었다.

예문 6

He tends to feel too much empathy with the laborers to make a good foreman.

50점 번역 그는 좋은 현장주임이 되기 위해서 그 노동자들과 너무 많은 공감을 느끼려고 하는 경향이 있다.

평가 tend to do/too much의 의미는 부정적인 이미지를 많이 품고 있으며 empathy with the laborers/to make a good foreman은 긍정적인 의미를 품고 있다.

90점 번역 그 사람은 좋은 현장 주임이 되기 위해서 인부들 입장에서 항상 생각하려고 노력한다.

예문 7

It is often said that an American starts a speech with a joke, while a Korean begins making an apology.

60점 번역 미국인은 농담으로 말을 시작하는 반면에 한국인은 사과를 하는 것으로 시작한다고 종종 말해진다.

90점 번역 말을 할 때 미국인은 농담으로 시작하는 반면에, 한국인은 사과부터 하는 것이 큰 차이다.

예문 8

I make it a rule never to eat or drink too much, because the overeating of something is anything but helpful to the improvement of health.

60점 번역 나는 결코 너무 많이 먹거나 또는 너무 많이 마시지 않는 것을 규칙으로 하고 이다. 어떤 것의 과식은 건강의 증진에 결코 도움이 되지 않기 때문이다.

90점 번역 과식은 건강에 해롭기 때문에 나는 항상 과음 과식을 하지 않는다.

예문 9

It is one thing to have a nice library and it is quite another to make wise use of it.

60점 번역 하나의 좋은 도서관을 가지는 하나의 일과 그것은 현명하게 사용하는 것은 아주 다른 것이다.

90점 번역 책을 아무리 많이 가지고 있다고 해도 활용하지 못한다면 아무 소용이 없다.

예문 10

This will remain an unpleasant memory with me.

35점 번역 이것은 나와함께 기분 나쁜 기억으로 남아 있을 것이다.

평가 This=an unpleasant memory. 이는 가령 She seemed very good-humored. 라고 했을때 "－해 보였다"는 이중적인 서술어가 되어 "－했다"로 표현하는 것이 좋다. "그녀는 매우 쾌활했다."

65점 번역 이것은 내게 불쾌한 기억으로 남을 것이다.

평가 주어진 문장은 행위자를 중심에 놓은 능동형 서술이기 때문에 사람을 주어 자리에 놓고 번역해야 함.

95점 번역 나는 그 불쾌한 일을 잊지 못할 것이다. 또는 (나는 그것 때문에 늘 불쾌할 것이다)

예문 11

When we are not anxious about happiness and unhappiness, but devote ourselves to the strict and unsparing performance of duty, happiness comes of itself.

45점 번역 우리가 행복과 불행에 대해서 걱정하지 않고, 그러나 의무의 엄격하고 아끼지 않는 수행에 자신들을 바칠 때, 행복은 스스로 온다.

90점 번역 행복할 수 있을까? 불행하게 되는 것은 아닌가? 하며 걱정을 하기 보다는 어떤 일에 매진하다보면 자연히 행복해 지기 마련이다.

예문 12

Unless you train your body you can't be an athlete, and unless you train your mind you can't be much of a scholar.

45점 번역 당신은 당신의 신체를 훈련하지 않는 한은 당신은 운동선수가 될 수가 없고, 그리고 당신은 당신의 마음을 훈련하지 않는 한은 당신은 학자만큼 될 수 가 없다.

90점 번역 체력 단련을 하지 않으면 운동선수가 될 수 없고, 마음 수양을 하지 않으면 학자다운 학자는 되지 못한다.

예문 13

He ran blindly, in fear such as he had never felt in his life. Slowly, as he made his way awkwardly through the snow, he began to see things again.

45점 번역 그는 그의 인생에 있어서 결코 느껴보지도 못해떤 그러한 것과 같은 두려움에 맹목적으로 다렸다. 천천히, 그가 서투르게 그 눈을 가로질러 그이 길을 만들어 가면서 그는 다시 사물들을 보기 시작했다.

90점 번역 그 사람은 평생 한 번도 느껴보지 못했던 두려움에 정신없이 앞으로 달렸고 허겁지겁 눈을 헤치며 나아가다 보니 뭔가가 다시 보이기 시작했다.

예문 14

The young ignore or neglect the old. The young feel they have nothing in common with the older generation. But in fact, the world's population is growing steadily older. So the young are beginning to become aware of their esponsibilities towards the old again.

45점 번역 젊은이들은 노인을 무시하거나 경시한다. 젊은이들은 늙은 세대들과 공통으로 가지고 있는 것이 없다고 느낀다. 그러나 사실, 세상의 인구는 점차 늙어가고 있다. 그래서 젊은이들은 또 다시 노인에 대한 그들의 책임감을 인식하기 시작하고 있다.

90점 번역 젊은이들은 노인을 무시하거나 무관심하게 대하고 과거 세대와는 공통점이 전혀 없다고 생각해 왔던 것이 사실이다. 하지만 인구가 노령화되면서 기성세대에 대한 젊은이의 책임이 무엇인지 다시금 인식해 가고 있다.

예문 15

He to whom this emotion is a stranger, who can no longer pause to wonder and stand rapt in awe, is as good as dead: his eyes are closed.

45점 번역 이러한 감정이 낯선 사람, 더 이상 잠깐 경탄하지도 않고 그리고 경외심에 넋을 잃고서 있지 않는 그는 죽은 것과 마찬가지다; 그의 눈은 닫혔다.

90점 번역 이러한 감정을 잘 모른다거나 감탄할 줄도 모르고 경이로운 것을 보고 놀라지도 않는 사람은 더 이상 산 사람이라고 말할 수 없다. 다시 말해 죽은 사람과 같다는 것이다.

예문 16

The skin is the body's largest and one of its most complex organs. Spread flat, it would cover approximately 18 square feet, every square inch of which includes about a yard of blood vessels, four yards of nerves, and more than three million cells.

65점 번역 피부는 신체의 가장 크고 복잡한 기관 중의 하나다. 평평하게 펴면, 그것은 대략 18평방 피트에 이를 수 있고 그것의 매 평방 인치는 약 1 야드의 혈관과 4야드의 신경, 그리고 300만개 이상의 세포를 포함한다.

평가 The skin is the body's largest and one of its most complex organs. 피부는 신체의 가장 크고 가장 복잡한 기관 중의 하나이다— 피부는 신체에서 가장 넓고 복잡하다.

Spread flat 평평하게 펴면 (만일 평평하게 펼쳐진다면 if it were spread flat)

It would cover approximately 18 square feet. 그것은 대략 18평방피트에 이를 것이다(대충 55평방미터나 된다) every square inch of which includes about a yard of blood vessels 그것 들의 매 평방 인치는 대략 1야드의 혈관을 포함한다(피부 1평방 인치에는 대충 혈관 1야 드가 들어 있고) Four yards of nerves 4야드의 신경(신경 4야드) and more than three million cells 그리고 300만개 이상의 세포를(그리고 세포 300만개 이상이 들어 있다). ** 1foot=30.48cm, 1yard=3feet

95점 번역 피부는 신체에서 가장 넓고 복잡하게 이루어져 있는데, 만약 평평하게 펴면 면적이 55평 방미터나 되고, 피부 1평방 인치는 대충 혈관이 90cm, 신경 3.6m, 그리고 세포 300만개 이상으로 이루어 져있다.

예문 17

Their overestimation of Korea's importance in the world can lead to some funny results.

40점 번역 세계에서의 한국의 중요성의 그들의 과대평가는 어떤 우스운 결과에 이를 수도 있다.

90점 번역 만약 그 사람들이 세계에서 차지하는 한국의 비중을 과대평가한다면 우스운 결과를 초래 할 수도 있다.

예문 18

The recurrence of this pleasure naturally keeps their interest in literature very much alive.

40점 번역 이러한 즐거움의 반복은 자연스럽게 문학에 대한 그들의 흥미를 대단히 활발하게 유지한 다.

90점 번역 이처럼 늘 즐겁기 때문에 그 사람들은 자연히 문학에 지대한 관심을 가지게 되는 것이다.

예문 19

The breakdown of global trade talks and U.S. frustration with some of its main trading partners, Japan and the EC in particular, has transformed the mood in Washington in favour of closer economic ties with its big southern neighbor.

40점 번역 세계 무역회담의 결렬과 그 주요 무역 상대국들인 특히 일본 및 유럽 공동체와의 미국의 좌절은 워싱턴의 분위기를 그의 큰 남쪽 이웃과의 좀 더 긴밀한 경제 유대를 선호하는 쪽으로 변경시켰다.

90점 번역 세계 무역회담이 결렬되고 특히 주요 무역 상대국인 일본 및 유럽 공동체와의 협상이 결렬되자 워싱턴은 미국 남쪽에 있는 거대한 인접국가와 좀 더 긴밀한 경제적 유대관계를 가질 필요가 있다는 쪽으로 기울었다.

예문 20

To eat and to drink are necessary in order to live.

40점 번역 먹고 마시는 것은 살기 위해서 필요하다.

90점 번역 살기 위해서는 먹고 마셔야 한다.

예문 21

With only two days to go we can't afford to relax.

40점 번역 단지 이틀 남은 것으로 해서 우리는 편할 여유가 없다.

90점 번역 이틀뿐이라 생각하면 (우리는) 한가하게 지낼 수가 없다.

예문 22

She won't be able to help us with all her family commitments.

40점 번역 모든 그녀의 가족적인 전념들로 그녀는 우리를 도와줄 수 없을 것이다.

90점 번역 그 여자가 집안일에 정신이 없는 것을 감안하면 우릴 도울 수가 없을 것이다.

6. 전문 영한번역(1.2급) · 영한번역 테크닉 · 영한번역 평가 및 검증

 01 번역 예제 난이도 ★★★★
Please translate the following passage into Korean.

Strange is our situation here upon earth. Each of us comes for a short visit, not knowing why, yet sometimes seeming to divine a purpose. From the standpoint of daily life, however, there is one thing we do know: that man is here for the sake of other men—above all for those upon whose smile and well-being our own happiness depends, and also for the countless unknown souls with whose fate we are connected by a bond of sympathy. Many times a day I realize how much my own outer and inner life is built upon the labors of my fellow-men, both living and dead, and how earnestly I must exert myself in order to give in return as much as I have received. My peace of mind is often troubled by the depressing sense that I have borrowed too heavily from the work of other men.

여기 지상에서 우리의 입장은 묘하다. 우리들 각자는 잠시 동안 방문을 온 것이지만 그 이유는 모른다. 그러나 각자는 가끔 인생의 어떤 목적을 알아낸 듯한 생각이 든다. 그런데 일상생활의 입장에서 볼 때, 우리가 확실히 알고 있는 것이 한 가지 있다. 인간은 다른 사람들을 위해 태어났다는 것, 즉 무엇보다도 우리 자신의 행복이 그들의 미소와 복지에 달려있는 자들을 위해 그리고 또한 우리가 공감이라는 접합제에 의하여 그들의 운명과 관련되어 있는 숱한 미지의 사람들을 위해 태어났다는 것, 하루에도 몇 번씩 나는 내 자신의 외적 내적 생활이 얼마나 크게 현재 살아있거나 죽은 내 동포들의 노고를 위해 구축되어 있는가를 또 내가 받은 만큼 보답하기 위해서 나는 얼마나 열심히 노력해야 하는 가를 알고 있다. 내가 다른 사람들의 노고에 대해 빚이 너무도 많다는 것을 생각하면 마음이 울적해서 내 마음의 평정이 깨지는 일이 자주 있다.

어휘연구 come for a short visit 잠시 동안 방문하다
souls 사람들
outer and inner life=physical and mental life exert oneself=make an effort the depressing sense 울적한 기분
by inner necessity 내적인 필요에 의해
witness 목격하다
a perpetual breeder of tolerance 항상 관용의 정신을 낳게 하는 것
will to=desire to =wish to make for 조성하다 −에 도움이 되다(=promote)

구문연구 Strange is our situation here upon earth는 도치문이다. Our situation is strange here upon earth.
Man is here (=man is born) 결과의 의미이지만 완료형을 쓰지 않는다. Man has been here. (x)

02 번역 예제 난이도 ★★★
Please translate the following passage into Korean.

The millions are awake enough for physical labor; but only one in a million is awake enough for effective intellectual exertion, only one in a hundred millions to a poetic or divine life. To awake is to be alive.

육체노동을 할 수 있을 정도로 정신 차린 사람은 하도 많지만, 지적인 노력을 효과 있게 할 수 있을 정도로 정신 차린 사람은 만에 하나 있을 뿐이고, 시적인 또는 신성하다고 할 생활을 할 수 있는 사람은 억에 하나 있을 뿐이다.

어휘연구   physical labor 육체노동 exertion 노력

** Yes, marriage helps a doctor. It stamps him respectful, and many will not consult a doctor unless they know that he is a married man; but white hair will help him quite as much.

결혼을 하면 의사에게 도움이 된다는 것은 사실이다. 결혼을 하게 되면 그는 점잖다는 것을 알 수 있다. 그렇기 때문에 많은 사람들이 의사가 기혼자라는 것을 알지 못할 경우에 의사의 진찰을 받으려고 하지 않는다. 그러나 백발이 되면 의사는 그만큼 도움이 된다.

어휘 및 구문연구   *Yes=it is true. many=many people

(*** as much(=as the amount of) 은 같은 양을 표시하는 경우에 사용. as many(=as the same number of)는 같은 수를 표시하는 경우에 사용됨.

---

03 **번역 예제 난이도 ★★★**
Please translate the following passage into Korean.

Man's hunger to serve both his physical and his spiritual needs, created on the continent of North America a civilization that was similarly divided because it offered tempting satisfactions on both the higher and the lower levels.... perhaps in the beginning of American civilization can be found a clue to the incongruous mixture of naive idealism and crude materialism that produced in later years a literature of beauty, irony, affirmation, and despair.

인간의 욕망은 육체적 요구와 정신적인 요구 양면을 충족시키도록 나뉘어 있는데, 북미 대륙은 그 양면이 비슷하게 나누어진 문명을 이루고 있다. 아마도 천진난만한 이상주의와 조잡한 물질주의가 마구 혼잡하게 된 단서를 미국 문명의 초기에서 찾아 낼 수 있을 것인데, 이 혼잡은 후기에 와서 미와 아이러니와 긍정과 문학을 생산하기에 이른다.

어휘연구   hunger 욕망   incongruous 일치되지 않는, 모순된
crude materialism 조잡한 물질주의

---

04 **번역 예제 난이도 ★★★**
Please translate the following passage into Korean.

Solitude is not measured by the miles.
I find it wholesome to be alone the greater part of the time. To be in company, even with the best, is soon wearisome and dissipating. I love to be alone. I never found the companion that was so companionable as solitude. We are for the most part more lonely when we go abroad among men than when we stay in our chambers. A man thinking or working is always alone, let him be where he will. Solitude is not measured by the miles of space that intervene between a man and his fellows.

대부분의 시간을 혼자 있는 것이 건전하다고 나는 생각한다. 사람들과 함께 있으면 비록 가장 훌륭한 사람들과 자리를 함께 하는 경우까지도 곧 지루하고 소용없는 낭비를 가져온다. 나는 홀로 있기를 좋아한다. 나는 고독처럼 친근한 말벗을 찾지 못했다. 집에서 나와 사람들 사이에서 끼이면 대개 경우 우리 방안에 있을 때 보다 더 외로운 것이다. 생각하거나 일하고 있는 사람은 어디에 있든 언제나 고독하다. 고독이란 한 사람과 그의 동료들 사이에 가로놓인 공간의 거리로서 측정하지 못한다.

어휘 및 구문연구   *wholesome 건전한   be in company 사람들과 함께 있다

wearisome 지루한   companionable 친구로 사귈만한 사교적인

dissipating 낭비하는 흩어지게 하는   chamber 방

intervene 간섭하다

Let him be where he will be=wherever he may be=whatever others may say 다른 사람들이 뭐라고 하든

---

05 **번역 예제 난이도 ★★★**
Please translate the following passage into Korean.

Not the least of the evils of life, and one for which there is small help, is that someone whom you love no longer loves you.   (** 주어는 the least (evil) one=an evil that 종위 접속사)

인생의 모든 악 중에서 적지 아니한 악, 그것을 어찌 막을 길이 없는 악은 당신이 사랑하는 어떤 사람이 이미 당신을 사랑하고 있지 않다는 것이다.

---

06 **번역 예제 난이도 ★★★**
Please translate the following passage into Korean.

It seemed to me then that if there was in philosophy no universal truth that everyone could accept, but only a truth that agreed with the personality of the individual, the only thing for me was to narrow my search and look for some philosopher whose system suited me because I was the same sort of man that he was.

철학에는 만인이 받아 드릴 수 있는 보편적인 진리가 아니라 개인의 사람됨과 부합되는 진리밖에 없는 것이라면, 나에게 대해서 할 수 있는 일이란 내가 찾고 있는 범위를 좁혀서 내가 그와 같은 부류의 인간이기 때문에 그의 철학체계가 나에게 적합한 어떤 철학가를 찾아내는 것뿐이라고, 그 당시 나에게는 생각되었다.

구문연구 첫 줄의 that....seem의 보어 역할을 하는 접속사, 둘째 줄, 셋째 줄의 that은 관계대명사, 마지막 줄은 관계대명사
** We turn our attention away from our own defects, and when we are forced by untoward events to consider them find it easy to condone them.
[번역] 우리는 자신의 결함에서 외면한다. 그리고 불운한 사건으로 말미암아 결함을 생각해 보지 않을 수 없게 되었을 때에는 그 결함을 쉽게 용서하는 것이다.

07 번역 예제 난이도 ★★★
Please translate the following passage into Korean.

What a piece of work is a man! How infinite in faculty! In form and moving how express and admirable! In action how like an angel! In apprehension how like a god! The beauty of the world! The paragon of animals!

인간은 참으로 오묘한 조화의 창조물이요, 이성은 고상하고, 능력은 무한하며, 자태와 거동은 훌륭하기 이를 데 없고 행동은 흡사 천사요, 지혜는 신과도 같다. 천지간의 아름다움이요, 만물의 영장이다.

08 번역 예제 난이도 ★★★
Please translate the following passage into Korean.

This is no time to engage in the luxury of cooling off or to take the tranquilizing drug of gradualism. Now is the time to make real promises of democracy. Now is the time to rise from the dark and desolate valley of segregation to the sunlit path of racial justice. Now is the time to open the doors of opportunity to all of God's children. Now is the time to lift our nation from the quicksands of racial injustice to the solid rock of brotherhood

우선 냉정을 되찾으라는 사치스러운 말을 들을 여유도, 점진주의라는 이름의 진정제를 먹을 시간도 없습니다. 지금 이 순간이 바로 민주주의의 약속을 실현할 때입니다. 지금이 바로 어둡고 외진 인종 차별의 계곡에서 벗어나 햇살 환히 비치는 인종 간의 正義의 길에 들어설 때입니다. 지금이 바로 神의 모든 자손들에게 기회의 문을 열어 줄 때입니다. 지금이 바로 인종 간의 不義라는 모래 위에서 형제애라는 단 단한 바위 위로 올라서야 할 때입니다.

 어휘연구   the luxury of cooling off 냉정을 되찾으라는 사치스런 말
tranquilizing drug of gradualism 점진주의라는 진정제
desolate valley 황량한 계곡
segregation 인종차별
the solid rock of brotherhood 형제애라는 단단한 바위
quicksand 위험한 상태의 모래로 사람이나 동물을 빨아들이고 죽임

09 번역 예제 난이도 ★★★
Please translate the following passage into Korean.

Science consists not in the collection of varied facts any more than the random up-piling of stones is architecture—but in the detection of the principles which mutually relate facts even the most dissimilar and abnormal, and of the order which binds the parts into a whole.

과학이 다양한 사실의 모집에 있는 것이 아닌 것은 돌을 닥치는 데로 쌓아 올린 것이 건축이 아닌 것과 같다. 과학은 전혀 서로 같지 않는 것과 변칙적인 것들까지도 사실에 상관적으로 관련시키는 원칙을 발견하고 여러 부분을 일개의 통일체로 결합시키는 순서를 발견하는데 있다.

어휘연구 consist in -에 있다
piling-up 쌓아 올리기
detection 탐지 principle 원리, 원칙
relate 관련시키다
the abnormal 변칙적인 것들
a whole 전체

random 닥치는 대로의, 되는 대로의
architecture 건축
mutually 상관적으로
the dissimilar 서로 같지 않는 것들
order 순서 bind 묶다, 결합시키다

---

10 번역 예제 난이도 ★★★
Please translate the following passage into Korean.

The best parents can do in the short time when they are close to their children is to aid them in building a foundation and respect for honesty and fair-play in all things.

부모가 자식들 가까이 있는 그 짧은 기간 중에 해 줄 수 있는 가장 좋은 일은 자제력과 만사에 있어서 정직하고 공평함을 존중하는 마음의 바탕을 그들이 쌓아 올리는 것을 돕는 것이다.

---

11 번역 예제 난이도 ★★★★
Please translate the following passage into Korean.

Among other things you'll find that you're not the first person who was ever confused and frightened and sickened by human behavior. You're by no means alone on that score, you'll be excited and stimulated to know. Many, many men have been just as troubled morally and spiritually as you are right now. Happily some of them kept records of their troubles. You'll learn from them... It is a beautiful reciprocal arrangement. And it isn't education. It's a history. It's poetry.

여러 가지 중에서 네가 사람의 행동을 보고 혼동하고 놀라 가슴을 아프게 하는 것은 너만이 아님을 알게 될 것이다. 그 점에서 결코 너만의 문제가 아니다. 알아보면 흥분하고 자극 받을 것이다. 다행이도 어느 사람은 그들의 정신적 갈등을 기록해 두었다. 너는 그 기록을 통해서 깨우치게 될 것이다. 그것은 서로 도움을 주는 아름다운 배려거든. 그런데 교육은 아니야. 이른바 역사이고 시이다.

---

12 번역 예제 난이도 ★★★★
Please translate the following passage into Korean.

He and his wife were just walking along, talking, not paying any attention to their kid. The kid was swell. He was walking in the street, instead of on the sidewalk, but right next to the curb. He was making out like he was walking a very straight line, the way kids do, and the whole time he kept singing and humming. I got up closer so I could hear what he was singing. He was singing that song, "if a body catch a body coming through the rye..." The cars zoomed by, breaks screeched all over the place, his parents paid no attention to him.

남편과 아내는 그 어린이에게는 관심도 두지 않고 둘이서만 이야기를 나누며 걸어가고 있었다. 어린이는 신이 났다. 그는 보도 위를 걷지 않고 길과 보도 경계선을 따라 걷고 있었다. 그는 어린이들이 예사 하는 식으로 아주 곧은 줄을 따라 걷고 있는 양 걸으면서 줄곧 노래와 콧노래를 불렀다. 나는 그가 무슨 노래를 부르는지 들을 수 있을 만큼 바짝 다가갔다. 그는 "호밀 밭을 헤치고 오는 자를 잡으면"이란 노래를 부르고 있었다. 자동차는 윙윙거리고 근처에서 자동차 브레이크 소리가 고막을 치는데 부모는 아이에겐 관심도 없었다.

---

13 **번역 예제 난이도 ★★★★**
Please translate the following passage into Korean.

His absence was everywhere, stinging everything, giving the furnishings primary colors, sharp outlines to the corners of rooms and gold light to the dust collecting on table tops. When he was there he pulled everything toward himself. Not only her eyes and all her senses but also inanimate things seemed to exist because of him, backdrops to his presence. Now that he had gone, these things, so long subdued by his presence, were glamorized in his wake.

그가 떠나가서 느끼는 허전함은 곳곳에 있었다. 만사에 아픔을 주며 모든 가구들이 원색의 뚜렷한 색으로 나타나고 방 구석구석 마다 모든 윤곽들이 뚜렷이 나타나며 식탁 꼭대기 위에 모여 있는 먼지에도 금색의 빛깔을 띠게 했다. 그가 있었을 땐 모든 것이 그의 중심으로 이루어져 있었다. 그녀의 모든 시선과 모든 그녀의 감각들뿐만 아니라 생명을 지니고 있지 못한 모든 물건마저도 그의 존재에 필요한 배경들인 양 그이 때문에 존재 하는 것 같았다. 이제 그가 떠나버린 지금 그의 존재에 의하여 오랫동안 가만히 가라앉아 있었던 이 모든 것들이 그의 모습을 따라 매혹적으로 모습도 바뀌어져 있었다. (하나의 물건이 그의 모습을 연상시켜 주고 있었기 때문에 다 매력적이고 귀한 모습처럼 여겨졌다.

어휘연구 stinging everything 만사에 아픔을 주며   furnishing 가구
sharp outlines 뚜렷한 윤곽

---

14 **번역 예제 난이도 ★★★★**
Please translate the following passage into Korean.

To sum up, he faced both East and West, filial to both, deeply indebted to both. His personality hereafter will attract hardly less attention than his poetry, so strangely previous a figure must he seem, when posterity sees him. He has been both of his nation, and not of it; his genius has been born of Indian thought, not of poets and philosophers alone but of the common people, yet it has been fostered by Western thought and by English literature; he has been the mightiest of national voices, yet has stood aside from his own folk in more than one angry controversy. His poetry presents the most varied in the history of Indian achievement.

요컨대 그는 동양과 서양 양자에 당면하여 양자에게 충실하고 양자에 깊이 힘을 입고 있다. 이후 그의 인간성이 앞으로 그의 시 못지않게 주목을 끌게 될 것이다. 후세들이 그를 보면 이전에는 참으로 이상하게 보였을 것이 분명하다. 그는 나라 하나

만이 아니라 자기 나라에서 양면을 보아 왔다. 그의 천재는 인도 사상에서 태어났고 단순히 시인들과 철학자들 중에서뿐만 아니라 평민에게서 태어났지만 그것은 서방사상과 영국문학으로 갈리어 졌다. 또 그는 가장 강력한 나라의 소리 옅지만 하나의 성낸 논쟁 이상으로 자기 동포들과는 달리 떨어져 있었다. 그의 시는 인도의 문명사에서 가장 다양성을 나타낸다.

어휘연구   filial to both deeply indebted to both 둘 모두에게 깊이 힘을 입고 있다

---

15 │ **번역 예제 난이도 ★★★★**
Please translate the following passage into Korean.

Nineteen sixty-three is not an end but a beginning. Those who hope that the Negro needed to blow off steam and will now be content will have a rude awakening if the nation returns to business as usual. There will be neither rest nor tranquility in America until the Negro is granted his citizenship rights. The whirlwinds of revolt will continue to shake the foundation of our nation until the bright day of justice emerges.

1963년은 끝이 아니라 시작입니다. 만일 이 나라가 다시 예전 상태로 돌아간다면, 흑인들이 좀 진정을 하고 自足해야 할 필요가 있다고 생각하는 사람들은 거친 방식으로 깨달음을 얻게 될 것입니다. 흑인들이 시민으로서의 권리를 부여받기 전에는 미국에 휴식도 평온도 없을 것입니다. 정의가 실현되는 밝은 날들이 오기 전까지는 이 나라의 기반을 뒤흔드는 폭동의 소용돌이가 계속될 것입니다.

어휘연구   blow off steam 진정하다   rude awakening 거친 깨달음
business as usual 예전 상태   be content 자족하다

---

16 │ **번역 예제 난이도 ★★★**
Please translate the following passage into Korean.

The universal regard for money is the one hopeful fact in our civilization, the one sound spot in our social conscience. Money is the most important thing in the world. It represents health, strength, honor, generosity and beauty.

돈에 대한 일반적인 애착이야말로 바로 우리 문명에서 유일한 희망적인 일이다. 즉, 우리의 사회적 양심에서 유일하게 건전한 곳이다. 돈은 가장 중요한 것이다. 돈은 건강, 힘, 명예, 관용 그리고 미를 의미하는 것이다.

어휘연구   sound spot 건전한 곳

7. 실용 실무 번역의 실제 응용

01 번역 예제 난이도 ★★★★
Please translate the following passage into Korean.

The most vulnerable and frail of all creatures is man, and at the same time the most arrogant. He feels and sees himself lodged here, and amid the mire and dung of the world, nailed and riveted to the worst, the deadest, and the most stagnant part of the universe, on the lowest story of the house and the farthest from the vault of heaven, with the animals of the worst condition of the three, [that is, those that walk, those that fly, those that swim.

모든 피조물 가운데서 가장 상처받기 쉽고 허약한 것이 인간이며, 동시에 가장 오만한 것도 인간이다. 인간은 세사의 진창과 배설물 속에 쳐 박혀 천상으로 부터 가장 먼 우주의 가장 낮은 층에서 가장 나쁘고 가장 몹쓸, 가장 정체된 곳에 틀어박혀 걷고 날고, 헤엄치는 세 가지 동물 중에서 가장 나쁜 조건의 동물들과 함께 있는 자신을 지각하고 바라본다.

어휘연구 stagnant part 정체된 곳

02 번역 예제 난이도 ★★★
Please translate the following passage into Korean.

I cannot too much impress upon your mind that labor is the condition which Nature has imposed onus in every station in life; there is nothing worth having that can be had without it.

노동이란 자연이 모든 분야에 있는 우리에게 부과한 필요조건이라는 것을 당신 마음에 아무리 통감케 해도 지나치지 않는다. 노동이 없이 얻어질 수 있는 것으로서 가질만한 가치가 있는 것이라고는 아무것도 없다.

어휘연구 impress-upon- -에게 감동을 주다   impose on -에게 부과하다, 강요하다
station 분야, 신분, 지위   can be had=can be obtained; it=labor

03 번역 예제 난이도 ★★★
Please translate the following passage into Korean.

Physical beauty is passing. A transitory possession. But beauty of the mind and richness of the spirit and tenderness of the heart-and I have all of these things-aren't taken away, but grow.

육체적인 아름다움은 사라지는 것, 변하고 마는 소유물이다. 그러나 마음의 아름다움과 정신의 풍요로움, 부드러운 심성은 -이 모든 것을 제가 지니고 있는데-빼앗기지 않고 자라나지요.

04 번역 예제 난이도 ★★★★
Please translate the following passage into Korean.

Self-distrust is the Cause of our Failures:
We cannot travel every path. Success must be won along one line. We must make our business the one life purpose to which every other must be subordinate. I hate a thing done by halves. If it be right, do it boldly: If it be wrong, leave it undone. To live with an ideal is a successful life. It is not what one does, but what one tries to do, that makes a man strong. "Eternal vigilance," it has been said, "is the price of liberty." With equal truth it may be said, "Unceasing effort is the price of success." If we do not work with all our might, others will; and they will defeat us in the race, and pick the prize from our grasp. Success grows less and less dependent on luck and chance. Self-distrust is the cause of most of our failures. The great and indispensable help to success is character. Character is crystallized habit, the result of training and conviction.

우리는 모든 길을 전부 걸어갈 수는 없다. 성공은 한 분야에서 이루어져야 한다. 우리는 우리의 직업을 모든 다른 것이 이것에 종속되어야 하는 하나의 인생 목표로 삼아야 한다. 나는 일이 어중간하게 되는 것을 싫어한다. 만일 그것이 옳다면 대담하게 하라. 만일 그르다면 내버려 두라. 이상을 갖고 사는 것은 성공적인 삶이다. 사람을 강하게 만드는 것은 사람이 하고 있는 일이 아니라 하고자 노력하는 일인 것이다. "영원한 경계는 자유를 얻기 위한 대가이다."고 말했다. 똑같은 진실로서 "끊임없는 노력은 성공하기 위해 치러야 하는 대가이다."라고 할 수 있다. 만일 우리가 전력을 다해서 일하지 않는다면 남들이 그렇게 할 것이다. 그리고 그들은 인생의 경주에서 우리를 패배시키고 또한 우리의 손아귀로부터 상품을 빼앗아 갈 것이다. 성공에 대한 크고 필수적인 도움은 인격이다. 성공은 운이나 기회에 덜 좌우된다. 자기불신은 우리가 실패하는 대부분의 원인이다. 인격이란 결정화된 습관, 즉 훈련과 신념의 소산인 것이다.

어휘연구   out of work(=unemployed) 실직된, 해고가 된

not every (부분부정)   be subordinated to ..에 종속되다. ...보다 덜 중요하다
vigilance 경계, 조심(=watchfulness)   with equal truth 꼭 같은 진실로서
with all one's might 전력을 다해서

05 번역 예제 난이도 ★★★★
Please translate the following passage into Korean.

Progress is the Gradual Result of the Unending Battle:
Progress is the gradual result of the unending battle between human reason and human instinct, in which the former slowly but surely wins. The most powerful engine in this battle is literature. It is the storehouse of true ideas and high emotions—and life is constituted of ideas and emotions. In a world deprived of literature, the intellectual and emotional activity of all but a few exceptionally gifted men would quickly sink and retract to a narrow circle. The broad, the noble, the generous would tend to disappear for want of suitable storage. And life would be degraded, because the wrong idea and the petty emotion would never feel the upward pull of the ideas and emotions of genius. Only by conceiving a society without literature can it be clearly realized that the function of literature is to raise the plain towards the top level of the peaks. Literature exists so that where one

man has lived finely ten thousand may afterwards live finely. It is a means of life; it concerns the living essence.

진보는 인간의 이성과 본능 사이의 끊임없는 싸움의 점진적인 결과이다. 그리고 그 싸움에서 전자는 느리지만 확실히 이긴다. 이 싸움에서 가장 강력한 무기는 문학인 것이다. 문학은 참된 사상과 숭고한 정서의 저장소이며 인생은 사상과 감정으로 구성되어 있다. 문학이 없는 세계에서는 놀랄만한 재능을 가진 몇 사람을 제외한 모든 사람들의 지적, 정서적인 활동은 활동범위가 좁은 곳에 빨리 정착했다가 곧장 물러날 것이다. 넓은 것, 고상한 것, 너그러운 것들이 적당한 저장소가 없기 때문에 사라져 버릴 것이다. 그리고 생활은 타락될 것이다. 왜냐하면 잘못된 생각과 하찮은 정서는 천재의 이념과 정서가 위로 끌어올리는 힘을 결코 느끼지 못할 것이기 때문이다. 문학은 한 사람이 훌륭하게 사는 곳에서 만인이 나중에 훌륭하게 살 수 있도록 하기 위해서 존재하는 것이다. 그것은 생활의 수단이며 생활의 본질에 관계하고 있다.

어휘연구

Instinct 본능	alternative 양자택일
constitute 구성하다	victim 희생
for want of ....이 부족한	unending 영원한
be deprived of ...이 박탈당하다	intellectual 지적인
exception 예외	exceptionally 특별하게
gift 선물, 재능	retract 철회하다
the broad, the noble, the generous 넓은 것, 고상한 것, 관대한 것	
tend to ...하는 경향이 있다	storage 저장
petty 사소한	upward 위쪽으로
conceive 상상하다	

06 번역 예제 난이도 ★★★
Please translate the following passage into Korean.

You Can Buy Nothing Worth Having...

You can buy nothing worth having, even with all the money from all the banks in the world. You get less than you pay, every time. The more you spend, the less the goods are worth. Money corrupts them; money veils what is genuine－money is the sorriest of all.

당신들은 이 세상에 있는 모든 은행의 돈을 몽땅 다 주고도 가질만한 가치 있는 것은 아무것도 살수가 없어요. 어느 때나 여러분은 지불한 값보다 못한 것을 갖게 되지요. 돈을 많이 쓰면 쓸수록 그만큼 상품의 가치는 적어집니다. 돈이 모든 것을 타락하게 만들지요. 돈이 진실을 베일 속에 감추며－돈이 가장 슬픈 것입니다.

어휘연구   worth....ing   ...을 할 만한 가치 있는

ex) Whatever is worth doing at all, is worth doing well.
　　(적어도 해볼 가치가 있는 일이면 훌륭히 할 가치가 있다)
　　It is worth while to read (or reading) this book.
　　This book is worth while to read this book.
　　(이 책은 읽을 가치가 있다)

the more.....the less ...하면 할수록 점점 더 ...하다	corrupt 부정한, 부패한, ...에게 뇌물을 주다
veils 위장, 장막, ...을 덮어 숨기다	genuine 진짜의, 순수한
sorriest 가엾은, 딱한 (sorry: －er, －est)	

번역 예제 난이도 ★★★★
Please translate the following passage into Korean.

How Can Have the Face to Condemn Others?:
I wonder how anyone can have the face to condemn others when he reflects upon his own thoughts. A great part of our lives is occupied in reverie, and the more imaginative we are, the more varied and vivid this will be. How many of us could face having our reveries automatically registered and set before us? We should be overcome with shame. We should cry that we could not really be as mean, as wicked, as petty, as selfish, as obscene, as snobbish, as vain, as sentimental, as that.

Yet surely our reveries are as much part of us as our actions, and if there were a being to whom our inmost thoughts were known we might just as well be held responsible for them as for our deeds. Men forget the horrible thoughts that wander through their own minds, and are indignant when they discover them in others.

누구든지 자기 자신의 생각을 반성해 볼 때 어떻게 감히 남을 비방할 수 있겠는가? 우리들 생활의 대부분은 생각에 전용된다. 그리고 우리가 상상력이 풍부하면 할수록 이것은 더욱 다양하고 생생하게 될 것이다. 우리들의 생각이 자동적으로 기록되어 우리 앞에 놓인다면 우리들 중에 그것을 대할 수 있는 사람이 얼마나 있을까? 그렇게 되면 우리는 창피해서 견딜 수 없을 것이다. 우리들은 실제로는 그만큼 비천하고 사악하고, 하찮고, 이기적이고, 음란하고, 허영심이 많고 또 감상적일 리 없다고 외칠 것이다.

그렇지만 확실히 우리들의 생각은 우리들의 행동과 마찬가지로 우리의 일부분이다. 그리고 만일 우리들의 내심의 생각을 알 수 있는 하나의 존재가 있다면 우리들은 우리들의 행동에 대해서처럼 그 생각에도 책임을 지는 것이 좋다. 사람들은 자기들의 마음속을 오락가락 하는 무서운 생각을 잊어버리고 남에게서 그러한 생각을 발견할 때 분개한다.

어휘연구　　have the face to 뻔뻔스럽게도-하다
face=boldness, impudence 거만함, 오만함 ex) How can you have the face to say such a thing? =How dare you are!

condemn(=blame=find fault with) 비난하다	reflect upon 곰곰이 생각하다, 반성하다
be occupied in -에 몰두하다	reverie(=fantastic idea=day-dream) 환상, 백일몽
register(=record) 등록하다	be overcome with -을 극복하다
mean 비열한	wicked 사악한
petty(=trifling) 사소한	obscene(=indecent) 외설적인, 얌전치 못한
snobbish 신사연하는, 건방진, 속물근성의	vain 허영심이 많은
as much-as -나 마찬가지로-인	a being 존재
inmost(=deepest=most private) 마음속에 숨은, 가장 내부의	
may as well(=had better) -하는 편이 좋다	be held responsible for -에 대한 책임을 지다
wander through one's own mind 마음속을 오락가락하다	
indignant(=very angry) 분개한	

구문연구　　1. How many of us could face having our reveries automatically registered and set before us?
...........주의할 것은 having our reveries automatically registered and set before us를 어떻게 번역을 할 것인가? 이다. 앞에서 could가 왔으므로 가정법 과거 형태임을 눈치 챌 수 있다. 따라서 if we had our reveries automatically registered and set before us?
(만일 우리들의 생각이 자동적으로 기록되어 우리 앞에 놓여 진다면 우리들 중에 그 것을 대할 수 있는 사람이 얼마나 있을까?)

문법핵심   have + p.p는 수동의 의미를 지닌다.

I had my house burnt down in the late fire. =My house was burnt down in the late fire.

나의 집은 지난 화재 때 몽땅 탔다.

I will have my watch mended. =I will cause it to be mended.

I want to have my hair cut. I want to have my photograph taken.

I had this house built last year.

독해   • When a man has made a happy effort, he is possessed with an absurd ambition to have it thought that it cost him nothing. (사람이 어떤 좋은 결과를 가져올 수 있는 노력을 했을 때 그는 그 노력에 아무런 희생이 없었다고 생각되기를 바라는 불합리한 야심에 사로잡힌다.)

• be possessed with － 에 사로 잡혀있다

• have it thought that 에서 it(가목적어) － that(진목적어) 용법이다.

• When a man has made a happy effort에서 happy는 (좋은 결과를 얻을 수 있는)의 뜻으로 번역하는 것이 좋다.

• it cost him nothing(그 노력은 그에게서 아무런 희생을 요하지 않았다는 것)에서 it는 a happy effort를 뜻한다.

---

08 번역 예제 난이도 ★★★★

Please translate the following passage into Korean.

The New-born Child:

The new-born child does not realizes that his body is more a part of himself than surrounding objects, and will play with his toes without any feeling that they belong to him more than the rattle by his side; and it is only by degrees, through pain, that he understands the fact of the body. And experiences of the same kind are necessary for the individual to become conscious of himself; but here there is the difference that although everyone becomes equally conscious of his body as a separate and complete organism, everyone does not become equally conscious of himself as a complete and separate personality. The feeling of apartness from others comes to most with puberty, but it is not always developed to such a degree as to make the difference between the individual and his fellows noticeable to the individual. It is such as he, as little conscious of himself as the bee in a hive, who are the lucky in life, for they have the best chance of happiness; their activities are shared by all, and the pleasures are only pleasures because they are enjoyed in common.

갓난아이는 자기의 몸이 주위의 물건 이상으로 일부라고 깨닫지는 않는다. 그래서 발가락이 자기의 옆에 있는 장난감이상으로 자기에게 속한다는 어떤 느낌이 없이 발가락을 가지고 논다. 그리고 단지 점차적으로 고통을 겪으면서 그는 육체에 대한 사실을 이해한다. 개인이 자신을 의식하게 되는 데는 이와 같은 경험들이 필요하다. 그러나 여기에는, 비록 모든 사람이 다 같이 자기의 몸을 별개의 완전한 조직체로 의식하게 되기는 하지만 전부가 다 같이 자신을 완전한 별개의 인격으로 의식하게 되지는 않는다는 차이가 있다. 타인들과 동떨어져 있다는 느낌은 대부분의 사람들에게는 사춘기와 더불어 나타난다. 그러나 그러한 느낌이 반드시 개인과 자기의 동료들 간의 차이를 개인에게 두드러지게 할만큼의 정도로 발전하지는 않는다. 인생에 있어서 행복한 자들이란 벌집 속의 벌처럼 자신을 별로 의식하지 못하기 때문에 바로 그와 같은 자들이다. 왜냐하면 그들은 행복을 누릴 최고의 기회를 갖기 때문이다. 그들의 활동은 모든 사람들이 함께 한다. 그리고 즐거움이란 공동으로 향유되기 때문에 단지 즐거움인 것이다.

어휘연구 not more than(=at most) 기껏해야, 고작   rattle 딸랑거리다, 장난감

by degree(=gradually) 점차적으로   separate and complete organisms 별개의 완전한 조직체

personality 인격   puberty 사춘기

the feeling of apartness from others 남과는 동떨어져 있다는 느낌

noticeable(=remarkable=conspicuous) 두드러진   hive 벌집

the lucky 행복한 자들   in common 공통으로

the feeling of apartness 다른 사람과 동떨어져 있다는 느낌

구문연구 1. it is only by degree, through pain, that he understands the fact of the body.

이는 강조구문이다. it-that 으로 연결되어 있지만 사실은 번역할 때 의역하는 것이 바람직하다. (단지 점차적으로만이, 고통을 겪으면서 그는 육체에 대한 사실을 이해한다.)

2. It is such (people) as he, (being) as little conscious of himself as the bee in a hive, who are the lucky in life, for they have the best chance of happiness. (인생에 있어서 행복한 사람들이란 벌집 속의 벌처럼 자신을 별로 의식하지 못하므로 그와 같은 자들이다. 왜냐하면 그들은 행복을 누릴 최고의 기회를 갖기 때문이다.)3. but it is not always developed to such a degree as to make the difference between the individual and his fellow noticeable to the individual. (타인들과 동 떨어져 있다는 느낌은 개인과 동료들 간의 차이를 개인에게 두드러지게 할만큼의 정도로 반드시 발전하지는 않는다) -such-as to는 (-할만큼-하지는 않다.) noticeable 은 목적격 보어이다. it 는 the feeling of apartness from others이고 the feeling of 에서 of 는 동격관계를 표시하는 전치사이므로 the feeling of apartness from others는 the feeling that he is apart from others로 바꾸어 생각할 수도 있다.

---

09 **번역 예제 난이도 ★★★★**

Please translate the following passage into Korean.

Man are Less Free than they Imagine:

Man are less free than they imagine; ah, far less free. The freest are perhaps least free. Man are free when they are in a living homeland, not when they are straying and breaking away. Men are free when they are obeying some deep, inward voice of religious belief. Obeying from within. Men are free when they belong to a living, organic, believing community, active in fulfilling some unfulfilled, perhaps unrealized purpose. Not when they are escaping to some wild west. The most unfree souls go west, and shout of freedom. Men are freest when they are most unconscious of freedom. The shout is a rattling of chains, always was. Men are not free when they are doing just what they like. The moment you can do just what you like, there is nothing you care about doing. Men are only free when they are doing the deepest self likes.

인간은 스스로 상상하는 것만큼 자유롭지는 않다. 아아, 훨씬 덜 자유스럽다. 가장 자유스러운 것이 어쩌면 가장 자유스럽지 않은 것일지도 모른다. 인간은 살아 있는 조국에 있을 때 자유이며, 거기서부터 벗어나 도망치고 있을 때에는 자유가 아니다. 인간은 종교적 신앙의 그 어떤 깊은 내심의 목소리에 따르고 있을 때에 자유이다. 인간은 마음속으로부터 복종하고 있을 때 자유이다. 인간은 어떤 수행되지 않는 어쩌면 실현되지 않은 목적을 수행하려고 하며 살아 있고 유기적이며 "신앙이 있는" 사회에 속해 있을 때 자유이다. 황량한 서부로 도망치고 있을 때에는 자유가 아니다. 가장 자유롭지 못한 정신이 서부 행을 한다. 그리고 자유를 절규한다. 인간은 자유를 가장 의식하지 않을 때에 가장 자유롭다. 절규는 쇠사슬의 울림이며 과거에도 항상 그러하였다. 인간은 자기가 바로 원하는 것만을 하고 있을 때 그것을 자유라고 할 수 없다. 자기가

원하는 것을 바로 할 수 있는 순간하고 싶은 것은 모두 없어지고 만다. 인간은 가장 심오한 자아가 좋아하는 것을 하고 있을 때에만 자유다.

어휘연구   homeland 조국   stray 벗어나다
break away 도망치다   inward voice 내심의 목소리
religious belief 종교적인 신념   fulfil 이행하다   the most unfree souls 가장 자유롭지 못한 정신
the shout 절규   the deepest self likes 가장 심오한 자아가 좋아하는 것

 번역 예제 난이도 ★★★
Please translate the following passage into Korean.

Man is an Animal:

Man is an animal, and his happiness depends on his physical conditions much more than he thinks. This is a humble conclusion, but I cannot make myself disbelieve it. Unhappy businessmen, I am convinced, would increase their happiness more by walking six miles every day than by any change of philosophy. This, incidentally, was the opinion of Jefferson, the third President of the United States, who on this ground deplored the horse. Language would have failed him if he could have foreseen the motor-car.

인간은 동물이다. 그래서 인간의 행복은 그가 생각하는 것보다 훨씬 더 육체적인 건강상태에 달려 있다. 이것은 하찮은 결론이기는 하지만 나는 그것을 믿지 않을 수 없다. 불행한 실업가들이 자기의 철학관을 바꿈으로써 보다는 매일 6마일을 걸음으로써 그들의 행복을 증진시킬 것이라고 나는 확신한다. 그런데 이것은 미국의 3대 대통령인 제퍼슨의 의견이다. 그래서 그는 이러한 이유 때문에 말 타는 것을 개탄했다. 만약 그가 자동차의 출현을 예견했더라면 할 말이 없었을 것이다.

어휘연구   physical world   physical beauty humble   I cannot make myself disbelieve it.
(=I cannot but believe it.=I cannot help believing it)   (나는 그것을 믿지 않을 수 없다)

 번역 예제 난이도 ★★★★
Please translate the following passage into Korean.

"The Prince"

There are two methods of fighting, the one by law, the other by force; the first method is that of men, the second of beasts; but as the first method is often insufficient, one must have recourse to the second. It is, therefore, necessary for a prince to know well how to use both the beast and the man. This was covertly taught to rulers by ancient writers, who relate how Achilles and many others of those ancient princes were given Chiron the animal, semi-human teacher is meant to indicate that a prince must know how to use both natures, and that the one without the other is not durable.

A prince, being thus obliged to know well how to act as a beast, must imitate the fox, and the lion, for the lion cannot protect himself from traps, and the fox cannot defend himself from wolves. Those that wish to be only lion do not understand this. Therefore, a prudent ruler ought not to keep faith when by doing so it would be against his interest, and when the reasons which made him bind himself no longer exist. If men were all good, faith with you, so you are not bound to keep faith with them. Nor have legitimate grounds ever failed a prince who wished to show colorable excuse for the nonfulfilment of his promise. Of this one could furnish an infinite number of examples, and show how faithlessness of princes, and those that have best been able to imitate the fox have succeeded best. But it is necessary to be able to disguise this character well, and that the one who deceives will always find those who allow themselves to be deceived.

싸움에는 두 가지 방법이 있는데 하나는 법에 의한 것이고 다른 하나는 힘에 의한 것이다. 첫째는 인간의 방법이고 두 번째는 짐승들이 하는 방법이다. 그러나 첫째 방법은 가끔씩 불충분함으로 두 번째 방법에 의존할 경우가 있다. 따라서 통치자는 짐승과 인간의 방법 모두를 잘 사용하는 법을 알아 둘 필요가 있다. 이것은 고대 문인들에 의하여 은밀하게 통치자에게 가르쳐 졌는데, 그들은 어떻게 아킬레스와 많은 다른 고대의 군주들에게 키론이라는 반인 반수의 괴물이 주어졌으며 또 이들에 의해 양육되고 교육을 받았는지를 이야기하고 있다. 이 반인 반수 교사에 관한 우화에서 군주란 이 두 가지 방법 모두를 사용하는 법을 알아야 하며, 어느 한쪽이 부족할 때 지속성이 없다는 것을 깨달아야 하는 것이다.

짐승처럼 행동하는 법을 잘 알아야 할 의무가 있는 군주는 여우와 사자를 모방해야한다. 왜냐하면 사자는 함정에서 자신을 보호 할 수 없으며, 여우는 늑대로부터 자신을 방어할 수 없기 때문이다. 따라서 현명한 통치자는 자기 이익에 상반되고 자신을 묶어놓을 이유가 더 이상 존재하지 않을 때에는 약속을 지켜서는 안 된다. 사람들이 모두 그들의 약속을 지키지 않을 때는 약속을 지킬 필요가 없다. 어떤 합법적인 이유도 통치자가 자신의 약속을 이행하지 못한 그럴듯한 변명을 늘어놓기를 바라는 통치자를 저버린 적이 없었다. 이러한 예는 얼마든지 많이 있다. 약속이 공허한 것이었는지를 볼 수가 있고 여우를 모방할 수 있었던 자들이 성공을 했음을 알 수 있는 것이다. 이러한 속성을 잘 가장하고 시치미를 떼는 것이 통치자에게 필요한 것이다. 사람은 너무나 순박해서 현실의 필요한 상황에 따르기 마련이며 속이고자 마음만 먹으며 항상 속임을 당하는 상대를 찾기 마련이다.

어휘연구   force 폭력

that (of men)=the method (of men) the first.... the second 전자, 후자

have recourse to ....에 의존하다	prince 통치자, 지도자
covertly 은밀하게	parable 우화, 비유
Chiron 아킬레스의 선생이었던 현명한 반인 반수(centaur)	
durable 지속적인	prudent 현명한, 분별력 있는
keep faith with 신념을 지키다 precept 교훈, 훈계	observe(=keep=obey=follow) 지키다, 준수하다
observe a rule 규칙을 따르다	observe silence 침묵을 지키다
observe good manners 예의를 지키다	colorful(=picturesque) 화려한
render(=make) legitimate ground 합법적인 근거 또는 이유	
feigner 꾸미는 자, 가장하는 자	dissembler 위선자, 시치미 떼는 자

12 번역 예제 난이도 ★★★
Please translate the following passage into Korean.

One Great Secret:
One great secret of the success that has been given me is, undoubtedly, the life-long habit I have had of giving close attention to small details. Nothing has been too small to receive my attention. Things that most young

people seem to think are really too trifling have never been too small for me.

내가 얻은 성공의 한 가지 큰 비결은 틀림없이, 하찮은 세부까지 주의를 기울이는, 내가 지녀온 일생의 버릇이다. 어느 것도 내 주의를 받지 않을 만큼 하찮은 것은 없었다. 대부분의 젊은이들이 정말로 너무도 하찮은 것이라고 생각하고 있는 것들이 내게는 너무도 하찮은 것으로 된 적이 결코 없었다.

어휘연구 life-long 평생의   detail n. 상세함 vt. -을 상세하게 설명하다
trifling (=trivial=small) 하찮은

구문연구 Things that (most young people seem to think 삽입절임) are really too trifling have never been too small for me. 주어는 Things이고, 동사는 have been이다.

■ 조건 절을 대신하는 otherwise 구문

1. I am ill; otherwise I would go.

   (otherwise=If I were not ill.)

   I went at once; otherwise I should have missed him.

   (otherwise=If I had not gone at once, I should have missed him.)

   If he can, he deprives others of their advantages, which to him is as desirable as it would be (동등비교문에 연결되기 이전에는 desirable) to secure the same advantages himself. 만일 할 수만 있다면 그는 타인들에게서 이점을 빼앗는데, 그것은 그에게는 자신이 동일한 이점을 갖는 것만큼이나 바람직한 일이 된다 ....which 의 선 행사는 앞문장 전체임.

   it would be to secure the same advantages himself. (=if he secured the same advantages himself)

2. 동사에 조건이 붙지 않은 경우

   Do what you are told, otherwise(=or) you will be flogged. 시키는 데로 하지 않으면 매 맞는다.

3. 부사 otherwise (=in a different way=not so)

   This must be done quite otherwise.

---

13 번역 예제 난이도 ★★★
Please translate the following passage into Korean.

Children reflect the Family Atmosphere:
Children reflect the family atmosphere. Where there is affection, they show it by their responsive friendliness; and when the home is a loveless one, sometimes the children are impersonal, and even hostile. But often children neglected at home like to be noticed. "Love," says one writer, "is necessary food for the young."

어린이들은 그 가정의 분위기를 나타낸다. 애정이 있는 곳에서는 어린아이들은 그 애정을 민감한 친근감으로 나타낸다. 그리고 그 가정이 애정이 없는 경우에는 어린이들은 인간성이 없으며 비우호적이 되기도 한다. 그러나 때로는 가정에서 방치된 아이들은 주목을 끌기를 좋아한다. 애정이란 어린 사람들에게 필요한 음식 같은 것이라고 어느 작가는 말한다.

어휘연구　reflect 반사하다, 나타내다　　　　　　atmosphere 분위기
affection 애정　　　　　　　　　　　　　　　　Affectionate 애정이 깊은, 다정한
responsive 대답하는, 민감한　　　　　　　　　personal 개인의, 인격적인
hostile 적의 있는, 비우호적인　　　　　　　　neglect 소홀히 하다
** But often children neglected at home like to be noticed.
(그러나 가끔씩 가정에서 방치된 어린아이들은 주목을 끌기를 좋아한다)

---

14 **번역 예제 난이도 ★★★**
Please translate the following passage into Korean.

One of the Worst Wrong Things:
War has always been one of the worst things; and for more than two thousand years it has been well enough known to be so. What astounds and dismays us is that, knowing so well that war is wrong, and fearing and hating it more than anything else, we seem compelled, in spite of ourselves, to go waging it.

전쟁은 지금까지 항상 가장 좋지 못한 것 중의 하나 옅으며 2000년 동안 이상이나 그러한 것으로 알려져 왔다. 우리를 놀라게 하고 당황하게 하는 것은 전쟁이 나쁜 것이라는 것을 너무나 잘 알고 있으면서도 또 전쟁을 어느 무엇보다도 더 무서워하고 증오하면서도 우리 자신도 모르게 어쩔 수 없이 그 전쟁을 계속하고 있는 것처럼 보인다는 것이다.

어휘연구　astound 아연실색케 하다　　　　　　dismay 경악, 낙담, 실망시키다
seem compelled to do(=seen forced to do) 어쩔 수 없이...하는 것처럼 보이게 하다
in spite of ourselves(=unconsciously) 자신도 모르게, 무의식적으로
go on with ....을 계속하다, 견디다　　　　　　wage 임금, 급료

---

15 **번역 예제 난이도 ★★★★**
Please translate the following passage into Korean.

No More Stupid Apology for Pain:
No more stupid apology for pain has ever been devised than that it elevates. It is an explanation due to the necessity of justifying pain from the Christian point of view. Pain is nothing more than the signal given by the nerves that the organism is in circumstances hurtful to it; it would be as reasonable to assert that a danger signal elevates a train. But one would have thought that the ordinary observation of life was enough to show that in the great majority of cases, pain, far from refining, has an effect which is merely brutalizing. An example in point is the case of hospital in-patients: physical pain makes them self-absorbed, selfish, querulous, impatient, unjust and greedy; I could name a score of petty vices that it generates, but not one virtue.

Poverty also is pain. I have known well men who suffered from that grinding agony of poverty which befalls persons who have to live among those richer than themselves; it makes them grasping and mean, dishonest and untruthful. It teaches them all sorts of detestable tricks. With moderate means they would have been honourable men, but ground down by poverty they have lost all sense of decency.

고통에 대한 변명으로 고통이 인간을 향상시킨다는 변명보다 더 어리석은 것은 없다. 그것은 기독교적인 견해로 고통을 정당화시킬 필요에서 생긴 것이다. 고통이란 인체에 유해한 상황에서 인간이 있다는 것을 신경이 전달하는 신호 이상의 그 아무것도 아니다. 위험 신호가 기차를 향상시킨다는 주장도 못지않게 합리적 일 것이다. 그러나 대부분의 경우 고통이 란 인간을 향상시키기는커녕 단순히 야수처럼 만든다는 효력밖에는 없다는 것을 보여주기 위해서는 인생을 보통 이상으로 관찰하는 것으로 충분하다고 누구나 생각했을 것이다. 예로서 병원에 입원한 환자들의 경우, 육체적인 고통 때문에 그들은 자기본위 적으로, 이기적으로, 성마르게, 참을 수 없게, 불공정하게 또 욕심 사납게 된다. 나는 고통으로 생기는 미덕은 한 가지도 열거할 수 없으나 하찮은 악덕은 10여 가지 열거할 수 있을 것이다.

빈곤도 고통이다. 나는 자신들보다 더 부유한 자들과 더불어 살지 않으면 안 되는 사람들에게 닥치는 빈곤이라는 몸을 갉아내는 듯한 괴로움을 당한 사람들을 잘 안다. 그 때문에 그들은 욕심스럽고 야비하며, 불성실하고 참되지 못하다. 그 때문에 그들은 온갖 종류의 가증스러운 술책을 알게 된다. 만일 그들이 어느 정도의 재산이 있었더라면 그들은 훌륭한 사람들이 되었을 것이다.

어휘연구 apology for pain 고통에 대한 변명

elevate (=raise=lift up) 향상시키다

assert 주장하다

refine (=elevate) 세련되게 하다, 품위 있게 하다

an example in point..... in point (=suitable) 적절한 예증

in-patient 입원한 환자

physical pain 육체적 고통

querulous (=peevish) 투덜거리는, 성마른

a score of 수십의, 다수의 (* scores of years ago 수십 년 전에)

petty vices 하찮은 악덕

the grinding agony of poverty 가난이라는 몸을 깎는 고통

grinding 가는, 뼈아픈 고통의, 힘 드는

grasping (=greedy) 붙잡는, 구두쇠의, 욕심이 많은

detestable tricks 가증할 만한 속임수

moderate means........ means (=wealth) 어느 정도의 재산, 적절한 재산

decent 예절바른, 점잖은, 고상한

sense of decency 예절 감각

devise (=think out=contrive) 생각해 내다

organism 유기체, 인체

in the great majority of cases 대부분의 경우에 있어서

brutalize (=dehumanize) 잔인하게 하다

out-patient 외래 환자

self-absorbed (=self-centered) 자기중심적인

greedy 욕심 많은

generate 야기시키다 (=produce)

befall (=fall upon=happen to) 일어나다, 생기다

grasp 파악(하다), 이해(하다), 납득(하다)

moderate 웬만한, 보통의, 알맞게 하다

decency 예절, 고상함

구문연구

1. No more stupid apology for pain has ever been devised than that (접속사인 that생략) it elevates (man 또는 man's character).

여기서 No more−than 이하의 that 은 apology를 그리고 it는 pain을 가리킨다. elevates가 타동사이면서도 목적어가 생략되었다. No−ever=never (고통에 대한 변명으로 고통이 인간을 향상시킨다는 변명보다 더 어리석은 것은 없다.)
* 상기 문장을 최상급의 문장으로 바꾸어 놓고 보면 더 분명한 의미를 볼 수 있다.

The apology (that) pain elevates (man's character) is the most stupid of all the apologies for pain which have ever been devised.

2. It would be as reasonable to assert that a danger signal elevates a train. (위험신호가 기차를 향상시킨다고 주장한 다면 그 주장은 마찬가지로 합리적일 것이다). 상당히 중요한 구문으로 난해하다. 국내의 대학원 박사과정 입시에서 다루어 볼만한 문장이다. 여기서 (위험신호가 기차를 향상시킨다)는 말은 곧 (위험신호=고통)이 있으므로 해서 기차가 안전하다는 역설적인 생각이다.

   기본적으로 it-to 구문이지만 it would 가 있는 것으로 보아
   to 부정사에 조건이 있다는 것을 알 수 있다: If one asserted
   형용사 앞에 as가 있는 경우 번역은 (마찬가지로, 못지않게)으로 하면 된다.
   ex) Malinda is thoughtful; John is as thoughtful (as she).

3. But one would have thought that the ordinary observation of life was enough(보어) to show(=in order to show 부사구) that in the great majority of cases, pain, far from refining, has an effect which is merely brutalizing. 가정법 과거완료의 귀결 절로서 one would have thought는 (누구나 -라고 생각했을 것이다)으로 번역하면 무난하다. ......(그러나 대부분의 경우 고통이 인간을 향상시키기는커녕 단순히 야수처럼 만든다는 효과밖에는 없다는 것을 보여주기 위해서는 인생을 보통으로 관찰하는 것으로 충분하다고 누구나 생각하였을 것이다.)

4. I could name a score of petty vices that it generates, but no one virtue. (나는 고통으로 생기는 미덕은 한 가지도 열거할 수 없으나 하찮은 악덕은 10여 가지 열거할 수 있을 것이다.)
   가정법의 귀결 절이 I could 로 되어있으므로 조건 절을 살리자면 If I tried to 또는 If I meant to 로 할 수 있다. 위의 문장은 not A but B 의 형태로 전환이 가능할 것이다.
   I could not name any virtue that it generates, but a score of petty vices.

5. I have known well men who suffered from that grinding agony of poverty which befalls persons who have to live among those richer than themselves.
   (나는 자신들 보다 더 부유한 자들과 더불어 살지 않으면 안되는 사람들에게 닥치는 빈곤이라는 몸을 갈아내는 듯한 괴로움을 당한 사람들을 잘 안다)
   which befalls persons 에서 현재형을 쓴 것은 운명적인 경우를 한정하기 때문이다. among those richer 에서 those 는 those people 를 가리킨다.

6. With moderate means they would have been honourable men, but ground down by poverty they have lost(결과) all sense of decency. (어느 정도의 재산이 있었더라면 그들은 훌륭한 사람들이 되었을 테지만, 가난에 억눌려서 그들은 품위를 모두 잃어 버렸다.)
   귀결 절의 동사 형태가 would have+p. p인 점으로 보아 with moderate means는 if they had had moderate means로 바꿀 수 있다. But 이하는 Being (ground) 형태의 분사구문이다.

---

16 번역 예제 난이도 ★★★★
Please translate the following passage into Korean.

The Best Way to Get People to Work:
Many people in our society feel that the best way to get people to work harder is to increase their profits or their wages. They feel that it is just human nature to want to increase one's material possessions. This sort of dogma might well go unchallenged if we had not knowledge of other cultures. In certain societies, however, it has been found that the profit motive is not an effective incentive. After contact with whites the Trobriand Islanders in Melanesia could have become fabulously rich from pearl diving. They would, however, work only long enough to satisfy their immediate wants.

우리들 사회의 많은 사람들은 사람들을 보다 더 열심히 일하게 하는 최선의 방법들이 그들의 이윤이나 임금을 증가시키는 것이라고 느끼고 있다. 그들은 사람의 물질적인 소유를 증가시키는 것이라고 느끼고 있다. 그들은 사람의 물질적인 소유를 증가시키고자 하는 것이 인간성이라고 생각하고 있다. 이런 종류의 독단론은 만일 우리가 다른 문화에 대한 지식이 없다면 문제가 되지 않고서 통용될지도 모른다. 그러나 어떤 사회에서는 이윤동기가 효과적인 자극이 아니라는 것이 발견되었다. 백인과 접촉을 한 후에 멜라네시아 군도의 섬 주민들은 진주잡이로부터 엄청나게 부자가 될 수도 있었을 것이다. 그러나 그들은 그들의 직접적인 필요를 충족시키기에 충분할 정도로만 일하고자 한다.

어휘연구   human nature 인간성   dogma 교리, 독단론
unchallenged 도전 받지 않은, 문제되지 않는   motive 동기
effective 효과적인   incentive 동기
could have become rich 부자가 될 수도 있었을 것이다(가정법 과거 완료)
fabulously(=marvellously) 엄청나게, 믿을 수 없을 만큼
restraint 구속, 속박, 방해물   from pearl 진주 잡이로부터

---

17 번역 예제 난이도 ★★★★
Please translate the following passage into Korean.

Far Away, Long Ago:
This stream, with its three ancient red willow trees growing on the banks, was a source of endless pleasure to us. Whenever we went down to play on the banks, the fresh penetrating scent of the moist earth had a strangely exhilarating effect, making us wild with joy.
I am able now to recall these sensations, and believe that the sense of smell, which seems to diminish as we grow older, until it becomes something scarcely worthy of being called a sense, is nearly as keen in little children as in the inferior animals, and, when they live with nature, contributes as much to their pleasure as sight or hearing. I have often observed that small children, when brought on to low, moist ground from a high level, give loose to a sudden spontaneous gladness, running, shouting, and rolling over the grass just like dogs, and I have no doubt that the fresh smell of the earth is the cause of their joyous excitement.

이 개울은 양 둑에 세 그루의 오래된 붉은 빛깔의 버드나무가 자라고 있는데, 우리에게는 끝없는 즐거움의 원천이었다. 우리가 개울둑에서 놀기 위해서 아래로 내려 갈 때면 촉촉한 흙의 신선하고도 가슴속을 스며드는 듯한 향기는 이상하게도 우리의 마음을 상쾌하게 하는 효과가 있어 우리를 마냥 미칠 듯이 즐겁게 해 주었다. 지금 나는 후각이란 나이가 들어감에 따라 감퇴되다가는 마침내는 거의 감각이라고 불리어지지 못할 만한 것이 된다고 생각되는데 그 후각은 어린아이들에게는 하등동물에 있어서나 거의 마찬가지로 예민하며 어린아이들이 자연과 더불어 살 때에는 시각이나 청각만큼 그들의 즐거움을 가져다준다고 믿는다. 나는 어린아이들이 높은 평지에서 낮은 축축한 땅위로 데려다 놓을 때는 별안간 저도 모르게 좋아하면서 꼭 개들처럼 뛰어 다니고 고함을 치면서 풀 위를 뒹굴며 노는 것을 자주 보아 왔다. 그리고 나는 흙의 신선한 냄새가 어린아이들의 즐거운 흥분의 원인이라고 믿는다.

어휘연구   willow tree 버드나무   penetrating 스며드는, 날카로운
the moist earth 축축한 대지   exhilarating(=cheerful=excited) 기분을 돋우는, 유쾌한
have an effect 영향을 미치다   wild with joy 미칠 듯이 즐거운

recall(=call to mind=remember) 기억하다	sensation 감각
the sense of smell 후각	diminish 감소하다
worthy of 값어치 있는	nearly as...as...거의 같은
inferior animals 하등동물	contributing to 도움이 되다
bring on 데려오다	level 평지, 평원
give a loose to a sudden gladness 별안간 즐거움이 쏠리는 데로 맡기다. 갑자기 자신도 모르게 좋아하다	
spontaneous 자발적인	roll over 뒹굴다
have no doubt 의심의 여지없다	the cause of one's joyous excitement 즐거운 흥분의 원인

구문연구 making us wild with joy = and it made us wild with joy 우리를 미칠 듯이 즐겁게 해 주었다.
(the fresh penetrating) scent (of the moist earth)

• the sense of smell, which seems to diminish as we grow older, until it becomes something scarcely worthy of being called a sense, is nearly as keen in little children as (keen) in the inferior animals, and, when they live with nature, contributes as much to their pleasure as sight or hearing
후각은 우리가 나이가 들어감에 따라서 감퇴되다가 마침내는 거의 감각이라고 불릴 수 없을 만큼 된다고 생각되는데, 그 후각은 어린아이들에게는 하등동물에 있어서와 거의 마찬가지로 예민하며 어린아이들이 자연과 더불어 살 때에는 시각이나 청각만큼 그들의 즐거움을 가져다준다.)

18 번역 예제 난이도 ★★★
Please translate the following passage into Korean.

Man is One of the most Formidable:
Man is one of the most formidable of all animals and the only one who persistently chooses to attack his own species. Throughout history, he has never, except for short periods of time, dispensed with fierce warfare.

인간은 모든 동물 중에서 가장 무서운 동물이며, 끈질기게 자기자신의 종족을 공격하려드는 유일한 동물이다. 역사를 통하여 짧은 기간을 제외하고는 단 한 번도 잔인한 전쟁이 없이 지낸 적은 한 번도 없었다.

어휘연구 formidable 무서운(=terrifying)   persist 고집하다
persistently 집요하게   species 종족   except for .....을 제외하고
fierce 맹렬한, 사나운   dispense with (=do without=manage without) ...없이 지내다

19 번역 예제 난이도 ★★★★
Please translate the following passage into Korean.

When We Come to Judge Others.......:
When we come to judge others, it is not by ourselves as we really are that we judge them, but by an image that we have formed of ourselves from which we have left out everything that offends our vanity or would discredit us in the eyes of the world. To take a trivial instance; how scornful we are when we catch someone out telling a lie; but who can say that he has never told not one, but a hundred?

우리가 타인들을 판단하게 될 때, 우리가 그들을 판단하는 것은 우리들의 실제 그대로에 의해서가 아니라 우리가 만든 자신의 형상에 의해서다. 그 형상에서 우리는 우리의 자만심을 해치고, 또 세상 사람들의 눈앞에서 우리의 신용을 떨어뜨릴 온갖 것을 제외시켰다. 비근한 예를 들면, 어떤 사람이 거짓말을 하는 것을 간파할 때 우리는 얼마나 비웃는가! 그러나 어느 누구가 단 한마디의 거짓말이 아니라 백 마디의 거짓말을 결코 한 적이 없다고 말할 수 있겠는가?

어휘연구   come to ―하게 되다

offend(=irritate) ―의 감정을 상하게 하다

discredit ―의 품위를 떨어뜨리다

to take a trivial instance 비근한 예를 들면

catch out ―을 간파하다

leave out(=neglect=pass over) 무시하다, 제외하다

vanity(=empty pride) 허영

in the eyes of the world 세상 사람들이 보는 앞에서

scornful(=contemptuous) 비웃는

구문연구

1. it is not by ourselves as we really are that we judge them, but by image that we have formed of ourselves from which we have left out everything that offends our vanity or would discredit us in the eyes of the world.
   본문에서는 it ― that 강조구문 속에 not A but B에 의해서 연결이 되고 있다.
   but by an image that we have formed of ourselves (우리들 자신에 관하여 형태를 만들어 내는 형상으로)를 의역하면 (우리가 만든 자신의 형상으로)이 무난하다.

2. who[nobody] can say that he has never told not one(=a lie), but a hundred? 여기서는 who can은 단지 부정의 의미를 피해 보기 위해서이다.

---

20 번역 예제 난이도 ★★★★
Please translate the following passage into Korean.

My High School Days:

Moreover, I was a coward. I did not dare to go out of doors at night. Darkness was a terror to me. It was next to impossible for me to sleep in the dark, as I would imagine ghosts coming from one direction, thieves from another and snakes from a third. I could not therefore go to sleep without having a light in the room. How could I show my fears to my wife? I knew that she had more courage than I, and I felt ashamed of myself. She could go out anywhere in the dark. My friend knew all this. He would tell me that he could hold in his hand live snakes, could frighten away thieves and did not believe in ghosts.

더욱이 나는 겁쟁이였다. 나는 밤에 감히 문밖을 나가지 못했다. 어둠은 나에게 공포였다. 나는 이쪽에서 유령이 나오고 저쪽에서 도둑이 나타나고 또 다른 곳에서 뱀이 나오리라고 상상했기 때문에 내가 어둠 속에서 잔다는 것은 거의 불가능한 일이었다. 그래서 나는 방에 불을 켜 놓지 않고서는 잠을 잘 수가 없었다. 어떻게 내가 이런 나의 두려움을 아내에게 보일 수 있었겠는가? 나는 아내가 나보다 더 용기가 있다는 것을 알았으며, 그래서 나는 내 자신이 부끄러운 것을 느꼈다. 아내는 어둠 속에서도 아무 곳에나 갈 수 있었다. 내 친구는 이 모든 사실을 알고 있었다. 그는 자기 손에 살아 있는 뱀을 쥘 수 있으며 도둑을 위협하여 쫓아 버릴 수 있고 또 귀신은 믿지 않는다고 나에게 말하곤 했다.

어휘연구   moreover 게다가

dare to 감히...하다

next to (=almost) 거의

frighten 놀라게 하다

coward 겁쟁이

terror 공포

be ashamed of ...을 부끄럽게 여기다

21 번역 예제 난이도 ★★★★
Please translate the following passage into Korean.

Man do not Live by Bread alone:

Man do not live by bread alone, to absorb it and to evacuate it. What is the breath of life? My dear, it is the strange current of interchange that flows between men and men, and men and women, and men and things. A constant current of interflow, a constant vibrating interchange. That is the breath of life. And this interflow, this electric vibration is polarized. There is a positive and a negative polarity. This is a law of life of vitalism. Only ideas are final, finite, static, and single. All life-interchange is a polarized communication. A circuit. There are lots of circuits. Male and female, for example, and master and servant.

인간은 배설하기 위해서 빵만으로 살수 없다. 인생의 활기는 무엇인가? 오 이런! 남자와 남자, 남자와 여자, 여자와 여자 사이에 흐르는 것은 상호교환의 이상한 흐름이다. 합류의 끊임없는 흐름, 끊임없이 울려 퍼지는 상호 교환, 이것이 인생의 활기이다. 그리고 이 합류, 이 전기적인 진동은 양극화된다. 긍정적이고 부정적인 양극성이 존재한다. 이것이 인생의 법칙이요, 생명주의의 법칙이다. 관념들만이 궁극적이고 한정되고, 정적이고 유일한 것이다. 모든 인생의 상호 교환은 양극화된 전달이다. 하나의 순환인 것이다. 많은 순환이 있다. 예를 들어 남성과 여성 그리고 주인과 하인 사이의 순환과 같은 것이다.

어휘연구 evacuate 배설하다 interchange 상호 교환
a constant vibrating interchange 끊임없이 울려 퍼지는
electric vibration 전기 같은 진동 polarize 양극화하다
negative polarity 부정적인 양극성 static 정적인 lots of circuits 많은 회로

22 번역 예제 난이도 ★★★★
Please translate the following passage into Korean.

I do not wish to treat friendships daintily, but with roughest courage. When they are real, they are not glass thread or frostwork, but the solidest thing we know. The end of friendship is a commerce the most strict and homely that can be joined; more strict than any of which we have experienced. It is for aid and comfort through all the relations and passages of life and death. (Emerson's "Friendship")

나는 우정을 점잖게 다루고 싶은 것이 아니라 소박한 기분으로 다루고 싶다. 우정이 진실하게 맺어지고 있을 때는 유리실이나 서리의 꽃과 같은 것이 아니라 우리들이 아는 가장 단단한 것이다. 우정의 목적은 맺어질 수 있는 가장 엄격하고 소박한 교제로서 우리들이 경험한 어느 것보다도 더 엄격하다. 그것은 생사의 모든 관계와 추이를 통하여 도움을 주고 위안을 주기 위한 것이다.

어휘연구 daintly 점잖게 frostwork (유리창에 생긴) 성에
composition 구성 go to 기여하다

23 번역 예제 난이도 ★★★
Please translate the following passage into Korean.

The millions are awake enough for physical labor; but only one in a million is awake enough for effective intellectual exertion, only one in a hundred millions to a poetic or divine life. To awake is to be alive.

흐리고 무더운 오후였다. 선원들은 한가하게 갑판 위에 몸을 던지고 있거나 혹은 납색 해양을 멍하니 내다보고 있었다. 퀘이퀘과 나는 우리들의 배에 달려 있는 밧줄이 해지지 않도록 마련된 받침방석을 느릿느릿 짜고 있었다. 바다는 유리와도 같이 잔잔하고 잠을 자고 있는 것 같았다. 그러나 어찌 된 셈인지 무슨 전조가 모든 광경 속에 떠돌고 있었다. 환상의 그와 같은 주문이 공중에 숨어 있었으므로 말이 없는 선원 각자는 자기 자신의 눈에 보이지 않는 자아 속에 녹아들어 가는 것처럼 보였다.

어휘연구 sultry 폭염, 무더위   seamen 어부들
lounging about 빈둥거리다, 어슬렁거리다   deck 갑판
the lead-colored waters 납색의 바다   mildly 느리게
a sword mat 받침방석   still and subdued 잔잔한
lashing 채찍질, 밧줄, 끈   prelude 전조
incantation 주문   resolved into 녹아들다

24 번역 예제 난이도 ★★★★
Please translate the following passage into Korean.

Human Beings Have Found Excuses:
Human being have found excuses in all kinds of differences between them, for disliking and ill-treating each other. They have quarreled over their differences of political and religious allegiance, over their differences in economic circumstances and social status, and over their differences in physical race. None of these differences do, in fact, excuse the crimes that have been committed on the pretext of them; but among all these conflicts, race conflict stands out as being the most irrational.
In our present world, race conflict seems to be arousing stronger feeling, and to be producing worse atrocities, than any of the other current conflicts with which mankind is tormenting itself. Happily, however, race conflict is confined, so far to certain limited patches of man's habitat; and a glance back at man's history seems to indicate that race consciousness has not loomed so large in the past as it does today. Dare we hope that race conflict will prove to have been an exceptional aberration, confined to a minority of the human race?

인류는 상호간을 증오하고 학대하는데 대한 구실을 서로간의 모든 종류의 상이점에서 찾아왔다. 그들은 서로의 정치적, 종교적 충성의 차이 때문에 경제적 형편이나 사회적인 지위의 차이 때문에 또는 신체적인 종족의 차이 때문에 지금까지 다투어 왔다. 사실 이들 차이점들의 어느 것도 그것을 구실로 저질러지는 범죄에 대한 핑계가 되지는 못한다. 그러나 이들 분쟁 중에서 인종분쟁이 가장 비합리적인 것으로서 두드러지고 있다. 현세 계에서 인종 분쟁은 인류를 괴롭히고 있는 현재 의 다른 어떤 분쟁보다도 더 격한 감정을 불러일으키고 보다 더 잔악한 행위를 조장하는 것처럼 보인다. 그러나 다행 이도 인종분쟁은 지금까지 인간이 거주하는 몇몇 한정돼 좁은 지역에만 국한되어 있다. 인간 역사를 돌이켜보면 인종 의식이

오늘날만큼이나 과거에는 그렇게 불안한 적이 없다는 것을 알 수 있다. 인종분쟁이 인류의 소수에게만 한정돼 예외적인 탈선이었음이 증명되리라고는 우리가 감히 바랄 수 있겠는가?

어휘연구 excuse 구실, 변명

pretext 구실, 변명, 핑계

so far(=up to now=up to the present) 지금까지

ill-treat 학대하다

religious 종교적인

status 신분

commit a crime 죄를 범하다

rational 이성적인, 합리적인

arouse(=excite) 불러일으키다, 기운을 내게 하다

torment 고통

patch 헝겊 조각

glance 힐끗 쳐다보기

quarrel over 다투다

stand out(=prominent) 두드러진, 현저한

difference 차이점

political 정치적인

allegiance 충성

race 경주, 인종

on the pretext ...라는 구실로

in our present world 현 세계에서

atrocity 만행

confine 제한하다

habitat 서식지, 본고장

aberration 탈선

---

25 번역 예제 난이도 ★★★★
Please translate the following passage into Korean.

A Day's Wait:

We flushed a covey of quail under a high clay bank with overhanging brush and I killed two as they went out of sight over the top of the bank. Some of the covey lit in trees, but most of them scattered into brush piles and it was necessary to jump on the ice-coated mounds of brush several times before they would flush. Coming out while you were poised unsteadily on the icy, springy brush they made difficult shooting and I killed two, missed five, and started back pleased to have found a covey close to the house and happy there were so many left to find on another day.

우리는 축 늘어뜨린 덤불이 있는 높은 점토제방 밑에서 메추라기 떼를 날려 메추라기들이 제방 위쪽으로 보이지 않게 살아질 때 두 마리를 내가 죽였다. 메추라기들이 제방 위쪽으로 보이지 않게 살아질 때 두 마리를 내가 죽였다. 메추라기떼 중 일부는 나무속에 앉았다. 그러나 그것들 대부분은 흩어져 덤불더미로 들어갔다. 그래서 그것들이 날아가려 하기 전에 여러 차례 얼음이 얼어붙은 덤불더미위로 뛰어 올라갈 필요가 있었다. 얼음이 얼어붙은 용수철 같은 덤불 위에서 불안정하게 자세를 취하고 있는 동안에 그것들이 나올 때는 총 쏘기가 어려웠다. 그래서 나는 두 마리를 죽이고 다섯 마리를 놓쳤다. 그리고 돌아갈 때, 집 가까이에 한 떼가 있는 것을 알고서는 즐거운 마음이 들었으며 또 다른 날에 찾을 수 있도록 많은 메추라기들이 남아 있는 것이 만족스러웠다.

어휘연구 flush (=drive birds from cover) 새를 날리다. 얼굴이 붉어지다

covey(=group=party) 무리, 떼

a high clay bank 높은 점토 제방

go out of sight 보이지 않게 사라지다

scatter into brush piles 흩어져 덤불더미로 들어가다

be poised unsteadily 불안정하게 자세를 취하다

quail 메추라기

overhanging brush 축 늘어진 덤불

light-lit-lit(=alight) 내려앉다

ice-coated mounds 어름이 덮인 더미

springy(=resilient) 용수철 같은

before they would flush 날아 가려하기 전에 (would 의지)

coming out they made difficult shooting....they made shooting difficult가 올은 순서이다.

while you(일반인) were started back pleased......and happy... 돌아갈 때는 즐거웠고 만족스러웠다.

there were so many left=so many were left.

26 번역 예제 난이도 ★★★★
Please translate the following passage into Korean.

As I Sat There in that now Lonely Room:

As I sat there in that now lonely room, for the fire burning low, in that mild stage when, after its first intensity has warmed the air, it then only glows to be looked at; the evening shades and phantoms gathering round the casements, and peering in upon us silent, solitary twain: I began to be sensible of strange feelings. I felt a melting in me. No more my splintered hand and maddened heart was turned against the wolfish world. This soothing savage had redeemed it. There he sat, his very indifference speaking a nature in which there lurked no civilized hypocrisies and bland deceits. Wild he was; a very sight of sights to see; yet I began to feel myself mysteriously drawn towards him.

내가 그 당시 그 쓸쓸한 방에 앉아 있을 때 불은 최초의 격렬한 화열로 공기를 따뜻하게 한 뒤에, 다만 쳐다보기 위해서만 활활 타고 있는 그 부드러운 불길로 얕게 타고 있었고 저녁 무렵의 그림자와 환영이 창가에 모여 말없이 가만히 있는 고독한 우리들 두 사람을 들여다 볼 때, 나는 기묘한 느낌이 들기 시작했다. 나는 내 몸 안이 녹고 있는 것 같았다. 이젠 나의 찢어진 마음과 미친 듯한 손이 잔인한 세계에 대해서 문을 닫지는 않았다. 이 상냥한 야만인이 그것을 메워준 것이다. 거기에 그는 앉아 있었다. 그의 무관심 그 자체가 어떠한 개화된 위선도 은근한 기만도 감추고 있지 않은 성질을 말하고 있었다. 그는 야성적이었다. 가장 기묘한 광경이었다. 그런데 나는 이상하게도 그에게 마음이 끌리는 내 자신을 느끼기 시작했다.

intensity 강렬함   casement 창가

peer in 들여다보다. 쳐다보다   solitary 고독한

splinter 찢다, 쪼개다   soothing 상냥한

indifference 무관심   redeem 되찾다

melting 녹는, 녹이는, 감상적인, 애수를 자아내는   lurked 숨어있는, 잠복한

bland deceit 은근한 기만   hypocrisy 위선

wolfish 잔인한

27 번역 예제 난이도 ★★★★
Please translate the following passage into Korean.

Strange is Our Situation:

Strange is our situation here upon earth. Each of us comes for a short visit, not knowing why, yet sometimes seeming to divine a purpose.

From the standpoint of daily life, however, there is one thing we do know: that man is here for the sake of other men—above all for those upon whose smile and well-being our own happiness depends, and also for the countless unknown souls with whose fate we are connected by a bond of sympathy. Many times a day I realize how much my own outer and inner life is built upon the labors of my fellow-men, both living and dead, and how earnestly I must exert myself in order to give in return as much as I have received. My peace of mind is often troubled by the depressing sense that I have borrowed too heavily from the work of other men.

I do not believe we can have any freedom at all in the philosophical sense, for we act not only under external compulsion but also by inner necessity. Schopenhaurer's saying—"A man can surely do what he wills to do, but he cannot determine what he wills"—impressed itself upon me in youth and has always consoled me when I have witnessed or suffered life's hardships. This conviction is a perpetual breeder of tolerance, for it does not allow us to take ourselves or others too seriously; it makes rather for a sense of humor.

여기 지상에서 우리의 입장은 묘하다. 우리들 각자는 잠시 동안의 방문을 온 것이지만 그 이유는 모른다. 그러나 각자는 가끔 인생의 어떤 목적을 알아낸 듯한 생각이 든다. 그런데 일상생활의 입장에서 볼 때, 우리가 확실히 알고 있는 것이 한 가지 있다. 인간은 다른 사람들을 위해 태어났다는 것, 즉 무엇보다도 우리 자신의 행복이 그들의 미소와 복지에 달려 있는 자들을 위해 그리고 또한 우리가 공감이라는 접합제에 의하여 그들의 운명과 관련되어 있는 숱한 미지의 사람들을 위해 태어났다는 것, 하루에도 몇 차례 나는 내 자신의 외적, 내적 생활이 얼마만큼이나 크게 현재 살아있거나 죽은 내 동포들의 노고를 위해 구축되어 있는가를, 또 내가 받은 만큼 보답하기 위해서는 나는 얼마만큼이나 열심히 노력해야 하는가를 알고 있다. 내가 다른 사람들의 노고에 대해 빚이 너무도 많다는 것을 생각하면 마음이 울적해서 내 마음의 평정이 깨지는 일이 자주 있다.

나는 우리가 철학적인 의미에서 자유는 전혀 가질 수 없다고 믿는다. 왜냐하면 우리는 외적인 충동에서뿐만 아니라 내적인 필요에 의해서 행동하기 때문이다. "확실히 사람은 자기가 하고자 원하는 바를 할 수는 있지만, 자기가 결정할 수는 없다." 는 쇼펜하우어의 말은 젊은 시절 나에게 큰 감명을 주었으며 그 후 내가 인생의 쓰라림을 목표하거나 경험할 때는 언제나 나에게 위로가 되었다. 이러한 확신은 언제나 관용의 마음이 우러나게 한다. 왜냐하면 이러한 확신 때문에 우리는 우리 자신이나 남들을 너무도 중대하게 생각하지 않기 때문이다. 오히려 이러한 확신은 유머의 감각을 조성한다.

어휘연구

come for a short visit 잠시 동안 방문하다   divine a purpose 어떤 목적을 예측하다
souls 사람들   a bond of sympathy 공감이라는 접합제
outer and inner life(=physical and mental life)   exert oneself(=make an effort)
in return 대가로, 보답으로   the depressing sense 울적한 기분
under external compulsion 외적인 충동으로   by inner necessity 내적인 필요에 의하여
will to=desire to=wish to impress itself upon a person
console 위로하다   witness 목격하다
a perpetual breeder of tolerance 항상 관용의 정신을 낳게 하는 것
take seriously ..을 심각하게 받아들이다   make for(=promote) ....에 도움이 되다 ...을 조성하다

구문연구

• Strange is our situation here upon earth.은 도치문이다.
  ....Our situation is strange here upon earth.
• man is here(=man is born)...결과의 의미이지만 완료형을 쓰지 않는다. Man has been here.(X)
• I have borrowed too heavily from the work of....
  직역: 나는 ...의 일에서 너무도 많이 빌렸다.
  의역: 나는 ...의 노고에 대한 빚이 너무도 많다.

번역 예제 난이도 ★★★★

Please translate the following passage into Korean.

Life With Father:

Father and I would have had plenty of friction in any case. This identity of names made things worse. Every time that I had been more of a fool than he liked, Father would try to impress on my responsibilities as his eldest son, and above all as the son to whom he had given his name, as he puts it. A great deal was expected, it seemed to me, of a boy who was named after his father.

I used to envy my brothers, who didn't have anything expected of them on this account at all. I envied them still more after I was old enough to begin getting letters. I then discovered that when Father "gave" me his name he had also, not unnaturally I had to admit, retained it himself, and when anything came for Clarence S. Day he opened it, though it was sometimes for me. So far as mail and express went, I had no name at all of my own.

아버지와 나는 어떤 경우에 있을지라도 마찰이 많았을 것이다. 이렇게 이름이 같았기 때문에 사태는 더욱 악화되었다. 아버지가 참지 못할 만큼 내가 바보 서러웠을 대는 아버지는 내게 자식으로서 나의 책임을 통감하게 하려 애를 쓰셨다. 아버지의 이름을 딴 사내아이에게서 많은 것이 기대되고 있는 것처럼 내게 생각되었다. 나는 항상 동생들이 부러웠다. 그들은 이런 점에서 전혀 기대되는 것이 아무것도 없었기 때문이다. 내가 편지를 받기 시작할 만한 나이가 된 후에는 그들이 더욱 더 부러웠다. 그때 나는 아버지가 내게 자기의 이름을 주기는 했지만 역시 그 자신이 당연히 내가 인정해야 하는 일이긴 했지만, 그 이름을 계속 사용해 왔으며 또 무엇이든 클라랜스 데이 앞으로 오는 것이 있을 때에는 비록 그것이 때로는 내 앞으로 온 것이라도 아버지가 그것을 뜯어본다는 것을 깨달았다. 우편물과 속달에 관하는 한 나는 전혀 자신의 이름이 없었다.

어휘연구   friction 마찰 in any case(=under any circumstances)
identity 일치
be more of a fool than(=be more foolish than) impress on ...에게 명심하게 하다
as he puts it(=according to his words) be expected of 기대하다
be named after...의 이름을 따서 이름을 짓다   on this account(=on this point)
still more 더욱더   retain(=keep) 유지하다
express 속달 편

구문연구

• every time that=whenever   • more of a fool than he liked
  직역: 그가 좋아하는 것보다 더 바보스러운   의역: 그가 참을 수 없을 만큼 바보스러운
• not unnaturally I had to admit   =It is not unnatural that (I had to admit)
• he had also retained it himself   직역: 내가 인정해야 하는 것이 부당한 것은 아니지만
  의역: 당연히 내가 인정해야 하는 일이지만

29 번역 예제 난이도 ★★★★

Please translate the following passage into Korean.

The Odd thing is that...:

The odd thing is that it is only during holidays that many of us become victims of this passion for the strenuous life. I myself, if I wished, could take a walk, for example, on almost any day of the year; but I seldom do so. I can find a hundred excuses for sitting in a chair or for being driven from this place to that instead of walking. Let me loose on a holiday, however, and, before I know what I am doing, I am walking till I feel more tired than after the hardest day's work I have ever done in my life. I doubt, indeed, whether work is as tiring an occupation as pleasure.

After a day's work one has a refreshing sense that the thing is over and one is now a free man. After a day's pleasure, walking to the top of a hill and back again or on the golf-course, however, one has—or at least I have—a feeling of utter exhaustion. It usually takes me a full working week to recover physically from a week's pleasure.

이상한 것은 우리들 중 많은 사람들이 단지 휴가 기간 중에 투쟁적인 생활을 열렬히 바라는 이러한 마음의 희생물이 된다는 것이다. 나 자신도 만일 원한다면 이를테면 일 년 중 거의 어느 때라도 산책을 할 수 있을 것이다. 그러나 나는 좀처럼 그렇게 하지 않는다. 나는 산책을 하지 않고 갖가지 변명을 대어 의자에 앉아 있거나 이곳에서 저곳으로 자동차를 얻어 타고 간다. 그런데 나를 휴일에 해방시켜 놓기만 하면, 나도 모르게 산책을 하다가는 마침내 내가 일생동안 한 중에서 가장 고된 하루의 목표를 끝마친 뒤보다 더 피로를 느낀다. 정말이지, 나는 일하는 것이 오락만큼 피로하다고는 생각지 않는다. 하루의 일과가 끝나면 사람들은 일이 끝나고 이제는 자유로운 몸이 되었다는 상쾌한 기분을 갖는다. 그런데 산꼭대기를 올라갔다 오거나, 골프 코스를 걷거나 하면서 하루 동안의 오락을 즐기고 난 뒤에는 사람들은, 아니 적어도 나는 극도의 피로감을 갖는다. 주말의 오락에서 얻은 신체적인 피로에서 내가 회복하는 데는 보통 일하는 1주일이 꼬박 걸린다.

어휘연구

odd 이상한	this passion for ...에 대한 열정
a strenuous life 투쟁적인 생활	excuse for ..에 대한 변명
loose(=set free) 해방되다	occupation(=employment) 직업
a refreshing sense 상쾌한 기분	utter 완전한, 말하다
exhaustion 극도의 피로	a full working week 일하는 일주일 전부
recover 회복하다	physically 신체적으로

구문연구 • Let me loose on holiday, however 그런데 나를 휴일에 해방시켜 놓기만 하면
• before I know what I am doing 나도 모르게, 어느새

30 번역 예제 난이도 ★★★★

Please translate the following passage into Korean.

There are Two Loves:

There are two loves: sacred and profane, spiritual and sensual. In sensual love, it is the two blood-systems, the man's and the woman's, which sweep up into pure contact, and almost fuse. Almost mingle. Never quite.

There is always the finest imaginable wall between the two blood-waves, through which pass unknown vibrations, forces, but through which the blood itself must never break, or it means bleeding. In spiritual love, the contact is purely nervous. The nerves in the lovers are set vibrating in unison like two instruments. The pitch can rise higher and higher. But carry this too far, and the nerves begin to break, to bleed, as it were, and a form of death sets in. The trouble about man is that he insists on being master of his own fate, and he insists on oneness.

사랑에는 두 가지가 있다. 즉 신성한 것과 비속한 것, 정신적인 것과 관능적인 것. 관능적인 사랑에 있어서는 남녀의 두 개의 피의 조직이 순수한 접촉에까지 승화되며 거의 융합하고 만다. 거의 혼화한다. 그러나 결코 완전히 라고 할 수 없다. 두 개의 피의 유동 사이에는 항상 가장 섬세하다고 할 수 있는 장벽이 있어서 알 수 없는 진동 즉 힘은 그것을 통과하지만 피 자체는 결코 그것을 돌파해서는 안 된다. 그렇지 않으면 그것은 출혈을 의미하는 것이다. 정신적인 사랑에 있어서 접촉은 순수하게 신경적인 것이다. 연인간의 신경은 두 개의 악기처럼 일치하여 진동하면서 꾸며진다. 그 음고는 한층 더 높이 올라 갈 수 있는 것이다. 그러나 그것도 너무나 지나치게 도가 지나면 그 신경은 말하자면 부서져, 피를 흘리고 일종의 죽음이 시작된다. 인간의 고통이란 인간이 자기 자신의 운명의 지배자가 되려고 고집하는 것이며 또 통일성을 고집하는 것이다.

어휘연구   sacred 신성한   profane 경멸, 비속한 것
sensual 관능적인   vibration 진동
nerves 신경

---

31 **번역 예제 난이도 ★★★**

Please translate the following passage into Korean.

No Man is an Island:

No man is an island, entire of itself; every man is a piece of the continent, a part of the main; if clod be washed away by the sea, Europe is the less, as well as if a promontory were, as well as if a manor of thy friends or of thine own were; any man's death diminishes me, because I am involved in mankind; and therefore never send to know for whom the bell tolls; It tolls for thee (John Donne).

어느 누구도 그 혼자만으로 완전한 섬일 수는 없다. 모든 사람은 대륙의 한 조각이요, 본토의 한 부분이다. 흙덩이 하나가 물결에 씻겨 내려가도 마치 한 갑이 친구의 집이, 그대 자신의 저택이 씻겨 내려간 것처럼 유럽은 그만큼 더 작아 질 것이다. 어느 사람의 죽음도 나를 그만큼 적게 줄인다. 왜냐하면 나 자신이 인류에 포함되어 있기 때문이다; 따라서 누구를 위해 종을 울리냐고 묻기 위하여 사람을 보내지 말라; 그 종소리는 그대 자신을 위해 울리는 소리니라.

어휘연구   entire of itself 혼자만으로   continent 대륙
the main 본토   promontory(=headland)갑, 해안의 돌출부
diminish(=decrease=diminish) 감소하다

32 번역 예제 난이도 ★★★

Please translate the following passage into Korean.

The Old Man and the Sea:

The old man knew he was going far out, and he left the smell of the land behind and rowed out into the clean early morning smell of the ocean. He saw the phosphorescence of the Gulf weed in the water as he rowed over the part of the ocean that the fishermen called the great well because there was a sudden deep of seven hundred fathoms where all sorts of fish congregated because of the swirl current made against the steep walls of the floor of the ocean.

노인은 멀리 앞 바다로 가고 있는 중이라는 것을 알았다. 그는 육지의 냄새를 뒤로하고, 상쾌한 이른 아침의 대해의 냄새를 맡으면서 배를 저어나갔다. 그는 항해가 해저의 가파른 벽에 부딪쳐서 생기는 소용돌이 때문에 온갖 종류의 물고기가 모이는 700길의 갑작스런 심연이 있기 때문에 어부들이 큰 샘이라고 부르는 해역 위로 배를 저어 갈 때 바닷물에서 해초의 파란빛이 보였다.

> **어휘연구**   leave behind 두고 가다   phosphorescence 인광
> weed 잡초   the part of the ocean 해역
> fathoms 깊이   congregate(=assemble) 모이다
> swirl 소용돌이   current 흐름, 해류
> steep(=precipitous) 가파른   the floor of the ocean 해저

> **구문연구**   • rowed out into the clean early morning smell of the ocean.
> (이는 결과로 번역해 주는 것이 무난하다) 노를 저어가면서 대해의 상쾌한 이른 아침의 냄새를 맡았다.

33 번역 예제 난이도 ★★★

Please translate the following passage into Korean.

One Generation Passes Away:

One generation passes away, and another generation comes; but the earth abides forever... The sun also rises, and the sun goes down, and hastes to the place where he arose... The wind goes toward the south, and turns about unto the north; it whirls about continually, and the wind returns again according to his circuits... All the rivers run into the sea; yet the sea is not full; unto the place from whence the rivers come, thither they return again.

한 세대는 가고 한 세대는 오되 땅은 영원히 있도다. . . . 해는 떴다가 지며, 그 떴던 곳으로 빨리 돌아가고 바람은 남으로 불다가 북으로 돌이키며 이리 돌며 저리 돌아 불던 곳으로 돌아가고 모든 강물은 다 바나로 흐르되 바다를 채우지 못하며 어느 것으로 흐르든지 그리로 연하여 흐른다.

> **어휘연구**   abide 살다   whirl 소용돌이치다
> circuit 순회, 우회, 전기 회로

34

번역 예제 난이도 ★★★★

Please translate the following passage into Korean.

Life, Woman, Life is God's most Precious Gift:

Life is God's most precious gift; no principle, however glorious, may justify the taking of it. I beg you, woman, prevail upon you husband to confess. Let's him give his lie. Quail not before God's judgement in this, for it may well be God damns a liar less than he that throws his life away for pride.

생명은 하느님의 가장 값진 선물이요. 어떠한 원칙도 제아무리 영광된 것이라도, 생명을 앗아가는 것을 정당화 할 수는 없소. 부인, 당신 남편이 고백을 하도록 설득해 줄 것을 간청합니다. 남편더러 거짓말을 하도록 하십시오. 거짓말을 한다하여 하느님의 심판을 받는 것을 두려워하지 마시오. 자만심으로 자신의 생명을 던져버리는 자보다도 거짓말을 하는 자를 하느님은 덜 저주하실 것이기 때문이요.

어휘연구   precious(=priceless=invaluable) 소중한   confess 고백하다
damn 저주하다   prevail upon 설득하다

35

번역 예제 난이도 ★★★★

Please translate the following passage into Korean.

There are two elements that go to the composition of friendship, each so sovereign, that I can detect no superiority in either, no reason why either should be first named. One is Truth.

A friend is a person with whom I may be sincere. Before him I may think aloud. I am arrived at last in the presence of a man so real and equal, that I may drop even those undermost garments of dissimulation, courtesy, and second thought, which men never put off, and may deal with him with the simplicity and wholeness with which one chemical atom meets another.

The other element of friendship is Tenderness. We are holden to men by every sort of tie, by blood, by pride, by fear, by hope, by lucre, by lust, by hate, by admiration, by every circumstance and badge and trifle, but we can scarce believe that so much character can subsist in another as to draw us by love.

우정을 이루는 요소는 두 가지인데 그 하나하나가 너무도 지고한 것 이어서 나는 그 어느 쪽도 우월성을 발견할 수 없으며 어느 쪽을 먼저 들어야 할지 그 이유를 알 수 없다. 하나는 진실성이다. 친구란 내가 진지하게 사귈 사람으로 친구 앞에서는 혼잣말을 할 수 있을 것이다. 나는 드디어 지극히 참되고 대등한 사람 앞에 이르렀으니 사람들이 결코 벗어버리지 않는 허구 겸손, 재고라는 맨 아래 하의조차도 벗을 수 있을 것이다. 한 화학 원자가 다른 한 화학 원자를 만날 때처럼 간단하게 또 완전하게 그와 사귈 수 있을 것이다. 우정의 나머지 한 가지 요소는 우리는 모든 종류의 인연에 의하여, 즉 피에 의하여 자랑에 의하여 공포에 의하여 희망에 의하여 이익에 의하여 욕망에 의하여 자랑에 의하여 찬미에 의하여 온갖 사정, 표시, 그리고 사소한 일에 의하여 사람들에게 결합되고 있다. 그러나 우리는 사랑으로 우리를 끄는 만큼의 인격이 다른 사람에게 결합되고 있다. 우리는 사랑으로 우리를 끄는 만큼, 인격이 다른 사람에게 존재할 수 있다고는 거의 믿을 수 없다.

어휘연구   daintily 차근차근하게   with roughest courage 대충 기분 나는 대로
frostwork 서리무늬   solid 단단한

go to ...하기에 이르다
detect 찾아내다
in the presence of ...의 면전에서
second thought 재고
deal with 사귀다
lucre 이익
trifle 사소한 일
subsist in ...에 존재하다
passages 은밀한 의견교환, 밀담
ramble 산보하다
persecution 박해

sovereign 지고의
think aloud 혼자 말하다
drop the undermost garments 맨 아래 하의를 벗다
dissimulation 허위, 위선
be holden to ...에 결합되다
lust 욕정
scarce(=scarcely)
commerce(=social intercourse) 교제
serene day 청명한 날
hard fare 힘든 여행

구문연구 I am arrived at last in the presence of a man so real and equal that I may drop even those undermost garments of dissimulation, courtesy, and second thought, which men never put off, and may deal with him with the simplicity and wholeness with which one chemical atom meets another.

나는 드디어 지극히 참되고 대등한 사람 앞에 이르렀으니 사람들이 결코 벗어버리지 않는 허위, 공손, 재고라는 맨 아래 하의조차도 벗을 수 있을 것이며, 또한 화학 원자가 다른 한 화학 원자를 만날 때처럼 간단하게 또 완전하게 그와 사귈 수 있을 것이다.

36 번역 예제 난이도 ★★★★
Please translate the following passage into Korean.

Man's Hunger Divided to Serve Needs:

Man's hunger divided to serve both his physical and his spiritual needs, created on the continent of North America a civilization that was similarly divided because it offered tempting satisfactions on both the higher and the lower levels..... Perhaps in the beginning of American civilization can be found a clue to the incongruous mixture of naive idealism and crude materialism that produced in later years a literature of beauty, irony, affirmation, and despair.

인간의 욕망은 육체적 요구와 정신적인 요구 양면을 충족시키도록 나뉘어 있는데 북미대륙은 그 양면이 비슷하게 나누어진 문명을 이루고 있다. 왜냐하면, 문명이란 높은 정도에도 낮은 정도에도 만족감을 유발시키기 때문이다. 아마도 천진난만한 이상주의와 조잡한 물질주의가 마구 혼잡하게 된 단서를 미국문명의 초기에서 찾아 낼 수 있을 것인데 이 혼잡은 후기에 와서 미와 아이러니와 긍정과 절망의 문학을 생산하기에 이른다.

어휘연구 clue 단서
crude materialism 원료

incongruous 부조화의
despair 절망

번역 예제 난이도 ★★★★
Please translate the following passage into Korean.

Thought is free:

It is a common saying that thought is free. A man can never be hindered from thinking whatever he chooses so long as he conceals what he thinks. The working of his mind is limited only by the bounds of his experience and the power of his imagination. But this natural liberty of private thinking is of little value. It is unsatisfactory and even painful to the thinker himself, if he is not permitted to communicate his thoughts to others, and it is obviously of no value to his neighbours. Moreover it is extremely difficult to hide thoughts that have any power over the mind. If a man's thinking lead him to call in question ideas and customs which regulate the behaviour of those about him, to reject beliefs which they hold, to see better ways of life than those they follow, it is almost impossible for him, if he is convinced of the truth of his own reasoning, not to betray by silence, chance words, or general attitude that he is different from them and does not share their opinions. Some have preferred, like Socrates, some would prefer today, to face death rather than conceal their thoughts. Thus freedom of thought, in any valuable sense, include freedom of speech.

사상은 자유라는 말은 일반적이다. 사람은 자기가 생각하는 바를 감추는 한 원하는 것은 어떤 것이라도 그 생각을 결코 방해 받을 수 없다. 자기의 정신작용은 단지 자기 경험의 폭과 상상력에 의하여 그 한계가 정해진다. 그러나 혼자서 생각하는 이러한 자유는 가치가 없다. 만일 그가 자기의 사상을 타인들에게 전하도록 허용이 안 되면 사상가 자신에게는 불만스러운 일이며, 심지어는 고통스러운 일이다. 그리고 그러한 사실은 자기의 이웃들에게도 전혀 가치가 없다는 것은 명백한 일이다. 더욱이 정신을 지배하는 어떤 힘을 지니고 있는 사상을 숨긴다는 것은 극히 어렵다. 만일 사람이 생각으로 말미암아 자기주의 사람들의 행동을 규제하는 사상과 관습에 의혹을 품게 되고 그들이 지니고 있는 신념을 받아들이려 하지 않게 되고 그들이 따르는 생활양식보다는 더 나은 생활양식을 깨닫게 되면, 만일 그가 자기 자신의 추론의 진실성을 확신할 경우, 그가 무언중에 우연한 말로 또는 일반적인 태도로 자기는 그들과는 다르며 따라서 그들과 의견을 같이 하지 않는다는 것을 무심코 들어내지 않는다는 것은 거의 불가능하다. 어떤 사람들은 소크라테스처럼 자기들의 사상을 감추는 것 보다 차라리 죽음을 당하기를 좋아했다. 오늘날도 어떤 사람들은 자기의 사상을 감추느니 죽음을 직면한다. 이러므로 사상의 자유에는 어떤 가치 있는 의미로 언론의 자유가 포함되는 것이다.

어휘연구	a common saying 속담	be hindered from ...를 방해받다
choose 선택하다		conceal 감추다
bounds 한계		natural 선천적인
power over the mind 정신을 지배하는 힘		call in question..을 의심하다
regulate 규제하다		be convinced of ...을 확신하다
betray 배신하다		chance words 우연한 말

번역 예제 난이도 ★★★★
Please translate the following passage into Korean.

The Best Advice I Ever Had:

The best advice I ever had came from one of the greatest souls the world has ever known—Mahatma Gandhi—

on a sunny afternoon a decade ago.

Most people pass through a period of anguish when their belief in humanity is at a low ebb. I was in such a period. My husband had recently died. My deep sorrow over his loss was followed by the humiliating realization that in the eyes of Indian law I had no individual existence. I had participated for years with men in the national struggle for freedom, working and suffering side by side with them until it had finally been achieved — yet in law we women were still recognized only through our relationship to men. Now as a widow without a son, I was not entitled to any share of the family property, nor were my two daughters. I resented this galling position. I was bitter toward those members of my family who supported this antiquated law.

At this time I went to pay my respects to Gandhi and say good-by before leaving for America to take part in the Pacific Relations Conference. After our talk he asked, "Have you made your peace with your relatives?" I was amazed that he would take side against me.

대부분의 사람들은 인간성에 대한 자기의 신뢰감이 쇠퇴기에 있을 때는 고뇌의 시기를 거친다. 나는 그러한 시기에 있었다. 나의 남편은 최근에 죽었다. 그의 죽음에 대한 나의 고통은 슬픔을 경험한 뒤, 나는 인도 법률의 견지에서 내가 개인으로서 생활이 없다는 것을 굴욕적으로 깨닫게 되었다. 나는 다른 인도의 여성과 함께 수년 동안 전국적인 자유 투쟁에 남성들과 더불어 참가하여 그들과 나란히 일하면서 고생도 겪어 드디어는 자유가 성취되었다. 하지만 법적으로 우리들 여성들은 여전히 남성들과의 관계를 통해서만이 인식되었다. 그런데 자식이 없는 과부로서 나는 가산의 어떠한 몫도 차지할 권리가 없었다. 그리고 내 두 딸들도 권리가 없었다. 나는 비위에 거슬리는 이러한 처지가 원망스러웠다. 나는 이러한 낡아빠진 법을 지지하는 내 문중의 사람들에게 원망스러운 마음이 들었다. 이때 나는 태평양 관계 국제회의에 참석하기 위해서 미국으로 떠나기 전에 간디에게 인사를 드리고 작별을 하러 갔다. 이야기를 끝낸 뒤 간디는 다음과 같이 물었다. 친지들과는 평화 했는가?

어휘연구   pass through(=experience) 경험하다   anguish 고뇌
humanity 인간성   be at a low ebb 쇠퇴기에 있다
humiliating 굴욕적인   in the eyes of …의 견지에서
individual existence 개인으로서의 존재   along with(=in company with) …와 함께
side by side with …와 나란히   be entitled to …에 대한
property 재산   resent 분개하다
galling 지긋지긋한   be bitter toward …에 대해 원망스러운 마음이 들다
antiquated 낡은, 시대에 뒤진   pay one's respects to …에게 인사하러가다
take part in 참가하다
**soul=person
take side against —의 반대편에 서다   take side —의 편을 들다
The Pacific Relations Conference 태평양 관계국회의 make one's peace with …와 화해하다
relatives 친척

중요문장   "No," I declared, "not even to please you will I go to those who wish to harm me." 당신을 즐겁게 하게 하기 위해서도 나를 해롭게 하는 사람들에게 나는 가지 않겠다.

번역 예제 난이도 ★★★★

Please translate the following passage into Korean.

I stroll down...:

I stroll down Fifth Avenue. I throw my eyes out of focus, so that I see no particular object but only a seething kaleidoscope of color. I am certain that the colors of women's dresses moving in a throng must be a gorgeous spectacle of which I should never tire. But perhaps if I had sight I should be like most other women—too interested in styles to give much attention to the splendor of color in the mass.

From Fifth Avenue I make a tour of the city—to the slums, to factories, to parks where children play. I take a stay-at-home trip abroad by visiting the foreign quarters. Always my eyes are open wide to all the sights of both happiness and misery so that I may probe deep and add to my understanding of how people work and live.

나는 5가를 한가로이 걷는다. 나는 초점 없이 내 두 눈길을 던진다. 그래서 단지 물결치는 만화경 이외에는 어떤 특수한 대상을 보지 않는다. 나는 무리 지어 움직이는 여성들의 옷 색깔이 내가 결코 싫증을 내지 않을 찬란한 광경임에 틀림이 없다는 것을 확실히 알 수 있다. 그러나 만일 내가 시력이 있다면 나는 대부분의 다른 여성들처럼 맵시에 너무 관심을 갖는 나머지 색깔 일반의 눈부신 아름다움에는 많은 주의를 기울일 수 없을 것이다. 5가에서 빈민굴까지 공장, 어린이 놀이터까지, 나는 시를 돈다. 나는 외국인 구역을 찾아감으로써 국내의 외국여행을 한다. 언제나 내 두 눈은 사람들이 어떻게 일하며 살아가는지 내가 깊이 조사하여 그것에 대한 이해를 깊게 하기 위하여 행복과 불행의 모든 광경을 전부 본다.

어휘연구   stroll 한가하게 거닐다 (=roam)   out of focus 희미하게
a seething kaleidescope of color 물결치는 만화경   in a throng 떼를 지어(=in a group)
gorgeous 화려한   spectacle 광경
the splendor of color 색깔의 눈부신 아름다움   in the mass 일반적인
make a tour of ..을 둘러보다   slums 빈민가
factory 공장   take a stay-at-home trip abroad 국내에서 외국 여행을 하다
the foreign quarter 외국인 구역   probe deep 깊이 조사하다
add to one's understanding of ...의 이해를 깊이 하다

번역 예제 난이도 ★★★

Please translate the following passage into Korean.

I was very Lonely:

I was very lonely—that was the chief feature of my childhood—I was very lonely. I saw my father seldom: he was away a great deal, but his presence pervaded the whole house and was one of the deepest influences on my life. I was kept in the charge of servants of the household after my mother died, and I used to sit, day after day, in front of the window and picture to myself what was going on in the outer world.

나는 외로웠다. 그것이 나의 어린 시절의 주된 모습이었다. 나는 아버지의 모습을 별로 뵙지 못했다. 아버지는 매우 외출이 많으셨지만 아버지의 존재는 온 집안에 넘쳐서 내 생활에 가장 깊은 영향을 주었다. 어머니가 돌아가신 후에 나는 집안일

을 돌보는 하인들 시중 속에 살았다. 따라서 나는 날마다 창 앞에 앉아서 바깥세상에서 일어나고 있는 일을 혼자 그려보는 버릇이 생겼다.

어휘연구　pervade 온통 퍼지다, 고루 미치다, ...에 넘치다, 충만하다

I was kept in the charge of servants of the household. 나는 집안일 을 돌보는 하인들의 시중 속에서 살았다.

41　번역 예제 난이도 ★★★★
Please translate the following passage into Korean.

A Stout Lady...:

A stout lady was walking with her basket down the middle of a street in Petrograd to the great confusion of the traffic and with no small peril to herself. It was pointed out to her that the pavement was the place for foot-passengers, but she replied: "I'm going to walk where I like. We've got liberty now."

It did not occur to the dear old lady that if liberty entitled the foot-passenger to walk down the middle of the road it also entitled the cab-driver to drive on the pavement, and that the end of such liberty would be universal chaos. Everybody would be getting in everybody else's way and nobody would get anywhere. Individual liberty would have become social anarchy.

There is a danger of the world getting liberty-drunk in these days like the old lady with the basket, and it is just as well to remind ourselves of what the rule of the road means. It means that in order that the liberties of all may be reserved the liberties of everybody must be curtailed. When the policeman, say, at Piccadilly Circus, steps into the middle of the road and puts out his hand, he is the symbol not of tyranny, but of liberty. You may not think so. How dare this fellow interfere with your free use of the public highway? Then, if you are a reasonable person, you will reflect that if he did not, incidentally, interfere with you he would interfere with no one, and the result would be that Piccadilly Circus would be a maelstrom that you would never cross at all. You have submitted to a curtailment of private liberty in order that you enjoy a social order which makes your liberty a reality.

건장한 한 노파가 바구니를 들고 페트로그라드의 거리 한 복판을 걸어가고 있었는데 그 때문에 교통이 크게 혼잡했으며, 그 노파 자신도 적지 않은 위험에 놓이게 되었다. 인도가 보행자들이 걷는 장소라고 주의를 환기시켰으나 그 노파는 "나는 내가 걸어가고 싶은 곳을 걷겠어요. 이제 우리는 자유가 있어요"라고 대답했다. 만일 자유가 있기 때문에 보행자가 도로 한복판을 걸을 권리가 있다면 택시 역시 인도로 차를 몰 권리가 있으며 그러한 자유의 결과는 큰 혼란이 될 것이다는 생각 이 한심한 노파에게는 일어나지 않았다. 모든 사람이 다른 사람에게 방해가 될 것이며 그렇게 되면 어느 누구도 아무데도 가지 못할 것이다. 개인의 자유는 사회적으로 무정부 상태가 되었을 것이다. 이 세계는 오늘날 바구니를 든 노파처럼 자유에 취하는 위험이 있다. 그래서 도로 규칙이 의미하는 바를 생각해 보는 것도 못지않게 좋은 일이 될 것이다. 도로 규칙은 모든 사람들의 자유가 보존되기 위해선 한 사람 한 사람의 자유는 축소되지 않으면 안 된다는 것을 의미한다. 순경이 이를 테면, 서커스에서 도로 한 가운데로 걸어가서 손을 내 밀 때에 그는 압정의 상징이 아니라 자유의 상징인 것이다. 당신은 그렇게 생각하지 않을지 모른다. 어떻게 이 자가 당신이 공로를 자유스럽게 사용하고 있는 것을 감히 방해하는가? 그런데 만일 당신이 이성이 있는 사람이라면 만일 그가 우연히 당신을 간섭하지 않는다면 그는 아무도 간섭하지 못할 것이며 그러한 결과 서커스는 당신이 결코 건너지 못할 대 혼란이 될 것이라고 당신은 생각할 것이다. 당신은 당신의 자유를 실현시키

는 사회질서를 향유하기 위하여 개인의 자유를 축소한 것이다.

어휘연구 stout(=sturdy) 건장한, 튼튼한

with no small peril to oneself 자신에게 적지 않는 위험을 안고

be pointed out to ...에게 주의를 환기시키다

foot-passenger(=pedestrian) 보행자

entitle to ..에게 권리를 부여하다

universal chaos 큰 혼란

anarchy 무정부 상태

remind oneself of ...을 생각나게 하다

curtail 줄이다

public highway 공로

maelstrom(=confusion) 큰 소용돌이

private liberty 개인의 자유

to the great confusion of .....이 크게 혼란스럽게도

pavement(=sidewalk) 보도

it occurs to a person that 문득 생각나게 하다

cab-driver 택시 운전사

get in a person's way ...에게 방해가 되다

liberty-drunk 자유에 취하는

reserve 보존하다

interfere with ...을 간섭하다. 방해하다

incidently(=by chance) 우연히

submit to ...에게 굴복하다

make reality 실현되다

구문연구 • 결과 부사구의 해석 방법: A stout old lady was walking down the middle of a street to the great confusion of the traffic and with no small peril to herself....(건장한 노파가 거리 한복판을 걷고 있었는데 그 때문에 교통은 큰 혼란에 빠졌으며 그녀 자신도 적지 않은 위험에 놓여 있었다.)

• Just as....(마찬가지로)

• say 이를테면(=namely=that is to say)

---

42 **번역 예제 난이도 ★★★**

Please translate the following passage into Korean.

Affection is Happiness:

Affection in the sense of a genuine reciprocal interest of two persons in each other, not solely as means to each other's good but rather as a combination having a common good, is one of the most important elements of real happiness, and the man whose ego is so enclosed within steel walls that this enlargement of it is impossible misses the best that life has to offer, however successful he may be in his career.

두 사람이 단순히 서로의 이익을 얻기 위한 수단으로서가 아닌 차라리 공통의 이익을 내포하는 한 형태의 결합으로서 서로에 대하여 호혜적인 순수한 관심을 가지는 것이라는 의미로서의 애정은 진정한 행복의 가장 중요한 요소 중의 하나이다. 그래서 한 사람의 자아가 강철의 벽 속에 갇혀 있어서 그러한 자아의 확대가 불가능한 경우 그 사람은 자기의 직업에 있어서 아무리 성공하였다고 해도 인생에서 얻을 수 있는 가장 좋은 것을 놓치고 만 것이다.

어휘연구 affection 애정

reciprocal 상호의

element 요소

enclose ....을 에워싸다

miss ....을 놓치다

genuine 성실한, 참된

in the sense of ...라는 의미에서

ego 자아

enlargement 확대

career 생애, 경력, 직업

구문연구 • means to each other's good 서로의 이익을 달성하는 순간

- the best that life has to offer 인생이 제공하는 가장 좋은 것
- not solely... but rather ...이 아니라 오히려 ...인

43 번역 예제 난이도 ★★★★
Please translate the following passage into Korean.

A Child Should Spend...:

A child should spend most of the daytime hours in large playrooms with other children, or out of doors if the weather is suitable. During these hours he should not be surrounded by valuable but fragile objects which he must not touch. The walls should not be so exquisitely coloured that on no account must dirty finger marks appear upon them. The playroom should be sufficiently remote from other people for it to be unnecessary to tell children not to make a noise. Everything must be on one level so that there are no steps upon which they can hurt themselves. There must, of course, be no knives or other sharp instruments within their reach.

In such an environment a great many 'don'ts' which are unavoidable in a small home will become unnecessary. I do not pretend that there will be no prohibitions. Children will have to be prevented from ill-treating each other, but, as far as possible, this should be done by keeping them interested in some activity which they enjoy, rather than by restraining bullying impulses by direct authority.

어린아이는 낮 시간 대부분을 넓은 놀이방에서 보내거나 또는 날씨가 좋다면 바깥에서 지내야 한다. 이 시간 동안 어린아이는 손을 대서는 안 되는 값비싼 깨지기 쉬운 물건들로 쌓여서는 안 된다. 벽은 더러운 손자국이 절대로 나서는 안 되는 아름다운 색깔로 되어서는 안 된다. 놀이방은 어린아이들에게 떠들지 말라고 말할 필요가 없을 만큼 충분히 다른 사람들로부터는 떨어져 있어야한다. 물론 그들의 손이 닿는 곳에는 칼이나 예리한 기구들이 있어서는 안 된다. 그와 같은 경우에는 비좁은 방에서는 피할 수 없을 정도로 갖가지 금지가 불필요할 것이다. 나는 금지가 전혀 없다고 주장하는 것은 아니다. 어린아이들은 서로 헐뜯고 학대하는 일이 없도록 해야 할 것이며 그러나 이런 일은 될 수 있으면 어린아이들이 마구 뻐기려는 충동을 직접적인 권위에 의한 억압으로서보다는 오히려 어린아이들이 좋아하는 어떤 활동에 흥미를 갖게 함으로써 이루어져야 한다.

어휘연구 fragile(=easily broken=brittle) 부서지기 쉬운
exquisitely 더할 나위 없이, 정교하게, 아름답게
on no account(=under no circumstances; certainly not) 어떤 경우에도 ...않는
(예) Don't leave the baby alone on any account.
sufficiently(=enough) 충분히   within one's reach ...의 손이 닿는 곳에
pretend 주장하다   prohibition 금지
ill-treat(=be cruel to) 학대하다   as far as possible 가능한 한
restrain 못하게 하다   bullying impulse 마구 뻐기려는 충동

구문연구 The walls should not be so exquisitely coloured that on no account must dirty finger marks appear upon them. (=that dirty finger marks must not appear upon them on any account).....(벽은 더러운 손자국이 절대로 나서는 안 되는 아름다운 색깔로 되어서는 안 된다)

44 번역 예제 난이도 ★★★
Please translate the following passage into Korean.

We Are Foolish:

We are foolish, and without excuse foolish, in speaking of the "superiority" of one sex to the other, as if they could be compared in similar things. Each has what the other has not: each completes the other, and is completed by the other: they are in nothing alike, and the happiness and perfection of both depends on each asking and receiving from the other what the other only can give.

남성과 여성을 유사한 점에 있어서 비교할 수가 있거나 한 것처럼 한 쪽 성이 다른 성보다 우월하다고 말하는 것은 어리석은 일이며, 변명할 여지가 없이 어리석은 짓이다. 각기 성은 다른 성이 갖지 못하는 것을 가지고 있다. 양성은 어떤 점에서 같지가 않다. 양자의 행복과 완성은 각자가 상대방만이 줄 수 있는 것을 그 상대방에게 요구하고 받아들이는데 달려있다.

어휘연구   excuse 변명, 구실   superiority 우월, 우수
compare 비교하다   similar 유사한
complete 완성하다   perfection 완성
depend on ...에 의존하다

구문연구   Without excuse (we are) foolish. 변명할 여지없이 우리는 어리석다.

45 번역 예제 난이도 ★★★★
Please translate the following passage into Korean.

Sorrow is Lessened by A Conviction....:

Sorrow is lessened by a conviction of its inevitableness. I suppose one can control many of one's distress if one can discover a physical cause for them. Kant became master of the hypochondria which in his early years bordered on weariness of life through the knowledge that it resulted from his flat and narrow chest.

슬픔이란, 그것이 불가피한 것을 확실히 깨닫게 되면 적어지는 것이다. 자기의 비애의 육체적인 원인을 찾아낼 수 있는 경우에는 많은 비애를 극복할 수 있는 것이라고 나는 생각한다. 칸트는 젊은 시절에 인생에 대한 권태에 가까웠던 자기의 우울증이 가슴이 판판하고 좁은데서 비롯된 것임을 알고 그것을 극복하였던 것이다.

어휘연구   lessen(=decrease=diminish) 감소시키다   conviction 확신
inevitableness 불가피함   distress 비탄, 근심
physical 육체적인   become master of ...의 주인이 되다
hypochondria 우울증   border on ...에 인접하다
wearisome 피로한   result from ...에서 결과로 생기다

구문연구   Sorrow is lessened by a conviction. 와 같은 수동의 문장은 번역시 반드시 능동의 의미로 바꾸어 이해하는 것이 우리식 어감에 더 가까운 표현이 된다.
직역: 슬픔은 확신에 의해서 감소된다.
의역: 확실히 깨달으면 슬픔은 줄어든다.

46 번역 예제 난이도 ★★★

Please translate the following passage into Korean.

He Lay awake that Night:

He lay awake that night and thought of her. The more he thought of her the more he liked her, and the more he thought her the proper wife for himself. He got up suddenly out of bed, lit a candle, and looked at himself in the looking-glass. As he stood there in his night-shirt, the breezes flowing about his bare legs, he really thought that he was not so bad. He had an interesting face, arresting. When he brushed his hair back from his forehead he was greatly improved.

그날 밤 그는 눈을 뜬 채 누어서 그녀에 대해서 생각해 보았다. 그녀에 대해 생각할수록 그녀가 더욱 마음에 들었고 더욱더 자기에게 어울리는 아내로 생각되었다. 그는 벌떡 침대에서 일어나 촛불을 켜고 거울 속에 자신을 들여다보았다. 아무것도 걸치지 않은 채 그의 다리에 미풍이 불어오고 그가 잠옷 바람으로 거기 거울 앞에 서있노라니까 과연 자기가 못생기지는 않았다는 생각이 들었다. 그의 얼굴은 흥미 있고 인상적인 것이었다. 머리칼을 이마에서 뒤로 빗어 넘기니까 한결 더 훤한 모습이었다.

어휘연구

awake 잠에서 깬	that night 그날 밤
proper 적절한	light-lit-lit 불을 켜다
breeze 미풍	bare 벌거벗은
arresting 남의 눈을 끄는, 인상적인	forehead 이마
improve 개선하다	brush back (머리를) 뒤로 넘기다

47 번역 예제 난이도 ★★★★

Please translate the following passage into Korean.

Imagination is the Power:

My final point, then, is that the imagination is the power that enables us to perceive the normal in the abnormal, the opposites of chaos in chaos. It does this every day in arts and letters. This may seem to be a merely capricious statement; for ordinarily we regard the imagination as abnormal per se. That point of view was approached in the reference to the academic struggle between reason and the imagination and social form. The disposition toward a point of view derogatory to the imagination is an aversion to the abnormal.

내가 마지막으로 지적코자하는 것은 우리로 하여금 비정상 속에서 정상을, 혼란 속에서 혼란의 반대로 알아 볼 수 있게 하는 힘이 상상력이란 점이다. 이것은 예술과 문학에서 매일 이루어지고 있는 일이다. 이것은 아무렇게나 하는 진술로 들릴는지 모른다. 우리는 흔히 상상력 자체를 비정상적인 것으로 보기 때문이다. 이러한 관점은 이성과 상상력을 에워싼 학문적 투쟁에 대한 언급에서 또 상상력과 사회 형식의 관계에 대한 언급에서 가까이 간 바 있다. 상상력을 낮게 보는 관점을 취하려는 성향은 비정상적인 것을 혐오하는 성향이다.

어휘연구

enable... to... (...하는 것을 가능하게 하다)	abnormal 특별한, 보통 아닌
perceive 감지하다. 느끼다	chaos 혼란
academic struggle 학문적인 투쟁	disposition 성향, 의도

48 번역 예제 난이도 ★★★
Please translate the following passage into Korean.

As Women Behave Toward the Men They Love:
We should behave towards our country as women behave towards the men they love. A loving wife will do anything for her husband except to stop criticizing and trying to improve him. That is the right attitude for a citizen. We should love it, but also insist upon telling it all its faults. The dangerous man is not the critic, but the noisy empty "patriot" who encourage us to indulge in orgies of self-congratulation.

우리는 조국에 대해서 여성이 사랑하는 남성에게 하는 것과 같이 행동해야 한다. 애정 있는 아내는 남편을 위하여 무엇이든 하지만, 그를 비판하고 향상시키려는 노력만은 멈추지 않는다. 그것이 국민에게도 올바른 태도인 것이다. 우리는 조국에 대해서도 마찬가지의 애정 어린, 그러나 신랄한 눈길을 돌려야한다. 조국을 사랑해야 하지만 또한 어디까지 그 결함을 모두 알려 주어야 한다. 위험한 인물은 비판하는 사람이 아니라 떠들썩한 자기도취에 탐닉하도록 우리에게 권하는 시끄럽고 속 빈 애국자인 것이다.

어휘연구 behave 행동하다	criticize 비판하다
glance 언뜻 보기	insist upon 주장하다
fault 잘못, 흠	critic 비평가
patriot 애국자	encourage 격려하다
indulge in 탐닉하다	orgy 술잔치, 북새통
self-congratulation 자기도취	

49 번역 예제 난이도 ★★★
Please translate the following passage into Korean.

No Book is worth anything:
No book is worth anything which is not worth much; nor is it serviceable, until it has been read, and re-read, and loved, and loved again; and marked, so that you can refer to the passages you want in it as a soldier can seize the weapon he needs from among his arms, or a house-wife can bring the spice she needs from her store.

책이 어떤 가치라도 있으려면 가치가 많아야 한다. 그리고 책은 계속 읽혀지고 거듭 애호되고, 또 군인이 자기의 병기 중에서 자기가 필요로 하는 무기를 잡을 수 있는 것처럼 또는 주부가 자기의 저축품 가운데서 필요로 하는 양념을 가져올 수 있는 것처럼 책에서 원하는 구절들을 인용할 수 있도록 표시되어서야 비로소 쓸모가 있는 것이다.

어휘연구 serviceable 쓸모 있는	refer to(=quote) 인용하다

passages 절, 구절　　　　　　　　　　　　spice 양념, 짜릿한 맛

구문연구　no...without 부정에 부정이니까 강한 긍정의 의미를 내포하고 있다. Nor은 접속사로서 문두에 위치하면 문장이 도치가 되며 and not의 뜻을 지니며 until은 ,until(=and at last)의 경우도 번역시 주의가 요망이 된다.

50 번역 예제 난이도 ★★★★
Please translate the following passage into Korean.

Love is the mysterious:
Love is the mysterious vital attractions which draws things together, closer, closer together. For this reason sex is the actual crisis of love. For in sex the two blood-systems, in the male and female, concentrate and come into contact, the merest film intervening. Yet if the intervening film breaks down, it is death. So there you are. There is a limit to everything. There is a limit to love. The central law of all organic life is that each organism is intrinsically isolate and single in itself. The moment its isolation breaks down, and there comes an actual mixing and confusion, death sets in.

사랑이란 사물을 친밀하게 보다 더 친밀하게 끌어당기는 신비적인 생명의 매력이다. 이러한 까닭으로 성이라고 하는 사랑의 참된 극점이다. 왜냐하면 성에 있어서 남성과 여성과의 두개의 피의 조직이 있는 얇은 막이 깨어질 때, 그것은 죽음이다. 정말 그대로이다. 만물에는 한계가 있고 사랑에도 한계가 있다. 모든 유기적인 생명의 증식법칙은 각 유기체가 본질적으로 고립되어 있으며 그 자신에 있어 단독이라고 하는 것이다. 그 고독이 깨지는 순간, 실제의 혼합과 혼란이 닥쳐오며, 죽음이 시작된다.

어휘연구　isolated(v. adj.) (=isolated)　　　　the mysterious 신비감
vital attractions 생명의 매력　　　　　　　　blood system 피의 조직
intrinsically 본질적으로　　　　　　　　　　set in 시작하다

51 번역 예제 난이도 ★★★★
Please translate the following passage into Korean.

The Most Important Thing in Life...:
The most important thing in life, is how to live. There is nothing men are so anxious to keep as life, and nothing they take so little pains to keep well. This is so simple matter. "Life," says Hypocrites, at the commencement of his medical Aphorisms, "Life is short, Art is long, Opportunity fleeting, Experiment uncertain, and Judgement difficult." Happiness and success in life do not depend on our circumstances, but on ourselves. More men have ruined themselves than have ever been destroyed by others; more houses and cities have perished at the hands of man, than storms or earthquakes have ever destroyed.
There are two sorts of ruin: one is the work of time, the other of men. Of all ruins, the ruin of Man is the saddest, and a Man's worst enemy, as Seneca said, is the one in the breast. Providence does not create evil, but gives liberty, and if we misuse it, we are sure to suffer, but have only ourselves to blame.

인생에서 배워야 할 가장 중요한 것은 사는 방법이다. 사람들이 생명만큼 보존하고 싶어하는 것은 없으며 또 생명만큼 잘 보존하려고 노력하는 것도 없다. 이것은 간단한 문제가 아니다. 히포크라테스는 그의 의학 금언에서 "인생은 짧고 예술은 길다"고 한다. 인생에서 행복과 성공은 환경에 달려 있는 것이 아니라 자신에게 달려 있다. 타인들에 의하여 여태까지 파멸된 것보다 더 많은 사람들이 자멸했다. 이제까지 폭풍과 지진으로 파괴된 것 보다 더 많은 집과 도시가 인간의 손에 의해 사라졌다. 두 종류의 파멸에 있어서 하나는 세월에 의해서, 다른 하나는 인간에 의해서 종말을 맞았다. 모든 파멸 중에서 인간이 저지른 파멸이 가장 슬프다. 세네카가 말한 것처럼 인간의 제일 나쁜 적은 가슴속에 있는 적이다. 신은 악을 창조하지 않고 자유를 주었다. 그리고 만일 우리가 그 자유를 오용하면 우리는 틀림없이 고통을 받지만 우리들 자신만이 비난을 받아야 한다.

어휘연구　be anxious to(=be eager to) ...을 갈망하다

take pains to(=exert oneself to) 노력하다　　　　commencement 시작
aphorism 격언. 경구. 금언　　　　　　　　　　fleet 어느덧 지나가다
ruin oneself 자멸하다　　　　　　　　　　　　perish 허물어지다
Providence 신　　　　　　　　　　　　　　　be sure to 반드시 ....하다
suffer 고통을 당하다

52 번역 예제 난이도 ★★★★
Please translate the following passage into Korean.

Look at the Past or the Future:
We cannot look at the past or the future except by means of the imagination but again the imagination of backward glances is one thing and the imagination of looks ahead something else. Even the psychologists concede this present particular, for, with the, memory involves a reproductive power, and looks ahead involve a creative power: the power of our expectations. When we speak of the life of the imagination, we do not mean man's life as it is affected by his imagination but the life of the faculty itself. Accordingly, when we think of the permeation of man's life by the imagination, we think of the permeation of man's life permeated by a single thing but by a class of things. We use our imagination with respect to every man of whom we take notice when by a glance we make up our mind about him.

우리는 과거나 미래를 통하지 않고는 눈으로 볼수 없다. 그러나 다시 한 번 뒤를 돌아보는 상상력과 앞을 내다보는 상상력은 별개의 것이다. 심리학자들도 이점은 인정하는 바이다. 왜냐하면 그들의 견해대로 기억은 재생산의 힘을 필요로 하고 앞을 내다보는 일은 창조적인 힘, 즉 예상의 힘을 필요로 하기 때문이다. 따라서 우리는 사람의 삶이 상상력에 의해 삼투된 다고 할 때 우리는 어떤 사람을 보고 한눈으로 우리의 인상을 결정할 때 상상력을 사용하는 것이다.

어휘연구　concede 인정하다　　　　　　　backward 뒤돌아보는
reproduction 재생산　　　　　　　　　　　faculty 능력
accordingly 따라서　　　　　　　　　　　permeate 침투하다

번역 예제 난이도 ★★★★
Please translate the following passage into Korean.

I Enjoy Life.....:

I enjoy life because I am endlessly interested in people and their growth. My interest leads me continually to widen my knowledge of people, and this in turn compels me to believe that the normal human heart is born good. That is, it is born sensitive and feeling, eager to be approved and to approve, hungry for simple happiness and the chance to live. It neither wishes to be killed nor to kill. If through circumstances it is overcome by evil, it never becomes entirely evil. There remain in it elements of good, however recessive, which continue to hold the possibility of restoration.

I believe in human begins but my faith is without sentimentality. I know that in environments of uncertainty, fear and hunger, the human being is dwarfed and shaped without his being aware of it, just as the plant struggling under a stone does not know its own condition. Only when the stone is removed can it spring up freely into the light. But the power to spring up is inherent, and only death puts an end to it.

나는 인간과 인간의 성장에 무한한 흥미가 있기 때문에 삶을 즐긴다. 이러한 흥미로 나는 인간에 대한 지식을 계속 넓히고 또한 정상적인 인간의 마음은 선량하게 태어난다는 것을 믿지 않을 수 없다. 인간의 마음은 태어날 때부터 다정다감하고 인정을 하고 받으며 소박한 행복과 삶의 기회를 갈구하는 것이다. 인간의 마음은 죽기를 원치 않으며 또 죽이기를 원치 않는다. 환경으로 악에 패배 당하는 한이 있어도 인간의 마음은 결코 완전히 악해 지지 않는다. 인간의 마음에는 아무리 타락해도 여전히 선의 요소가 남아 있어서 계속 정상으로 회복할 수 있는 가능성이 있다. 나는 인간을 믿는다. 감상적인 차원이 아니다. 불안하고 두렵고 굶주린 산화에서는 돌 밑에서 몸부림치고 있는 식물이 자신의 상태를 모르듯이 인간이 자기 자신도 의식 못하는 사이에 왜소해지고 틀에 박히고 만다는 것을 나는 알고 있다. 그 돌이 제거될 때에 비로소 자유로이 햇빛으로 솟아나올 수가 있다. 그러나 솟아나올 수 있는 그 힘은 선천적으로 타고 나는 것이며 죽음 이외의 그 무엇도 그 힘을 꺾지는 못하는 것이다.

어휘연구	in turn 자기 차례가 되어	compel 강요하다
normal 정상적인		that is 즉
sensitive 민감한		feeling 다감한
hungry for 갈망하다		element 요소
recessive 물러가는		restoration 회복
sentimentality 감상적인 것		environment 환경
dwarf 작게 하다		struggle 투쟁하다
remove 제거하다		inherent 본래의, 고유한
put an end to 끝내다		

54 번역 예제 난이도 ★★★★
Please translate the following passage into Korean.

Envy:

Of all the characteristics of ordinary human nature envy is the most unfortunate; not only does the envious person wish to inflict misfortune and do so whenever he can with impunity, but he is also himself rendered unhappy by envy. Instead of deriving pleasure from what he has, he derives pain from what others have. If he can, he deprives others of their advantages, which to him is as desirable as it would be to secure the same advantages himself. if this passion is allowed to run riot it becomes fatal to all excellence, and even to the most useful exercise of exceptional skill. Why should a medical man go to see his patients in a car when the laborer has to walk to his work? Why should the scientific investigator be allowed to spend his time in a warm room when others have to face the inclemency of the elements! Why should a man who possesses some rare talent of great importance to the world be saved from the drudgery of his own housework? To such questions envy finds no answer. Fortunately, however, there is in human nature a compensating passion, namely, that of admiration. Whoever wishes to increase human happiness must wish to increase admiration and to diminish envy.

평범한 인간성의 온갖 특징 중에서 시기심이 가장 불행한 것이다. 시기심이 많은 사람은 불행을 가하고 싶어 하고, 할 수 있을 때에는 언제라도 무난히 그렇게 할 뿐만 아니라 그 자신도 시기심에 의하여 불행하게 된다. 그는 자기의 소유에서 즐거움을 얻지 않고 타인들의 소유에서 고통을 얻는다. 그는 만일 할 수 만 있다면 타인들에게 이점을 강탈하는데 그것은 자기에게서는 자신도 똑같은 이점을 얻을 때만큼 바람직한 일이 된다. 만일 이러한 감정이 제멋대로 굴도록 허용이 된다면 그것은 모든 탁월한 재능에 심지어는 예외적인 기술의 가장 쓸모 있는 사용에까지 극히 해롭게 된다. 농부가 걸어서 일하려 갈 때에 왜 의사는 차를 타고 환자를 보러 가야 하는가? 다른 사람들은 심각한 비바람을 맞아야 할 때 왜 과학 연구가들은 따뜻한 방에서 자기의 시간을 소비하도록 허용이 되어야 하는가? 이 세상에 아주 귀중한 어떤 희귀한 재능을 소유하고 있는 사람은 왜 자기의 힘든 집안일을 면해야 하는가? 그러한 문제에 대해서는 시기심은 해답이 없다. 그런데 다행히도 인간성에는 상실 감정이 있다. 인간의 행복을 증대시키고자 하는 사람은 누구나 칭찬을 두드러지게 하고 시기심을 줄이고 싶어 해야 한다.

어휘연구

characteristic(=distinctive feature) 특징	ordinary human nature 평범한 인간성
inflict ...에 고통을 가하다	with impunity 무난히, 벌 받지 않고
is rendered ...이 되다	derive....from......에서 유래하다
what he has 재산	deprive....of.... 을 빼앗다
advantage 이점	desirable 바람직한
secure(=obtain) 얻다	run riot 날뛰다
fatal to ...에 치명적인	excellence 우수성, 탁월

the most useful exercise of exceptional skill 예외적인 기술의 가장 쓸모 있는 사용

a medical man 의사	the scientific investigator 과학 연구가
face the inclemency of the elements 심각한 비바람을 맞다	
rare talent 희귀한 재능	be saved from the drudgery 힘든 일을 면하다
a compensating passion 보상 감정	namely 즉 (=that is)
admiration 칭찬	diminish 줄다

PART · 3
파워영작의 도입과 이해

영어는 기본적인 정보를 전달하는 말이고 개개의 낱말 속에는 개개의 정보를 늘 지니고 있다. Sweet 교수는 "외국어 공부를 하는데 가장 큰 방해가 되는 것이 모국어 지식이다"라고 했다. 왜냐하면 어느 나라 말이건 개개의 단어 속에 사고방식과 생활유형이 뿌리내리고 있기 때문에 생활환경과 역사와 보는 관점이 다르기 때문이다. 만약 영작이 한글과 영어의 일대일 대응관계로 치환할 수 있는 언어활동이라면 오늘날처럼 영작을 붙들고 씨름할 필요가 없을 것이다. 그러나 영어와 한글의 사용과 활용은 일대일의 대응관계가 아니다. 따라서 많은 관심과 주의를 기울일 필요가 있는 것이다.

영작이란 많은 것을 쓰는 것도 중요하지만 잘 쓰인 글을 읽는 것이 중요하다. 따라서 영어를 익히려면 한국어에 얽매이지 말고 영어로 이해하고 영어로 써보는 연습이 무엇보다 필요하다. 영작은 영문의 특성을 고려하는 것이 먼저이고 단순히 한국어 구문을 영어 단어로 바꾸어 놓는 것이 아님을 알아야 한다. 문장이란 단어를 연결하여 만들어내는 것이다. 영어를 구사할 수 있는 능력은 영어로 글을 쓸 수 있는 영작으로 결정된다. 많은 학생들과 현직 교사들이 영어로 쓰는 글을 읽어보면 단어는 영어이지만 문장은 한국어인 이상한 영작들이 부지기수이다.

우선, 영어실력을 균형 있게 활용할 수 있기 위해서는 독해력, 회화력, 그리고 영작을 할 수 있는 능력이 골고루 갖추어져야 한다. 독해력은 남의 문화를 소극적으로 활용하는 힘이고 영작문은 자기 것을 밖으로 전달하는 적극적인 활용이라고 할 수 있다. 오늘날 선진국에서는 전공과 상관없이 영작문 과목을 개설하여 초중고교 대학생들의 작문실력을 향상시키려는 고민을 깊이 하고 있으나 한국의 경우 영작을 제대로 할 수 있는 학생들은 물론 일반인들을 찾아보기 쉽지 않은 것이 현실이다.

영작을 가장 효율적으로 공부하는 방법은 영어의 컨텍스트를 이해하고 원래 존재하는 영어문장을 이해하면서 축적된 경험을 확장시켜 나가면서 단단한 기반을 마련할 수 있고 이를 위해 훌륭한 스승의 지도를 받는 것이다. 시행착오를 거치면서 조금씩 향상되고 무럭무럭 자라나 실력이 단단해지는 것이다.

◆ 통번역과 영작을 풀어가는 요령 ◆

• 아래 지문을 이용하여 주어로 끌어 들일 수 있는 가능한 대상을 모두 찾아보세요.

우리나라는 인적자원의 활용으로 고도 경제발전을 이룩할 수 있다.

---

1) 원문그대로 our country를 주어로 하는 구문
2) a remarkable economic development를 주어 (passive voice)
3) we를 주어로 하여 (subjunctive)
4) an effective use of를 주어로 하는 구문

1. Our country can achieve a high economic growth through the efficient use of manpower resources(=human resources).
2. A remarkable economic development can be attained in our country by means of utilizing the human resources effectively.
3. We can bring about a high degree of economic development if we use our manpower resources efficiently in our country.
4. An effective use of human resources would enable us to achieve a remarkable economic growth in our country.

1. Our country _____ through the efficient use of manpower resources(=human resources).
2. A remarkable economic development _____ in our country _____ the human resources effectively.
3. We _____ a high degree of economic development _____our manpower resources efficiently in our country.
4. An effective use of human resources _____ a remarkable economic growth in our country.

• 아래 지문을 이용하여 주어로 끌어 들일 수 있는 가능한 대상을 모두 찾아보세요.

우리는 천연자원의 개발로 자급자족하는 경제의 터전을 마련해야 한다.

---

1. 파워영작 Level One (Simple Stage)

1. 우리는 학생들이 영어로 말할 수 있는 새로운 영어 환경을 조성할 필요가 있다.

   We need to _____ a new English _____ where students can speak English. (create, environment)

2. 우리가 영어몰입교육을 도입하지 않는다 하더라도 사람들은 영어를 배우는데 많은 돈을 쓸 것이다.

   _____ we don't _____ English immersion education, people will spend much money trying to learn English. (Even if, adopt)

3. 영어는 이 경쟁사회에서 생존을 위한 수단이다.

   It is a means of _____ in this competitive society. (survival)

4. 영어가 전 세계적인 의사소통의 수단이라는 것은 그 누구도 부인하지 못할 것이다.

   Nobody can _____ that English is a global _____ tool. (deny, communication)

5. 실패를 두려워하면 성공할 수 없다.

   You can't succeed if you _____ of failure. (are afraid)

6. 영어몰입교육은 사교육비를 늘릴 것이다.

   English immersion education will increase _____. (private education expenses)

7. 수업을 따라가지 못하는 학생들이 있기 마련이다.

   There must be some students who can't _____ in their classes. (catch up)

8. 학생들은 어쩔 수 없이 과외에 더 많은 돈을 쓰게 될 것이다.

   It will force students to spend more money on _____. (private tutoring)

9. 결과적으로 교육의 양극화가 더 심해질 것이다.

Consequently, the _____ of education will _____. (polarization, deepen)

10. 하지만 영어에 그렇게 많은 돈을 들여도 그다지 영어를 잘하는 것이 아니라는 것도 우리는 알아야 한다.

    But we have to know that even though we _____ on English, we are not quite good at it. (spend so much money)

11. 어떤 방법이 가장 효과적인지는 알기 어렵지만 영어학습의 중요성에 의심의 여지가 없습니다.

    It is hard to see what method works best, but _____ about the importance of learning English. (there is no doubt)

12. 저는 비현실적이고 급진적이라고 생각합니다.

    I think it is _____ and _____. (unrealistic, radical)

13. 아이들의 영어능력을 기르기 위해 가족이 갈라져야 할 필요가 있을까?

    Is it necessary to _____ families _____ improving the children's English? (separate, for the sake of)

14. 저는 조기유학 풍토가 심히 염려가 됩니다.

    I am really _____ the early study abroad _____. (worried about, trend)

15. 어린 학생들은 해외로 나가면 큰 문화적 충격을 받기 마련입니다.

    Young students experience a lot of _____ when they _____. (culture shock, go abroad)

16. 새로운 환경에 적응하는 것이 그들에게 쉽지 않습니다.

    It is not easy for them to _____ their new environment. (adapt to)

17. 영어가 정말 그만한 가치가 있을까요?

    Do you really think learning English is _____? (worth it)

18. 최악의 경우 두 사회에 모두 적응하지 못할 수 있다.

    In _____, they cannot fit into either society. (the worst case)

19. 부모와 떨어져 있기 때문에 더욱 책임감이 있고 독립적이다.

    They are more responsible and independent by _____ their parents. (living away from)

20. 원어민처럼 말하기 위해서는 제2외국어에 노출될 필요가 있다.

    Children need to _____ the second language to speak like a native. (be exposed to)

21. 더 이른 나이에 외국어를 배울수록 더 잘 구사할 수 있다.

The _____ you begin learning a foreign language, the _____ you can speak it. (sooner, better)

22. 편지하는 이유는 귀사의 제품에 대한 불만이 있기 때문입니다.

The reason I am writing is to complain about your product.

23. 귀하의 2013년 1월 1일자 편지에 감사드립니다.

We are very pleased to have received your letter of January 1, 2013.

1-1. 영작문과 문장의 완성

Get started, about, scheduled, to, purpose, on, arrange, change, attend, fruitful, progress, waste, direction

1. Well, if everyone is here, let's _____.

2. When are we _____ to meet?

3. We are meeting to talk _____ the coming year's budget?

4. Could we _____ it _____ next Monday?

5. I am sorry I can't _____ the meeting.

6. Can you make the meeting _____ Friday?

7. Can we _____ a meeting on October 22?

Introduce, meeting, talk, apology, why, other, absence, business, start, by, I, fruitful, will be posted, progress, waste, direction, set a date

8. I'd like to _____ this meeting of the board of directors _____ welcoming you all.
여러분 모두를 환영함으로써 이사회 회의를 시작하고자 합니다.

9. Why don't _____ _____ Mr. Lee to you?
여러분들에게 이 씨를 소개합니다.

10. We are _____ today to _____ about consumer needs.
오늘 우리는 소비자 요구에 대해 토의합니다.

11. I have received an _____ for the _____ of the financial manager.
재정담당자의 불참에 대한 사과를 받았어요.

12. Let's get down to _____.
회의를 시작합시다.

13. Only two solutions are possible. _____ is to reduce our workforce. _____ _____
is to cut our salaries.
두 가지 해결책뿐입니다. 하나는 인력을 줄이는 것이고 또 하나는 봉급을 삭감하는 것입니다.

14. Since you've _____ up the problem of communication, I think we need to review our
communication procedures.
의사소통 문제를 꺼냈으니 말인데 우리의 의사소통 절차를 점검해 볼 필요가 있다고 생각해요.

15. It's been a very _____ discussion.
매우 유익한 회의였어요.

16. We have made very good _____.
상당한 진전이 있었어요.

17. That was a _____ of time.
시간 낭비였어요.

18. We've taken a step in the wrong _____.
잘못된 방향으로 온 것 같군요

19. The next meeting _____ through e-mails.
다음 회의는 전자 우편을 통해 공지하겠습니다.

20. Why don't we _____ for the next meeting?
다음 회의 날짜를 잡는 게 어때요?

21. _____ that the consumption of organic foods has _____ dramatically over the past five years.
통계는 유기농 식품의 소비량이 지난 5년간 극적으로 증가했음을 보여준다.

22. _____ this implies is that the so-called well-being of life is becoming one of the top priorities for more and more consumers. This tells us what _____ of drinks we have to develop and introduce to the _____.
이것이 의미하는 바는 이른바 웰빙 생활이 점점 더 많은 소비자들의 초고 관심사 중 하나가 되어가고 있다는 것이다. 이는 우리가 어떤 종류의 음료를 개발해서 시장에 출시해야 하는지를 말해준다.

23. The _____ of today's presentation is "Let's Make a Well-Being Drink Which _____ the Consumer's Desire to Be Healthy."
오늘 제목은 건강해지고자 하는 소비자의 욕구를 충족시켜 줄 수 있는 웰빙 음료에 관한 것이다.

Overseas Marketing Department, this opportunity, taking time off, well over/well below, reached its peak

---

1. Thank you for _____ from your busy schedule to be with us today.
바쁘신 일정에도 불구하고 시간을 내어 참석해 주셔서 감사합니다.

2. Thank you for giving me_____ to address you today.
이렇게 연설할 기회를 주셔서 감사해요

3. I am in charge of _____ at our headquarters.
저는 본사에서 해와 마케팅부를 책임지고 있어요.

4. The topic of my presentation is _____ our productivity.
제 발표의 주제는 생산성을 향상시키는 방법입니다.

The purpose of this report is _____ some points made at our last meeting.

이 보고의 목적은 지난 회의에서 나온 몇 가지 사항들을 분명히 하기 위해서 입니다.

5. As you know, I am here today to show why we have to _____.

잘 아시는 바와 같이 제가 오늘 이곳에 온 것은 인원감축을 해야 하는 이유를 알리기 위한 것입니다.

6. Their price is _____ our expectation.

그들의 가격은 우리의 예상보다 많이 높/낮습니다.

7. Our productivity _____ last year.

지난해 생산성이 최고를 기록했습니다.

This year, productivity has been _____ average.

올해 생산성은 평균 이하이지요.

8. I am afraid _____ to talk about that.

제가 말씀드릴 위치에 있지 않는 것 같군요.

I can't answer your question _____.

글 질문에 대한 답이 바로 떠오르지 않군요.

Can I talk about that later?

나중에 대답해도 될까요?

9. I am sorry, but your question is not _____ to the subject of today's presentation. I don't see the _____.

죄송하지만 그 질문은 오늘 발표와 무관한 것 같군요. 연관성을 보지 못하겠어요.

정답	1. Taking time off	2. This opportunity	3. Overseas marketing department
	4. how to improve/to clarify	5. downsize	6. Well over/well below
	7. reached its peak/below	8. I am not in a position/off the top of my head	
	9. Relevant/connection		

1-2. 문장완성

> Deal, are, agenda, avoid, made, majority, on, do, favor, with, arguments

1. _____ the table are the deciding price, packaging, and promotional items.

의제는 가격, 포장, 그리고 판촉물을 정하는 것이다.

2. On the _____, you will see there _____ three items.
의제를 보면 세 개의 토의 안건이 있다.

3. We will _____ _____ that during a later discussion.
그 문제는 다음회의에서 다루겠습니다.

4. Can you _____ me a _____ by reading the monthly reports on consumer behavior?
소비자 행동에 관한 월간 보고서를 읽어주실래요?

5. Please _____ personal or subjective _____.
개인적이고 주관적인 논쟁은 피해주세요

6. The decision should be _____ by a _____ vote.
다수결로 결정할 것입니다.

Reduce, As, for a moment, we, that, why, about, opinion, absolutely, obvious, far, think

---

7. I _____ we need experienced staff for this project.
이 프로젝트에 경험이 많은 직원이 필요하다고 생각해요

8. _____ don't _____ move towards an alliance with our competitor?
우리의 경쟁자와 손을 잡는 것이 어떨까요?

9. To me, it's _____ _____ we need to protect our domestic market share.
우리 국내시장 점유율을 보호해야 할 필요가 있어요.

10. _____ _____ as I am concerned, we need expansion, but the problem is how it is going to be financed.
제 생각은 우리에게 확장이 필요하지만 재정을 어떻게 감당할 것인가 하는 문제가 있다.

정답

1. On
2. Agenda/are
3. Deal with
4. Avoid/arguments
5. do/favor
6. Made/majority
7. Think
8. Why/we
9. Obvious that
10. As far

1-3. 문장의 재배열 1

1. 현금의 유동성에 초점을 맞추길 권고하고 싶군요. (on/cash/concentrating/recommend/flow)
   I'd _____.

2. K안을 선택할까 합니다. (will/ would/I that/ take/I/say)
   _____.

3. 새로운 간행물의 발간에 대해 말씀드리고 싶군요. (the/why/I/about/don't/talk/launch)
   _____ of the new publication.

4. 제 의견은 확장이 문제를 야기할 거라는 거지요. (for/expansion/view/asking/trouble/is)
   In my _____.

5. 저는 직원 교육프로그램을 강화할 필요가 있다는 것이 명백하다고 생각해요.
   (that/to/need/we/clear/it/me/is)
   _____ to reinforce our personnel training programs.

6. 저는 우리가 필요한 직원을 선발할 수 있다고 믿어요.
   (can/staff/need/we/recruit/believe/we/the)
   I _____.

7. 궁극적으로, 우리 회사의 구조조정을 고려해 볼 만합니다.
   (company/worth/our/considering/restructuring/is)
   Ultimately, _____.

8. 말이 나왔으니 말인데, 우리에게 필요한 것은 경험 있는 노동력입니다.
   (have/that/ it/mentioned/now/you)
   _____, what we need is an experienced workforce.

9. 좋은 생각이네요. 하지만 이 점은 심사숙고해 보고 싶습니다. (mull/but/over/I/to/this/want)
   That's a good thought _____.

10. 혼자서 문제를 해결해야 하는 상황에 놓여본 적이 있나요?
    (you/which/have/a/been/situation/in/ever/in)
    _____ you should solve a problem by yourself?

11. 이것을 아무리 설명하든, 이 차트는 우리가 실패했음을 말해 줍니다.
(hard/however/try/to/it/you/explain)

_____, this chart tells us that we have failed.

12. 우리는 노동력의 중요성은 아무리 강조해도 지나치지 않습니다.
(importance/can't/the/emphasize/we)

_____ of the workforce too much.

13. 특히 중요한 것은 그 부지를 확보해야 하는 것이지요. (what/is/important/especially/is)

_____ that we have to secure the land.

14. 비용을 줄이는 수밖에 없어요. (alternative/but/no/to/is/there)

_____ cut down our costs.

정답   1. I'd recommend concentrating on cash flow.

2. I would say that I will take option K.

3. Why don't I talk about the launch of the new publication?

4. In my view, expansion is asking for trouble.

5. It's clear to me that we need to reinforce our personnel training programs.

6. I believe we can recruit the staff we need.

7. Restructuring our company is worth considering

8. Now that you have mentioned it

9. That's good thought. But I want to mull this over.

10. Have you ever been in a situation in which

11. However hard you try to explain it

12. We can't emphasize the importance

13. What is especially important is

14. There is no alternative but to

1-4. 문장의 재배열과 영작문 실습

1. 최근의 태풍에 의하여 농작물은 크게 피해를 입었다고 한다.
   (typhoon, hurricane/farm crops, products, severely, be damaged)

2. 부산과 같이 살기 좋은 기후를 가진 도시도 그다지 많지 않다.
   (endowed with enjoyable weather/ there are few)

3. 저축이란 장래의 행복을 위해서 현재의 쾌락을 억제하는 것이다.
   (saving, the present pleasure/ suppress, restrain)

4. 말이 통하지 않으면 얼마나 불편한가는 외국을 여행하고 보면 안다.

   (make oneself understood/ be able to communicate with each other, how inconvenient it is to—/ travel abroad)

5. 관광은 중요한 산업의 하나이며 눈에 보이지 않는 수출이라고 한다.

   (touring; sightseeing, an export)

6. 사람은 어떠한 음식이라도 잘 먹을 수 없으면 충분히 건강하다고 할 수 없다.

   (all kinds of food/ one cannot be called/ in good health)

7. 은행의 중요한 기능은 일반대중으로부터 예금을 받아 대출을 하는데 있다.

   (the main/major purpose /receive money on deposit)

8. 세계평화를 유지하기 위해서는 우리들 한국인은 어떻게 하여야 한다고 생각하는가?

   (maintain/ We Koreans/What do you think—should do)

9. 언어를 모르는 나라를 여행할 때에는 나는 언제나 사전에 그 나라 언어를 조금씩 공부한다.

   (a country whose language I am ignorant of)

10. 한밤중의 고요한 속에서 시계의 소리만이 들려온다. 듣지 않으려고 하면 할수록 더 똑똑히 들려오는 것 같다.

    (in the stillness of midnight/ the ticking of a clock/try not to hear/it seems to)

11. 장수한다는 것은 확실히 바람직한 일이지만 인간에게 보다 중요한 것은 얼마나 오래 사느냐 보다는 어떻게 사느냐 하는 것이다.

    (live long/ enjoy longevity/ it is to be desired that—)

12. 이제 가을이 왔다. 한국에서는 가을을 천고마비의 계절이라고 또 등화가친의 계절이라고도 한다. 가을이 되면 우리는 높은 하늘 아래서 풍성한 추수를 즐기며 마음의 양식을 찾는다.

    (a season when the sky is clearly blue and when the horses become plump 천고마비의 계절/ a time (season) for reading 등화가친의 계절/ in autumn (in the fall)/ under the clearly blue sky 높은 하늘 아래서 be happy with an abundant 풍성한 추수를 즐기다 enrich one's mind 마음의 양식을 찾다)

13. 인간이란 절대로 고립해서 살 수 없다. 따라서 인간은 자기에게 주어진 사회 환경을 떠나서 행동하기 매우 힘든 것이며 인간의 자유라 하더라도 거기에 격리되어 존재할 수 없다. 인간의 자유는 항상 타인과의 동등한 자유에 의해서 제한을 받고 사회적 제 조건에 의해서 다소간 제약

을 받지 않을 수 없는 것이다.

(positively alone/ the social circumstances in which one finds himself/ act apart from/ can hardly/ find it difficulty to—/even one's freedom cannot be preserved without it/ one's freedom is bound to be limited by others' freedom)

14. 한국은 온대지방에 위치하고 있는 반도이다. 한국은 자연경치가 아름답고 유구한 전통과 역사를 가지고 있으므로 관광자원이 풍부하다.

(a peninsula in the temperate zone/ beautiful scenery and long history/ be rich in tourism resources)

15. 사회의 급속한 산업화에 따라 각종 정신질병환자가 날로 늘어나는데도 이들의 치료를 위해 정신병치료기관과 전문의가 크게 부족하다. 더구나 정신질환치료에 대한 환자자신 및 주변 사람들의 인식부족으로 병원치료를 외면하고 무당이나 사교 또는 사교치료 등 전근대적인 방법에 의존하는 경향이 아직도 줄어들지 않고 있다.

(the fast-paced (rapid) industrialization of our society/ mental(psychopathic) institutions and alienists (specialist)/ what is worse still/ apparently owing to ignorance of (lack of understanding about) the treatment of mental ailments (disorders) on the part of the patients themselves and the people around them/ shun regular hospital treatment/ resort to (rely on) such primitive methods as sorcery, shamanistic practices or self-styled home treatment)

16. 충분한 수면보다 더 건강에 필요한 것은 없다. 젊고 정력적인 시절에는 수면에 대하여 부주의하게 되기가 쉬우나 수면부족은 쉽게 감기의 원인이 되어 다른 큰 병에 걸리게 되는 경우가 있는 것이다.

(there is nothing so good (necessary) for health as—/Nothing is more essential to one's health than—/while he is young and vigorous/be apt to be negligent of/ lack of sleep/insufficient sleep/bring about a cold; cause a person to catch cold)

17. 우리는 지금 경제건설에 전력을 기울이고 있다. 이것도 물론 공산주의를 무찌른다는 목적 아래서 진행되는 것이므로 하나의 사상전이라 하겠다. 그러나 이와 동시에 돈만 벌면 그만이라는 분위기가 일반화하여 평소의 대공사상태세가 해이된 점이 없지 않다고 본다.

(the construction of economy/economic construction/ do one's best/ devote one's best efforts/ exert oneself to the utmost/ make every effort imaginable)

18. 지금 시내 교통난은 형언할 수 없이 심각하다. 교통지옥이라는 말이 나돈 지 이미 수년을 지냈지만 러시아워의 교통난은 갈수록 지옥의 양상을 더해가고 있다.

(the difficulty of traffic/beyond description/indescribably/unspeakably/a traffic jam/get around(spread)/ several years have passed/as time goes on/become (grow) more)

19. 특권의식이란 민주주의를 파괴하는 가장 큰 요소의 하나이다. 자유평등을 기본적 이념으로 하는 민주사회에서는 만인이 법 앞에 평등하며 모든 국민이 균등한 기회를 가져야 한다. 한 사람의 특권은 만인에 대한 비자유가 불평등을 의미한다.

(a sense of privilege/a democratic society/freedom and equality/a fundamental ideology/all men/every man/be equal before the law/a no-freedom and loss of equality)

20. 세계 어느 나라도 무역 없이는 경제발전은 생각할 수 없다. 미국과 같이 자원이 풍부하고 시장이 넓은 나라도 마찬가지다. 섬나라인 영국과 일본에서도 수출무역의 열의가 대단하다.

(foreign trade/economic development/it is also same with/it is also true of/an island country(nation)/export trade/great efforts are being made to)

1-5. 영작문과 문장의 배열 분석(Arrangement Power)

1. 정말 이런 방법만큼 우스운 것은 없다.

   Way, more, really, this, funny, nothing, is, there, than

   (There is really nothing more funny than this way.)

2. 사실 이 집 분위기는 좋지 않다.

   I, the truth, of this house, don't, you, tell, like, the atmosphere, to

   (To tell you the truth, I don't like the atmosphere of this house.)

3. 오늘 밤은 집에서 묵어 주시면 좋겠다고 생각합니다.

   You, it, slept at, I think, be better, the night, would, if, for, our house

   (I think it would be better if you slept at our house for the night.)

4. 낮과 마찬가지로 밤에도 그곳은 비길 데 없이 아름다운 곳이다

   the scene, unique beauty, one, by day, is, by night, of, as

   (The scene is one of unique beauty by night as by day.)

5. 훌륭한 교사란 단지 학생에게 지식만을 가르쳐 줄 뿐만 아니라, 지식욕을 부어주는 사람이라야 한다.

   With knowledge itself, be, to them, he, A teacher, in addition to, successful, a love of knowledge, inspires, simply presenting, unless, cannot, his pupils

(A teacher cannot be successful unless he inspires his pupils with a love of knowledge instead of simply presenting knowledge itself to them.)

6. 우리는 대도시의 소음과 혼잡 속에서 1년 내내 아침부터 저녁까지 열심히 이를 하고도, 휴양을 위하여 수일 동안 시골에 내려갈 여유가 있는 사람은 적다.

(Although we work very hard in the noise and bustle of big towns from morning till night all the year round, few of us can afford to go out into the country (by) awaiting ourselves of a few days to take a rest. 또는 We are always working very hard in the noise and confusion of large cities from morning till night all the year round, and few of us can afford to spend a few days in the country to give ourselves a respite from work. * a respite from work 일을 잠시 쉬기, respite 집행유예, 정지)

7. 모든 사람은 날 때부터 자유롭고 동등한 존엄성과 권리를 가지고 있다. 사람은 천부적으로 이성과 양심을 가지고 있으며 따라서 형제애의 정신으로 행동해야 한다.

(Every man is created with the freedom, equal dignity and rights. He is endowed (by nature) with reason and conscience, and so he must act in the spirit of brotherhood. 또는 The freedom, equal dignity and rights are given to all human beings by nature. Nature endows them with reason and conscience, and so there must be a spirit of brotherhood that goes with all their actions.)

8. 시골의 자연은 참으로 아름답다. 하늘색하며 나뭇잎 색깔은 도회지에서 보는 것과는 너무도 다르다. 그 자연은 보면 볼수록 얼마든지 새로운 매력을 찾을 수 있다.

(Nature in the country is really beautiful. The colors of the sky and of the foliage are entirely different from those seen in the city. The longer we see it, the more new charm we ought to be able to find in it. 또는 Nature we see in the country is indeed beauty itself. The colors of the sky and of the leaves are very different from those we see in the city. The more eagerly we seek nature in the country, the more freshly fascinated we are by it.)

9. 독서는 인간의 지혜를 길러 여러 가지 의미로 인간생활을 풍부하게 해준다. 또한 영어를 잘 하려면 국제인의 교양, 태도, 사고방식 감각방식을 습득해야 한다.

(Reading enhances man's wisdom and enriches his life in many ways. And to be a good speaker of English you must acquire the culture, manner and way of thinking and feeling worthy of a citizen of the world. 또는 Reading cultivates man's wisdom, enriching his life in many respects. If you are to speak English well, you must learn the culture, manner, and way of thinking and perception you are supposed to maintain as a citizen of the world.)

10. 여행은 늘 고생이 따르나 나중에 보면 여행으로 큰 이득이 된 것을 깨닫게 된다. 여행으로 알지 못하는 사람이나 새로운 지역의 풍경과 의식에 접촉하여 자신을 반성시키는 때가 자주 있다. 특히 외국을 여행하는 것은 자기를 찾으러 가는 것과도 같다

(Traveling is always attended with hardship, but when you look back later on, you realize that you profited a great deal by it. It brings you into contact with unknown people, scenes and manners of new lands, which very often makes you reflect upon yourself. Travel abroad especially is like going out in search of yourself.

또는 Traveling always goes with difficulties; but you realize that you have traveled to your great profit in the long run. By traveling, you come into contact with unknown people, scenes and manners in strange lands, which very often makes you examine yourself. Foreign travel especially is like going out for self-realization.)

11. 대법원은 어제 식물인간에게서 생명연장 보조 장치를 제거할 수 있도록 허락함으로써 불치병 환자의 존엄사 권리에 대한 오랜 논쟁에 종지부를 찍었다.

(The Supreme Court yesterday allowed life support systems to be removed from a vegetative patient, ending a long discussion on terminally ill patients' right to die with dignity.)

1-6. TV 드라마와 영화를 통한 영작

아래 영작과 관련된 내용은 TV 프로그램과 영화 The FBI Murder와 관련된 영작이다.

사실에 바탕을 둔 폭력 TV 영화이다. 이 영화는 두 명의 냉혈 살인범에 대한 남 플로리다에서의 인간사냥을 재구성한 것이다. 살인범들은 연달아 은행을 털며 많은 FBI 요원들을 총을 쏘아 죽인다. 그들도 역시 은신하고 있다가 총을 맞고 죽는다. This is a violent, fact-based TV-movie recreating a south Florida manhunt for two coldblooded killers. They rob one bank after another and shoot many FBI agents to death, but they are also shot to death while in hiding.

words fact-based 사실에 바탕을 둔   a coldblooded killer 냉혈 살인범
Manhunt 인간사냥   recreate 재구성하다
shoot to death 총으로 쏘아 죽이다   while in hiding 은신하고 있다가
rob a bank 은행을 털다

아래는 Jane Eyre 영화와 관련된 영작이다.

Charlotte Bronte's Jane Eyre는 1847년 출간된 후로 영문학을 통틀어 가장 널리 애독된 소설 중의 하나가 되었다. Jane Eyre는 무일푼의 예쁘지 않은 고아이지만 선천적으로 용기와 기백을 타고났다. 그녀는 Rochester 씨 가정교사로 채용된다. Rochester씨는 불같은 성미에 숨은 비밀을 가지고 있는 무엇인가를 골똘히 생각하는 우울한 사람이다. 인습에 얽매이

지 않는 그들의 순애보는 Charlotte Bronte의 천재적인 상상력으로 그 성질이 바뀌어 단순한 멜로드라마 이상으로 올려놓는 특유의 잊지 못할 분위기를 띠고 있다.

Since its publication in 1847 Charlotte Bronte's Jane Eyre has been one of the most widely read novels in all English literature. Jane Eyre is an orphan, penniless and plain, but endowed with courage and spirit. She is hired as a governess by Mr. Rochester, a brooding, melancholy man with a fiery temper and a dark secret. Their unconventional love story, transmuted by the genius of Charlotte Bronte's imagination, takes on a unique and unforgettable aura that lifts it above mere melodrama.

words   in all English literature 영문학을 통틀어   widely read 널리 애독된
penniless 무일푼의   plain 예쁘지 않는
be endowed with 선천적으로 －을 타고나다   spirit 기백
a governess 가정교사   a fiery temper 불같은 성격
unconventional 인습에 얽매이지 않는   a love story 순애보

다음은 Abducted 영화의 한 장면이다.

한 젊은 여성이 정신이상의 산사람에 의해 황야에 포로가 된다. 경찰은 헬리콥터를 이용하여 그의 산속 집에 묶여있는 Roberta의 수색에 나서나 실패한다. Lawrence는 큰 돌로 그녀를 죽이려고 하는 순간 자기 아버지로부터 총을 맞고 죽는다.

A young woman is held captive in the wilderness by a disturbed mountain man. The police search for the woman tied in his mountain home by helicopter but fail. Lawrence is shot to death by his father the moment he tries to kill her with a big stone.

words   disturbed 정신이상의   a mountain man 산사람
the wilderness 황야   be held captive 포로가 되다
search for 수색하다   be shot to death 총에 맞고 죽다

다음은 Be Gone With the Wind에 나오는 장면이다.

Margaret Mitchell의 "바람과 함께 사라지다"는 출판된 지 불과 첫 3주도 안되어 176,000부 이상이 팔렸다. 그 이듬해인 1937년에는 퓰리처상을 받았다. 2천 1백만 부가 넘는 부수로 "바람과 함께 사라지다"는 정말 우리 시대의 서사시적 소설이다.

Margaret Mitchell's Be *Gone with the Wind* was sold more than 176,000 copies within the first three weeks of publication alone, and the following year, in 1937, was awarded the Pulitzer Prize. With more than twenty-one million copies, Gone with the Wind is truly the epic novel of our time.

words   the first three weeks 첫 3주   an epic novel 서사시적 소설

"Coogan's Bluff" 영화의 한 장면이다

Clint Eastwood은 애리조나의 부보안관이다. 그는 탈옥한 살인범을 인도받기 위해 뉴욕에 파견된다. 뉴욕 경찰로부터 카우보이라는 멸시를 받으면서도 Clint는 서부가 과연 어떻게 얻어졌는가를 보여주기 위해 나선다. 호송중의 범인이 동료들의 도움으로 도주하나 그는 필사의 추적 끝에 붙잡는다.

Clint Eastwood as an Arizona deputy sheriff is sent to New York to extradite an escaped killer. He's out to show the New York police how the West was really won, even though they look down upon him as a cowboy. The criminal under escort runs away with the help of his associates but Clint catches him after hot pursuit.

words   a deputy sheriff 부보안관   an escaped killer 탈옥한 살인범
extradite 인도바다   look down upon one as ―라는 멸시를 바다
under escort 호송중의   run away   도주하다
after hot pursuit 필사의 추적 끝에

"O Henry" WNBC에 방영된 장면 가운데 하나이다.

사욕 없는 사랑을 그린 마음을 훈훈하게 해 주는 크리스마스 걸작 The Gift of Magi로부터 삶에 대한 한 여인의 의지를 새롭게 해주는 운명의 왜곡을 그린 잊을 수 없는 소설 The Last Leaf에 이르기까지 O Henry의 노련하게 구상된 이야기들을 보면 희망과 운명의 유머러스한 복합성이 나타나고 이야기를 전개하는 그의 천재성이 분명해 진다. O Henry는 현대 작가 중 가장 널리 작품이 출판된 작가의 한 사람이다. 600편이 넘는 그의 소설 작품들은 거의 모든 언어로 번역이 되었다. From "The Gift of Magi," the heartwarming Christmas classic of selfless love, to "The Last Leaf," the unforgettable story of the twist of fate that renews one woman's will to live, O Henry's expertly plotted tales reveal the humorous complexities of hope and destiny, and demonstrate his storytelling genius. O Henry is one of the most widely published of modern authors. His works―more than six hundred stories―have been translated into nearly every language.

words   selfless 사욕 없는   heartwarming 마음을 훈훈하게 해주는
the twist of fate 운명의 왜곡   expertly plotted 노련하게 구상된

1-7. 응용과 문형의 활용

1. 폭풍 때문에 경기에 관중이 거의 오지 않았다
2. 몇 일간의 신문광고에도 불구하고 거의 아무도 그 일자리에 응모하지 않았다
3. 모든 사람은 자리에 앉으셔야 합니다.
4. 그 영화는 내가 여태껏 본 것 중에 가장 재미있었다.
5. 길을 돌아서면 교회가 보인다.
6. 밤새 공부를 했지만, 기대했던 것보다 더 어렵다는 사실을 알았다.
7. 한국 고유의 의상은 모양은 물론 그 색깔에 큰 매력이 있다
8. 거리의 자동차 소음 때문에 낮잠을 거의 잘 수가 없다.
9. 한국의 젊은이는 불구자가 아닌 한 누구나 군에 복무하여야 한다.
10. 다행히도 우리가 그곳에 도착 했을 때에는 해가지지 않았다
11. 10년 이내에 우리나라는 눈부신 경제발전을 이룩했다.
12. 남에게 의지하는 습관은 개인의 독립심을 기르는데 커다란 장애가 된다.

13. 때로 사람들은 시간이 없다는 핑계로 줄서기를 무시하고 새치기를 하는 경향이 있는데 이는 옳지 않은 행위이다.

14. 당신은 의사와 만날 약속을 연기하면 안 된다.

15. 지난 10년 동안 한국의 수출은 20배나 증가하였다.

1-8. 단순 문형 연습

1. 그는 새 인생을 시작하겠다고 맹세했다.
2. 그는 세계 평화를 위해 전념했다
3. 그는 지원을 거듭 다짐했다.
4. 그녀는 종교에 푹 빠져있다.
5. 우리는 합의에 도달했다. 우리는 이런 점에서 의견이 일치되고 있다.
6. 나는 그런 제안에 찬성할 수 없습니다.
7. 나는 그 일을 맡기로 승낙했습니다.
8. 그가 믿을 사람이 못 된다는 점에서는 너와 의견을 같이 한다.
9. 그 일을 어떻게 마칠 것인가에 대해서 우리의 의견은 일치되지 않았다.
10. 이 고장의 기후는 내게 맞지 않는다.
11. 그의 진술은 사실과 부합되지 않는다.
12. 양 당사자는 본질적으로 이 문제를 우호적으로 해결할 것에 동의했지만 아직 논의의 여지가 있다.
13. 이 업종은 이익이 박하므로 귀사가 제시한 조건에는 동의할 수 없습니다.
14. 귀사가 이 제안에 동의하지 않으면 법적 절차를 밟을 수밖에 없습니다.
15. 동사는 싼 값에 품질이 좋은 물건을 공급하기로 동의했습니다.
16. 무슨 사업을 하십니까? 그것은 수지맞는 사업입니다.
17. 우리는 그 회사와 거래가 있다. 이 거래에서는 손해도 이득도 없다.
18. 사업에서 성공의 비결은 공정거래의 정신이다.
19. 몇 차례의 교섭 후에 거래가 성립되었다.
20. 우리는 그 회사와 직접 거래하게 되었다.
21. 나는 그 제안을 둘러싸고 그와 거래를 하려고 한다.
22. 본사는 귀 지역의 어느 회사와도 거래가 없습니다.
23. 우리 회사는 동사와 2013년 이래로 본 제품을 직거래하고 있습니다.
24. 본사의 영업 방침은 고객과 공정한 거래를 하는 것입니다.
25. 귀 시장에의 거래 확장을 위해서 현지 조사단을 파견합니다.
26. 본 사는 이들 제품을 외국 상사들과 폭넓게 거래하고 있습니다.

27. 이 상품을 전문으로 취급하는 가장 믿을 만한 회사와 거래관계를 맺는 것이 저희의 오랜 소망이었습니다.

28. 이 거래가 성립되어 결과가 좋으면 세계 도처에서 대량 주문이 뒤따르라고 생각합니다.

   * 단어를 배열하여 영작하세요. 단어의 형태는 적당하게 고쳐 쓰세요.

   [보기] for more than three years /only children with a parent / or who have lived overseas / are entitled to attend the international schools./ Under the current law, / with foreign citizenship /

   1. 현행법에 따라, 외국 시민권을 가진 부모나 3년 이상 해외에 거주한 어린이들만이 국제학교에 입학할 자격이 주어진다.

   [보기] the majority of students listed / and without the three years of residence abroad./ are all Koreans/ But the education office said /

   2. 그러나 서울시 교육청은 입학생 다수가 3년 간 해외에 거주하지 않은 한국 학생들이라고 밝혔다.

1-9. 기본 문형의 활용 - Complex Sentence

1. 그는 그 사고에 대하여 책임이 있다는 것을 인정했다.
2. 곧 무서운 폭풍이 덮쳐 와서 우리의 배는 물결치는 데로 떠돌았다.
3. 누구나 조금은 돈을 지니고 다닐 필요가 있지만 큰돈을 몸에 지니는 것은 좋지 않다
4. 그는 어릴 때부터 이미 학자가 되려고 열심히 공부했으며, 보기 드문 근면과 인내로 자라서는 유명한 발명가가 되었다.
5. 많은 서적이 출판되지만 읽을 만한 가치가 있는 책은 극히 드물다.
6. 영어를 알고 있으면 영국과 미국의 사정뿐만 아니라 세계의 모든 정세까지도 알 수가 있으므로 영어는 배울만한 가치가 있는 언어이다.

1-10. 짧은 문장의 활용

1. 담배는 득보다 실이 많으며 생명을 단축시킵니다.
2. 흡연은 암과 뇌졸중 그리고 심장 질환을 유발합니다.
3. 많은 사람들이 간접흡연도 극도로 위험하다는 것을 알지 못합니다.

4. 비흡연자들은 원치 않는 위험에 노출되어 있으며 그들에게는 흡연자에게서 벗어날 수 있는 권리가 있다고 생각합니다.

5. 공공장소의 흡연금지는 흡연자들이 담배를 줄이거나 금연하도록 장려할 것입니다

6. 아시다시피 매년 흡연자들이 폐암으로 사망하고 있습니다.

7. 그들은 제가 흡연할 권리를 앗아가려고 합니다.

8. 공공장소에서의 흡연은 해로운 음식을 먹는 것과는 다릅니다.

9. 곁에서 담배를 피우는 게 싫으면 다른 곳으로 가면 됩니다.

10. 사람들은 자신의 신체를 자기가 원하는 대로 할 수 있는 개인적 자유가 있으며 정부는 그런 자유를 제약하려는 시도를 중단해야 한다.

11. 내가 흡연을 선택했다는 이유만으로 나쁜 사람이 된 것 같은 기분이 들게 만들기 때문에 불쾌합니다.

12. 오늘 아침 전화상으로 말씀 드린 것과 관련하여 요청하신 품목의 선적일자를 알려드리려고 합니다.

13. 세월은 피부에 주름살을 지게 하지만, 열정을 포기하는 것은 영혼에 주름살을 지게 한다.

14. 6.25 이래로 한국은 38도선으로 분할 되어있다.

15. 향 후 몇 년 이내 이 기술은 곧 쓸모없어질 가능성이 있다.

16. 영원히 살 것처럼 배워라, 하지만 내일 죽을 것처럼 살아라.

17. 이 영화는 조국에 대한 애국심을 일깨웠다.

18. 이 세상에는 확실하다고 할 수 있는 것이 없다, 죽음과 세금 말고는…….

1-11. 무역영작

1. 이런 기회를 통해 귀사에 깊은 감사를 드리고 싶습니다.

2. 저는 존경받는 귀 회사와 사업관계를 성사시켜 유지해 나갈 가능성을 타진하고자 이렇게 편지를 드립니다.

3. 우리가 귀사의 개발참여에 동참 할 기회를 주십사하고 간곡히 부탁드립니다.

4. 우리는 귀하께서 문의하신 건에 회신이 늦어진 점을 깊이 사과드립니다.

5. 우리의 제안에 대해 귀하의 긍정적인 답변을 기다리겠습니다.

6. 우리는 귀하의 솔직한 논평에 대해 깊이 감사드립니다.

1-12. 한국문화 문형

1. 지금 한국에서는 공기나 물의 상태가 좋지 않으며 공해가 가장 큰 사회문제의 하나로 되었습니다.

2. 대부분의 음식과 음료수에는 화학 물질이나 첨가물이 포함되고 있습니다. 이 식품 공해를 추방하지 않으면 안 됩니다.

3. 한국에서는 오늘날 병든 노인들과 거동이 불편한 노인들이 늘어나고 있습니다. 사회복지 조직이 급속히 개선되어야 합니다.

4. 봄은 신록, 여름은 빛나는 태양, 가을에는 단풍, 겨울에는 눈을 통하여 한국의 자연은 사계절을 통하여 아름다운 모습을 우리들에게 보여줍니다.

5. 한국에는 장엄한 절이나 아름다운 정원이 우리들의 조상에 의해 많이 남아 있으며 그것들은 한국의 문화나 역사를 알려줍니다.

6. 보통의 봉급자는 서울에 땅이 있는 자기 집을 가지고 있는 것은 거의 불가능합니다.

7. 많은 한국인들은 희로애락을 그다지 표면에 나타내지 않습니다.

1-13. 응용영작 연습

1. 외국인이 한국인데 관한 그의 지식을 완전하게 하려면 무엇보다도 한국말을 배워야 한다.
2. 우리나라의 평화를 확보하기 위해서는 우리는 우리의 국방태세를 소홀히 해서는 안 되겠다.
3. 그는 그가 좋아하는 것과 싫어하는 것을 까다롭게 구별하는 버릇이 있다.
4. 병에 걸리면 입맛을 잃게 된다.
5. 우등생이란 흥미 있는 것과 흥미 없는 것을 가리지 않고 모든 학과를 다 열심히 공부하는 학생을 말한다.
6. 우리의 정신과 신체가 조화된 발달을 이룩하도록 돕는 것이 학교교육의 참된 목표이다.
7. 좋은 친구를 사귀면 반드시 그 만큼 좋은 영향을 받는다.
8. 나쁜 친구와 사귀지 않도록 항상 조심하라.
9. 교통이 복잡한 길을 건널 때에는 아무리 조심하여도 지나치지 않는다.
10. 첫 눈에 이번 유류파동은 매우 복잡한 것 같다.
11. 단어가 하나라도 생소할 때에는 사전을 찾는데 주저하지 말라.
12. 그의 가족은 오래 헤어져 살다가 마침내 같이 살게 된 즐거움을 누릴 수 있었다.
13. 고갯마루를 넘자 평화로운 농촌의 아름다운 풍경이 눈앞에 전개되는 것을 볼 수 있었다.

1-14. 파티 및 발표 문형

1. 여러분 기술부의 동료를 대표하여 다음 주 월요일에 이곳을 떠나는 000 씨에게 감사드립니다.
2. 유감스럽게도 000 씨가 퇴직하는 것을 알려 드립니다. 친한 벗을 잃게 되어 유감입니다.
3. 후진을 위해 훌륭한 지도와 새로운 연구의 발전에 크게 이바지할 준비가 되어 있음을 저는 압니다.

4. 이번에 많은 후보자들 가운데 한국 대표로 선발되어 국제회의에 출석하게 된 것은 참으로 기쁜 일입니다.

1-15. 표창 문형

1. 저로서는 이 직장에 있는 자라면 당연히 해야 할 일을 했을 뿐이며 오늘 표창을 받을 만큼의 공적이라고 생각되지 않으며 다만 황송할 뿐입니다.
2. 오늘 뜻밖에도 표창을 받아 대단히 영광으로 생각합니다. 이것은 저 한 사람에 준 것이 아니라 저의 일에 협력해 주신 많은 분들의 덕택에 의한 것으로 저는 그 분들을 대표해서 이 상을 받았습니다. 이제부터 부디 여러분의 꾸준한 지원과 협력을 부탁 올립니다. 감사합니다.

1-16. 인사 문형

1. 오늘 우리의 새 연구소의 개소식에 오신 모든 분께 감사를 올립니다.
2. 이것은 오로지 당시에서의 여러분 협력 없이는 불가능합니다.
3. 이 새로운 사옥에서 우리들 사원 일동은 사업의 발전을 위해 전보다 더욱 열심히 일하고자 합니다.
4. 국민의 열망과 국회의 찬동을 얻어 이 연구소는 5년간의 계획, 건물의 설계, 필요한 시설을 거쳐 지금 완공했으며 우리는 오늘 이곳에서 개소식을 행합니다.

1-17. 결혼 피로연 및 축사 문형

1. 오늘은 우리들의 결혼식에 내내 참석해 주셔서 대단히 감사합니다.
2. 딸을 출가시키는 기분이라는 것은 같은 경험을 하지 않고서는 아무도 이해할 수가 없습니다. 지금 신부의 양친은 착잡한 감정에 압도되어 좀처럼 말을 할 수가 없습니다. 한편으로는 신부의 양친은 훌륭한 딸을 신랑에게 건네주는 안심감과 다른 한편으로는 딸을 집에서 떠나보내는 슬픔인 것입니다.
3. 아직 미숙한 저희들이지만 명랑한 가정을 만드는데 최선을 다하겠습니다. 금후 잘 지도해 주십시오.
4. 여러분 저는 신랑의 부친입니다. 몇 마디 감사의 말씀을 올리고 싶습니다. 사실 지금 저의 마음은 말로 표현할 수가 없습니다. 여러분께서 친절하시고 이해하시고 도와주시기 때문에 저희들은 가슴이 가득 벅차 있습니다. 두 사람은 오늘 여러분의 후정을 결코 잊지 않을 것입니다. 다시 한 번 여러분께서 오늘의 행복을 나누기 위해 왕림해 주신데 대하여 감사합니다.

5. 많은 적든 인생은 파란이 가득한 것입니다. 부디 두 분이 서로 굳게 손을 맞잡고 오래오래 길고 행복한 인생을 즐기실 것을 바랍니다.

6. 오늘은 여기에 모인 우리 모두에게 기쁜 날입니다. 저는 신랑의 아버지와는 중학교 이래 친구이며 신랑이 태어났을 때부터 신랑을 잘 알고 있습니다. 오늘 아름다운 신부와 같이 새로운 생활을 출발하는 훌륭한 청년인 그를 보고 저는 감동했습니다. 저는 마음속에서 두 사람에게 축하를 올립니다.

2. 파워영작 Level Two (Intermediate Stage)

● ● ● 영작을 풀어가는 요령

아래 지문을 이용하여 주어로 끌어 들일 수 있는 가능한 대상을 모두 찾아보세요.

우리의 통일에 대한 꿈이 실현될 날이 반드시 오고야 말 것이다.

---

1. The day will surely come _____
_____.
2. Our dream for reunification _____ in the long run.
3. We will _____ our long-cherished hope _____ at any cost.
4. We will _____ our aspiration for reunification _____ at long last.
5. Our aspiration for national unification will _____ in any case.

● ● ● 실용 영작

저축은 경제 성장에 절대적으로 필요하다. 저축을 장려하기 위해서 우리는 우선 소비를 하고 남는 것을 저축하는 것이 아니라 소비하기 이전에 저축하는 습관을 기르는데 익숙해져야 한다.

우리가 대학에 가는 것은 직업을 구하기 위해서가 아니라 참되고 착하고 아름다운 것을 아는 높은 교양을 쌓기 위해서이다.

나는 올바른 역사에 관한 이해를 바탕으로 일본과 미래 지향적인 관계를 지향하길 기대합니다. 사실, 이제까지 나의 바람은 앞으로 다가올 세대에게 일본과 우정이라는 유산과 함께 협력할 수 있는 유산을 남겨주는 것이었습니다.

● ● ● 시사 영작

북한의 고아원에 있는 많은 어린이들이 심각한 영양실조에 시달리고 있다. 많은 아이들이 더 많은 도움 없이는 살아남지 못할 것이라고 말했다.

상당수 아기들이 얼굴 주위로 파리들이 윙윙거리며 날아다니자 울음을 터뜨린다.

다른 아이들은 피부 감염의 징후를 보였다. 바닥에는 머리카락이 여기저기 떨어져 있다.

그는 6월 말부터 7월 초 사이에 두 차례, 8월에 한 차례 북한을 찾았다. 이 기간 동안 미션 이스트는 자신들이 지원을 하고 있는 고아원 3곳을 방문했다. 이 고아원들은 어린이 총 700여 명을 보살피고 있다.

이곳 어린이들 중 무작위로 선정한 일부 아이들을 진찰한 결과 70%는 확실한 영양실조 증상을 보였다. 이 중 30%는 영양실조 정도가 심각했고 40%는 보통이었다.

"방에서 아기 15명 정도가 바닥에 누워 있는 걸 봤습니다. 모두 같은 상황에 처해 있었습니다. 심한 영양실조에 똑같은 옷을 입고 있고, 맥없이 그저 울고 있었어요. 운다기보다 힘들어서 칭얼거리는 거에 가까웠죠. 아이들은 얼굴에 붙은 파리들을 쫓아낼 기력조차 없었어요. 몸에는 상처와 감염의 흔적이 가득하고 손가락은 작은 나무토막 같았어요. 너무나 끔찍한 광경이었어요. 아이들이 빠른 시일 내에 도움을 받지 못한다면 죽을 운명이라고 밖에 생각할 수 없어요."

1. 네가 지은 죄가 없다는 것은 의심할 여지가 없다.

2. 남이 나를 기다리게 하느니보다는, 나는 내가 남을 기다리는 편을 좋아한다.

3. 전화로 나의 목소리를 듣고 놀란 사촌형은 그 다음날 점심을 하려 함께 만나자고 했다.

4. 남들이 놀고 있을 때 그는 열심히 일했다.

5. 그는 전에 나를 만난 적이 있었기 때문에 곧 알아보았다.

6. 남이 실수를 한다고 해서 그들을 놀리면 못 쓴다.

7. 건강한 사람은 흔히 자기의 건강을 경시하기 쉽다.

8. 주문을 맡았으면 잘 지어 주셔야 되지요.

9 그는 너무 자기만 생각하기 때문에 나는 더 이상 참을 수 없다.

10. 우리 아이들은 내가 산 조그마한 개를 보고 좋아서 어쩔 줄 몰랐다.

11. 오늘 아침 버스가 초만원이었지만 어떻게 가까스로 탔다

12. 아이들은 제 멋대로 내버려두면 걷잡을 수 없게 된다.

13. 좋은 책은 마지막까지 읽는 습관을 붙이는 것이 중요하다.

14. 그는 행운 때문에 성공한 것이 아니라 노력했기 때문이다.

15. 서울에는 구경할 것이 많아서 편지를 드릴 틈도 없을 정도입니다.

16. 나는 그를 모른다. 또 알고 싶지도 않다.

17. 비록 목숨을 희생시킬 지라도 의무를 수행할 결심이다.

18. 낭비를 계속하면서도 경제성장을 할 수 있다고 생각하는 사람은 아무도 없을 것이다.

19. 농부는 추수가 잘되기를 바라며 장사하는 사람은 이득을 남기기를 바란다.

20. 세계의 모든 국민들에게 공통의 언어가 있으면 얼마나 좋을까?

21. 우리나라 경제가 어떻게 발전돼 가고 있는지를 안다는 것은 가치 있는 일이다.

22. 그는 7:30분부터 시작하는 회의시간에 늦지 않을지 모르겠다.

23. 그들은 우리에게 그 계호기가 실패로 돌아갈지 모른다고 경고하였다.

24. 그들은 우리를 돕겠다는 보증을 하였다.

25. 대한민국 정보는 1948년 8월 15일에 수립되어 1948년 12월 12일 제 3차 유엔총회로부터 한반도의 유일한 합법정부로 인정되었다.

26. 군사휴전협정은 유엔군 사령부와 북한 공산측 간에 1953년 9월 27일 체결되었다.

27. 오늘날 국제관계는 냉전의 긴장이 완화되면서 새로운 단계에 돌입하고 있다.

28. 19세기 말경 동아시아 강대국 간의 관계는 한반도를 무대로 악화되었다.

29. 돈을 벌수록 더 벌고 싶은 것이 인간의 본능이지만 더 중요한 것은 자기가 번 돈을 옳게 쓸 줄 알아야 하는 것이다.

30. 한국경제는 비록 인플레와 급격한 물가상승 따위의 발전적 후유증이라는 필요악이 뒤따르기는 했지만 지난 10년 동안 놀랄만한 성장을 보였다.

31. 젊은이들은 여가를 선용함으로써 자기 향상을 기할 수 있고 또한 조직체에서 자신의 지위를 향상시킬 수 있다.

32. 과학은 자연의 힘을 이용하여 우리들의 목적을 수행할 수 있는 방법을 제공하여 준다.

33. 생산은 기대했던 것보다 상승할 것이고 실업률은 생각되었던 거보다 빨리 하강할 것이며 통화팽창은 보통 믿고 있는 것보다는 약간 가라앉을 것이다.

34. 인생의 의의는 무엇인가 새로운 것을 하는데 있다. 과학이든 장사든 등산이든 다 같다. 새로운 영역의 개척이야 말로 인간의 자랑이다.

35. 결국 인간은 주위에 있는 것을 이용하여 살아가야 한다. 가지고 있는 것을 어떻게 잘 이용 할 수 있는가에 따라 성공여부가 결정된다.

36. 학문이라는 말은 우리가 흔희 쓰는 말이지만 무엇이 학문인가를 따진다면 대답이 그리 간단한 것 같지 않다

37. 우리의 경험에서 알 수 있는 바와 같이 급성 인플레의 압력 하에서는 정상적인 경제활동은 저해되고 경제 확장은 좌절되기 쉽다.

38. 현대도시에는 도시계획이 있다. 그 계획이 잘 되었으면 잘 되었을수록 시민은 보다 안전하고 건강하고 행복해 진다. 도시 계획은 우리 현대 생활이 더욱 더 복잡해짐에 더욱 더 중요하게 되었다.

39. 한국경제는 지난 15년 동안 매년 대략 10%씩 성장하여 왔다. 수출액은 지난 3년 동안 배로 늘었고 금년에는 100억불 수출목표를 무난히 달성할 것으로 경제계획 입안자들은 내다보고 있다.

40. 그는 대학을 졸업하자마자 취직했다고 말했다.

41. 국가와 사회가 안정될 때 비로소 왕성한 기업 활동이 가능한 것이다. 우리 기업인들은 국가안보적인 차원에서 고양된 책무까지 가지고 있다.

42. 세계의 모든 사상적 과제가 한반도로 초점이 쏠려 그 해결이 촉구되고 있는 감이 없지 않다.

43. 금년 가을은 예상보다 빨리 온 것 같다. 겨울 첫 서리가 내리기 전에 친구들과 함께 가까운 산에 올라 잠시 도시의 공해를 잊고 싶다.

44. 나는 이 세상을 의롭게 살다가 이름 없이 죽어간 수많은 사람들을 존경하고 사랑한다. 보이지 않는 곳에서 눈에 띄지 않게 열심히 정직하게 살아가는 사람들이야 말로 진정한 역사의 창조자

들이기 때문이다.

45. 경제부흥과 산업재건이 정상적인 경제성장을 수반하면서 성취되려면 가용자원을 효율적으로 이용하는 수밖에 없다.

46. 4월은 일기가 고르지 않은 달이다. 바람이 많이 불고 비가 많이 내린다. 월초에는 보통 쌀쌀하지만 월말이 되면 상당히 따뜻해지고 벚꽃도 만발한다.

47. 물건이 적고 수요가 많으면 물가가 오르고 그 반대일 때는 내린다.

48. 내가 이 회사에 지원하는 이유는 언론의 자유를 창달하는데 기여하고 싶기 때문이다.

49. 10월 초부터 열리고 있는 대학 축제에서 금년에는 특히 다채로운 민속행사가 두드러지게 나타나고 있다. 이러한 움직임은 서구풍조에 지배되어 온 한국의 청년문화의 보존에 눈을 돌리는 조짐으로 평가되어 흥미롭다.

50. 비록 오늘 우리가 평온 속에 살고 있다 해도 항상 불의의 사태에 대처한 결의와 대비를 잊어서는 안 된다.

●●● 신문 시사 영작

1. N자와 Y자가 결합된 뉴욕 양키즈의 로고는 스포츠 역사상 가장 유명한 심볼 마크들 가운데 하나가 되었다.

2. 미국의 한 시골마을 경사진 곳에는 쓰러진 거목의 잔해가 있다.

3. 어느 여름날 나는 가장 친한 친구 앤디와 함께 캘리포니아에서 뉴욕까지 운전해갔다. 우리는 그 여행이야 말로 산 경험이 될 것이라 생각했고 과연 그 결정이 그럴만한 가치가 있었다.

4. 1950년 한국전쟁이 일어나자 미국은 중국을 견제하기 위해 제7함대를 대만 해협에 파견해 국민당 정부를 지지했다.

1. 문명이 발전해감에 따라 사람들은 대자연의 아름다움 속에 항상 젖어 있지는 못하게 되었다. 이래서 그들은 미에 대한 동경의 일부를 만족시킬 생각으로 손쉽게 할 수 있는 꽃 기르는 일을 하게 되었다.

2. 대학교육을 받지 않고서도 훌륭한 교양인으로서 출세하여 살아가고 있는 사람들이 적지 않다.

3. 대학교육에는 강의뿐만 아니라 학생들 스스로의 연구도 포함되어 있다. 이 점에서 고등학교 교육과는 분명히 구별되어져야 한다.

4. 과학의 내용을 잘 모르는 사람들이 오히려 과학의 힘을 과대평가하는 경향이 있는데 그것은 과학의 한계를 잘 모르고 있기 때문이다.

5. 요즘처럼 세계 중요국가들이 너도 나도 과학의 육성 강화에 열을 올리고 있는 시대는 없다

6. 읽으면 읽을수록 더 재미를 느끼게 되는 책이 있다. 두 서너 페이지 일고 던져버린 책이 나중에 가서 읽어보면 의외로 도움이 되는 경우도 있다.

7. 한국의 대학은 들어가기는 어렵고 졸업하기는 쉽다고들 한다. 일단 들어가기만 하면 더 이상 걱정할 것이 없다. 구미의 대학은 이와는 달리 들어가기는 쉽지만 노력하지 않고 졸업장을 얻기란 쉬운 일이 아닌 것 같다

8. 링컨은 미국이 낳은 가장 위대한 사람 중 하나이다. 그는 가난한 집에서 태어나 학교교육은 거의 받지 못했다. 그러나 제 16대 대통령이 되어 미국 민주주의의 상징이 되어 있다.

9. 어떤 작가의 전집을 읽는 다는 것은 아주 좋은 일이다. 그 작가에 대한 연구를 하는 것이 아니라면 그런 일이 전혀 소용없다고 흔히 생각되지만 결코 그렇지 않다.

10. 한국의 학자, 특히 수학이나 물리학을 전공하는 자연과학자로 외국의 대학에서 일하는 사람들의 수가 최근 눈에 띄게 늘어났다.

11. 일반적으로 추상적인 학문, 특히 숫자의 신비에 흥미를 느끼는 사람은 별로 많지 않다. 이것은

조금도 무리가 아니다. 이 학문의 아름다움은 깊이 연구하는 요기가 있는 사람이 아니면 알 수가 없는 것이기 때문이다.

12. 이 거리에서는 주간에 시속 40킬로미터 이상으로 달리지 못하게 되어 있습니다.

13. TV도 점차 보편화 되었지만, 한편 이에 관한 여러 가지 문제를 생각해야만 될 단계에 이르렀다고 생각한다.

14. 제2차 세계대전이 끝난 지 벌써 30년 이상이 지났다. 당시 한국이 오늘날처럼 되리라고 누가 예상이나 했겠는가.

15. 이 달 10일에 꼭 댁으로 찾아뵙겠습니다. 그 때 그 문제에 대하여 자세히 상의드릴 생각입니다.

16. 학교에서 배운 것은 조만간 잊어버리게 될 지도 모르지만, 학생생활 중의 개인적인 체험은 오랫동안 마음속에 남게 될 것이다.

17. 우리나라에는 새로운 학설이면 무엇이든 수입되어 곧 유행된다. 그것이 깊이 이해되어 우리들에게 도움이 되고 있는지 모르겠다.

18. 이렇게 두꺼운 영어책을 한 달에 읽을 수 있을까요? 아무것도 아닙니다. 하루에 30 페이지씩 읽으면 월말까지 다 읽을 수 있습니다.

19. 우리는 태어나면서부터 음악을 들으며 자라왔다. 어머니가 갓난아이에게 부드럽게 자장가를 불러주는 정경은 세계 어느 가정에서나 볼 수가 있다.

20. "글을 쓰는 법을 배우고 싶은데 어떻게 하면 잘 쓸 수 있게 될까요?"하고 물어오는 사람이 적지 않다. 이럴 때 나는 언제나 "글은 생각한 대로 또는 본 대로 쓰면 된다고 생각하면 된다"라고 대답하기로 하고 있다.

21. 나는 어릴 적부터 기차를 좋아해서 그때는 기관사가 되는 것을 이상으로 삼았을 정도였다. 그래서 지금도 때때로 목적도 없이 그저 기차를 타고 싶어서 여행 할 때가 가끔 있다.

22. 서울에서 태어나 서울에 자라, 아직까지 다른 곳에 정주해본 적이 없는 나에게는 사실 고향이라

부를 수 있는 곳이 없다. 고향이라고 하기에는 서울은 너무 넓고 너무나 많이 변했다.

23. 근년에 우리나라의 산업이 경이적으로 발전하여 인구가 비정상적으로 도시로 집중하게 되었다. 그 결과 도시에 사는 주민들은 심신 양면으로 비위생적인 환경 속에서 살도록 강요를 받고 있다.

24. 부모들은 대개 자기들의 오랜 경험을 바탕으로 판단하여 최선이라고 여겨지는 것을 자식들에게 시킨다. 일반적으로 서로의 입장을 보다 잘 이해할 수 있도록 충분한 대화를 한다는 것이 중요하다.

25. 현재 한국에 와 있는 외국인의 수는 의외로 많지만 대개 여행자가 아니면 무역업자들이다. 하기는 한국문학예술을 연구하려는 사람들도 상당수 있고 개중에는 주거나 식사도 한국식으로 하면서 사는 이들도 있다.

26. 관찰력이 부족한 사람은 무엇을 보아도 그것에 대한 정확한 지식을 얻을 수가 없다. 풀 한 잎, 돌 한 개라도 주의 깊게 관찰하면 그것에 대한 무한한 지식을 얻을 수가 있는 것이다.

27. 하늘의 별들이 온 세계의 바닷가 모래알들만큼이나 그 수가 많다는 이야기를 들으면 우리가 살고 있는 지구도 우주전체의 넓이에 비하면 얼마나 작은 것인가를 생각하지 않을 수 없다.

28. 여러 가지 문제에 부딪치게 되면 그것을 가능한 한 빨리 해결하고 싶은 것은 당연하다. 그러나 문제의 성격에서 보면 그것이 해결하기 어려우면 어려울수록 그것은 보다 더 중요한 것이다.

29. 어떤 과학자의 설에 의하면 지구는 해마다 조금씩 더 더워지고 있고 곧 극지의 얼음이 녹고 해면은 현재보다 상당히 높아져서 세계의 중요 도시들이 대개가 바다 속으로 들어가게 될 것이라고 한다.

30. 미국의 정치조직의 가장 뚜렷한 특징은 개인의 자유이다. 개인을 다수의 압박에서 막아주는 것은 그를 한 사람의 폭정에서 지켜주는 것과 마찬가지로 중요하다.

31. 외국제 자동차에서는 앞자리가 뒷자리보다 편안한데 비하여 국산차는 뒷자리가 더 편하게 되어 있는 것이 많은 듯하다. 이것은 국산차는 그 용도가 대개 택시인데, 외국차는 주로 자가용이 많고 뒷자리에는 아이들, 개 따위가 타기 위한 것 같다.

32. 세상에는 전적으로 나쁘기만 한 사람은 없다고 생각한다. 다행히 나는 이제까지 믿고 있었던 사람에게 배반을 당한 경험이 없다. 앞으로도 남의 선의를 믿고 살아가고 싶다.

33. 아이들이 개한테 물려 죽거나 다치는 일이 최근 각처에서 잇달아 일어나고 있다. 사나운 개 주인은 매우 조심해야 할 것이다. 런던의 공원에서는 개를 데리고 있는 아이가 길 위에서 놀고 잇는 새를 보면 개를 껴안아 새한테 덤벼들지 못하도록 한다. 아이들까지도 새에 대하여 이렇게 마음을 쓰는 것이다.

34. 하루 일이 끝나면 그는 언제나 자기 자신을 위해서가 아니고, 자기보다 혜택을 덜 받는 사람들을 위하여 어떻게 하면 보다 나은 사회를 만들 수 있을까 생각해 보곤 했다.

35. 대학은 온갖 권력에서 해방되어 자유로이 진리를 탐구하는 곳이다. 직업이나 세속적인 성공을 위하여 대학교육이 이용된다는 것은 바람직하지 못한 일이다.

36. 가정에서나 사회에서나 우리는 청소년들에게 너무나 크게 기대를 한다. 젊은이들은 어떤 고난에 부딪쳐도 용감하게 희망을 가지고 자연스럽게 앞날을 바라다 볼 수 있기 때문이다.

37. 최근 과학의 발달은 눈부신 바가 있지만 도덕이나 정치는 그만큼 진보하지 못했다. 이 때문에 인간은 과학의 성과를 통제하지 못하게 되었다. 그러나 무서운 파괴력을 지닌 병기가 수없이 출현한 오늘날 이들을 통제하지 못한다면 인간은 자멸할 수밖에 없을 것이다.

38. 오늘날 우리는 누가 국제간의 문화교류의 중요성을 인정하고 있다. 그러나 이것을 실천에 옮기려면 여러 가지 난관에 부딪치게 된다. 첫째로 외국어를 자유로이 구사하여 우리나라의 문화를 외국에 소개하거나 또는 외국의 문화를 우리나라에 들여오는 일은 결코 용이한 일이 아니다.

39. 원자력의 평화적 이용에는 많은 난관이 있지만 우리나라의 에너지 사정의 장래를 고려하여 이의 조기실현을 볼 수 있도록 적극적인 준비를 해야 할 것이다.

40. 전후 구미의 기초과학이 비약적으로 진보하자 우리나라의 기초과학과의 사이에 커다란 간격이 생기게 되었다. 따라서 우리는 이 방면의 연구를 진지하게 시작해야 할 것이다.

41. 최근 의학이 발달한 덕분으로 한국인들의 평균 수명이 크게 길어졌다는 것은 정말 반가운 일이다. 그러나 동시에 이것은 한국의 인구문제에 중대한 영향을 끼쳤다는 사실을 잊어서는 안 된다.

● ● ● **현장 실무 영작**

1. 사형은 의구심이 드는 형벌입니다. 도덕적으로 옳은 일일까요?

2. 범죄를 저지하는 최고의 방법은 범죄인에 대한 가혹한 형벌보다 범죄를 예방하는 것입니다

3. 결과적으로 저는 사형이 최선이 아닐 수도 있다고 주장하는 바입니다.

4. 저는 희생자와 희생자의 가족들이 복수나 정의를 원한다는 것을 압니다.

5. 그들이 죽는다면 자신이 저지른 범죄에 대해 사회에 진 빚을 갚을 수 없습니다.

6. 왜 우리가 낸 세금으로 그들을 일생동안 감옥에서 먹여 살려야 합니까?

7. 누군가가 죄를 지었다면 재판을 받아야 하고 처벌을 받아야 합니다.

8. 범죄자가 천수를 누린다는 게 말이 됩니까?

9. 교화가 안 되거나 죄를 뉘우치지 않는 자들은 마땅히 사형에 처해야 합니다.

10. 저는 법이 범죄자들에게 너무 관대하다고 생각합니다.

11. 사형제도가 범죄 억제책이 될 수 있습니다.

● ● ● **영작문형 연습**

1. 안락사를 단순히 비도덕적이라 몰아붙이며 반드시 금지해야 한다고 맹목적으로 주장하는 것은 옳지 않습니다.

2. 저는 삶의 질이 수명 그 자체보다 중요하다고 생각합니다.

3. 고통을 줄여주고 그들이 평화롭게 죽을 수 있게 하는 것이 더 인간적일 수 있습니다

4. 장기적인 고통에 시달리는 사람이 있다면 그 자신이 스스로의 운명을 결정할 수 있도록 허용해야 합니다.

5. 엄격한 규제로 안락사를 통제한다면 부작용도 최소화 시킬 수 있을 것입니다

6. 우리는 환자 가족의 정신적 육체적 스트레스와 재정적인 부담 또한 고려해야 할 것입니다

7. 의사의 역할은 환자의 생명을 구하는 것이지 빼앗는 것이 아닙니다.

8. 안락사는 완곡하게 말하면 자살행위와 다를 바 없습니다.

9. 안락사는 인간존엄성에 대한 역행이며 인간의 생명에 대한 경의와 가치를 폄하하는 것입니다

10. 설사 식물인간 상태에 있다하더라도 그 사람을 죽일 수 있는 권한은 누구에게도 없습니다.

11. 안락사를 허용할 경우에 그로 인한 남용은 불을 보듯 뻔할 것입니다

12. 생명 경시 풍조가 우리 사회에 만연할 것입니다.

● ● ● **단계별 영작연습**

1. 말을 잘 하는 사람이 있는가 하면 말을 잘 듣는 사람도 있다. 어느 쪽도 민주주의 하에서는 중요하다.

● ● ● **첨삭 영작연습**

그는 고등교육을 받지 못했다. 부모들이 그를 대학에 보낼만한 여유가 없어서 그런 것이 아니다. 그보다 자신이 공부를 하지 않아서 입학시험에서 합격점수를 얻지 못했기 때문이다.

학생 영작 1 He did not receive college education not because his parent did not afford to send him to a university but because he failed in making a passed score on the college entrance examination.

학생영작 2 He could not go to the college. His parents could have sent him to university but he did not prepare the college entrance examination and, as a result, failed it.

현대사회에 대학이 없어서는 안 된다는 것을 부인할 수 없다. 대학이 사회 및 국가발전에 있어서

중요한 역할을 하기 때문이다. 한국도 국가 발전을 위해서 세계 수준의 대학을 최소한 하나는 가져야 한다.

학생 영작 1 No body can deny that modern society cannot afford to do without the university. For the university is playing a significant role in social and national developments. I opine that Korea needs one university at least of the international stature for its expansion as a nation.

학생 영작 2 The fact that the university is an institution which is indispensable to any modern society is undeniable. A part played by the university in the national or social growth is major. I believe that Korea must have a minimum of at least one university of world renown for the sake of her national development.

● ● ● **단계별 영작**

1. 사람은 건강을 잃고 나서 비로소 건강이 얼마나 귀중한 것인가를 알게 된다.

2. 나는 이 그림을 볼 때마다 어릴 적 자주 갔던 마을 밖의 시냇물이 생각난다.

● ● ● **실무 영작 패턴**

1. 우리가 미국 시장에 의존도가 대단히 높다는 것은 누구도 부정할 수 없다.

2. 무역과 관세장벽을 없앤다면 우리는 더 많은 이득을 얻을 것입니다.

3. 우리는 수출을 늘리고 해외 투자를 유치할 필요가 있습니다.

4. 자유로운 해외 투자 환경이 우리나라 경제발전의 원동력이 될 것입니다.

5. 우리는 세계 시장에서 경쟁력을 강화하는데 역점을 두어야 할 것입니다.

6. 우리는 천연자원이 풍부하지 않기 때문에 인적자원과 기술에 의존해야 합니다.

7. FTA가 체결되지 않는다면 우리는 국제적으로 고립되고 말 것입니다.

8. 미국으로부터 모든 관세 장벽을 철폐하라는 상당한 압력이 있었어요.

9. 우리는 아직까지 쌀만큼은 자급자족하고 있습니다.

10. FTA가 우리 농업과 식품산업에 피해를 줄 것이며 농민들은 일자리를 잃을 것입니다.

11. 정부가 전 국민의 동의 없이 강력하게 추진하고 있습니다.

12. 그들은 후진국을 경제적으로 착취하고 관리하려고 합니다.

13. FTA는 식량위기를 촉발시킬 것입니다.

● ● ● 문형의 응용

1. 정부로서는 아무런 홍수 대비책이 세워져 있지 않았다. 이것으로서 정부가 얼마나 무능한지 세상에 알려졌다.

2. 그는 오랫동안 담배를 피워왔다. 결과적으로 그는 건강을 해쳤다.

3. 그는 시험 준비를 게을리 했다. 그 결과로 시험에서 낙제했다.

4. 거리에는 가로등이 잘 켜져 있다.

5. 이 창고는 불결한 냄새로 가득하다.

6. 그는 지나치게 신랄한 어조로 말했다.

7. 의사는 찬 음식을 피하라고 충고했다.

8. 그는 마치 허수아비처럼 움직이지 않고 길거리에 서있었다.

9. 책 옆에는 꽃이 가득한 화병이 놓여있다.

10. 너는 무언가 애기할 때 눈살을 찌푸리는 습관을 버려야 한다.

11. 좋은 안전 습관을 기르는 것은 대부분의 한국인들에게 필요하다.

12. 실내에서 신발을 벗는 것은 한국 관습중의 하나이다.

13. 흡연은 확실히 음주만큼 좋지 않다.

14. 그는 거짓말할 때 코를 만지는 습관이 있다.

15. 한국의 주요 은행들이 외국 은행들과 경쟁하기 위해 서로 통합할 수 있다.

16. 요즘 많은 한국인들이 최저 생활 임금으로 살아가고 있다.

17. 구조대는 채 20분도 안 돼 과업을 완수했다.

18. 친애하는 국민 여러분, 국가가 당신을 위해 무엇을 애 줄 수 있는지 묻지 말고 당신이 국가를 위해 무엇을 할 수 있는지를 물으십시오.

19. 그 기사는 진실이 아닐 수도 있을 것 같은데, 하지만 확실히 재미있다.

20. 그들은 그 회사가 제공한 서비스에 대해 불평했습니다.

21. 유머 감각이 있는 사람들은 성공할 확률이 높다.

22. 그의 발명은 최근 실용화 되었다.

23. 그는 세계무대에서 각광을 받았다.

24. 나의 열정이 이 일을 추진하게 된 힘이다.

25. 낭비를 계속하면서도 경제성장을 할 수 있다고 생각하는 사람은 아무도 없을 것이다.

● ● ● 기본 문형의 활용 l

1. 나는 일 년 사계절 중에서 봄을 제일 좋아합니다.

2. 그는 조바심이 나면 손톱을 깨물곤 한다.

3. 나는 내년에는 자전거로 통학을 할 계획이다. 그러면 건강에도 좋고 돈도 절약된다.

4. 내년 이때쯤에는 나는 22살이 되며 군에 갈 준비를 하여야 한다.

5. 너의 부친에게 사고를 알리는 게 좋겠다. 언제까지 숨길 수는 없지 않나?

6. 나는 여름마다 바다로 피서를 갔지만 이제는 산으로 피서를 간다.

7. 그녀는 언짢아 보인다.

8. 우리는 그녀의 무책임한 행동에 분개했다.

9. 우정이 변치 않는다는 말은 옛말이 되었다.

10. 나는 어제 저녁 갑작스런 큰 소리 때문에 잠에서 깨어났다.

11. 우리가 어제 방문한 사원은 그곳의 승려 말에 의하면 천 년이나 된 절이 라고 합니다.

12. 때 묻지 않은 정치가는 많지 않다.

13. 그는 말할 필요도 없이 능력이 있는 사람이다.

★ **Free Style Composition I**

1. 운동장에 몇몇 아이들이 있었다. 운동장에 소수의 아이들만 있었다.

2. 그는 한반도 평화 정착에 기여해왔다.

3. 그들은 사회에 기여해 왔다.

4. 신선한 공기는 건강에 도움이 된다./운동은 건강에 도움이 된다.

5. 나는 비참한 인생을 살아왔다.

6. 우리는 모든 역경을 딛고 성공했어. 확률은 우리 편이 아니야(불리해)

7. 우리가 이길 확률은 2:1이다.

8. 그녀는 출산 휴가 중이다/제발 팀에서 저를 빼주세요.

9. 그 어느 것도 당신의 식욕을 빼앗아 갈 수 없는 것처럼 보인다.

10. 한국의 경제가 위험에 처해질 것이라 많이들 추측했었다.

11. 좋은 상관은 부하 직원을 존중하는 사람들이다.

12. 돈을 많이 버는 것이 꼭 성공하는 것을 의미하지는 않는다.

13. 버스를 이용하는 것이 차를 몰고 가는 것보다 덜 비싸다.

14. 그는 대인관계가 좋다.

● ● ● **문형 연습**

1. 인간이 기계의 노예가 된다면 정말 슬픈 일이다.

2. 책을 읽지 않고 하루를 지내면 마음 한구석이 허전해지는 느낌이 든다.

3. 돈을 정당한 수단으로 힘들여 벌지 않고도 얻을 수 있다는 생각을 갖게 되는 날은 정말 젊은이에게 슬픈 날이다.

4. 누구도 자신이 생각하는 만큼 행복하지도 않고 불행하지도 않다.

● ● ● **영작 활용**

1. 음악을 이해하지 못하는 사람이 음악을 배우려 한다면 그것은 그 자신이나 남을 항상 짜증스럽게 할 뿐만 아니라 시간과 돈을 낭비하는 일이 될 것이다.

2. 그가 미술가가 되려고 한다면 그것은 시간과 돈의 낭비이다.

3. 올림픽만큼 빛나는 역사를 지닌 국제경기는 없다.

4. 그 나라만큼 오랜 역사와 전통을 지닌 나라는 없다.

5. 그는 영어 자체는 잘 쓰지만 내용에는 별로 새로운 것이 없다.

6. 이 덧없는 세상에서 자식을 위한 어머니의 애정만큼 변함없고 확실한 것은 없다. 특히 불운할 때에 그것은 다른 곳에서 도저히 찾을 수 없는 위안과 격려를 주는 것이다.

7. 이 세상에서 모든 행복은 덧없는 것이다.

8. 저 여생님은 어머니의 애정을 가지고 학생들을 대한다.

9. 시간만큼 귀한 것은 없다.

10. 불운할 때에는 누구나 위로와 격려를 주는 사람이 필요하다.

● ● ● 문장의 활용과 응용

1. 사람들은 항상 젊은 세대에게 많은 것을 기대하는데 그 까닭은 그들이 내일의 주인공이기 때문이다.

2. 어떤 고난을 당할지라도 강한 의지를 가지면 그것을 이겨낼 수 있다.

3. 장래를 항상 내다보고 오늘을 사는 민족에게는 밝은 앞날이 있을 뿐이다.

● ● ● 예문을 응용/활용하는 영작

우리는 항상 청년에게 많은 것을 기대한다. 젊은 사람들은 어떤 고난을 당할 지라도 용감하게 희망을 가지고 장래를 내다 볼 수 있기 때문이다.

● ● ● 활용한 영작의 적응연습

젊은이나 늙은이나 누구나 다 이 세상에서의 우리들의 최후의 날을 상상한다는 것은 어려운 일이다. 우리들은 조만간 다 죽어야 된다는 것을 알고 있다. 그러나 우리들은 이 사실을 무시하면서 마치 영원히 살 수 있는 것처럼 생각하고 말하고 또 행동한다.

● ● ● 응용 복합 영작

기차 여행을 하다 보면 우리는 종종 객차 안에서 막무가내로 뛰어다니고 신발을 신은 채 좌석에 기어올라 앉아 제멋대로 하는 어린 아이들을 본다. 아이들의 흙 묻은 신이 다른 승객의 옷을 더럽혀도 아이들의 부모들은 전혀 아랑곳 하지 않고 아이들을 말리지도 않는다. 어린이들뿐만 아니라 부모들도 공공예절교육을 제대로 받지 못한 것이리라. 그들은 정말로 자신을 부끄러워해야 한다.

여름이 되면 자연은 우리를 유혹한다. 바닷가와 산간의 휴양지는 잠시나마 도시생활의 소음에서 벗어나고 싶어 하는 사람들의 마음을 돋운다. 사람들은 서로 휴가계획이 있느냐고 묻는다. 공무원이나 회사원들은 이때가 되면 특별 휴가를 얻게 되고 그 밖의 시민들은 각자의 호주머니 사정이 허용하는 한도 내에서 휴가여행 계획을 짜는 것이다.

직업이라는 것은 단순히 생계유지의 수단으로 생각할 것이 아니라 이를 통하여 자기가 처한 사회와 국가에 무엇인가 보탬이 될 일을 하여야 할 것이다. 오늘날 많은 권위 있는 직업이 생활을 위한 기반으로서만 평가되는 사례가 많은 것은 유감스러운 일이다.

나는 어릴 때는 겨울이 싫었지만, 지금은 스키 타기를 매우 즐기기 때문에 겨울을 가장 좋아한다. 겨울마다 첫 눈을 기다릴 정도이다.

세계 인구는 현재와 같은 속도로 계속 증가한다면 21세기 말까지는 2배가 될 것으로 추정된다. 따라서 필요한 식량을 생산하는 것은 가장 긴급한 문제들 가운데 하나이다.

지난밤 마포에 있는 어떤 공장에서 불이 나서 창고 3동이 전소했다. 경찰은 손해액을 약 2천 500만 원으로 보고 있다.

돈을 정당한 수단으로 힘들여 벌지 않고도 얻을 수 있다는 생각을 갖게 되는 날은 정말 젊은이에게 슬픈 날이다.

● ● ● 중장문 영작

이제 가을이 왔다. 한국에서는 가을을 천고마비의 계절이라고 하고 또 등화가친의 계절이라고도 한다. 가을이 되면 우리는 높은 하늘아래서 풍성한 추수를 즐기며 마음의 양식을 찾는다.

고난의 시절은 끝났다. 우리는 이제 쓰라렸던 경험을 거울삼아 다시는 그러한 비극이 되풀이 되지 않도록 항상 노력을 게을리 하지 않아야 할 것이다.

행복은 한 인간의 일생을 통하여 어쩌다가 닥치는 큼지막한 행운에 있다기보다는 매일 매일 맛보는 작은 즐거움과 평안함에 있다는 것을 명심하여야 한다.

좋아하는 것만 먹고 싫어하는 것을 먹지 않는다면 마침내는 병에 걸리게 된다. 이와 마찬가지로 흥미 있는 학과만 공부하고 흥미 없는 학과는 소홀히 한다면 우리 정신은 조화된 발달을 할 수 없게 될 것이다.

양서를 읽으면 반드시 그만큼 좋은 영향을 받고 또 악서를 읽으면 반드시 그만큼 나쁜 영향을 받는다. 그러므로 책의 선택에는 아무리 조심하여도 지나치지 않다는 것은 있을 수 없다.

충분한 수면보다 건강에 필요한 것은 없다. 젊고 정력적인 시절에는 수면에 대하여 부주의하게 되기 쉬우나 수면부족은 쉽게 감기의 원인이 되는 것이며 이것이 원인이 되어 다른 큰 병에 걸리게 되는 경우가 있는 것이다.

대부분의 한국도시에는 대지 값이 너무 비싸지고 사람이 너무 많아 졌기 때문에 모든 시민이 자기 주택을 장만하는 꿈을 가질 수 없게 되었다. 5층, 10층, 20층에서 생활한다는 것이 미래의 생활형태가 되고 있는데, 한편, 높은데 살면 살수록 지면에서 떨어진 생활의 매력은 더욱 커진다고 할 수 있겠다.

올해는 가뭄이 일찍 든 것 같다. 비다운 비가 없이 봄 가뭄이 그냥 계속하고 있다. 서울시내 높은 곳에서는 벌써 식수난 소리가 높아져가고 당국에서는 절전계획을 발표했다. 이대로 가면 올 여름은 냉방장치나 냉장고는 써보지 못할 것 같다.

● ● ● 문장의 활용과 응용

1. 영국 근대작가 중 나는 토마스 하디를 가장 좋아한다.

2. 원칙적으로 신문인에게는 연중 휴일이 없다.

3. 그는 만나는 사람에게 언제나 봄과 같은 따사로움을 준다.

4. 한 종류의 나무로만 덮인 산의 경치는 단조롭게 마련이다.

● ● ● 예문을 응용/활용하는 영작

겨울이 지나고 마침내 즐거운 봄이 왔다. 나는 사계절 중에서 봄을 가장 좋아한다. 그러나 연중 봄과 같은 기후만 있다면 자연은 얼마나 단조로울까?

● ● ● 활용한 영작의 적응연습

겨울은 가고 봄이 왔다. 눈은 녹고 태양은 밝게 빛나고 있다. 아직 그렇게 덥지는 않지만, 하여튼 밝은 햇살은 매우 기분 좋다.

● ● ● 문장의 활용과 응용

1. 나는 요새 짬이 없어서 영화 한편 못 보았다.

2. 그는 기억력이 나쁘다고 몹시 투덜거렸다.

3. 이 세상에는 용건이 없으면 편지를 안 쓰는 사람들이 많다.

●●● 예문을 응용/활용하는 영작

이 세상에는 짬이 없어서 독서를 못한다고 투덜거리는 사람들이 많다. 그러나 마음만 있으면 아무리 바빠도 책은 읽을 수 있을 것이다.

●●● 활용한 영작의 적응연습

신문은 아침에 읽기로 작정하고 있지만 바빠서 그렇게 못 할 때도 있다. 그런 날에는 저녁 식사 후 짬이 있을 때 읽는다.

●●● 문장의 활용과 응용

1. 농촌에 사는 사람은 신선한 공기의 혜택을 받는다.

2. 약간의 낭비는 불가피하다.

3. A 회사 입사시험에 10명이 합격하였는데 나도 그 중 한 사람이다.

4. 나는 매일 열 시간을 사무실에서 보낸다.

●●● 예문을 응용/활용하는 영작

대도시에 살고 있는 사람은 불가피하게 차 안에서 많은 시간을 보내게 되는데 나도 그 중 한 사람이다. 나는 매일 아마 한 시간 반을 버스 안 에서 보내게 된다.

아침에는 혼잡한 버스로 출근하여 저녁 늦게까지 일하고 그 다음에 퇴근하여 집에서 식사한 후 바로 취침하는 사람들에게는 이따금 있는 연휴는 더 없는 즐거움일 것이다.

천리타향의 외국 유학생에게는 고국의 가족이나 친구들로부터 서신처럼 반가움과 용기를 주는 것은 없다.

지금 우리나라에서는 여러 분야에서 근대화 작업이 활발히 진행 중에 있다. 그것을 원만히 수행하자면 무엇보다도 정부의 강력한 행정력과 이에 호응하는 국민의 적극적인 협조가 있어야 할 것이다.

극심한 생존경쟁을 이겨 나가자면 무엇보다도 성실과 노력이 필요하다.

사람은 반드시 환경의 지배를 받는다고 할 수 없다. 우리들이 살고 있는 환경을 될 수 있는 한 좋게 개량하고 이용하도록 하여야 한다.

반짝이는 것이 모두 금이 아닌 것처럼 돈 많은 사람이 반드시 훌륭한 사람이라고 할 수는 없다.

"바람도 차가운 날 저녁에, 그이와 단둘이서 만났네. 정답던 이 시간이 지나면 나 홀로 떠나가야 해. 거리엔 가로등불 하나 둘, 어둠은 불빛 속에 내리고, 정답던 이시간이 지나면, 나 혼자 떠나가야 해" 초등학교 5학년의 늦가을, 어느 저녁인가 어스름이 깔린 교정을 빠져나오며 그런 노래를 부르던 추억이 떠오른다. 혼자 걸어가니까 좀 무서웠던 것일까? 아니면 가을은 쓸쓸한 계절이라는 걸 그때부터 알기 시작한 것일까? 그대여, 그대여, 울지 말아요, 사랑은 사랑은 슬픈 거래요. 그런 가사가 이어졌는데, 슬픈 것이니 울지 말라는 그 말도 안 되는 위로가 무슨 뜻인지 알 것만 같았다. 다른 친구들은 남궁옥분의 "사랑 사랑 누가 말했나"를 좋아 했지만, 나는 이정희의 "그대여"가 더 좋았다. 이정희라는 이름이 좋았고 "그대여"라는 말도 좋았다. 그대여, 그대여, 나를 보세요. 그리고 웃어요. 우는 사람에게 웃으라니.... 내게는 "웃프기만 했던" 1981년 가을은 그렇게 지나갔다. 그리고 아주 특별한 12월이 시작되었다. 그건 새로 나온 음료수 때문이었다.

● ● ● 일기 문형

8월 28일 수요일 맑음

아침부터 땀에 젖을 만큼 덥다. 더위를 피하고 수영도 하려고 동생들과 함께 그린 파크로 갔다. 수영장은 사람들로 붐볐으나 물은 비교적 깨끗하고 시원했다. 해질 무렵까지 수영장에 있다가 돌아왔다. 옆집에서 우물 속에 넣어 식힌 수박을 가져왔다. 마침 목이 마르던 차에 맛있게 먹었다. 밤에도 몹시 덥다. 모두가 덥다고 투덜댄다.

● ● ● 생일 문형

오늘이 내 생일이지만 어머니께서는 음식을 차려주지 않는다. 부모님께서 아마도 내 생일을 잊어 버렸나 보다하고 여겼더니, 점심 후에 어머니께서는 맛있는 음식보다는 좋은 책이 나에게 더 유용 하다고 하시면서 책 살 돈을 두둑이 주신다. 덕분에 오랫동안 벼르던 세계문학전집을 살 수 있게 되었다. 고마우신 어머님.

● ● ● 코스모스

요전 날 태풍으로 집의 담이 넘어져서 공들여 가꿔온 마당의 코스모스가 엉망이 되었다. 신문에는 가로수가 뿌리째 뽑힌 것도 있다고 한다. 이번 태풍이 중부지방의 야채수확에 큰 손해를 주었기 때 문에 앞으로 2, 3개월간은 야채의 부족이 예상된다고 한다. 과일도 피해가 많았음에 틀림없다.

● ● ● 김치

몹시 추워졌다. 아침에 일어나 보니 지붕이 심한 서리로 덮여 있었고, 물독에는 살얼음이 얼었다. 저녁때 새 김치를 맛보았다. 아직 맵고 짜지만 김치 맛이 제법난다. 몇 주일 전에 어머님이 친척 아주머니와 함께 배추 100포기, 무 50개로 김장을 담갔다. 큰 독 넷을 땅에 묻었다. 김치는 역시 식사에서 빼놓을 수 없다.

● ● ● 크리스마스

크리스마스는 일 년 중 가장 큰 명절의 하나가 되었다. 금년에는 눈 덮인 크리스마스가 되고자 아 침부터 눈이 내린다. 어린이들은 이 날 저녁을 고대해 왔으며 크리스마스를 한껏 즐겁게 지내기를 갈망한다. 나는 오늘 통행금지도 해제되고 눈 덮인 거리에는 즐거움이 넘쳐있어 김양과 함께 늦게 까지 걸었다. 꼬마 동생들은 산타클로스 할아버지가 참말인 줄 알고 있다.

● ● ● 제야의 종

오늘이 1년의 마지막 날로 누구나 분주해 보인다. 아침에 이웃 이발소에 갔으나 손님들로 붐벼 한 시간이나 기다렸다. 이발 후 명동에 나가서 연말의 상가를 구경했다. 연말의 거리는 활기에 넘쳐있 다. 밤 12시에는 묵은해를 보내는 보신각의 제야의 종소리를 텔레비전에서 들으며, 나이를 한 살

더 먹게 됨에 대하여 생각하고 지난해를 반성했다.

● ● ● 민속촌 소개

약 300년 전의 생활양식을 보여주는 우리나라 최유의 민속촌이 경기도 용인에 설치되었다. 옛날식 가옥과 건물 180채가 들어있는 민속촌은 문화전통의 보존과 관광 진흥을 위해 마련된 것이며, 방아, 대장간, 약방, 서당 등의 옛 모습을 볼 수 있게 되어 있다.

● ● ● 사과문구

1. 이처럼 불행한 일이 생기게 된 것을 재삼 사과드립니다. 이와 같은 일이 다시는 일어나지 않도록 모든 노력을 다하고 있습니다.

2. 저희 객실 승무원이 승객을 항상 성실하게 모셔야 하는 본연의 임무를 지키지 못하여 면목이 없습니다. 저희의 즉각적인 조사 결과 신입 여승무원 한 사람이 실수하였음을 발견하게 되었습니다. 귀하와 같이 귀한 고객의 기대에 미치지 못한데 대하여 깊이 사과드립니다.

3. 저희는 고객으로부터 아무리 사소한 의견이라도 결코 간과하지 않습니다. 저희 회사 호놀룰루 공항 직원의 무책임하고 미숙한 서비스를 지적하신 귀하의 불만 내용을 철저히 검토 조사하였습니다.

● ● ● 사회문제 문형

지난 토요일과 일요일 전국에 내린 폭우로 논 8000평방 km, 밭 3000 평방 km가 침수되고, 교량 7개가 유실되었다. 서울 시내에서는 네 곳에서 축대가 무너져 가옥 2동이 파손되었으나 인명피해는 없었다.

<취업여성> 잡지가 실시한 조사에 의하면, 파트타임 취업을 하고 있는 어머니들이 그 중 만족스러운 생활을 하고 있다고 한다. 미국 여성 4,900명의 여론을 조사한 결과, 파트타임 취업으로 바꾼 어머니들 중 77%가 생활이 매우 만족스럽다고 말하고 있다. 조사 대상 중 아기가 없는 여성들의 거의 절반은 직장 때문에 어머니가 되는 것을 늦추고 있다고 말했다.

4,300명 대표가 참석한 제9차 세계 에너지회의는 인류의 현재와 미래 에너지 수용에 대한 명확한 해결방안을 찾지 못한 채 산회했다. 일부 대표들, 특히 빈국의 대표들은 이번 회의가 그들을 돕겠다는 아무런 구체적인 의사표시도 하지 않은데 대해 불만을 표시하였다.

3. 파워영작 Level Three (Advanced Stage)

● ● ● 영작을 풀어가는 요령

> 아침에 신문을 안 읽고 학교에 가면 무엇인가 놓고 온 것 같다.

1. Whenever I go to school in the morning _____, I feel like_____something behind.
2. _____at home when I go to school without reading a newspaper in the morning.
3. _____ without reading a newspaper in the morning _____which I should have done undone.
4. To go to school without reading a morning paper _____ as if I have left something important at home.
5. _____ as if I have left unheeded something important when I go to school in the morning without reading a newspaper.

● ● ● Simple Expression

1. 행복은 마음 이외의 어느 곳에서도 찾을 수 없다.

2. 실패는 성공의 어머니라고 말하며 그는 내게 큰 격려를 주었다.

3. 아침에 신문을 안 읽고 학교에 가면 무엇인가 놓고 온 것 같다.

4. 책을 읽지 않고 하루를 지내면 마음 한구석이 허전해지는 느낌이 든다.

5. 그 누구도 자신이 생각하는 만큼 행복하지도 않고 불행하지도 않다.

6. 인간이 기계의 노예가 된다면 정말 슬픈 일이다.

7. 겨울이 오면 봄은 멀지 않으리…….

8. 말이 통하지 않으면 얼마나 불편한가는 외국을 여행해 보면 안다.

● ● ● Free Style 중문 연습

1. 언론의 자유는 주어지는 것이 아니라 쟁취하는 것이다. 자유언론이야말로 민주주의의 초석이며 정부의 제4부처라고도 한다.

2. 성공할 때 우리가 느끼는 즐거움이란 안개가 걷히고 눈앞에 산들의 아름다운 풍경이 솟아남을 볼 때의 그 기분과 같다.

3. 어떤 고난을 당할지라도 강한 의지를 가지면 그것을 이겨낼 수 있다.

4. 중상자가 없다는 것이 불행 중 다행이다.

5. 그녀는 항상 유쾌하다. 그녀는 즐겁거나 슬프거나 항상 유쾌하게 사람들과 대화하기를 좋아한다. 그녀 같은 사람은 아무도 없다.

● ● ● Intermediate Sentence 연습

1. 우리들의 마을은 바람이 조금만 강하게 불어도 먼지투성이가 되고 비가 조금만 내려도 진창이 된다. 그러나 나에게는 이 마을처럼 살기 좋은 곳은 없다.

2. 오랜만에 거리에 나가보니까 백화점이나 영화관은 만원이어서 마치 생활이 걱정이 없는 것 같았다. 여인들의 복장이나 상점에 진열된 상품들이 다 빛깔이 밝고 화려하였다.

3. 부유한 가정에 태어난 그는 생활의 걱정이 없다. 부유층은 저소득층이 직면한 생활난에 대해서는 놀랍게도 무관심하다. 국회는 국민이 낸 세금이 어떻게 사용되는가를 감사할 의무가 있다.

4. 세금을 낼 때에는 사람들은 불평을 몹시 한다. 그러나 일단 내고나면 그것이 어떻게 사용되는가에 대해서는 놀랍게도 무관심한 것 같이 보인다. 한국의 앞길에는 여러 난관이 가로 놓여있다. 그러나 우리들이 일치 협력하여 노력한다면 참으로 자립한 민주국가를 건설하는 것이 불가능하지는 않을 것이다.

5. 모든 책이 우리에게 이로운 것이 아니다. 친구와 마찬가지로 책은 주의 깊게 선택하지 않으면 안 된다. 나쁜 책은 나쁜 친구와 마찬가지로 해로운 것이다. 직업은 주의 깊게 선택해야 한다.

6. 여름방학 때와 마찬가지로 우리들은 겨울방학 때에도 열심히 농촌계몽사업에 참가하지 않으면 안 된다. 겨울방학도 여름방학과 마찬가지로 유익한 것이다.

7. 사람의 수명은 보통 백년이 못 가지만 문화의 생명은 영원하다. 인간은 한 사람씩 태어나서 죽어가지만 문화는 일관하여 계승된다.

8. 겨울이 지나고 마침내 즐거운 봄이 왔다. 나는 사계절 중에서 봄을 가장 좋아한다. 그러나 연중 봄과 같은 기후만이 있다면 자연은 얼마나 단조로울까

9. 그는 만나는 사람이게 언제나 봄과 같은 따사로움을 준다. 한 종류의 나무로만 덮인 산의 경치는 단조롭기 마련이다.

10. 이 세상에는 짬이 없어서 독서를 못한다고 투덜거리는 사람들이 많다. 그러나 마음만 있다면 아무리 바빠도 책은 읽을 수 있을 것이다.

11. 농촌에 사는 사람은 신선한 공기의 혜택을 받는다. 나는 매일 10시간을 사무실에서 보낸다.

12. 대도시에 살고 있는 사람은 불가피하게 차 안에서 많은 시간을 보내게 되는데 나도 그 중 한 사람이다. 나는 매일 아마 한 시간 반을 버스 안에서 보내게 된다.

13. 그는 항상 떠버리기를 좋아하기 때문에 그가 어제 말한 것을 어디까지 믿어야 할지 알 수 없다.

● ● ● **첨삭영작**

사람들이 이 세상에서 가장 얻고 싶어 하는 것은 재물, 명예, 즐거움이라 할 수 있다. 이들 세 가지는 우리들의 정신이 참되고 좋은 것을 발견하지 못하도록 방해하고 있다. 재물, 명예, 즐거움만 앞세운다면 정신적인 활동은 상실하게 되고 말 것이다.

학생 영작 1   We may say that property, fame and gaiety are what most men of the world want to gain most of all. These three things prohibit us from looking for the spiritually good and true. If we value them more highly than anything else, we will forget our spiritual life.

학생 영작 2   What the mankind thirsts after most of all are richness, honor and pleasure, which bar our hearts to discover the truth and the good. Thus, if we set greater store by them than by anything else, we are bound to run the risk of setting up a barrier between us and things of mental value.

모범 영작 1   Wealth, fame and pleasure may be said to be what man thirsts fro most of all in this world. However, they hinder him from discovering what is spiritually true and good. Thus too much emphasis on them is certain to lead to the loss of the spiritual of his life.

모범 영작 2   It may be said that what man seeks more than anything else in the here and now is fame, fortune and pleasure. These three things make it impossible for us to discover what is good and true in spiritual terms. Thus one who lets them take precedence over all other things runs the risk of forfeiting his rights to a spiritual life.

● ● ● 실무 현장 패턴

안산은 시원한 바다향이 풍기는 테마공원으로 자연의 아름다움이 가득한 곳입니다. 풍차 빌리지와 수변공원 등이 조성되어 5km의 메타세콰이어 길은 추억을 만드는 대표적인 관광명소가 될 것으로 보입니다.

매년 5월경
선조들의 호국정신을 기리는 화합의 축제
매년 9월 말에서 10월 초 사이

이런 기회를 통해 귀하에게 깊은 감사를 드리고 싶습니다.
귀하의 솔직담백한 논평에 깊이 감사드립니다.

● ● ● 무역 영작

전력사정의 호전이 없이 산업건설이 있을 수 없으며, 산업건설이 없이 국가의 융성이 있을 수 없음을 생각할 때 우리 회사의 임무의 중대함을 통감하지 않을 수 없습니다.

당사의 기내용 은식기류에 관심을 보여주신 8월 2일자 서신에 감사드립니다. 조속히 회신해 주시기 바라며 의문점이 있으시면 기꺼이 답변해 드리겠습니다.

11월 1일자 문의에 감사드립니다. 문의사항이 있으시거나 추가 자료가 필요하시면 서슴지 마시고 연락 주십시오.

만일 이달 말까지 미불금을 지불하지 않으면 귀사에 대하여 법적인 조치를 강구할 수밖에 없습니다. 이 선신을 최후통첩으로 아시기 바랍니다.

귀하의 주문에 감사하오며 이 상품들이 조속히 그리고 사고 없이 귀하에게 도착되리라 믿습니다. 도착 시 소포의 내용물이 결함이 있는 것이 있으면 곧 알려 주십시오. 우리는 즐거운 거래 관계가 지속되기를 바랍니다.

상품은 선적준비가 거의 다 되었습니다. 선적 지시를 전문으로 보내주십시오. 귀하께서 즉시 선적 지시를 주시면 선적일자를 2주일간 단축할 수 있습니다.

4월 6일자 귀사의 편지를 받았으나 전혀 우리 힘으로는 도저히 어찌할 수 없는 사유로 인해서 선적 일자인 3월 30일을 지킬 수 없게 되었음을 대단히 죄송하게 생각합니다. 이런 상황 하에서 유감이 나마 귀하의 취소를 수락할 수밖에 없으나 이 지연은 결코 우리의 잘못으로 야기된 것이 아님을 믿어주시기 바랍니다.

● ● ● **첨삭 영작연습**

이 절은 불교 교리를 가르치는 학교로도 유명합니다. 이 절에서는 명상도 가르치고 종교철학도 가 르칩니다. 불교에 흥미를 가지고 있는 외국인들을 위하여 강의를 영어로도 합니다.

1. This temple is famous for a school for the basic principles of Buddhism. It is at this temple that they instruct meditations and religious philosophy. Instructions are also offered through English language for the profit of foreigners interested in Buddhism.

2. At this temple, the famous school Buddhism education, they not only teach meditation and the religious philosophy but also they give instruction in English for foreigners who are interested in Buddhism.

사람들이 이 세상에서 가장 얻고 싶어 하는 것은 재물, 명예, 즐거움이라 할 수 있다. 이들 세 가지 는 우리들의 정신이 참되고 좋은 것을 발견하지 못하도록 방해하고 있다. 재물, 명예, 즐거움만 앞 세운다면 정신적인 활동은 상실하게 되고 말 것이다.

학생 영작 1. We may say that property, fame and gaiety are what most men of the world want to gain most of all. These three things prohibit us from looking for the spiritually good and true. If we value them more highly than anything else, we will forget our spiritual life.

학생 영작 2. What the mankind thirsts after most of all are richness, honor and pleasure, which bar our hearts to discover the truth and the good. Thus, if we set greater store by them than by anything else, we are bound to run the risk of setting up a barrier between us and things of mental value.

봄여름 가을 겨울, 두루 사시를 두고 자연이 우리에게 내리는 혜택에는 제한이 없다. 그러나 그 중에도 그 혜택을 풍성히 아낌없이 내리는 시절은 봄과 여름이요, 그 중에도 그 혜택을 가장 아름답게 나타내는 것은 봄, 봄 가운데도 만산에 녹엽이 싹트는 이른 봄일 것이다. (이양하의 "신록예찬")

직업이라는 것은 단순히 생계유지의 수단으로 생각할 것이 아니라 이를 통하여 자기가 처한 사회와 국가에 무엇인가 보탬이 될 일을 하여야 할 것이다. 오늘날 많은 권위 있는 직업이 생활을 위한 기반으로서만 평가되는 사례가 많은 것은 유감스러운 일이다.

눈을 들어 하늘을 우러러 보고 먼 산을 바라보라. 어린애의 웃음 같이 깨끗하고 명량한 오월의 하늘, 나날이 푸르러 가는 이 산 저 산ㅡ우리가 비록 가난하여 가진 것이 없다 할지라도 우리는 이런 때 모든 것을 가진 듯 흐뭇한 느낌이 든다. (이양하 "신록예찬")

청춘! 이는 듣기만 하여도 가슴이 설레는 말이다. 청춘! 너의 두 손을 가슴에 대고 물방아 같은 심장의 고동을 들어보라. 청춘의 피는 끓는다. 끓는 피에 뛰노는 심장은 거선의 기관과 같은 힘이 있다. (민태원의 "청춘예찬")

꽃 구경꾼
신문에 의하면 약 5만 명의 꽃 구경꾼들이 창경원에 몰렸다고 한다. 벚꽃구경은 좋으나 붐비는 사람의 무리 속에서 무엇을 보고 감상할 수 있단 말인가? 꽃구경이 목적이라면 더 조용하고 한적한 곳이 얼마든지 있을 것이다. 남들이 간다고 해서 자기도 어떤 곳에 가야 한다는 것은 어리석은 일이다. 점심때 개를 데리고 잠간 소풍을 한 것 외에는 종일 집에서 지냈다.

● ● ● 활용한 영작의 적응연습

시간 없이는 어떤 일도 할 수 없다. 문명이 발달하면 할수록 누구나 다 더 바빠진다. 따라서 시간을 최대한 유효하게 사용하지 않으면 안 된다.

봄여름 가을 겨울, 두루 사시를 두고 자연이 우리에게 내리는 혜택에는 제한이 없다. 그러나 그 중에도 그 혜택을 풍성히 아낌없이 내리는 시절은 봄과 여름이요, 그 중에도 그 혜택을 가장 아름답게 나타내는 것은 봄, 봄 가운데도 만산에 녹엽이 싹트는 이른 봄일 것이다. (이양하의 "신록예찬")

● ● ● 첨삭 영작연습

현대사회에 대학이 없어서는 안 된다는 것을 부인할 수 없다. 대학이 사회 및 국가발전에 있어서 중요한 역할을 하기 때문이다. 한국도 국가 발전을 위해서 세계 수준의 대학을 최소한 하나는 가져야 한다. 세계는 점점 좁아지고 있다. 다른 문명에 속해 있는 사람들의 상호작용이 늘어나고 있는 것이다.

학생 영작 1. No body can deny that modern society cannot afford to do without the university. For the university is playing a significant role in social and national developments. I opine that Korea needs one university at least of the international stature for its expansion as a nation.

학생 영작 2. The fact that the university is an institution which is indispensable to any modern society is undeniable. A part played by the university in the national or social growth is major. I believe that Korea must have a minimum of at least one university of world renown for the sake of her national development.

모범 영작 There is no denying the fact that the university is a part and parcel of modern society. For it plays a major role in social and national development. In my opinion, Korea also needs at least one university of international standing if it is to develop adequately as a nation.

저녁놀

저녁 때 비가 개이고 노을이 졌다. 내일은 오래간만에 좋은 날씨가 될 것 같다. 구두를 닦으려고 꺼내보니 온통 곰팡이가 끼어 있었다. 저녁을 먹고 난 뒤에 아버지를 도와 정원의 잡초를 뽑았다. 덕분에 오늘 밤에는 잠이 잘 올 것 같다. 텔레비전에서 아마추어 가수들이 경쟁하는 것을 10시까지 보고 잠자리에 들었다.

벼농사

금년 벼농사는 대단한 풍작이라고 한다. 농부들이 일 년간 노고의 결과에 대해서 얼마나 만족해하고 있는지를 상상하기는 아주 쉬운 일이다. 그러나 한편 시골에서 도시로 계속 밀려드는 인구가 농사일의 대부분을 부녀자와 늙은이들에게 맡기게 했다는 것을 알고 있다. 그래서 정부는 농민들을 격려하는 적극적인 시책들을 강구하고 있다.

● ● ● 주제별 영작연습

"여행만큼 즐거운 것은 없다"라고 옛날부터 일러 왔지만 금일에 있어서도 이에 반대하는 사람은 거의 없다. 미지의 곳을 여행하여 그곳 사람들의 인정이나 풍습에 젖어보는 것은 인생 최고의 즐거움의 하나일 것이다.

세상에서 배고픈 것처럼 슬픈 일은 없다고 한다. 기아와 빈곤에 허덕이는 사람들에게 용기를 주고 일을 하여 사회에 봉사할 수 있는 기회를 만들어 주는 것이 행정당국이 직면한 급선무 일 것이다.

여름이 되면 자연은 우리를 유혹한다. 바닷가와 산간의 휴양지는 잠시나마 도시생활의 소음에서 벗어나고 싶어 하는 사람들의 마음을 돋운다. 사람들은 서로 휴가계획이 있느냐고 묻는다. 공무원이나 회사원들은 이때가 되면 특별휴가를 얻게 되고 그 밖의 시민들은 각자의 호주머니 사정이 허용하는 한도 내에서 휴가여행을 짜는 것이다.

● ● ● 광고문안 영역

"특허 받은 성분으로 마지막 한 방울까지
　　　　세정력을 자랑합니다!"

"한통 안에 가득 담긴 맛있는 음식"
보는 즐거움, 먹는 재미, 훌륭한 맛의 오감충전 벤또랑!"

정성담은 수제 도시락 주문 즉시 주방에서 직접 요리해 제공하는 스로우 푸드(Slow Food)
신 개념 건강 도시락 퓨전 일식에 한국의 입맛을 조화롭게 결합한 고품질 도시락
웰빙 밸런스 푸드 몸에 필요한 대 영양소를 골고루 담은 웰빙 먹거리

국내: 2023년까지 외식 레저 분야에 50개의 브랜들르 직접 또는 당사의 파트너와 공동으로 incubating하여 launching하고, 각 브랜드 별 128개의 핵심 상권에 매장을 개설하여, 총 6,400개의 성공 매장을 만든다.

한국은 문화자원이 풍부한 나라이다.
최근 전 세계적으로 흥행돌풍을 일으킨 K-Pop을 비롯하여 드라마, 에니메이션, 관광과 여행, 미용과 뷰티 등 한국을 대표하는 다양한 문화상품들이 전 세계 사람들에게 흥행을 불러일으켰다.

특히 한국의 음식 문화는 K-Pop 스타와 드라마를 통해 확산되어, 슬로우 푸드 건강과 웰빙과 가은 전 세계 식품외식 트렌드의 큰 물결을 타고 세계인들의 입맛에 매력적으로 다가서고 있다.

이런 외부환경 수용에 따라 최근 몇 년 사이 한국 외식 기업들은 중국, 미국을 비롯하여 동남아 시장을 선도하고 있으며 중동, 남미, 유럽까지 해외로 확장해 나갔다.

이들은 비빔밥, 불고기, 삼겹살, 떡볶이 등의 전통식 뿐만이 아니라 치킨, 커피, 음료, 베이커리까지 다양한 종류의 음식을 재창조해 전 세계인들의 입맛을 사로잡고 있다.

게다가 서비스 품질, 운영 노하우, 경영전략 또한 어떤 다국적 외식 기업과 경쟁해도 뒤지지 않는다.

이 책은 한국의 뛰어난 글로벌 외식 프랜차이즈 43개사를 소개하고 있으며, 한국의 외식산업 비즈니스에 관심 있는 전 세계 바이어들에게 유용한 정보를 제공하고자 발간하였다.

● ● ● 계약서

선적하는 동안에 수리 서비스 제공자가 적절하게 제품을 포장하지 못해서 발생하는 손실되거나 파손된 제품과 관련한 모든 비용은, 수리 서비스 제공자가 단독으로 책임지도록 한다.

● ● ● 무역 영작연습

1. 2013년 이래 그 회사와 상당액의 거래를 해온 터이지만 그들은 영업의 모든 부분에서 아주 시간을 잘 엄수하고 신뢰할 만합니다.

2. 전무인 김 씨는 거래에 난관이 있을 때마다 책임감을 보여주고 있으며 그래서 항상 이곳 업계에서 평판이 좋습니다.

3. 따라서 우리는 이 회사가 잘 운영되고 있고 신뢰할만하다고 서슴지 않고 말씀 드릴 수 있습니다.

4. 당사와 잡화류 거래 개시를 희망해 온 박 씨의 영업 상태와 평판에 관해 알려 주십시오.

5. 이 정보는 사견이며 그에 대해 우리 회사는 하등의 책임을 지지 않는다는 점을 분명히 아시고 또한 이것을 극비에 부쳐 주십사하고 당부하는 바입니다.

6. 인품이 믿음직하고 영업상태가 만족스럽다면, 그의 제의를 즉각 수락할까 합니다.

7. 당사의 컬러 프린터의 가격을 문의하신 귀사의 12월 9일자 서신에 감사드립니다. 동봉한 안내 책자에서 보시는 바와 같이 이 모델은 동일한 크기에 보다 우수한 최신기능을 갖춘 제품입니다. 이 모델에 만족하시면 연락주시기 바라며 연락받는 데로 오퍼를 준비하겠습니다.

8. 최신 공항 터미널 건물 디자인에 관하여 문의하신 8월 2일자 서신에 대한 회신이 늦어진 것을 사과드립니다.

9. 자, 세계 2대 경제대국인 중국이 계속해서 심상치 않은 조짐을 보이고 있습니다.

10. 당사의 기내용 은식기류에 관심을 보여주신 8월 2일자 서신에 감사드립니다. 조속히 회신해 주시기 바라며 의문점이 있으시면 기꺼이 답변해 드리겠습니다.

11. 11월 1일자 문의에 감사드립니다. 문의사항이 있으시거나 추가 자료가 필요하시면 서슴지 마시고 연락 주십시오.

12. 만일 이달 말까지 미불금을 지불하지 않으면 귀사에 대하여 법적인 조치를 강구할 수밖에 없습니다. 이 서신을 최후통첩으로 아시기 바랍니다.

13. 귀하의 주문에 감사하오며 이 상품들이 조속히 그리고 사고 없이 귀하에게 도착되리라 믿습니다. 도착 시 소포의 내용물이 결함이 있는 것이 있으면 곧 알려 주십시오. 우리는 즐거운 거래 관계가 지속되기를 바랍니다.

14. 상품은 선적준비가 거의 다 되었습니다. 선적 지시를 전문으로 보내주십시오. 귀하께서 즉시 선적지시를 주시면 선적일자를 2주일간 단축할 수 있습니다.

15. 4월 6일자 귀사의 편지를 받았으나 전혀 우리 힘으로는 도저히 어찌할 수 없는 사유로 인해서 선적일자인 3월 30일을 지킬 수 없게 되었음을 대단히 죄송하게 생각합니다. 이런 상황 하에서 유감이나마 귀하의 취소를 수락할 수밖에 없으나 이 지연은 결코 우리의 잘못으로 야기된 것이 아님을 믿어주시기 바랍니다.

● ● ● Complex Sentence 응용

1. 그는 그 사고에 대하여 책임이 있다는 것을 인정했다.

2. 곧 무서운 폭풍이 덮쳐 와서 우리의 배는 물결치는 대로 떠돌았다.

3. 누구나 조금은 돈을 지니고 다닐 필요가 있지만 큰돈을 몸에 지니는 것은 좋지 않다

4. 그는 어릴 때부터 이미 학자가 되려고 열심히 공부했으며, 보기 드문 근면과 인내로 자라서는 유명한 발명가가 되었다.

5. 많은 서적이 출판되지만 읽을 만한 가치가 있는 책은 극히 드물다.

6. 영어를 알고 있으면 영국과 미국의 사정뿐만 아니라 세계의 모든 정세까지도 알 수가 있으므로 영어는 배울만한 가치가 있는 언어이다.

● ● ● Mixed Sentence 응용

1. 그는 평생의 대부분을 외국에서 보냈고 그곳에서 명성을 얻은 사람이지만 죽을 때까지 잠시도 조국을 잊지 않았다.

2. 벨이 울리자 기차는 출발했고 그는 마지막 객차가 모퉁이를 돌아갈 때까지 지켜보았다.

● ● ● 단계별 영작연습

1. 말을 잘 하는 사람이 있는가 하면 말을 잘 듣는 사람도 있다. 어느 쪽도 민주주의 하에서는 중요하다.

2. 사람은 건강을 잃고 나서 비로소 건강이 얼마나 귀중한 것인가를 알게 된다.

3. 나는 이 그림을 볼 때마다 어릴 적 자주 갔던 마을 밖의 시냇물이 생각난다.

● ● ● 첨삭 영작연습

그는 고등교육을 받지 못했다. 부모들이 그를 대학에 보낼만한 여유가 없어서 그런 것이 아니다. 그보다 자신이 공부를 하지 않아서 입학시험에서 합격점수를 얻지 못했기 때문이다.

학생 영작 1. He did not receive college education not because his parent did not afford to send him to a university but because he failed in making a passed score on the college entrance examination.

학생 영작 2. He could not go to the college. His parents could have sent him to university but he did not prepare the college entrance examination and, as a result, failed it.

현대사회에 대학이 없어서는 안 된다 것을 부인할 수 없다. 대학이 사회 및 국가발전에 있어서 중요한 역할을 하기 때문이다. 한국도 국가 발전을 위해서 세계 수준의 대학을 최소한 하나는 가져야 한다.

학생 영작 1. No body can deny that modern society cannot afford to do without the university. For the university is playing a significant role in social and national developments. I opine that Korea needs one university at least of the international stature for its expansion as a nation.

학생 영작 2. The fact that the university is an institution which is indispensable to any modern society is undeniable. A part played by the university in the national or social growth is major. I believe that Korea must have a minimum of at least one university of world renown for the sake of her national development.

● ● ● 혼문(Mixed Sentences)의 응용

1. 그는 평생의 대부분을 외국에서 보내고 그곳에서 명성을 얻은 사람이지만 죽을 때까지 잠시도 조국을 잊지 않았다.

2. 벨이 울리자 기차는 출발했고 그는 마지막 객차가 모퉁이를 돌아갈 때까지 지켜보았다.

3. 저녁놀
저녁 때 비가 개이고 노을이 졌다. 내일은 오래간만에 좋은 날씨가 될 것 같다. 구두를 닦으려고 꺼내보니 온통 곰팡이가 끼어있었다. 저녁을 먹고 난 뒤에 아버지를 도와 정원의 잡초를 뽑았다. 덕분에 오늘 밤에는 잠이 잘 올 것 같다. 텔레비전에서 아마추어 가수들이 경쟁하는 것을 10시까지 보고 잠자리에 들었다.

4. 멋진 소낙비
오후에 소낙비가 멋지게 내렸다. 나뭇잎들은 소낙비에 춤을 추고 비가 그치고 해가 나자 흰 수증기가 나무에서 솟아오른다. 장려한 무지개가 하늘에 나타났다가 반시간 후에 사라진다. 우리 집 마당에서 곤충들이 구슬프게 소리를 내고 있다. 이것이 아마도 장마가 드디어 지났다는 신호이리라. 요사이는 곤충들도 농약에 많이 희생되었다고 한다.

5. 수영장

아침부터 땀에 젖을 만큼 덥다. 더위를 피하고 수영도 하려고 동생들과 함께 공원으로 갔다. 수영장은 사람들로 붐볐으나 물은 비교적 깨끗하고 시원했다. 해질 무렵까지 수영장에 있다가 돌아왔다. 옆집에서 우물 속에 넣어 식힌 수박을 가져왔다. 마침 목이 마르던 차에 맛있게 먹었다. 밤에도 몹시 덥다. 모두가 덥다고 투덜댄다.

6. 벼농사

금년 벼농사는 대단한 풍작이라고 한다. 농부들이 일 년간의 노고의 경과에 대해서 얼마나 만족해하고 있는지를 상상하기는 아주 쉬운 일이다. 그러나 한편, 시골에서 도시로 계속 밀려드는 인구가 농사일의 대부분을 부녀자와 늙은이들에게 맡기게 했다는 것을 알고 있다. 그래서 정부는 농민들을 격려하는 적극적인 시책들을 강구하고 있다.

● ● ● 혼합문 영작연습

1. 낭비를 계속하면서도 경제성장을 할 수 있다고 생각하는 사람은 아무도 없을 것이다.

2. 어린이들은 우리 겨레의 앞날을 짊어지고 나아갈 내일의 일꾼들입니다. 우리 겨레가 잘 되고 못되는 것도 어린이들에게 달려 있습니다. 어린이들이 무럭무럭 자라도록 그들을 위해 주고 받들어 주어야 합니다. 그들을 욕하거나 때리거나 천대해서는 안 됩니다.

3. 꽃필 무렵의 흐린 하늘이 어느새 맑게 갠 오월의 하늘로 바뀌고 화창한 햇볕을 받은 새싹은 무럭무럭 자라나 싱그러운 신록의 푸름을 더해가고 있습니다.

4. 해수욕

대천에 수영하러 갔다. 이곳에 며칠 묵을 작정이다. 여기에 오는데 버스로 3시간 반 걸렸다. 하늘은 푸르고 태양은 밝게 비친다. 무척 많은 사람들이 바다에서 수영을 하거나 모래사장에 누워있다. 모두가 행복해 보였다. 해변의 여관방을 잡았다. 그러나 잠자리가 새롭고 물결소리 때문에 늦도록 잠을 이룰 수가 없었다.

5. 나는 술을 마시고 큰 소리를 치거나 남과 다투려 드는 인간을 경멸한다. 할 말이 있으면 맑은 정신으로 해야 한다. 술의 힘을 빌려 제멋대로 떠들어대고 나서 나중에 잘못을 술에다 전가하려는 상투수단은 비겁한 사람이 취하는 행동이라고 생각한다.

6. 친구란 나이가 들어서는 여간해서 사귀기가 어렵다. 인생을 이해관계에서가 아니라 꿈이나 이상의 면에서 바라보는 젊은 시절에 사귄 친구가 귀중한 것이다. 그 시절에는 사람들이 서로 상대방이 가진 것을 받아들이면서 스스로의 인격을 형성해 가는 것이다.

● ● ● 응용과 활용이 필요한 형태

박 대통령은 화요일 학교 교과서를 철저히 조사해서 학생들이 이해하기 쉽게 더 많은 설명이 되도록 지시하면서 대학입시가 교과서 영역을 넘어서는 일이 없도록 하겠다는 공약을 재확인했다. 사교육은 오랫동안 앞으로 직장과 삶의 양상에 크게 영향을 미치는 대학에 들어가려는 열띤 경쟁 가운데 사회문제가 되었다. 이런 문제로 가난한 아이들은 사교육을 받을 수 없게 됨으로써 사회적 불평등을 악화시켰다.

20세기 초 그 산맥과 주변지역은 화려한 경치를 제공했을 뿐 아니라 천연자원이 풍부해 국가의 경제성장을 지원하기도 했다.

최신 공항 터미널 건물 디자인에 관하여 문의하신 8월 2일자 서신에 대한 회신이 늦어진 것을 사과드립니다.

UPS 채용 지원서

세계적인 글로벌 물류기업인 UPS 놀라운 기업성장과 고의 위치에서도 혁신과 발전을 선도하는 UPS의 저력에 존경하며 UPS의 일원이 되어 항공운송 전문인으로 성장하고 싶어 지원하게 되었습니다.
어릴 적부터 도선사인 아버지와 바다에 나가서 매일 수많은 컨테이너들을 보며 처음 해운물류시장을 자연스레 접하며 물류의 전반을 이해하였고 그 후로 물류운송의 중요성을 인지하고 관심을 갖게 되어 틈틈이 무역 박람회와 물류현장 견학에 참가하였습니다.
항공운송의 수출입 물류과정을 직접 실무 경험하며 보다 적극적인 인생을 만들고자 합니다. 긴 미국 유학생활을 통해 노력한 저의 글로벌 역량을 UPS에서 꼭 해내는 인재로 성장하겠습니다.
저는 맡은 일에 책임감을 가지고 최선을 다 하는 성격입니다.
홀로 긴 미국 유학생활 동안 생활규칙을 정하게 되는 습관을 비롯해 철저한 자기관리를 위해 노력해 왔고 많은 일들을 스스로 해결해야 했기에 그러한 경험들이 저희 강한 자립심과 자신감을 키우게 되었습니다. 이러한 저희 강점들로 일의 능률을 올려 제 직무분야의 전문가가 되기 위한 꾸준한 학습과 능동적인 태도로 업무수행을 함으로써 항상 도전하고 선도할 수 있는 존재의 가치를 인정받을 수 있는 그런 리더가 되고 싶습니다.

세계적인 물류 기업에서 일할 기회를 갖는 다는 것은 큰 영광이며, 항공 물류시장에 차별화된 국제 경쟁력 서비스를 지속 연구하며 더욱 성장할 수 있도록 열정을 쏟아 꾸준히 기업 발전에 쉼 없이 노력할 것입니다.

"행복"

사랑하는 것은
사랑을 받느니보다 행복하나니라
오늘도 나는
에메랄드빛 하늘이 환히 내다뵈는
우체국 창문 앞에 와서 너에게 편지를 쓴다.

행길을 향한 문으로 숱한 사람들이
제각기 한 가지씩 생각에 족한 얼굴로 와선
총총히 우표를 사고 전보지를 받고
먼 고향으로 또는 그리운 사람께로
슬프고 즐겁고 다정한 사연들을 보내나니

세상의 고달픈 바람결에 시달리고 나부끼어
더욱 더 의지 삼고 피어 헝클어진 인정의 꽃밭에서
너와 나의 애틋한 연분도
한 망울 연연한 진홍빛 양귀비인지도 모른다.

사랑하는 것은
사랑을 받느니보다 행복하나니라
오늘도 나는 너에게 편지를 쓰나니

그리운 이여 그러면 안녕!

설령 이것이 이 세상 마지막 인사가 될지라도
사랑하였으므로 나는 진정 행복하였네라

● ● ● 실무영작

강원도 인제는 DMZ 접경지역으로 많은 군부대가 주둔 되어 있는 전략적 요충지이다. 또한 우리나라 최후의 청정지대이자 자연 생태계의 보고, 녹색산촌마을, 모험과 레포츠의 천국, 내린천(남·북) 래프팅의 원류, 국내 최대 규모의 국제오토테마파크, 만해 한용운 마을 등…… 우리 모두에게 너무나 잘 알려진 곳이다.

하지만 예로부터 땅은 넓으나 사람은 적으며 험한 산세와 첩첩산중이 많아 우리나라의 대표적인 오지이면서 두메산골로 더 알려진 곳이다. 오늘날에도 다른 지역에 비해 고립된 형태의 지형특성으로 이곳을 오가려면 발걸음이 잘 떨어지지 않는 지역으로 각인되어 있다. 오죽하면 군인들 사이에서 '인제 가면 언제 오나 원통해서 못 살겠네'라는 넋두리가 생겨났을까? 오늘날에는 마을의 모습과 도로망이 변모하여 옛 추억과 얘기들이 무상할 정도이지만 오히려 지난 과거의 흔적들을 더듬고 보듬어 보려는 역사체험의 관광 루트로 주목받고 있는 곳이 되었다.

건물이 위치한 서화면 천도리는 한때 38선을 경계로 북한지역이었으나, 6.25 전쟁을 계기로 남한지역으로 된 곳이다. 군사적 요충지이면서 목진지 역할로서 매우 중요한 지역으로 70년대 중동부전선의 라스베이거스로 명동의 밤거리를 방불케 할 정도로 옛 명성이 자자했던 곳이다. 천도리에도 옛 명성을 되살려 보려는 움직임이 일어나고 있다, 지자체에서 추진하는 추억의 테마거리 조성사업으로 지역경관개선과 문화콘텐츠 개발을 통해 지역주민의 정주개선 및 방문객, 면회객의 천도리에 대한 추억과 향수를 관광 상품화하고 지역경제의 활성화를 기대하려는 것이다.

본 프로젝트는 이와 연계하면서 두 가지 주안점으로 계획됐다. 첫째는 지역의 역사성과 정체성을 화합과 공존이라는 개념으로 접근하면서 지역주민과 군인들에게 여가활동이나 힐링뿐 아니라 문화콘텐츠를 위한 열린 공간을 제공하려는 것이었고, 주변의 자연환경과 지역의 장소성을 소통과 흐름의 개념으로 재해석하면서 유기적이며 환경 친화적인 건물을 제공하려 함이 또 다른 하나였다. 프로그램에 따라 분절된 매스는 각층의 연결통로로 통합하고 루프 플라이로 중첩된 픽쳐프레임의 공간으로 유도했다.

비록 단순한 기능과 소담스런 공간이지만 추억의 테마거리조성에 다소곳 문화콘텐츠의 울림의 공간으로서 자리매김하면서 지역의 장소성으로 기억되길 바란다.

장래를 항상 내다보고 오늘을 사는 민족에게는 밝은 앞날이 있을 뿐이다. 어떤 고난을 당할지라도 강한 의지를 가지면 그것을 이겨낼 수 있다. 사람들은 항상 젊은 세대에게 많은 것을 기대하는데 그 까닭은 그들이 내일의 주인공이기 때문이다.

● ● ● **응용 영작**

인생에 있어서 신념이란 한 조각배의 돛배와 같다고 생각한다. 돛을 달지 않은 배도 피안(彼岸)까지 갈 수는 있으나 돛을 단 배의 빠름과 정확성을 따르지 못함과 마찬가지로 사람들도 신념 없이 삶을 이어갈 수는 있지만, 확고한 신념이 있어 만난(萬難)에도 꺾이지 않고 씩씩하게 살아가는 그 생활에는 아무래도 뒤지고 있음을 면치 못할 것이기 때문에 우리에게 신념은 버팀목이 된다고 할 수 있을 것이다.

아침에는 혼잡한 버스로 출근하여 저녁 늦게까지 일하고 그 다음에 퇴근하여 집에서 식사를 한 후 바로 취침하는 사람들에게는 이따금 있는 연휴는 더 없는 즐거움 일 것이다.

지금 우리나라에서는 여러 분야에서 근대화 작업이 활발히 진행 중에 있다. 그것을 원만히 수행하자면 무엇보다도 정부의 강력한 행정력과 이에 호응하는 국민의 적극적인 협조가 있어야 할 것이다.

그린 IT추세로 폐휴대폰의 처리문제가 이슈가 되고 있는 가운데 매년 폐휴대폰 발생량은 증가하고 있으나 수거실적은 25%로 저조한 실정이다. 본 연구는 폐휴대폰 수거활성화에 대한 사용자의 긍정적 의식변화 및 자원재활용 대한 관심 증대에 그 목적이 있었다. 연구의 방법으로는 폐휴대폰의 수거를 활성화 하는 방안을 위한 문헌연구 및 실증적 조사를 바탕으로 사용자 인식 설문조사를 실시하였다. 그에 따라 집안에 방치된 폐휴대폰의 잠재된 가치를 일깨워주고 폐휴대폰 처리방법에 대해 알려줌으로서 사용자들이 사용하지 않는 폐휴대폰의 수거를 자발적으로 활성화할 수 있는 '모아폰' APP 디자인 및 서비스콘텐츠를 제안하였다. 그 결과 사용자들은 모아폰 프로토타입 사용 후 폐휴대폰의 수거에 좀 더 적극적으로 관심을 가지고 긍정적인 의식 변화를 보여주었다. 본 연구는 지속 가능한 발전을 위해 디자인이 기여할 수 있는 부분이 크며 환경보전을 위한 행동이 중요하다는 인식은 누구나 갖고 있지만 폐휴대폰 재활용에는 다소 소극적이었던 사용자들의 인식을 변화시킬 수 있는 의식변화디자인의 중요성을 검증하게 되었다.

●●● 한영 논문 연습

일본형 고용 시스템이 종말을 고하고 현 세대에 빈곤 위험이 증가하고 있는 지금 새로운 사회보장 체계를 필요로 하고 있습니다. 그것은 바로 사회 참여 보장 사고에 의한 포괄적인 지원이며 구체적인 직업훈련과 훈련기간 중 지원 및 구직지원제도 실시 등이 포함됩니다. 또한 비정규직 노동자들을 비롯하여 모든 사람이 사회 보장의 수혜자임을 실감할 수 있는 시스템이 필요로 되고 있습니다.

●●● 심화영작

오십 여 년 전 서울은 비록 성안이라고 해도 초가집도 많았고 변두리에는 배추밭도 여기 저기 깔려 있었다. 달밤이면 일찍 잠이 올이 없어 초가집 사이의 굽은 길을 걸으면서 감상에 젖기도 했고 여름이면 매미 쓰르라미가 이곳저곳에서 울어대고 큰 개천에는 가끔 송사리를 잡는 아이들이 눈에 띄기도 했다. 그런데 오늘의 서울은 고층건물과 네온사인으로 달빛이 생기를 잃었다.

최근에 학생들의 책에 대한 생각이 달라졌다. 주간지 따위가 너무나 많이 출판되어 학생들은 쓸모 없는 뉴스를 쪼기에 바빠 참으로 가치 있는 책에 대한 애착심이 줄어든 듯하다.

일본의 이중외교는 비록 일본 국민의 이익을 증진시키는 것이라 할지라도 이웃 나라의 안전을 위협해서는 안 되며 국제평화를 교란해서도 안 된다.

세간에 널리 알려져 있는 것처럼 삼성그룹은 인재를 중시한다. 그리고 이 인재의 의미는 비전을 가진 중역뿐만 아니라 권한과 책임을 맡기기에 충분한 능력을 구비한 사원으로 풀이될 수 있을 것이다.

온 국민은 경제재건의 대과업을 힘차게 수행하여 왔다. 우리는 더 잘 살기이한 이 과업이 성취될 때가지는 지금가지의 성과에 만족해서는 안 되며 실망도 하면 안 된다.

국민의 절대다수가 국토통일을 간절히 바라고 있다. 국토통일원이 지난 연말 실시한 여론 조사에 의하면 조사대상자의 90.61%가 통일에 대한 강렬한 열망을 표명했다.

우리는 전 국민의 용기와 예지가 조국이 당면한 난관을 극복하는 힘의 원천임을 굳게 믿고 국민 각자의 슬기로운 결단으로 영광된 조국의 내일을 기록할 것을 확신한다.

언론의 책임은 크고 중요하다. 단순히 소식을 전할 뿐 아니라 사물을 올바르게 보고 판단하는 습관과 능력을 아울러 제공해야 하기 때문이다.

꽃샘추위가 되돌아 왔다. 춘분인 3월 21일부터 풀릴 것으로 예상되던 날씨가 돌변, 상오부터 전국엔 눈보라를 날리다 해가 들고 또 비를 내리다 눈발을 몰아오는 변덕스런 날씨를 보였다. 내일 날씨는 개나 기온은 떨어질 것이라고 기상청은 예보했다.

내일 서울 기온은 최고 3도, 최저 영하 4도가 될 것이라는 예보이다.

약 8,000평방킬로미터에 이르는 전답(田畓) 뿐만 아니라 약 3000평방킬로미터에 이르는 농장이 주말 동안 폭우의 결과로서 물에 잠겼다. 다리 7개가 유실된 것으로 보고되었고, 수도권에서는 석조 제방이 4곳에서 무너졌으며 두 가옥이 피해를 입었다. 그러나 다른 재난은 보고되지 않았다.

춥다고 해서 언제까지나 창문을 닫아 놓고 있어서는 안 된다. 가끔 창문을 열고 신선한 공기가 들어오도록 해야 건강에 좋다.

건강은 생활의 기초가 되는 것이며 이보다 더 귀중한 것은 없다. 세상에서 제일가는 부자라도 병약하면 무일푼인 사람과 다를 것이 없다.

●●● 사교편지 문형

조지에게

내가 예상했던 대로 알라스카는 참으로 멋지구나. 빌과 존과 나는 이곳 북쪽에 있는 산에서 지난주 내내 캠프를 했다. 밤은 매우 춥지만, 장엄한 풍경과 활기를 북돋아주는 생활은 사소한 불편을 보상해 주고도 남는다. 어젯밤에는 갓 잡은 송어로 만든 맛있는 식사를 하고 난 뒤에, 태양이 눈 덮인 산들 넘어 마치 빨간 불타는 공 마냥 지는 것을 보았다. 문명사회로 되돌아가는 것이 어려울 것 같으나 방학이 거의 다 끝났구나. 우리는 어쩌면 내일 비행기로 시애틀로 갈 것이며 얼마 안 있어 만나게 되겠구나.

보고 싶은 친구에게

오랜만에 소식 들어 매우 기쁘구나. 학교 일에다 여동생 공부까지 도와주느라 무척 바쁜 것 같구나. 모두 잘 있기를 바란다. 이곳 역시 잘 있단다. 나 역시 대학 과제로 무척 쫓기고 있단다. 교수님마다 책읽기 과제를 어찌나 많이 내는지. 다음 강의 때까지 여러 권의 책을 읽어야 하며 특정 제목에 관한 토론을 진행할 수 있어야 해. 너 역시 숙제가 많겠지. 신문을 보니 한국은 최근 태풍으로 큰 피해를 입었더구나. 미국 역시 태풍으로 상당한 피해를 입고 있단다. 우리가 자연을 어쩔 수 없다는데 동감이지만 앞으로 날씨를 조절할 수 있기를 바란다. 이미 여러 나라에서 인공 강우 실험에 성공하고 있지. 과학과 기술의 일보전진인지. 최근 찍은 사진 몇 장을 동봉한다. 답장을 기다리며...

미국의 실업률 전망

미국의 실업률이 오늘 오후 발표될 예정인 가운데 좋은 소식을 기대하기는 힘들 것으로 보입니다. 전문가들은 실업률이 소폭 상승할 것이라고 전망하고 있는데요. 현재 실업률은 9.7%입니다. 이러한 실업률 수치는 미국 대통령의 근심거리이기도 합니다. 이는 다가오는 11월 의회선거에서 경제 문제가 최대현안으로 부상하고 있기 때문이지요.

부기장 정신이상으로 여객기 비상착륙

아일랜드 당국은 지난 1월에 있었던 대한 항공기의 비상착륙 사건에 대한 조사를 마무리 했습니다. 수사 당국에 따르면 대한 항공기의 부기장이 비행도중 정신이상을 일으켜 승무원들이 그를 강제로 조종석에서 끌어낸 뒤 진정제를 투여하고 제지했다고 합니다. 그런데 조종석으로 들어가서 기장이 안전하게 착륙하도록 도와준 사람은 바로 비행 경력이 있는 객실 승무원이었다는 점입니다. 런던행 여객기에 타고 있던 70명 가량의 탑승객은 전원 무사했습니다.

● ● ● 영작심화

후진국들은 온난 가스의 배출을 억제하려는 생각조차 하지 않고 있다. 환경 전문가들은 이렇게 근시안적인 생각을 갖고 있는 국가들로 인해 지구가 폭풍우, 홍수, 가뭄이라는 미래의 재난 속으로 들어갈 것이라고 경고하고 있다. 가능한 이야기다. 만약 각국이 리우에서 합의한 내용을 이행하지 않는다면 지구 환경에 관한 공동 대처는 수포로 돌아가고 불행을 자초하게 될 것이다. 그럼에도 불구하고 펭귄과 인간은 앞으로도 오랜 세월을 아무 걱정 없이 살 수 있다. 환경론자들의 소란에도 불구하고 두려운 나머지 지구 온난화를 방지할 엄격한 조치를 취하기에는 아직 때가 이르다. 특히 이러한 조치가온난화보다도 인류복지 생활에 떠 큰 위험을 주기 때문에 더욱 그러하다.

● ● ● 시사영작 코너

남한은 목요일 금요일 아침까지 북한이 제안을 받아들이지 않으면 중대조치를 취하겠다고 경고하면서 북한과 개성공단 정상화를 위한 공식 회담을 제의했습니다.

그러나 북한은 여러 시간 뒤에 반응을 보이며 서울의 제안을 거절하고 자신이 먼저 중대조치를 취할 것이라고 경고했습니다. 북한은 4월초 군사적 긴장을 고조시키면서 산업공단을 정지시켰습니다. 통일부 대변인은 기자회견에서 "우리는 개성공단을 현재 상태로 오랫동안 그대로 둘 수 없습니다" 라고 했습니다.

"따라서 우리는 개성공단 근로자들을 위한 인도주의적 문제를 해결하고 공단 정상화를 위해 공식적으로 북한에 실무자급 대화를 북한에 제의합니다. 서울의 입장은 공단이 유지되어야 하며 안정적으로 발전되어야 한다는 확고한 입장입니다." 그러나 북한이 우리의 제안을 거절한다면 우리는 중대한 조처를 취하지 않을 수 없습니다. 그는 중대조치에 대해 구체적으로 밝히지는 않았지만 서울은 공단의 잔류인원 모두를 철수 하는 것처럼 보입니다.

공장의 손실은 북한이 남한 측 인력과 화물이 유입되는 것을 금지한 이래로 산더미처럼 불어났습니다. 그런데 고분고분하지 않는 북한체제는 그 제안을 거부하고 서울과 워싱턴이 일차적으로 국제적인 제제를 중단하고 사과할 것이며 군사훈련을 비롯한 도발을 중단하라고 했습니다.

한국인은 무뚝뚝한가요?

한국인들은 낯선 사람들에게 무뚝뚝하게 대하고 달가워하지 않는 걸로 알려져 있지만 이런 현상은 비단 한국 사람들에게만 나타나는 것이 아니다. 예를 들어 캘리포니아 사람이 미국 동부의 주를 방문한다면 그곳사람들의 무뚝뚝함과 차갑고 오만함에 당혹스러워지는 경우와 같은 것이다. 이런 특징은 전통과 관습이 중시되는 정착민 사회가 갖고 있는 중요한 특성이다. 이에 비해 이동이 잦은 유목민 사회는 외부인에 대해 우호적이다. 특히 이웃 나라의 고역이나 침략을 많이 받았던 정착민들은 외부인들에게 의심과 적개심을 드러내는 경향이 있다. 한국인이 바로 그런 경우이다.

지난 2000년 동안 한반도에서는 수많은 전쟁이 일어났는데 따져보면 사흘에 한 번 꼴이라고 한다. 반면 고대국가인 고구려를 제외하면 한 번도 다른 나라를 먼저 침략한 일이 없다. 결국 외부인은 늘 한국인에게 끔찍한 악몽의 대상이었던 것이다.

어떤 대학이 실시한 최근 조사에 따르면, 한국인은 내부집단 구성원에게는 60% 이상이 무조건적 신뢰를 표하지만, 외부인에게는 불과 5%만 신뢰를 보인다고 한다. 세상이 점점 세계화되어가고 있지만 한국인들에게 외부인은 여전히 우려와 경계의 대상이며 이런 의식이 무뚝뚝함으로 나타나는 것이다.

4. 영작문과 문화의 이해: 영작문 심화

■ 송년유감

> **아닌 게 아니라, 내 주위에도 부유하게 잘 사는 사람들이 많다.**
> 그들은 이 세상을 어떤 향연의 자리에 초청을 받아 온 것처럼 말하는 것이다. 그러나 나는 그렇게 생각하지 않는다. 이런 고달픈 세상, 험난한 인생항로에 있어 괴로움을 모르고 산다는 것은 오히려 부끄러운 일이다.
>
> —장덕조 수필 〈송년유감〉-

■ 김장

> **김장**
> 초겨울 한국주부들의 특유한 인사는 "댁의 김장은 어떻게 됐어요?"로부터 시작된다. 살림살이에 관심을 가진 한국 여성들로선 김장은 그렇게도 중요하다. 엄동설한에도 내내 식탁에 오르는 김치는 아마 쌀 다음으로 한국 음식 중 가장 중요한 것의 하나일 것이다. 그래서 대부분의 한국 사람들은 이 같은 향긋한 김치가 없으면 견딜 수가 없는 것이다.
>
> —이경희 수필 〈김장〉-

●●●● 한영영작, 영한번역 의뢰 실제

겨울이 되면 즐겨 보는 스포츠 종목 중 하나가 '쇼트 트랙'이다. 동계 올림픽이나 세계 선수권 대회가 열릴 때마다 최고의 성적을 올리며 대한민국을 열광의 도가니로 빠져들게 하는 스포츠다. 경기를 볼 때마다 매번 한국 선수들의 폭발적인 속도에 감탄하곤 하는데, 어느 날인가 무릎을 탁 쳤다. 경기 중반까지 뒷짐을 지고 여유 있게 트랙을 돌다 경기 종반에 갑자기 폭발적인 속도로 앞 선수들을 추월해 우승하는 모습이 마치 비즈니스 성공 전략을 보여주는 듯했기 때문이다. '같은 속도로는 절대 앞서가는 사람을 따라잡지 못한다. 앞에서 달리는 선수를 안쪽 코스로 추월하는 기회는 너무 뻔한 만큼 여간 오기 힘든 게 아니니까. 하지만 바깥쪽으로 멀게 도는 코스를 선택해 앞사람보다 훨씬 빠르게 달리면 승산이 있는 게지.' 사실 바깥쪽 추월은 상식에 반대되는 행위다. 바깥쪽으로 추월하려면 트랙 한 바퀴를 돌 때마다 5~10m 정도의 거리를 손해 보는 셈이고, 그만큼 체력 소모가 클 수밖에 없는 것이다. 하지만 2006년 토리노 동계올림픽 때 남자 5,000m 계주에서 안현수 선수가, 여자 3,000m 계주에서 변천사 선수가 상상을 초월하는 바깥쪽 추월로 역전 드라마를 완성했다. 체력 소모가 일반적인 레이스보다 30~40% 더 많은 이 전략을 구사하기 위해 아마도 우리 선수들은 어마어마한 훈련 양을 감내해야 했을 것이다.

나는 홈플러스 탄생 시점부터 선두업체들이 가지 않는 바깥쪽 트랙을 선택하기로 했다. 한국을 넘어 '세계 최고의 유통회사 World Best Value Retailer'가 되겠다는 비전을 세웠으므로 그에 맞는 전략과 전술이 필요했다. 업계 12위로 출발하는 업체가 선두업체들과 똑같은 방식으로 일을 해서 승부를 낼 수 있겠는가? 지금까지 유통업체들은 늘 상품 구색, 품질, 가격, 고객 서비스 등 일반적인 트랙에서 레이스를 펼쳐왔다. 그래서 나는 상대가 전혀 생각하지 못했던, 하지만 남들이 밟지 않아 빙질이 좋은 바깥쪽 트랙으로 재빨리 돌아나가 허를 찌르기로 했다. 바로 기존 점포의 개념을 완전히 바꾸는 것이었다. 먼저 1세대 창고형 할인점과는 완전히 다른 2세대 가치점을 만들었다. 원스톱 생활 서비스까지 제공하는 이런 개념의 할인점은 다른 경쟁업체들도 모두 창고형 점포를 가치점으로 바꾸는 결정적 계기가 되었다. 나는 여기에 그치지 않고 잠실에 3세대 할인점인 감성점을 선보였고, 부천 여월에 세계 최초의 그린스토어를 실험적으로 만들었다. 홈플러스는 할인점을 마치 반도체처럼 세대교체하며 유통 산업의 새로운 장을 열고 있다는 평가를 받게 되었다.

소나기

소년은 개울가에서 소녀를 보자 윤초시네 증손자 딸이라는 걸 알 수 있었다. 소녀는 개울에다 손을 잠그고 물장난을 하고 있는 것이다, 서울서는 이런 개울물을 보지 못하기나 한 듯이 벌써 며칠째 소녀는 학 교서 돌아오는 길에 물장난이었다. 그런데, 어제까지는 개울 기슭에서 하더니 오늘은 징검다리 한가운데 앉아서 하고 있다.

소년은 개울둑에 앉아 버렸다. 소녀가 비키기를 기다리자는 것이었다.

요행 지나가는 사람이 있어. 소녀가 길을 비켜 주었다.

다음날은 좀 늦게 개울가로 나왔다.

이날은 소녀가 징검다리 한가운데 앉아 세수를 하고 있었다. 분홍 스웨터 소매를 걷어 올린 팔과 목덜미가 마냥 희었다.

한참 세수를 하고 나더니, 이번에는 물속을 빤히 들여다본다. 얼굴이라도 비추어 보는 것이리라. 갑자기 물을 움켜 낸다. 고기 새끼라도 지나가는 듯.

소녀는 소년이 개울둑에 앉아 있는 걸 아는지 모르는지 그냥 날쌔게 물만 움켜낸다. 다.

그러다가 소녀가 물속에서 무엇을 하나 집어낸다. 하얀 조약돌이었다. 그리고는 홀쩍 일어나 팔짝팔짝 징검다리를 뛰어 건너간다.

다 건너가더니만 핵 이리로 돌아서며, "이 바보."

조약돌이 날아왔다.

소년은 저도 모르게 벌떡 일어섰다.

단발머리를 나풀거리며 소녀가 막 달린다. 갈밭 샛길로 들어섰다.

뒤에는 청량한 가을 햇볕 아래 빛나는 갈꽃 뿐.

이제 저쯤 갈밭머리로 소녀가 나타나리라. 꽤 오랜 시간이 지났다고 생각했다. 그런데도 소녀는 나타나지 않는다. 발돋움을 했다. 그리고도 상당한 시간이 지났다고 생각됐다.

저쪽 갈밭머리에 갈꽃이 한 옴큼 움직였다. 소녀가 갈꽃을 안고 있었다. 그리고 이제는 천천한 걸음이었다. 유난히 맑은 가을 햇살이 소녀의 갈꽃 머리에서 반짝거렸다. 소녀 아닌 갈꽃이 들길을 걸어가는 것만 같았다.

소년은 이 갈꽃이 아주 뵈지 않게 되기까지 그대로 서 있었다. 문득, 소녀가 던진 조약돌을 내려다보았다. 물기가 걷혀 있었다. 소년은 조약돌을 집어 주머니에 넣었다.

다음 날부터 좀 늦게 개울가로 나왔다. 소녀의 그림자가 뵈지 않았다. 다행이었다.

그러나 이상한 일이었다. 소녀의 그림자가 뵈지 않는 날이 계속 될수록 소년의 가슴 한구석에는 어딘가 허전함이 자리 잡는 것이었다. 주머니 속 조약돌을 주무르는 버릇이 생겼다.

그러한 어떤 날, 소년은 전에 소녀가 앉아 물장난을 하던 징검다리 한가운데에 앉아 보았다. 물 속에 손을 잠갔다. 세수를 하였다. 물 속 을 들여다보았다. 검게 탄 얼굴이 그대로 비치었다. 싫었다.

소년은 두 손으로 물속의 얼굴을 움키었다. 몇 번이고 움키었다. 그러다가 깜짝 놀라 일어서고 말았다, 소녀가 이리 건너오고 있지 않느냐.

"숨어서 내가 하는 꼴을 엿보고 있었구나."

소년은 달리기 시작했다. 디딤돌을 헛짚었다. 한 발이 물속에 빠졌다.

더 달렸다.

몸을 가릴 데가 있어줬으면 좋겠다. 이쪽 길에는 갈밭도 없다. 모래밭이다. 전에 없이 메밀꽃 내 가 짜릿하니 코를 찌른다고 생각됐다. 미간이 아찔했다 찝찔한 액체가 입술에 흘러들었다. 코피였다.

소년은 한 손으로 코피를 훔쳐내면서 그냥 달렸다. 어디선가. "바보, 바보"하는 소리가 자꾸만 뒤따라오는 것 같았다.

토요일이었다.

개울가에 이르니. 며칠째 보이지 않던 소녀가 건너편 가에 앉아 물장난을 하고 있었다.

모르는 척 징검다리를 건너기 시작했다. 얼마 전에 소녀 앞에서 한번 실수를 했을 뿐. 여태 큰길 가듯이 건너던 징검다리를 오늘은 조심스럽게 건넌다.

"얘."

못 들은 척했다. 둑 위로 올라섰다.

"얘. 이게 무슨 조개지?"

자기도 모르게 돌아섰다. 소녀의 맑고 검은 눈과 마주쳤다. 얼른 소녀의 손바닥으로 눈을 떨구었다.

비단조개, "이름도 참 곱다."

갈림길에 왔다. 여기서 소녀는 아래켠으로 한 삼 마장쯤, 소년은 위켠으로 한 십 리 가까이 길을 가야 한다.

소녀가 걸음을 멈추며, "너 저 산 너머에 가본 일 있니?"

벌 끝을 가리켰다.

"없다."

"우리, 가보지 않으련? 시골 오니까 혼자서 심심해 못 견디겠다."

"저래 뵈두 멀다."

"멀면 얼마나 멀기에? 서울 있을 땐 사뭇 먼 데까지 소풍 갔었다." 소녀의 눈이 금세, "바보. 바보" 할 것만 같았다.

논 사잇길로 들어섰다. 올 벼 가을걷이하는 곁을 지났다.

허수아비가 서 있었다. 소년이 새끼줄을 흔들었다. 참새가 몇 마리 날아간다. "참 오늘은 일찍 집으로 돌아가 텃논의 참새를 봐야 할 걸" 하는 생각이 든다.

"아이 재밌다!"

소녀가 허수아비 줄을 잡더니 흔들어댄다. 허수아비가 자꾸 우쭐거리며 춤을 춘다. 소녀의 왼쪽 볼에 살포시 보조개가 패었다.

저만치 허수아비가 또 서 있다. 소녀가 그리로 달려간다. 그 뒤로 소년도 달렸다. 오늘 같은 날은 일찍 집으로 돌아가 집안일을 도와야 한다는 생각을 잊어버리기라도 하려는 듯이

소녀의 곁을 스쳐 그냥 달린다. 베짱이가 따끔따끔 얼굴에 와 부딪친 다. 쪽빛으로 한껏 개인 가을 하늘이 소년의 눈앞에서 맴을 돈다. 어지럽다. 저놈의 독수리, 저놈의 독수리. 저놈의 독수리가 맴을 돌고 있기 때문이다

돌아다보니, 소녀는 지금 자기가 지나쳐 온 허수아비를 흔들고 있다. 좀 전 허수아비보다도 더 우쭐거린다.

논이 끝난 곳에 도랑이 하나 있었다. 소녀가 먼저 뛰어 건넸다, 거기서부터 산 밑까지는 밭이었다.

수숫단을 세워 놓은 밭머리를 지났다.

"저게 뭐니?"

"원두막."

"여기 참외 맛나니?"

"그럼. 참외 맛도 좋지만, 수박 맛이 참 훌륭하다."

"하나 먹어 봤으면."

소년이 참외 그루에 심은 무우밭으로 들어가, 무우 두 밑을 뽑아왔다. 아직 밑이 덜 들어 있었다. 잎을 비틀어 팽개친 후, 소녀에게 한 밑 건넨다. 그리고는 이렇게 먹어야 한다는 듯이, 먼저 대강이를 한 입 베물어 낸 다음, 손톱으로 한 돌이 껍질을 벗겨 우적 깨문다.

소녀도 따라했다. 그러나 세 입도 못 먹고, "아, 맵고 지려."

하며 집어던지고 만다.

"참 맛없어 못 먹겠다."

소년이 더 멀리 팽개쳐 버렸다.

산이 가까워졌다.

단풍잎이 눈에 따가웠다.

"야아!"

소녀가 산을 향해 달려갔다. 이번에 소년은 뒤따라 달리지 않았다.

그러고도 곧 소녀보다 더 많은 꽃을 꺾었다.

"이게 들국화, 이게 싸리꽃, 이게 도라지꽃......"

"도라지꽃이 이렇게 예쁜 줄은 몰랐네. 난 보라빛이 좋아! 이 양산같이 생긴 노란 꽃이 뭐지?"

"마타리꽃."

소녀는 마타리꽃을 양산 받듯이 해 보인다. 약간 상기된 얼굴에 살포시 보조개를 떠올리며.

다시 소년은 꽃 한 옴큼을 꺾어 왔다. 싱싱한 꽃가지만 골라 소녀에게 건넨다.

그러나 소녀는, "하나도 버리지 마라."

산마루께로 올라갔다.

맞은편 골짜기에 오순도순 초가집이 몇 모여 있었다.

누가 말한 것도 아닌데 바위에 나란히 걸터앉았다. 유달리 주위가 조용해진 것 같았다. 따가운 가을 햇살만이 말라가는 풀 냄새를 퍼뜨리고 있었다.

"저건 또 무슨 꽃이지?"

적잖이 비탈진 곳에 칡덩굴이 엉키어 꽃을 달고 있었다.

"꼭 등꽃 같네. 서울 우리 학교에 큰 등나무가 있었단다. 저 꽃을 보니까 등나무 밑에서 놀던 동무들 생각이 난다."

소녀가 조용히 일어나 비탈진 곳으로 간다. 뒷걸음을 쳐 기어 내려간다. 꽃송이가 많이 달린 줄기를 잡고 끊기 시작한다. 좀처럼 끊어지지 않는다. 안간힘을 쓰다가 그만 미끄러지고 만다. 칡덩굴을 끌어 쥐었다.

소년이 놀라 달려갔다. 소녀가 손을 내밀었다. 손을 잡아 이끌어 올리며, 소년은 제가 꺾어다 줄 것을 잘못했다고 뉘우친다.

소녀의 오른쪽 무릎에 핏방울이 내맺혔다. 소년은 저도 모르게 상처에 입술을 가져다 대고 빨기 시작했다. 그러다가 무슨 생각을 했는지 곧 일어나 저쪽으로 달려간다.

좀만에 숨이 차 돌아온 소년은, "이걸 바르면 낫는다."

송진을 상처에다 문질러 바르고는 그 달음으로 칡덩굴 있는 데로 내려가 꽃 많이 달린 몇 줄기를 이빨로 끊어가지고 올라온다. 그리고는, "저기 송아지가 있다. 그리 가보자."

누렁 송아지였다. 아직 코뚜레도 꿰지 않았다.

소년이 고삐를 바투 잡아 쥐고 등을 긁어주는 척 훌쩍 올라탔다. 송아지가 껑충거리며 돌아간다.

소녀의 흰 얼굴이. 분홍 스웨터가, 남색 스커트가. 안고 있는 꽃과 함께 범벅이 된다. 모두가 하나의 큰 꽃묶음 같다, 어지럽다. 그러나 내리지 않으리라, 자랑스러웠다. 이것만은 소녀가 흉내 내지 못할 자기 혼자만이 할 수 있는 일인 것이다.

"너희. 예서 뭣들 하느냐."

농부 하나가 억새풀 사이로 올라왔다.

송아지 등에서 뛰어내렸다. 어린 송아지를 타서 허리가 상하면 어쩌느냐고 꾸지람을 들을 것만 같다.

그런데 나룻이 긴 농부는 소녀 쪽을 한번 훑어보고는 그저 송아지 고삐를 풀어내면서, "어서들 집으로 가거라. 소나기가 올라."

참 먹장구름 한 장이 머리 위에 와 있다. 갑자기 사면이 소란스러워 진 것 같다. 바람이 우수수 소리를 내며 지나간다. 삽시간에 주위가 보랏빛으로 변했다.

산마루를 넘는데 떡갈나무 잎에서 빗방울 듣는 소리가 난다. 굵은 빗방울이었다. 목덜미가 선뜩 선뜩했다.

그러자 대번에 눈앞을 가로막는 빗줄기

비안개 속에 원두막이 보였다. 그리로 가 비를 그을 수밖에.

그러나 원두막은 기둥이 기울고 지붕도 갈래갈래 찢어져 있었다. 그런 대로 비가 덜 새는 곳을 가려 소녀를 들어서게 했다 소녀의 입술이 파아랗게 질렸다. 어깨를 자꾸 떨었다.

무명 겹저고리를 벗어 소녀의 어깨를 싸주었다. 소녀는 비에 젖은 눈 을 들어 한번 쳐다보았을 뿐, 소년이 하는 대로 잠자코 있었다. 그리고 는 안고 온 꽃묶음 속에서 가지가 꺾이고 꽃이 일그러 진 송이를 골라 발밑에 버린다.

소녀가 들어선 곳도 비가 새기 시작했다. 더 거기서 비를 그을 수 없었다, 밖을 내다보던 소년이 무엇을 생각했는지 수수밭 쪽으로 달려간다.

세워 놓은 수숫단 속을 비집어 보더니, 옆의 수숫단을 날라다 덧세운다. 다시 속을 비집어 본다. 그리고는 이쪽을 향해 손짓을 한다.

수숫단 속은 비는 안 새었다. 그저 어둡고 좁은 게 안됐다. 앞에 나 앉은 소년은 그냥 비를 맞아 야만 했다. 그런 소년의 어깨에서 김이 올랐다.

소녀가 속삭이듯이. 이리 들어와 앉으라고 했다. 괜찮다고 했다. 소녀가 다시 들어와 앉으라고 했다. 할 수 없이 뒷걸음질 쳤다. 그 바람에 소녀가 안고 있는 꽃묶음이 망그러졌다. 그러나 소녀는 상관없다고 생각했다. 비에 몸 내음 새가 확 코에 끼얹혀졌다. 그러나 고개를 돌리지 않았다.

도리어 소년의 몸기운으로 해서 떨리던 몸이 적이 누그러지는 느낌이었다.

소란하던 수수잎 소리가 뚝 그쳤다. 밖이 멀개졌다. 수숫단 속을 벗 어 나왔다. 멀지 않은 앞쪽 에 햇빛이 눈부시게 내리붓고 있었다.

도랑 있는 곳까지 와보니. 엄청나게 물이 불어 있었다. 빛마저 제법 붉은 흙탕물이었다. 뛰어 건널 수가 없었다.

소년이 등을 돌려댔다. 소녀가 순순히 업히었다. 걷어 올린 소년의 잠방이까지 물이 올라왔다.

소녀는, "어머나" 소리를 지르며 소년의 목을 끌어안았다.

개울가에 다다르기 전에 가을 하늘은 언제 그랬는가 싶게 구름 한 점 없이 쪽빛으로 개어 있었다.

그 뒤로는 소녀의 모양이 뵈지 않았다. 매일같이 개울가로 달려와 봐 도 뵈지 않았다. "참 알도 굵다!"

"그리고 저, 우리 이번에 추석 지내고 나서 집을 내주게 됐다." 소년은 소녀네가 이사해 오기 전에 벌써 어른들의 이야기를 들어서 윤초시 손자가 서울서 사업에 실패해 가지고 고향에 돌아오지 않을 수 없게 됐다는 걸 알고 있었다. 그것이 이번에는 고향 집마저 남의 손에 넘기게 된 모양이었다.

"왜 그런지 난 이사 가는 게 싫어졌다. 어른들이 하는 일이니 어쩔 수 없지만......"

전에 없이 소녀의 까만 눈에 쓸쓸한 빛이 떠돌았다.

소녀와 헤어져 돌아오는 길에. 소년은 혼자 속으로 소녀가 이사를 간 다는 말을 수없이 되뇌어 보았다. 무어 그리 안타까울 것도 없었다. 그렇지만 소년은 지금 자기가 씹고 있는 대추알의 단맛을 모르고 있었다.

이날 밤. 소년은 몰래 덕쇠 할아버지네 호두 밭으로 갔다.

낮에 봐 두었던 나무에 올라갔다, 그리고 봐두었던 가지를 향해 작대기를 내리쳤다. 호두 송이 떨어지는 소리가 별나게 크게 들렸다. 가슴 이 선뜩했다. 그러나 다음 순간. 굵은 호두야 많이 떨어져라, 많이 떨어져라, 저도 모르는 힘에 이끌려 마구 작대기를 내리치는 것이었다.

돌아오는 길에는 열이틀 달이 지우는 그늘만 골라 짚었다. 그늘의 고마움을 처음 느꼈다.

불룩한 주머니를 어루만졌다. 호두 송이를 맨손으로 댔다가는 옴이 오르기 쉽다는 말 같은 건 아무렇지도 않았다. 그저 근동에서 제일가는 이 덕쇠 할아버지네 호두를 어서 소녀에게 맛보여야 한다는 생각만이 앞섰다.

그러나, 아차, 하는 생각이 들었다, 소녀더러 병이 좀 낫거들랑 이사 가기 전에 한번 개울가로 나와 달라는 말을 못해 둔 것이었다. 바보 같은 것. 바보 같은 것.

반을 엿보기도 했다. 그러나 뵈지 않았다.

그날도 소년은 주머니 속 흰 조약돌만 만지작거리며 개울가로 나왔다. 그랬더니 이쪽 개울둑에 소녀가 앉아 있는 게 아닌가? 소년은 가슴부터 두근거렸다.

"그동안 닳았다."

어쩐지 소녀의 얼굴이 핼쑥해져 있었다.

"그날 소나기 맞은 탓 아니냐?"

소녀가 가만히 고개를 끄덕이었다.

"인제 다 났나?"

"아직도......"

"그럼 누워 있어야지."

"하도 갑갑해서 나왔다. ......참 그날 재미있었다. ......근데 그날 어 디서 이런 물이 들었는지 잘 지지 않는다."

소녀가 분홍 스웨터 앞자락을 내려다본다. 거기에 검붉은 진흙물 같은 게 들어 있었다.

소녀가 가만히 보조개를 떠올리며, "그래 이게 무슨 물 같니?"

소년은 스웨터 앞자락만 바라보고 있었다.

내, 생각해 냈다. "그날 도랑을 건너면서 내가 업힌 일이 있지? 그 때 네 등에서 옮은 물이다."

소년은 얼굴이 확 달아오름을 느꼈다.

갈림길에서 소녀는, "저. 오늘 아침에 우리 집에서 대추를 땄다. 추석에 제사 지내려고"

대추 한 줌을 내어준다. 소년은 주춤한다.

"맛 봐라. 우리 증조할아버지가 심었다는데 아주 달다." 소년은 두 손으로 오그려 내밀며.

추석 전날, 소년이 학교에서 돌아오니 아버지가 나들이 옷을 갈아입고 닭 한 마리를 안고 있었다.

어디 가시느냐고 물었다.

그 말에는 대꾸도 없이. 아버지는 안고 있는 닭의 무게를 겨늠해 보시면서, "이만하면 될까?"

어머니가 망태기를 내주며, "벌써 며칠 째 갈갈하구 알 날 자리를 보던데요. 크진 않아두 살은 꼈을 거예요."

소년이 이번에는 어머니한테, 아버지가 어디 가시느냐고 물어 보았다.

"저, 서당골 윤초시 댁에 가신다. 내일이 추석날이라 제사상에라도 놓으시라구......"

"그럼 큰 놈으로 하나 가져가지. 저 얼룩 수탉으로......" 이 말에 아버지는 허허 웃고 나서, "임마. 그래도 이게 실속이 있다."

소년은 공연히 열쩍어 책보를 집어던지고는 외양간으로 가. 소 잔 등을 한번 철썩 갈겼다. 쇠파리라도 잡는 척.

깨울 물은 날로 여물어 갔다.

소년은 갈림길에서 아래쪽으로 가 보았다 갈밭 머리에서 바라보는 서당골 마을은 쪽빛 하늘 아래 한결 가까워 보였다

어른들의 말이. 내일 소녀네가 양평읍으로 이사 간다는 것이었다.

거기 가서는 조그마한 가겟방을 보게 되리라는 것이었다.

소년은 저도 모르게 주머니 속 호두알을 만지작거리며 한 손으로는 수없이 갈꽃을 휘어 꺾고 있었다.

그날 밤. 소년은 자리에 누워서도 같은 생각뿐이었다. 내일 소녀네 가 이사하는 걸 가보나 어쩌나. 가면 소녀를 보게 될까 어떨까, 그러다가 까무룩 잠이 들었는가 하는데.

"허, 참 세상 일두......"

마을 갔던 아버지가 언제 돌아왔는지? 윤초시 댁도 말이 아니야. 그 많던 전답을 다 팔아 버리고. 대대로 살아오던 집마저 남의 손에 넘기더니, 또 악상까지 당하는 것 보면...

남포불 밑에서 바느질감을 안고 있던 어머니가, "증손자라곤 기집애 그애 하나뿐이었지요?"

"그렇지, 사내애 둘 있던 건 어려서 잃어버리구......" "어쩌면 그렇게 자식 복이 없을까?"

"글쎄 말이지. 이번 앤 꽤 여러 날 앓는 걸 약도 변변히 못 써 봤다더군. 지금 같아서는 윤초시네 두 대가 끊긴 셈이지... 그런데 참 이번 계집애는 어린 것이 여간 잔망스럽지가 않어. 글쎄 죽기 전에 이런 말을 했다지 않어."

등산의 경험

내가 초등학교 학생이었을 때 나는 아빠와 설악산에 오르게 되었다. 아이들이 초등학교를 졸업하는 해에 아빠와 함께 설악산 등산을 가는 것은 우리 집의 전통이었다. 나는 이 전통을 경험할 수 있는 나이가 되었다는 사실만으로도 기분이 좋았다. 나는 아빠와 함께 필요한 물건을 가방에 챙긴 후에 목적지를 향해 출발했다.

우리가 설악산에 도착했을 때 산은 등반 객들의 행복한 웃음으로 활기를 띠고 있었다. 설악산은 활기찬 새들의 지저귐과 떨어진 낙엽들의 화려한 색깔로 인하여 여유롭고 푸른 영혼을 지니고 있었다. 설악산의 아름다움으로 인하여 설악산을 올라가는 한 걸음 한 걸음이 즐거웠다. 내가 이 자연에 속하고 이 자연 속에서 한 생물체로 조화를 이루며 관대한 대자연의 자궁에서 태어났다는 것을 마음깊이 느끼며 발걸음을 옮겼다.

산행 도중 나는 아빠께 이 여행의 목적 그리고 왜 이 여행이 우리 가족 전통중 하나가 되었는지를 여쭈어 보았다. 아버지께서는 잔잔한 미소를 지으시며 "그 답은 네가 이 여행에서 찾아내야 한다"라고 말씀 하셨다. 아빠의 말씀을 듣고 나의 의문은 더 커졌지만 나는 설악산을 계속 올랐다. 한걸음 한 걸음 산길을 올라가면서 나는 수수께끼의 해답을 찾으려고 노력했고 그 결심을 보여준다는 듯이 바닥을 지그시 밟으면서 걸었다. 나는 이 비밀의 답을 주위의 초록빛 동무들과 자연을 통해 찾으려고 했지만, 불행히도 그들은 짓궂은 웃음으로 대답하면서 나의 간절한 눈빛을 피했다.

몇 시간이 지난 후에 발이 아파지기 시작했다. 그 아픔이 발바닥에서 발목으로 올라올 시점에 이르러 나는 신음을 참을 수 없었다. "아빠! 조금만 쉬었다가 가면 안돼요? 발이 너무 아파요." 아빠의 부드러운 눈길이 나를 보며 말씀하셨다. "조금 전 산 전체를 삼킬 것 같이 의기양양하던 모습과 너무 다르네. 하하, 그래. 넌 쉬어도 좋아. 사실 쉬어야 하는 사람은 나야, 하하." 아빠와 나는 초콜릿 (우리의 소중한 양식)을 나눠 먹으며 초콜릿의 풍부한 맛을 음미하면서 우리의 메마른 혀를 적셨다. 서서히 해가 산 너머로 지기 시작했다. 하지만 우리는 해가 지기 전에 정상에 올라가야 했다. 나는 산길 주위의 멋진 광경을 보며 이런 걱정을 덜어냈다. 등산로 주위의 경치는 숨 막히도록 멋있었다. 그 놀라운 풍광은 나를 압도시키기에 충분했다. 말 안 듣는 다리를 질질 끌면서 산에 올라야 하는 고통이 있었지만, 저녁 햇살로 인하여 금빛으로 물든 나무들의 멋진 광경은 그 고통을 참을 수 있도록 도와주었다.

나는 산에 올라가면서 해기 지기 전에 빨리 내려가려는 등산객을 많이 만났다. 우리는 간단한 인사와 함께 격려의 말을 나누었다. 그 등산객들을 관찰하면서 나는 그들이 다 어른들이라는 사실을 발견하였다. 그들은 나를 보며 말씀하셨다. "여기까지 올라오는 게 여간 힘든 게 아닌데 어린아이가 대단하구나. 정말 장하다!" 나는 어른들의 칭찬에 얼굴이 붉어졌고 내가 여기까지 올라왔다는 성취감에 큰 기쁨을 맛보았다. 그때 맛본 성취감은 내 발의 아픔을 넘어서도록 도와준 큰 힘이 되었다.

"아빠, 시간 안에 도착할 수 있을 까요? 안될 것 같은데. 만약에 도착하지 못해 어둠속에서 길을 잃어버리면 어떻게 해요? 오늘이 우리의..." 나의 초조한 마음을 다 표현하기도 전에 나는 내 앞에 펼쳐진 장엄한 광경에 말을 잃었다. 내가 설악산 정상에 올라왔다는 사실이 믿기지 않았다. 남아있는 희미한 햇빛이 나의 승리의 상징을 나타내듯이 산 전체를 덮었다. 지금도 이때 느꼈던 미세한 것들을 나는 지금도 기억하고 있다. 바람이 불어와 내 얼굴에 맺힌 땀방울을 모두 씻어 갔을 때, 내가 들이마신 그 공기가 얼마나 감미로웠던지. 이때 나는 궁금했던 이 여행의 목적 아래 숨겨진 진리를 깨달았다. 그것은 한 사람의 끊임없는 노력으로 얻어진 성취에서 유래하는 말로 형용할 수 없는 아름다움과 환희였다.

삶을 살아가면서 나를 주눅 들게 만들고 낙담하게 만드는 많은 어려움을 나는 세상 속에서 마주치기 시작했다. 하지만 설악산 등산 경험은 이런 어려움을 다른 시각에서 바라볼 수 있도록 도와주었다. 내가 실패를 맛볼 때마다 나는 산 정상에서 나에게 속삭여주었던 바람의 메시지를 떠올린다. 한 사람이 하늘에 가까이 다가갈 때 사람의 가슴을 물들이며 쏟아지는 햇빛으로 태양은 가장 큰 보상을 해 준다는 것. 내가 걷는 걸음걸음은 행복으로 향한 길이라는 것. 모든 어려움은 후에 내가 누리 기쁨을 채워 나갈 과정이라는 것. 내가 넘어서야 할 고통과 고뇌가 없이는 나의 영혼을 넘쳐나는 기쁨으로 소생시키는 순간도 없다는 것을.

5. 파워영작 Essay Writing and Summarizing

▶ **파워영작문과 요약하기(Summary)**

A summary presents the main idea and supporting points of a longer work in much shorter form. A summary might be one sentence, one paragraph, or several paragraphs long, depending on the length of the original and the nature of your assignment.

Summarizing is important both in college and at work. In a persuasive essay, you might summarize the ideas of an expert whose views support one of your points. A professor might ask you to summarize a book, a market survey, or even the plot of a film—that is, to condense it in your own words, presenting only the highlights. Of course, many essay exams also call for written summaries.

Your written summary should include the following:

1. The author, title, and source of the original

2. The main idea or thesis of the original, in your own words

3. The most important supporting ideas of points of the original, in your own words

Ex) This story is about Norman Cousins's funny cure. According to the story, Norman Cousins was the editor of a magazine, who gave presentations about world peace, anti-nuclear and anti-war issues all over the world. In the 1960s, he found out that he had a rare disease named "ankylosing spondylitis," which made the joints stiff. It was believed that there was no cure for the disease. However, he never gave up hope. Because he thought that unhappy thoughts caused the illness, he started to experiment to cure himself with happy thoughts and laughter. Surprisingly, it worked. While taking a rest with laughter, he became so well that he took a vacation abroad. A few months later, he could be healthy enough to work again.

Try to present the ideas in your summary in proportion to those in the original. For instance, if the author devotes one paragraph to each of four ideas, you might give one sentence to each idea. To avoid plagiarism, when you finish, compare your summary with the original; that is, make sure you have not just copied the phrasing and sentences of the original.

A summary differs from much other writing in that it should not contain your feelings or opinions — just the facts. Your job is to capture the essence of the original, with nothing added.

Source: "Dogs Tamed 100,000 Years Ago"

Fido may be cute, cuddly, and harmless. But in his genes, he is a wolf. Researchers tracing the genetic family tree of man's best friend have confirmed that domestic dogs, from petite poodles to huge elkhounds, descended from wolves that were tamed 100,000 years ago. "Our data show that the origin of dogs seems to be much more ancient than indicated in the archaeological record," said Robert Wayne of UCLA, the leader of a team that tested the genes from 67 dog breeds and 62 wolves on four continents. Wayne said the study showed so many DNA changes that dog had to have diverged genetically from wolves 60,000 to more than 100,000 years ago. The study suggests that primitive humans living in a hunting and gathering culture tamed wolves and then bred the animals to create the many different types of dogs that now exist.

Summary:

Dogs began evolving from wolves between 60,000 and 100,000 years ago. Apparently, humans tamed wolves far earlier than was previously thought. Researchers at UCLA, led by Wayne, came to these conclusions after studying the genes of 67 breeds of dogs and 62 wolves on four continents.

Practice:

Following are passages from two sources. Read each one, and then, as if you were writing a paper, quote two sentences from each, one directly quoting the author's words and one indirectly quoting the author's ideas. Summarize this.

In most cultures throughout history, music, dance, rhythmic drumming, and chanting have been essential parts of healing rituals. Modern research bears out the connection between music and healing. In one study, the heart rate and blood pressure of patients went down when quiet music was piped into their hospital coronary care units. At the same time, the patients showed greater tolerance for pain and less anxiety and depression. Similarly, listening to music before, during, or after surgery has been shown to promote various beneficial effects—from alleviating anxiety to reducing the need for sedation by half.

Practice: "Survey: 44% of College Students Are Binge Drinkers"

(binge 떠들썩한 술잔치)

Binge drinking, according to criteria used in periodic surveys by the Harvard researchers, is defined as five or more drinks on one occasion for a man or four or more drinks on one occasion for a woman. Students who reported one or two such episodes in the two weeks preceding the survey were classified as occasional binge drinkers; those reporting three or more were considered frequent binge drinkers.

Summary:

Binge drinking is a dangerous problem on campuses, but college administrators are not doing enough to stop it. An amazing 44 percent of college students are binge drinkers. Let us define binge drinking as five or more drinks on one occasion for a man or four or more drinks on one occasion for a woman. College officials need to ask why so many students are dinking dangerously.

▶ 요약하기 연습(How to Summarize)

1. **Read** the article.

2. **Re-read** the article. Underline important ideas. Circle **key terms**. Find the **main point** of the article. Divide the article into sections or **stages of thought**, and label each section or stage of thought in the margins. Note the main idea of each paragraph if the article is short.

3. Write brief summaries of each stage of thought or if appropriate each paragraph. Use a separate piece of paper for this step. This should be a **brief outline** of the article.

4. Write the main point of the article. Use your own words. This should be a sentence that expresses the central idea of the article as you have determined it the from steps above.

5. Write your **rough draft** of the summary. Combine the information from the first four steps into paragraphs.

> **NOTE:** Include all the important ideas.
> - Use the author's key words.
> - Follow the original organization where possible.
> - Include any important data.
> - Include any important conclusions.

6. Edit your version. Be concise. Eliminate needless words and repetitions. (Avoid using "the author says...," "the author argues...," etc.)

7. Compare your version to the original.

- Do not use quotations, but if you use them be sure to quote correctly. Indicate quotations with quotation marks. Cite each quotation correctly (give the page number).
- Do not plagiarize. Cite any paraphrases by citing the page number the information appears on. Avoid paraphrasing whenever possible. Use your own words to state the ideas presented in the article.

8. In the summary, you should include only the information your readers need.

Practice 1: *The Gift of the Magi* —Based on a story by O. Henry

1. State the main point first.

2. Use a lower level of technicality than the authors of the original article use. Do not write a summary your readers cannot understand.

3. Make the summary clear and understandable to someone who has not read the original article. Your summary should stand on its own.

4. Write a summary rather than a table of contents.

Wrong: This article covers point X. Then the article covers point Y.

Right: Glacial advances have been rapid as shown by x, y, and z.

Summary Samples:

Weak (the author describes the article rather than summarizes):

1) Chepesiuk, R. (2005, January). Decibel hell. Environmental Health Perspectives, 113. A35-A41.

This article focuses on the growing problem and cause of noise pollution. It explores the effects of population growth, urban sprawl, and the increase of traffic and aircraft prevalence on noise levels. This article offers specific information regarding decibel measurements and risks of prolonged exposure. The author provides specific decibel levels for a variety of machines and situations.

I plan to use this information in the final report section dealing with health risks caused by high noise levels.

Better: (the author summarizes by providing key details):

2) Chepesiuk, R. (2005, January). Decibel hell. Environmental Health Perspectives, 113. A35-A41.

This article provides information on the growing problem and causes of noise pollution. Population growth, urban sprawl, and increases in traffic and aircraft transportation are having a marked effect on noise levels. Escalating decibel levels and prolonged exposure increase the risks to hearing and health. In the United States, 30 million employees are vulnerable to the possibility of hearing loss because of hazardous noise levels on the job. Children and animals are also at risk to the physical effects of noise, such as stress, elevated blood pressure, and increased heart rate. Various decibel measuring machines are available for various situations. In conclusion, the article show that health and hearing risks due to combined decibel levels and extended exposures occur in everyday life.

Read the selection; then answer the questions that follow.

⟨1⟩ One dollar and eighty-seven cents. That was all she had. And the next day would be Christmas. Della flopped down on the shabby old couch and cried. She wanted so much to get something special for her husband Jim, but she only had $1.87. Della stood and looked at herself in the mirror. Her eyes were red. She didn't want Jim to know she'd been crying. She let her hair fall to its full length, almost to her knees, and began to brush it. Jim loved her soft, long hair. The only thing he liked more was the gold watch that had belonged to his father and grandfather.

⟨2⟩ Suddenly Della had an idea. She piled her hair on top of her head, put on her old brown jacket and hat, and fluttered out the door and down the steps to the street. She stopped at a door that read: Madame Sofron, Hair Goods Della ran in and asked, "Will you buy my hair?"

⟨3⟩ "Take off your hat and let me see," said Madame Sofron. She looked at Della's shiny hair and said, "I can give you 20 dollars."

〈4〉 For two hours, Della went from store to store, looking for a special gift for Jim. At last, she found it . . . a simple gold watch chain. It would replace the old leather strap he now used on his beloved watch!

〈5〉 When Della got home, she fixed her head in short close-lying curls. She looked in the mirror, satisfied with the new look. She had dinner ready by 7 o'clock, but Jim had not come home. Della began to worry; he was never late. At last she heard him come up the steps. The door opened and in walked Jim. "You've cut off your hair!" he said sadly when he saw Della.

〈6〉 "I sold it," said Della. "But I'm still me, aren't I?"

〈7〉 "Of course," Jim said softly as he took a package from his coat pocket. "But if you'll unwrap this package you'll see why I am sad."

〈8〉 Della's fingers tore at the string and paper. Inside she found a set of combs she'd once admired in a shop window. They were beautiful, with jeweled rims that would have looked magnificent in her handsome, long hair.

〈9〉 "Oh, Jim, how lovely," she cried. "I shall wear them when my hair grows. It grows fast. But see," she added happily, "I have a gift for you!"

〈10〉 Della held out the watch chain in her open palm. "I hunted all over town to find it. Give me your watch. I want to see how it looks on it!"

〈11〉 Instead, Jim sat on the couch and began to laugh. "Oh, Della," he said, "I sold my watch to get the money to buy your combs!"

〈12〉 Della sat beside him and together they laughed. They were happy, yet sad, to know that each had given up a prized possession for the love of the other. It was a special Christmas that year, a day filled with love.

1. A summary is a retelling of a story that
    a. is always shorter than the original text.
    b. must be at least two paragraphs long.
    c. has no ending.
    d. gives new information that was not in the story

2. Which is the best one-sentence summary for paragraph 1?

a. Della is sad because Jim sold his watch.

b. Della is sad because she doesn't have much money to buy a gift for Jim.

c. Della is sad because her mother can't come to visit.

d. Della is sad because she has no new coat to wear.

3. Which would NOT be important to include in a summary of the story?

a. Della has beautiful long hair

b. Jim has a gold watch that belonged to his father and grandfather.

c. Della wanted something special for Jim.

d. Della and Jim lived in an apartment.

4. Which is the main idea of the story?

a. Della changes her hairstyle.

b. Jim and Della plan a special Christmas dinner.

c. Jim and Della sacrifice to get each other special gifts.

d. Della only has old clothing to wear.

5. Write a summary of the story. Try to summarize in just a few sentences.

Practice 2: Water, Water, Everywhere!

Read the selection; then answer the questions that follow.

⟨1⟩ Is a flood ever good news? How can it be? When river water overflows and floods the land, people can lose their homes . . . even their lives! So to people who live in flood-prone areas, a flood is always bad news. But in ancient Egypt, things were different. The people looked forward to a yearly flood and saw it as good news!

⟨2⟩ Many Egyptians lived and farmed by the Nile River, which flooded every summer. They eagerly anticipated the event because they knew that when the water receded,the land would be better for crops. That's because floodwaters carry along washed-away soil and sediment, then drop it somewhere else. There, the nutrients in thesediment sink into and nourish the land. Then the farmland is richer and ready for crops.

⟨3⟩ The Egyptians weren't sure why the flood came each year. Many believed it was a gift from the spirits, who sent great clouds of rain to fall near the source of the Nile. But actually, that wasn't the case. The annual flood was caused by natural events that began high in the mountains of Ethiopia.

〈4〉 In June, strong winds from the South Atlantic Ocean blow over the rainforests of Africa. When the winds reach Ethiopia's mountains, some of which are 13,000 feet (4,000 m) high, giant rain clouds drop their contents in huge thunderstorms. The rain continues and mountain streams fill to the brim. Then the streams join together to form a sizeable river. It speeds along to meet the Nile, carrying lots of soil and sediment with it. By July, the rushing water reaches Egypt, where it produces a flood in the Nile.

〈5〉 The yearly flooding of the Nile wasn't all good news. Sometimes buildings and fences were swept away and property lines disappeared. But landowners just marked off their territories and put up new fences for another year.

〈6〉 Today, floodwaters from Ethiopia are stopped soon after they reach Egypt. A large dam on the river holds back the rushing, rising water and forms a large lake. This is good news. Now buildings and fences aren't swept away. And today farmers can plant two crops a year instead of just one.

〈7〉 But the dam is bad news, too. The waters of the yearly flood always kept the fields fertile. Today, farmers use fertilizers that get into the mud and water of the Nile. Fish that once thrived in the Nile are gone. And a serious disease is spread by snails that live in the slow-moving waters of the great river.

〈8〉 So back to our original question: Is a flood ever good news? As you can see, it can be, if the good benefits outweigh the bad.

1. Which is the best one-sentence summary for paragraph 2?
    a. A yearly flood in Egypt did a lot of damage.
    b. A yearly flood in Egypt brought sediment that helped the land.
    c. A yearly flood brought more people to Ethiopia.
    d. A yearly flood in Egypt was caused by rain over the Pacific Ocean.

2. Which is the best summary for paragraph 4?
    a. Winds from the Atlantic drop rain on Egypt at the source of the Nile. The rain floods large cities near the river.
    b. Rain over the Atlantic comes on shore in Egypt and floods the Nile.
    c. Rain in France forms a river that travels to Egypt and dumps into the Nile. Then the Nile floods Egyptian farmland beside the river.
    d. Winds from the Atlantic drop rain on Ethiopia and rain-filled streams form a river. It dumps

into the Nile, which floods Egyptian farmland beside the river.

3. Which would be an important detail to include in a summary of the article?

    a. The Nile River is in Egypt.

    b. People sail boats on the Nile.

    c. The capital of Ethiopia is Addis-Ababa.

    d. The Mississippi River also floods sometimes.

4. Write a summary of the whole article. Try to summarize in just two or three sentences.

Practice 3: Foods Around the World

Read the selection, and then answer the questions that follow.

⟨1⟩ Why do people in different places eat different foods? One reason is that humans store energy as starch or fat. People eat local plants that provide starch and fat, but not all plants grow everywhere!

⟨2⟩ **Europe and the Middle East** For thousands of years, people have used wheat, a wild grass, as their main starch. In the Mediterranean, people use olive oil to provide fat. In the north, few plants produce oils, so people use animal fat.

⟨3⟩ **Asia** Rice, a wild grass, is the main starch of Southeast Asia. In northern Asia, it's too cold to grow rice, so people use wheat. The Chinese cook with soybean or peanut oils. In India, people use butter or sesame seed oil.

⟨4⟩ **The Americas** Potatoes are the main starch in Peru and other places. Corn, or maize, was once the main starch in North America. It still is in Mexico.

⟨5⟩ **The Tropics** Wheat, rice, corn, and potatoes are hard to grow in the tropics. So many people use a starchy tuber called a yucca, manioc, or cassava. Palm and coconut oil are also popular forms of fat in tropical regions.

1. Which is the best one-sentence summary of the section about Europe?

    a. Most people eat yucca and get fats from corn oil.

    b. Most people use rice to make bread and get fats from olives.

    c. Most people use wheat to make bread and get fats from olive oil.

    d. Most people use corn to make bread and get fats from yucca oil.

2. Which is the best summary of the whole article?

    a. Local plants supply starch and fat for humans. So people in different regions eat different foods, depending on what grows in their area.

    b. Corn grows only in some places. People who can't get corn eat olives to get starch.

    c. Local plants supply sugars for humans. So, people in all regions eat sweet food that can be grown all over the world.

    d. Rice grows almost anywhere. People who can't get rice can get fats from wheat.

Answers   1. a   2. b   3. d   4. c

5. Sample summary: Della sells her beautiful long hair to buy a chain for her husband Jim's gold watch and he sells the watch to buy combs for her hair. Each gives up something special for the one they love.

6. b   7. d   8. a

9. Sample summary: Floods o the Nile in ancient Egypt made farmland fertile with sediment carried by the water. Today a dam stops the flooding, but modern fertilizers pollute the river and the water is home to disease carrying snails.

10. c   11. a

Examples and Observations

■ A Summary of the Short Story "Miss Brill" by Katherine Mansfield

"Miss Brill is the story of an old woman told brilliantly and realistically, balancing thoughts and emotions that sustain her late solitary life amidst all the bustle of modern life. Miss Brill is a regular visitor on Sundays to the Jardins Publiques (the Public Gardens) of a small French suburb where she sits and watches all sorts of people come and go. She listens to the band playing, loves to watch people and guess what keeps them going and enjoys contemplating the world as a great stage upon which actors perform. She finds herself to be another actor among the so many she sees, or at least herself as 'part of the performance after all.'"

One Sunday Miss Brill puts on her fur and goes to the Public Gardens as usual. The evening ends with her sudden realization that she is old and lonely, a realization brought to her by a conversation she overhears between a boy and a girl presumably lovers, who comment on her unwelcome presence in their vicinity. Miss Brill is sad and depressed as she returns home, not stopping by as usual to buy her Sunday delicacy, a slice of honey-cake. She retires to her dark room, puts the fur back into the box and imagines that she has heard something cry.

—K. Narayana Chandran, Texts and Their Worlds II. Foundation Books, 2005

■ Tips on Composing a Summary

Summarizing condenses in your own words the main points in a passage. . . .

1. Reread the passage, jotting down a few keywords.

2. State the main point in your own words. . . . Be objective: Don't mix your reactions with the summary.

3. Check your summary against the original, making sure that you use quotation marks around any exact phrases that you borrow.

— Randall VanderMey, et al., *The College Writer*, Houghton, 2007

■ Characteristics of a Summary

The purpose of a **summary** is to give a reader a condensed and objective account of the main ideas and features of a text. Usually, a summary has between one and three paragraphs or one hundred to three hundred words, depending on the length and complexity of the original essay and the intended audience and purpose. Typically, a summary will do the following:

1. **Cite the author and title of the text.** In some cases, the place of publication or the context for the essay may also be included.

2. **Indicate the main ideas of the text.** Accurately representing the main ideas (while omitting the less important details) is the major goal of the summary.

3. Use direct quotations **of key words, phrases, or sentences.** *Quote* the text directly for a few key ideas; *paraphrase* the other important ideas (that is, express the ideas in your own words.)

4. **Include author tags.** ("According to Ehrenreich" or "as Ehrenreich explains") to remind the reader that you are summarizing the author and the text, not giving your own ideas. . .

5. *Avoid summarizing specific examples or data* unless they help illustrate the thesis or main idea of the text.

6. **Report the main ideas as objectively as possible.** . . . Do not include your reactions; save them for your response.

— Stephen Reid, *The Prentice Hall Guide for Writers*, 2003

The following is a sample essay you can practice quoting, paraphrasing, and summarizing. Examples of each task are provided at the end of the essay for further reference.

Here is the citation for Sipher's essay:

• So That Nobody Has To Go To School If They Don't Want To

A decline in standardized test scores is but the most recent indicator that American education is in trouble.

One reason for the crisis is that present mandatory-attendance laws force many to attend school who have no wish to be there. Such children have little desire to learn and are so antagonistic to school that neither they nor more highly motivated students receive the quality education that is the birthright of every American.

The solution to this problem is simple: Abolish compulsory-attendance laws and allow only those who are committed to getting an education to attend.

This will not end public education. Contrary to conventional belief, legislators enacted compulsory-attendance laws to legalize what already existed. William Landes and Lewis Solomon, economists, found little evidence that mandatory-attendance laws increased the number of children in school. They found, too, that school systems have never effectively enforced such laws, usually because of the expense involved.

There is no contradiction between the assertion that compulsory attendance has had little effect on the number of children attending school and the argument that repeal would be a positive step toward improving education. Most parents want a high school education for their children. Unfortunately, compulsory attendance hampers the ability of public school officials to enforce legitimate educational and disciplinary policies and thereby make the education a good one.

Private schools have no such problem. They can fail or dismiss students, knowing such students can attend public school. Without compulsory attendance, public schools would be freer to oust students whose academic or personal behavior undermines the educational mission of the institution.

Has not the noble experiment of a formal education for everyone failed? While we pay homage to the homily, "You can lead a horse to water but you can't make him drink," we have pretended it is not true in education.

Ask high school teachers if recalcitrant students learn anything of value. Ask teachers if these students do any homework. Quite the contrary, these students know they will be passed from grade to grade until they are old enough to quit or until, as is more likely, they receive a high school diploma. At the point when students could legally quit, most choose to remain since they know they are likely to be allowed to graduate whether they do acceptable work or not.

Abolition of archaic attendance laws would produce enormous dividends.

First, it would alert everyone that school is a serious place where one goes to learn. Schools are neither day-care centers nor indoor street corners. Young people who resist learning should stay away; indeed, an end to compulsory schooling would require them to stay away.

Second, students opposed to learning would not be able to pollute the educational atmosphere for those who want to learn. Teachers could stop policing recalcitrant students and start educating.

Third, grades would show what they are supposed to: how well a student is learning. Parents could again read report cards and know if their children were making progress.

Fourth, public esteem for schools would increase. People would stop regarding them as way stations for adolescents and start thinking of them as institutions for educating America's youth.

Fifth, elementary schools would change because students would find out early they had better learn something or risk flunking out later. Elementary teachers would no longer have to pass their failures on to junior high and high school.

Sixth, the cost of enforcing compulsory education would be eliminated. Despite enforcement efforts, nearly 15 percent of the school-age children in our largest cities are almost permanently absent from school.

Communities could use these savings to support institutions to deal with young people not in school. If, in the long run, these institutions prove more costly, at least we would not confuse their mission with that of schools.

Schools should be for education. At present, they are only tangentially so. They have attempted to serve an all-encompassing social function, trying to be all things to all people. In the process they have failed miserably at what they were originally formed to accomplish.

by Roger Sipher

Sipher, Roger. "So That Nobody Has to Go to School If They Don't Want To." *The New York Times.* 19 December 1977. Page 31. Print.

• Humans Cannot Live Without Water

Most often, in developed countries, <u>we **take** water **for granted**</u>. We have come to expect clean water whenever we need it. In many countries around the world, the reality is that water is merely adequate for present needs, and inadequate for future needs. People only last a few days without water, and survival requires several liters of water per day. The exact amount depends on the heat and level of physical activity.

At home, we use water for drinking, cooking, and sanitation. Employees at businesses do the same, but also use water for preparing and cleaning their products, diluting pollutants, cooling, and generating electricity. In rural areas, personal use is tiny compared to the amount used for irrigation of crops. Common estimates are that agriculture uses about 70% of overall water use in many countries.

In a few places, such as Israel, scarcity has forced farmers to be much more efficient in how much they can produce from each liter. There are huge differences in how water is used in undeveloped, developing, and well-developed countries. In many parts of the world, survival and minimal cleanliness is the best case.

Water is carried from rivers, lakes, or wells to homes by hand, often over long distances. This takes a lot of time and energy that cannot be used for other things. It also limits how much water can be used for agriculture. By contrast, those in highly developed countries have water on tap in their homes, and interior flush toilets. Our bodies, possessions, and homes can be kept clean easily. In those places where people have many possessions, a lot of water may be used to clean cars and other outdoor equipment, to water lawns, and to grow ornamental plants in public parks. These are direct uses.

Water also plays some very important indirect roles in modern societies. A major role is transportation of raw and finished goods. The cheapest way to transport large amounts of goods over long distances is by water, most often in barges, container ships, or tankers. Many cities and industries still use water to wash away and dilute harmful wastes, though this is now largely unacceptable. In addition, water plays a huge role supporting natural areas with essential services to us all. Water is also the most important factor in our weather and climate.

There are lifeless, waterless planets where weather exists, but their barren surfaces and their types of weather are nothing at all like those found in the rich landscape of our planet. Climate is simply weather considered over long periods of time. The weather we experience each day is created by a combination of air movement, temperature, and rainfall.

The uniquely high capacity of water to absorb, move, and release large amounts of heat is the main driver of our weather. Thus, how water distributes heat locally causes specific areas to be cold or hot, wet or dry, and windy or calm. In addition to these roles, water is the dominant force shaping the world we see. The surface topography of our planet is weathered by exposure to sunlight, temperature extremes, chemicals, and erosion by wind and water. Erosion by moving water has the greatest effect. As water moves stones, sand, and smaller soil particles from land into bodies of water, river channels, lakes, and even ocean basins, these bodies are filled with sedimentation. This alters the surface of dry land as well as the underwater bottoms.

Water also affects how much land we see and live on, simply by rising and falling. During the ice ages, sea levels dropped as water evaporated from oceans and precipitated onto inland glaciers. This exposed shallow sea bottoms around most continents and islands. During global warming, ice melts and these same coastal areas are covered by water. Last in our list of uses for water, is water's many cultural impacts. Water often plays important roles in rituals of major religions, particularly those of Hinduism, Christianity, and Islam, as well as in many shamanistic or pagan religions.

There are few people unattracted by lovely water gardens or riverside parks. Now let's consider how people in developing and developed countries have come to be served by water. Where resources are sufficient, three different kinds of water services are provided. The first of these deals with water supply. Those concerned with water supply locate sufficient quantities of water to satisfy the need of those they serve. Typically, this requires transportation and storage of large amounts of water, often using dams and reservoirs. Recently, a new concern of those in water supply is that sufficient water remains in natural waterways so that flora(식물) and fauna(동물) there remain healthy.

Another service is water drainage. The first task of water drainage is usually flood control. Incoming water may be limited in various ways, such as with dikes or levees, while excess water is conducted safely outside the target areas. Water drainage also plays a large part in public sanitation and disease control. By diverting animal and human wastes away from habitations, bad odors and sanitation are much improved.

Disease control results from keeping wastewater out of the drinking supply, and from drying up nearby wetlands where organisms that harbor diseases live. The third major service is water treatment. Before water can be used by people, it must be of high quality: free of disease-causing organisms, natural poisons and industrial or agricultural pollutants. For this purpose, special water treatment plants are built and operated to provide a continuous supply of clean, safe water. Likewise, because the water is often highly degraded after use, it must be treated again before it is discharged. If it is not, it will not only degrade the natural environment, but also poison the people who attempt to use the same water as it flows downstream.

A more immediate concern is our own misuse and waste of water. In spite of its extreme value for the survival of our global society, water is given a monetary value so low that there is no reason not to waste it. It is well known that conservation measures can reduce water use in many places by as much as 30% without affecting quality of life much at all. Furthermore, conservation programs are cheap and effective.

[요약문]

We human cannot live without water. Water allows us to do many different things and our bodies are more than 70% water. Weather results mostly from water. Water played a major role in developing human civilizations. But many people take water for granted such that there's even an expression in Korean, "to use something like water," which means, "use something wastefully." People should know that water comes at a pretty high price. But compared to those of other countries, water comes at a much lower price in our country. So the government is taking a lot of measures to conserve water resources. It remains to be seen whether those measures will prove successful in making people come to realize the severity of water shortage.

[Activity]

Now the class divides into two groups. The two groups of students sit in line facing each other. Each pair of students will talk about the topic using the expressions for 3 minutes. After each talking session is finished, students will move anticlockwise to talk to a new partner for another 3 minutes. Talking activity ends when students meet their first partner again.

• Example Summary, Paraphrase, and Quotation from the Essay

Example Summary

Roger Sipher makes his case for getting rid of compulsory-attendance laws in primary and secondary schools with six arguments. These fall into three groups—first that education is for those who want to learn and by including those that don't want to learn, everyone suffers. Second, that grades would be reflective of effort and elementary school teachers wouldn't feel compelled to pass failing students. Third, that schools would both save money and save face with the elimination of compulsory-attendance laws.

Example paraphrase of the essay's conclusion

Roger Sipher concludes his essay by insisting that schools have failed to fulfill their primary duty of education because they try to fill multiple social functions (para. 17).

Example quotation

According to Roger Sipher, a solution to the perceived crisis of American education is to "Abolish compulsory-attendance laws and allow only those who are committed to getting an education to attend" (para. 3).

Example Summary Essay

Assignment: Write a brief summary (2 pages maximum) of "No Name Woman," an excerpt from Maxine Hong Kingston's memoir Woman Warrior. [Instructor comments appear in bold, italic font within brackets below.]

Summary of "No Name Woman"

The essay "No Name Woman," by Maxine Hong Kingston, was written in 1975. Kingston's mother tells her a story about a family secret, which is never supposed to be spoken of again. [Good introduction of author and text] It has been forgotten by her family for many years. [You might explain that it was deliberately and publicly "forgotten." Obviously, Kingston's mother didn't really forget it.] It is a secret about Kingston's aunt who mysteriously gets pregnant, kills her baby, and herself when it is born. Kingston ponders about what happened, with whom, and why this had happened to her aunt, because she will get no more answers, not even her aunt's name.

The story begins with Kingston's mother telling her about seventeen weddings in 1924 which were held to make sure that the men who left to America would come back to their homes to take care of their wives and responsibilities. After Kingston's aunt's husband had left for many years, her aunt became pregnant. Maxine's mother and the village realized her aunt had committed adultery, because it was not possible for her aunt to have been pregnant by her husband after he had been gone for so many years. Kingston's mother told her that the night the baby was born the villagers raided their house. The villagers threw eggs, rocks, and mud at their house. They slaughtered their livestock, and smeared blood all over their walls and doors, ruining their house. When they left, the raiders took many of their possessions and objects to bless themselves. Later that night, Kingston's aunt gave birth to the baby and took its life in the morning, drowning herself and her child in the family well. Her family forgot she ever existed after this, and her father denies he even ever had a sister. Kingston ponders if her aunt was forced to have sex with someone she worked with or bought products from in the market, [if the father of the baby was] someone she was just having sex with, or if the father was her secret lover. Kingston also imagines how her aunt felt when she was having the baby and what she was thinking and feeling before she killed herself. Kingston ponders and tries to imagine what happened to her aunt because she cannot ask her family or her mother any more about what happened; they do not speak of her. Kingston says her aunt haunts her because she is telling everyone about her suicide after her aunt had been forgotten for fifty years.

Instructor and comment:

[This is a very clearly written summary of a tough text. You cover the main ideas, stay neutral, and omit unnecessary details, which is key. You might have mentioned the reason why Kingston's mother told her the story, however, as well as some of the inferences Kingston makes about why the village punished her aunt: the low value of women in that poor village, how it would have been perceived for a woman to break the rules of society and give birth to an illegitimate child who would need food when food was scarce, etc. Of course, making a summary complete while staying brief is always a tricky balancing act. Though you might have weighed in too heavily on the side of brevity, you did quite a nice job over all.]

Summary

In his informative essay, "The Year that Changed Everything," Lance Morrow claims that 1948 should be considered a pivotal one in American history. The author says this year was one in which future Presidents Nixon, Kennedy and Johnson went through "formative ordeals." He explains how each man's life was changed through decisions to reveal or conceal secrets. Nixon rose in politics through attempting to uncover communist activity in the Alger Hiss case. Kennedy prepared for the presidency by concealing his Addison's disease and allowing his family to cover up family sexual indiscretions. Johnson hid the questionable balloting in his congressional election. Morrow also mentions other provoking secrets of this era such as Kinsey's sex report, DDT, and Orwell's novel, 1984 .He alludes to changes in world events by noting Gandhi's assassination, The Marshall Plan and the birth of the State of Israel. Suggestively, Morrow notes that in this year of secrets and the birth of television Americans questioned again whether they were a moral or immoral people.

Analysis

"The Year that Changed Everything" is a definition essay is written in a classical style which attempts to persuade the audience to accept the author's conclusion that 1948 was an important year. The author backs this claim up with three main subclaims which show how this year was important in the lives of three future Presidents: Nixon, Kennedy and Johnson. Furthermore, he links these presidents and this year by claiming that all of them were involved in either uncovering or covering up secrets. In paragraph 7, he claims that these dramatic secrets were an emblem of this era, which exemplified the uneasiness of Americans about who they were. He gives more examples of secrets in paragraph 8 and examples of great changes in paragraph 9. He then concludes with his major thesis that 1948 was a year when three future presidents encountered "formative ordeals" which propelled them toward their presidency but also toward tragedy.

The audience for this article is educated people. The author expects people to not only understand his references to the Kinsey report, DDT and Silent Spring, but also to be able to deduce how these support his thesis. While dropping these references and allowing the audience to inductively understand his points may be effective for those who lived through this historical period, it makes the article less effective for younger people who, for example, don't have memories about DDT nor remember pictures about what it did to birds and animals. The author attempts to establish common ground through historical references but these may not be effective for those who don't know them. What also limits the effectiveness of the article is the fact that the author does not explain how his examples relate to his thesis. The logical connections between his examples are also sometimes weak. Does Nixon's involvement in uncovering the Hiss case really compare clearly to Kennedy's cover-up of his medical history and Johnson's cover-up of his dirty politics?

What is effective about the essay is that it causes the reader to think differently about what sorts of events should be considered important and it also makes the reader think about the connections between personal decisions and political events.

Response

I think that this essay is very thought-provoking even though I do not think Morrow clearly connects his examples to his thesis, and I think his explanations are weak throughout. I also think that his choice of 1948 is rather arbitrary for some of the examples. For instance, Kennedy found out about his illness in 1947 and concealed it until his death, so why focus on 1948? Nevertheless, I do think that Morrow convinces me that 1948 was a "seedbed" for a chance in the way in which Americans viewed themselves, politicians and the political process. Our current adversarial politics and distrust in politicians does seem to be rooted back in the Vietnam era and Watergate, the era when these three Presidents were in charge of our country. Finally, I like the idea that at the core, Americans believe it is important to question: "Are we a good people or a bad people?"

This article will be useful in my paper about the question, "What do Americans ultimately believe about themselves?" I will use this paper to discuss how this question was formulated and worked out in the last century.

☞ 에세이 샘플

• My First Kiss and Then Some

I was a very shy teenager, and so was my first boyfriend. We were high school sophomores in a small town. We had been dating for about six months. A lot of sweaty handholding, actually watching movies, and talking about nothing in particular. We often came close to kissing—we both knew that we wanted to be kissed—but neither of us had the courage to make the first move.

Finally, while sitting on my living room couch, he decided to go for it. We talked about the weather, then he leaned forward. I put a pillow up to my face to block him! He kissed the pillow up to my face to block him! He kissed sooooo badly, but I was too nervous to let him get close. So I moved away, down the couch. He moved closer. We talked about the movie(who cared!), he leaned forward again. I blocked him again.

I moved to the end of the couch. He followed, we talked. He leaned···I stood up! (I must have had a spasm in my legs.) I walked over near the front door and stood there, leaning against the wall with my arms crossed, and said impatiently, "Well, are you going to kiss me or not?"

"Yes," he said. So I stood tall, closed my eyes tight, puckered my lips and faced upwards. I waited···and waited. (Why wasn't he kissing me?) I opened my eyes; he was coming right at me, I smiled.

HE KISSED MY TEETH!

I could have died. He left.

I wondered if he had told anyone about my clumsy behavior. Since I was so extremely and painfully shy, I practically hid for the next two years, causing me to never have another date all through high school. As a matter of fact, when I walked down the hallway at school, if I saw him or any other great guy walking toward me, I quickly stepped into the nearest room until he passed. And these were boys I had known since kindergarten.

The first year at college, I was determined not to be shy any longer. I wanted to learn how to kiss with confidence and grace. I did.

In the spring, I went home. I walked into the latest hangout, and who do you suppose I see sitting at the bar, but my old kissing partner. I walked over to his bar stool and tapped him on the shoulder. Without hesitation, I took him in my arms, dipped him back over his stool, and kissed him with my most assertive kiss. I sat him up, looked at him victoriously, and said, "So there!"

He pointed to the lady next to him and said to me, "Mary Jane, I'd like you to meet my wife."

—Mary Jane West-Delgado

• A Name in the Sand

I sit on the rocky edge of a boulder, letting my feet dangle in the stillness of the water, and gaze out at the rippling waves crawling into shore like an ancient sea turtle. A salty mist hangs above the water, and I can feel it gently kissing my face. I lick my lips and can taste the familiar presence of salt from the ocean water. Above my head seagulls circle, searching the shallow, clear water for food and calling out to one another. And in my hand rests⋯.

The sound of a hospital bed being rolled down the hallway outside my mother's hospital room brought me out of my daydreams. The ocean was gone and all that was left was a bare hospital room, its only decorations consisting of flowers, cards and seashells carefully arranged on a table next to my mother's bed.

My mother was diagnosed with cancer about a year ago, a year full of months spent in various hospitals, radiation therapy, doses of chemotherapy and other methods to try to kill the cancer eating away at her life. But the tumors keep growing and spreading, and all the treatments have done is weaken her already frail body. The disease is now in its final course and, although nobody has told me, I know my mother won't be coming home this time.

I tried to change my thoughts, and they once again returned to my daydreams. Everything seemed so clear and so real, the sound of the waves, the taste of salt, the seagulls, and the⋯ what was in my hand? I glanced down at my hands and realized I was holding my mother's favorite shell. I placed it against my ear, and the sound of the ocean sent cherished memories crashing into my mind.

Every year, my mother, my father and I would spend our summer vacations in a little cabin down by the ocean. As a little girl, I would explore this stretch of sand with my parents. Walking hand-in-hand, they would swing me high into the air as we ran to meet the incoming surf. And it was there, in those gentle waves, where my parents first taught me how to swim. I would wear my favorite navy blue-and-white striped swimsuit, and my father's strong arms would support me, while my mother's gentle hands would guide me through the water. After many mouthfuls of swallowed salty ocean water I could swim by myself, while my parents stood close by, proudly and anxiously watching over me. And it was in those grains of sand, not on a piece of paper that could be saved and displayed on a refrigerator, that I first painstakingly wrote my name.

My family's fondest memories weren't captured on film and put in a photo album, but were captured in the sand, wind and water of the ocean. Last summer was the final time my family would ever go to the ocean all together. This summer was nearly over and had been filled with memories of various hospitals, failed treatments, false hopes, despair, sorrow and tears.

I glanced over at my mother lying in her hospital bed, peacefully asleep after the doctor had give her some medicine for her pain. I wanted to cry out to God, "Why, why my mother? How can I live without her to help me through my life? Don't take her away from my father and me!" My tears and sobs began to fade away, as the dripping of my mother's IV hypnotized me into a restless sleep.

***

"Ashes to ashes, and dust to dust" droned the pastor, while my father and I spread my mother's ashes over the ocean water. Some of them fell into the water and dissolved, while others were caught in the wind and carried away. This was my mother's final wish—to be in the place she loved the most, where all her favorite memories live on.

As the funeral concluded and people began to drift away saying words of comfort to my father and me, I stayed behind to say my final farewell to Mother. I carried her favorite shell that brought her so much comfort while she was in the hospital and unable to hear the sounds of the ocean. I put it to my ear and the sound of the ocean seemed almost muted. I looked into the shell and was surprised to find a piece of paper stuck inside of it. I pulled the paper out and read its words:

To my daughter, I will always love you and be with you.
A name in the sand will never last,
The waves come rolling into shore high and fast.
And wash the lines away,
But not the memories we shared that day
Where we have trod this sandy shore,

Our traces we left there will be no more.
But, wherever we are,
The memories will never be far.
Although I may not be with you,
Know that my love for you will always be true.
Those memories will last forever,
And in them we shall always be together.
Hold them close to your heart,
And know that from your side I will never part.

As I crossed the beach, I stooped and wrote my mother's name in the sand. I continued onward, turning only to cast one last lingering look behind, and the waves had already begun to wash my lines away.

—Elizabeth Stumbo

• Don't Cry, Dad

During my years in junior high, I developed an after-school routine. Every day I walked in the back door of my home and proceeded up the three flights of stairs to my bedroom. I closed the door, turned my music up loud and lay on my bed for two hours until someone came to get me for dinner. I ate dinner in silence, I tried desperately to avoid talking to my family and even harder not to make eye contact with them. I hurriedly finished my dinner and rushed back to my room for more music. I locked myself in my room until it was time for school the next day.

Once in a while, my parents would ask me if there was anything wrong. I would snap at them, saying that I was just fine and to stop asking so many questions. The truth was, I couldn't answer them because I did not know what was wrong. Looking back, I was very unhappy. I cried for no reason, and little things made me explode. I did not eat well, either. It wasn't "cool" at that time to be seen actually eating lunch during school. I wasn't much of a breakfast eater, and if I weren't required to eat dinner with my family every night, I probably wouldn't have eaten at all.

The summer before my freshman year, my dad told me that he wanted to talk. I was not thrilled. In fact, I resented him. I did not want to talk to anyone, especially my dad. We sat down, and he started the conversation by asking the usual questions: "Are you okay? Is everything all right?" I did not answer. I refused to make eye contact.

"Every day I came home from work, and you're locked in your room, cut off from the rest of us." He paused a moment, his voice was a little shaky as he began again. "I feel like you're shutting me out of your life." Having said that, my father, a man who I thought was stronger than steel, began to cry. And I don't mean just a few tears rolling down his cheeks. Months of hidden pain flooded from his eyes. I felt like I had been slapped. Never in my fourteen years had I seen my dad cry. Through his tears he went on to tell me that he wanted to be a part of my life and how he ached to be my friend. I loved my dad more than anything in the world, and it killed me to think I had hurt him so deeply. His eyes shifted towards me. They looked tired and full of pain —pain that I had never seen, or maybe that I had ignored. I felt a lump forming in my throat as he continued to cry. Slowly, that lump turned to tears, and they started pouring from my eyes.

"Don't cry, Dad," I said, putting my hand on his shoulder.

"I hope I did not embarrass you with my tears," he replied.

"Of course not."

We cried together a little more before he left. In the days that followed, I had a hard time breaking the pattern I had become so accustomed to over the last two years. I tried sitting in the living room with my parents while they drank their coffee. I felt lost in their world, while I was desperately trying to adjust to new habits. Still, I made an effort. It took almost another full year before I felt completely comfortable around my family again and included them in my personal life.

Now I'm a sophomore in high school, and almost every day when I come home from school, I sit down and tell my dad about my day while we have our coffee. We talk about my life, and he offers advice sometimes, but mostly, he just listens.

Looking back, I am so glad my father and I had that talk. Not only have I gained a better relationship with my father, I've gained a friend.

—Laura Loken

• My Son

I write this as your father. Until you have a son of your own, you will never know what that "loving" and "proud" means. You will never know the joy beyond joy that I feel, the love beyond feeling that resonates in my heart as your father as I look upon you. You will never know my heartbreak, caring for your future things.

For the last several years, I have been praying to God for you and your future. The key of your future is in the hands of God. However hard you study and make efforts, God prevails your path. Without living and working God's helps, we are nothing. Without God's help, I can't do anything for you. In retrospect, my whole life was controlled by God. I have been tested and tried, getting through hot fire and deep water, I know that. I am afraid of being tested again. It was so painful to me. But now I humbled myself to God and obedient to God. I only count on Him now. Believe or not, I always wake up early in the morning around 3:00 AM to meet and to pray God. Without praying to God, now I can't live. I need badly God's help and blessings to raise you and Jimmy. Praying to God is my only hope; I count on Him and I follow his instruction.

I see you struggling and discovering and striving upward, and I see myself reflected in your eyes and in your days. In some deep and fundamental way, I have been there and I want to share. I am not a perfect man; I am a man, as are you. Sometimes I shed my tears because of painful life; other times I feel a sense of happiness. I have also learned to walk, to run, and to fall. There have been times of darkness when I thought I would never again see light, and there have been times when I wanted to hug every person I met.

It is my greatest joy to watch you become yourself. To be your father and Jimmy's father is the greatest honor I have ever received. Thank God for that. If I could have but one more wish, I want you to live a life unregrettable. Life is too short to live. Your life's and my life's ultimate purpose is in Heaven. Heaven is so real, like Korean-American lady saw and went Heaven with Jesus in person. Our life on earth is so short, but we have to live happily and successfully. That's God's will.

Whatever you want your life to be is within your power to choose. Nothing comes easily in life. If you want something more, it is up to you to go out there and get it; no one goes out there to get it for you.

Up to now, I have been very upset and unhappy with you. I have asked you so many times to close your car's window and cover, to turn off light and fan when you go out, to practice church sax playing on and on. Every time you said, "OK," but you haven't listened to me. I am so tired of asking you those things. Now I have decided not to ask you such things anymore. In a climate like that, you asked me if I keep church letter yesterday. Instantly I fired up and mad at you. Whatever you do, be responsible and be thoughtful. Like I said before, there is a cause and effect. You have provided such a vulnerable circumstance of a cause to me and I used it as an effect. Again I am so bored of asking you to do such things.

If I were you, I would practice sax for even ten minutes a day and would study SAT for even 20 minutes a day even if I don't tell you to do that. You may say you don't have time to do such things. But if you have any mind, you can do that any time. Instead of playing guitar such a long time, you can spare 20 minutes or so to do SAT; you can spare time to practice sax. Think about it, when you study 20 minutes per day for 30 days, you study 10 hours. That makes your score different. How many hours do you study? Do you expect higher score without studying hard? That's a foolish idea. Sacrifice your schooldays for your long future. Commit yourself for your future. It is worth. Do you want to live your life poorly and regrettably or live with happily? Some sacrifices are worth. Life is not so easy. Without commitment, you can't make anything like all state sax contest, SAT, ACT or others. However poor one is, if he/she practice consistently, no one can beat him/her. I want to see such a hardworking and diligent attitude from you in a serious fashion. Your mom and me can't live forever with you and Jimmy. No one knows when we have to leave this world and have to go to God. Before such things happen and before it is too late, my only wish is to get you ready for it.

May God leads you, guides you and directs you.

—written by UIRAK KIM in 2001

Semicolon(;) and Colon(:)

A semicolon may be substituted for a period when two sentences are so closely related that to pause between them would unnecessarily break the continuity of thought between them.

She adores him; she eats them every morning.
The book had been left out in the rain; it was ruined.

Although rare, a semicolon can also be used to separate coordinate clauses in a compound sentence joined by and, but, for, or, so, and nor when one or both of the clauses contains commas.

Ex) She was accepted at Berkeley and Arkansas; and UCLA put her on the waiting list.

6. 영작의 실제

★Do you agree or disagree with the following statement? "University students should not have a part time job."

Some people may argue that it is not necessary for college students to work while taking classes. However, I have a different idea. I think that university students should have a part time job.

College students should have a part time job because it can help their parents pay for their tuition. Many parents around the world are suffering from many problems such as high unemployment rate and downfall of property value. This is because globalization has made most developed countries' economy closely connected to each other and recession of global leader countries' economy has affected other countries in a negative way. In this sense, most people's financial condition has been worse and worse during the last five years, and it is necessary for many students to make money while studying in school when many parents who need to support their children have lost their jobs.

Since having a part time job can help students build new relationship with various individuals, they need to choose to work while studying. Knowing and being friends with others is important here because Koreans consider ties or connections between people very significant rather than one's ability when making important decisions such as who to hire or work with. This means that when one is well related with many different people, he or she will have more opportunities. This attitude of Koreans can be problematic in some cases, but it shows how important it is to start making friends who can help find a job after graduation as early as possible.

In conclusion, I believe that students in college should work while studying. The first reason is that they need to help their parents pay for their tuition. Secondly, having a part time job will help them get to know various people.

★ The Impending War Between Generations

With the number of senior citizens rapidly rising in Korean society due to an increasing average lifespan, conflict between the young and the old is brewing. Clashes occur daily because while the elderly expect deference from the young, the young no longer respect the elderly. In the eyes of the older generation, young people today are shockingly rude and offensive. On the contrary, young people seem to resent the older people's sense of entitlement. Naturally, senior citizens lament the loss of Confucian customs involving respect for elders, whereas the Westernized youth snort at what to them seem like long-obsolete authoritarian customs. As a result, we are seeing frequent clashes between Eastern virtues and Western values, and Confucianism and pragmatism in today's Korean society.

The world of the subway system is one place where one can clearly see the conflict between the young and the old unfolding. Sometimes, one may witness an older man admonish youngsters sitting in seats reserved for the elderly. Of course, the young should not sit in the reserved seats. Nevertheless, old people should not yell at strangers over a seat, either. Some elderly, instead of seeking seats in the reserved section, go to the middle of the train and expect passengers to give up their seats. When a youth gives up a seat, an elderly rider often takes the gesture for granted and does not thank the person. Naturally, young people do not like such inappreciative older people. Sometimes conflicts break out, with the two riders exchanging obscene words.

In a recent article in the online edition of The New York Times entitled "South Korea's Underground Seat Fight," renowned South Korean novelist Kim Young-ha describes the clash over seats on the subway between the young and the old. After lamenting the deplorable situation, Kim concludes, "For now, South Korea's intergenerational conflict seems limited to the underground. But without a meaningful dialogue on how to help both our struggling elderly and disaffected young people, the tensions will find a way of rising to the surface."

Indeed, it is only a matter of time until the underground conflict between the two generations rises to the surface. When that day comes, the intergenerational war will emerge as a serious social problem in our society. For example, the conflict between the old and the young will not be confined to subway seats, but will extend to the job market, homes, and even the realm of communication. The three areas, in fact, are closely intertwined.

As the renowned Korean novelist Chun Myung-gwan humorously shows in his celebrated novel "The Aging Society," we now live in a society with a growing number of unemployed old people.

In the current system it is customary for employees of large corporations to retire at about age 50. The problem is if most people live to be 90 or 100, they must find a way to support themselves for 40 to 50 years after retirement. In addition, not everybody is entitled to a pension; and even if one is fortunate enough to receive a pension, often the amount is far from sufficient to fully support an aged couple. If retirees start seeking part-time jobs at supermarkets and gas stations, they will inevitably take job opportunities from young people.

The elderly who are not financially independent often depend on and live with their children. Cohabitation of the young and old can lead to a host of problems. One such problem is the unbridgeable gap between the older and younger generations. How can communication be easy, for example, between a grandfather who cannot even turn on a computer and his grandson who cannot live without a smartphone?

Conflict between generations is not just a modern phenomenon. Some time ago, a group of archaeologists found a short inscription on the wall of an ancient cave which lamented, "Ah! How can we teach manners to ill-bred youngsters?" And the young have always protested against oldsters who cling to old-fashioned ways and demand deference.

As for me, I am caught between these two generations. Technically, I may be an old man of 65 who is entitled to a free subway pass and an official senior citizen ID card. Yet, I don't sit in the reserved section for the elderly. Nor will I expect or allow young people to offer me a seat, either. At the same time, I am offended when I see a young man despise or curse an older man simply because he is old and physically weak. Young people should treat the elderly with respect. Such behavior is a matter of humanity, rather than Confucian morality.

An intergenerational war may soon rise to the surface with both the young and old pointing fingers and clashing over conflicting ideals. Before such a day arrives, we must learn to get along and to live with mutual respect for all.

★Language Learning: The Earlier the Better?

Experts note that age is not only factor in achieving English proficiency. Koreans are starting to learn English at younger and younger ages. After having seen many failures in English education in public schools, many people are seeking ways to learn the language naturally and early on so that it becomes like a mother tongue, rather than studying it consciously as an academic subject.

Most of the time, the starting age for English learning is determined by the parents. Many believe that the earlier their children begin to learn the foreign language, the more likely they will speak English at a native level.

"The age when a child starts to learn English depends on his or her mother's decision. For some people, English language education starts in the womb. Pregnant women eager to see their children speak English well start their day listening to CNN news and then spend the whole day listening to English songs and stories," said a mother who asked to have her name withheld.

Parental attempts to teach children English when they are so young that they cannot even speak Korean is largely due to frustrations they felt when they learned English. The adult generation, which still finds it difficult to speak English after many years of studying it in school, say they don't want English to be a handicap for their children's studies and career.

"I don't want my kid to face any obstacles in achieving whatever she wants or plans to do in the future. I hope English will not get in her way," said another mother whose child attends an elementary school in Seoul. She did not want her name to be revealed.

Riding on Koreans' unquenchable longing to speak fluent English, the number of English-language kindergartens surged nationwide.

Parents never seem to skimp when it comes to English education for their children as long as it is effective, even if they have to pay about 10 to 12 times more than the monthly tuition of regular kindergartens. According to a report on nationwide English-language kindergartens released by the ministry, monthly tuitions of an English-language kindergarten were as high as 1,180,000 won to 1,280,000 won ($1,107 to $1,200). Those expensive kindergartens are concentrated in the affluent Seoul districts of Gangnam, Seocho and Songpa.

Advantage of Starting Early

While English is not commonly spoken in everyday life in Korea, English-language kindergartens and private institutions implement immersion education, while touting the advantages of early English education.... "Here, kids can kill two birds with one stone. They acquire English as they are exposed to the language for five hours here, and when they go home they hear Korean," she added.

In each class, a foreign instructor is paired with a Korean instructor who speaks both Korean and English. Both Korean- and English-speaking instructors respond to students in English even if a child requests something in Korean.

Most parents, who learned English through textbooks at schools, believe such immersion will help their children pick up English naturally. However, "In Korea, an early start is regarded as an ultimate solution to reaching a high level of language proficiency," he said. "A lot of factors have to be taken into consideration such as instructors, methods of learning, stimulation or motivations." Experts wrote that starting English education at the right time rather than too early is important and that those who learn early on don't always outperform those who don't.